문명의
대전환과
후천개벽

01
종교 문명의 대전환과 큰 적공 총서

문명의 대전환과 후천개벽

백낙청의 원불교 공부

백낙청 지음 박윤철 엮음

모시는사람들

2016년은 소태산 박중빈(少太山 朴重彬, 1891-1943) 대종사가 원불교(圓佛教)를 개교한 지 100주년이 되는 해였다. 100주년을 즈음하여 원불교 교단에서는 특별 천도재, 기념대회 등 크고 작은 기념행사를 연이어 개최하였다. 그중에서도 특히, 5월 1일에 서울 상암동 월드컵경기장에서 열린 기념대회에는 5만여 명의 교도들이 운집함으로써 한국사회의 이목을 모은 바 있다.

100주년 기념사업은 학술 분야에서도 활발하게 이루어졌다. 원광대학교 원불교사상연구원(圓佛敎思想硏究院)에서는 2004년부터 '원불교 개교 100주년 기획'의 일환으로 정례적인 학술대회를 개최해 왔으며, 2015년에는 '원불교 100주년, 원광대학교 개교 70주년기념 국제학술대회 조직위원회'를 발족하여 대규모 국제학술대회를 준비하기에 이르렀다.

국제학술대회는 2016년 4월 28일부터 30일까지 3일간, 전북 익산의 원불교 중앙총부 반백년기념관 및 원광대학교 숭산기념관에서 개최되었다. 「종교·문명의 대전환과 큰 적공」이라는 주제로 개최된 국제학술대회는 종교, 정치, 경제, 생명 등 4개 세션에 더하여, 생명평화 활동가 및 미래세대 종교 청년이 중심이 된 2개의 특별 세션 등 모두 6개의 세션으로 구성되었으며, 기조 강연은 김도종 원광대학교 총장, 백낙청 서울대학교 명예교수 겸 『창작과비평』 명예편집인, 캐나다 브리티시 컬럼비아대학의 돈 베이커 교수가 맡았다.

동 국제학술대회는 지방에서 개최되었음에도 학계는 말할 것도 없고, 종교계와 언론계 등 각계각층으로부터 각별한 주목을 받았다는 점 외에 참여 청중이 1천 명을 돌파했다는 점에서도 성공한 대회였다. 성공의 이유는 과연 어디에 있었을까? 그것은 다름 아니라 주제 자체가 지닌 호소력과 함께 학술대회가 전달하고자 했던 메시지를 정확하게 설파해 낸, '탁월한' 기조강연자 선정에 있었다. 「종교·문명의 대전환과 큰 적공」이라는 대회 주제는 한국사회를 비롯한 전 세계가 지금 당장 대전환을 향한 결단을 하지 않으면 안 될 정도로 절박한 상황에 처해 있음을 실감하고 있는 모든 이들의 위기의식을 잘 반영한 것이었으며, 또한 그것은 원불교가 내걸었던 '물질이 개벽되니 정신을 개벽하자'는 개교표어(開敎標語)에서 강조하는 내용과도 상통하는 것이기도 했다.

국제학술대회의 메인(main) 강연은 백낙청 교수가 맡았고, 그 제목은 「문명의 대전환과 종교의 역할」이었다. 백 교수를 기조강연자로 초청한 이유는 『백낙청이 대전환의 길을 묻다』(창비, 2015)를 통해 한국사회의 대전환을 위한 방도를 다각도로 모색한 바 있었다는 점, 1970년대에 원불교와 인연(因緣)을 맺은 이래 원불교 관련 논문을 지속적으로 발표해 왔다는 점, 원불교 교리에 대한 독창적 해석을 통해 원불교학계뿐만 아니라, 한국의 인문사회과학계에 끊임없는 문제 제기를 계속해 왔다는 점을 고려했기 때문이었다.

그러나 기조강연자를 정하는 과정에서는 적지 않은 고민도 있었다. 가장 큰 고민은 백 교수가 '민족문학론'과 '분단체제론'을 비롯하여, '이중과제론'과 '변혁적 중도론' 등 현대 한국을 관통해 온 거대 담론을 생산해 오신 석학이라는 점 외에, 사실은 원불교학 측면에서도 주목할 만한 업적을 지속적으로 발표해 왔다는 사실을 교단 내외에 어떻게 드러낼 수 있을까 하는 점이 염려되었기 때문이다. 더욱이 대석학을 모셔 놓고 내용도 반향도 없는 대회가 된다면 그야말로 큰 결례가 될 수도 있다는 생각 때문이기도 했다.

이에 조직위원회에서는 콜로키움 개최를 통해 본(本) 대회를 위한 분위기 조성에 힘쓰는 한편, 한국사회의 '대전환'을 고민하고 있는 시민사회운동 진영도 함께 참여하는 학술대회로 만들어 가는데 힘을 기울였다. 그 과정에서 백 교수를 찾아뵙고 다음과 같은 세 가지에 대해 상의를 드리고 양해를 구했다. 하나는 본 대회 이전에 시민사회운동 진영과 공동으로 사전 콜로키움을 마련하겠으니 본 대회에서 말씀하실 내용을 미리 발제해 주실 수 있을지, 다음으로는 원불교 개교 100주년을 기념하는 특별대담에 응해 주실 것, 끝으로 콜로키움 발제 내용을 비롯하여 특별대담, 국제학술대회 기조강연 내용을 포함하여 지난 30여 년에 걸친 원불교 관련 저술을 모아 100주년 기념 학술총서로 간행하는 데 동의해 주시면 감사하겠다는 것 등이었다. 매우 부담스러운 요청이었음에도 백 교수는 주최 측의 요청을 기꺼이 받아들였다. 그 결과, 이 책이 비로소 탄생할 수 있게 되었다.

이와 같은 경위 아래 '원불교 100주년, 원광대학교 개교 70주년 기념 국제학술대회'의 성과를 총괄하는 전 4권의 학술총서 가운데 제1권으로 기획된 이 책의 제명(題名)은 『문명의 대전환과 후천개벽─백낙청의 원불교 공부』이다. 당초 제안했던 제명은 '문명의 대전환과 큰 적공'이었다. 그러나 그럴 경우 원불교 100주년에 즈음하여 학술대회를 주최하는 원불교단의 문제의식은 물론, 원불교를 화두 삼아 오래도록 천착해 온 저자 자신의 문제의식도 잘 드러나지 않는다는 지적에 따라 현재의 제명으로 수정했다.

이 책에 수록된 글은 「통일하는 마음」(1988년 1월 20일, 원불교 서울청운회 주최 '청운강좌')을 필두로 「문명의 대전환과 종교의 역할」(2016년 4월 28일, 원불교 100주년 기념 국제학술대회 기조강연) 등 모두 18편으로서, 1980년대부터 백 교수가 써 온 원불교 관련 글 전부이다. 부제(副題)에서도 알 수 있는 것처럼, 여기에 실린 글은 백 교수가 화두 삼아 공부해 온 원불교 관련 글을 집대성하고 있다는 점에서 원불교에 관심을 가진 모든 이들의 주목에 값한다고 할 수 있겠다. 또한 앞서 말했듯이, 이 책에는 국제학술대회 직전에 열렸던 콜로키움 발제문(2015년 12월 12일)과 원불교 개교 100주년 기념 특별대담(2016년 2월 5일) 내용도 함께 수록하고 있다는 점에서도 원불교 100주년 기념 학술총서로서 손색이 없다 할 것이다.

백 교수의 글을 모아 원불교 100주년 기념 학술총서로 엮으면서 엮은이로서 먼저 주의하고자 했던 바는 원불교에 대한 백 교수 특유의 '해석'을 독자들에게 어떻게 하면 가장 정확하면서도 널리 전달할 수 있을까 하는 점이었다. 그런 고민 끝에 내린 결론이 바로 기존의 백 교수 저서 출간 방식과는 달리 '창비' 바깥에 있는 출판사에서 책을 내는 것이었다. 일종의 모험을 해보기로 한 것이다. '도서출판 모시는 사람들'의 박길수 대표가 기꺼이 이 모험에 동참해 주었다. 박 대표에게 사의를 표한다. 다음으로 유의하고자 했던 것은 이미 간행된 백 교수의 저서나 기타 서적 속에 흩어진 채로 소개되어 있는 원불교 관련 글들이 누락되는 일이 없도록 하는 일이었다. 이 작업은 엮은이의 책임 아래 정리하였고, 정리된 목록은 저자의 감수를 거치면서 수정 보완을 거듭했다. 이 과정에서 원불교에 대해 부분적으로 언급한 글의 경우는 그 해당 부분만 발췌하여 실을 수 있도록 했다. 세 번째로 주의를 기울인 내용은 이미 발표된 저작 속의 오탈자 교정을 통한 정본화(定本化) 작업이었다. 이 책에 수록된 백 교수의 글은 각종 대담을 정리한 것, 학술지나 단행본에 기고한 학술논문, 강연 내용을 정리한 것 등 그 형식이 다양하다. 다양한 형식으로 발표된 글들을 조사하여 목록을 작성하는 과정에서 검토한 결과, 강연이나 대담을 정리하는 과정 또는 단행본으로 묶어서 출간하는 과정에서 더러 오탈자가 있다는 사실을 알게 되었다. 그래서 이 책에서는 오탈자를 바로 잡는 데도 힘썼다.

백 교수의 글을 원불교 100주년 기념 학술총서로 엮으면서 만감이 교차한다. 이른바 1970년대 '창비세대'의 한 사람으로서 계간지 『창작과비평』 및 '창비신서'를 통해 사상 형성을 해 온 엮은이가 이제야 겨우 자신의 '사상의 은사'께 조촐하게나마 보은의 도리를 밟을 수 있게 되었다는 안도감이 들기 때문이다.

원불교의 소태산 박중빈 교조께서는 일찍이 "후일 견성(見性)한 학자가 나와서 나의 말을 증명하리라"는 말씀을 남긴 바 있다. 이 말씀이 함의(含意)하는 것은 여럿이겠지만, 그중 하나는 진정한 지식인이라면 '직관적' 깨달음의 경지에서 나온 성현들의 말씀과 실천을 누구나 알기 쉬운 언어와 논리, 곧 진리적이며 사실적인 논리로 풀어 해석하는 일에 관심을 가져야 한다는 뜻도 들어 있다고 하겠다.

이 책은 소태산 박중빈이라는 한국이 낳은 한 성자의 깨달음과 그 실천 내용을 화두 삼아 수십 년을 적공(積功)해 온 '대지의 지식인' 백낙청 교수의 원불교 공부론이자, 교단 '바깥'에서 바라본 원불교론이다. 따라서 정통적인 해석과는 다른 내용도 없지 않다.

아무쪼록, 이 책을 통해 백 교수께서 왜 원불교를 평생의 화두(話頭)로 삼고 공부해 왔는지, 그 화두를 타파하기 위한 연찬의 내공이 얼마나 오래 되었는지를, 그리고 그 연찬 내용이 현대 한국을 비롯한 전 지구적 현실과 어떻게 연관되는지를 '속깊이' 음미하는 계기가 되기를 간절히 기원한다.

끝으로 100주년 기념 특별대담 영상 촬영에 힘써준 유동종 감독, 이 대담 내용을 녹취하여 깔끔한 문장으로 다듬어준 '창비'의 염종선 편집이사와 박대우 팀장에게 감사의 마음을 표한다.

2016년 12월

엮은이 박윤철 모심

문명의 대전환과 후천개벽

01

통일하는 마음

'통일하는 마음'이라는 제목에 대해 다소 의아스럽게 느끼는 분도 계실 지 모릅니다. 우리나라에서는 통일이라 하면, 먼저 남북통일을 생각케 되는 데 그것은 누구나 바라는 일이지만 하고 싶다고 마음대로 되는 일은 아닙니 다. 과연 '마음'의 문제로 돌릴 수 있을까 하는 의문이 생깁니다. 어쨌든 우 리 사회는 남북분단 이외에도 온갖 분열에 시달리고 있는 것이 사실입니다. 오늘 이 시간 남북분단 문제와 우리 사회의 다른 여러 분열 증상이 얼마나 밀접하게 관련되어 있는가를 생각해보고 또 이 분열을 극복하고 나라를 통 일하기 위해 어째서 마음의 문제가 중요한가를 생각해 보고자 합니다.

그런데 저는 우리 시대의 온갖 개인적인 또는 사회적인 분열 증상이 남 북분단과 무관하지 않다고 봅니다만, 그렇다고 매사를 분단에다 갖다붙이 는 것도 옳은 태도는 아닐 것입니다. 우선 남북분단 자체가 외세의 작용으 로 이루어졌지만 전적으로 외세의 작용만은 아니고 우리 내부에 이미 있었 던 분열과 모순 때문인 점도 인정해야 할 것입니다. 그렇기에 우리의 잘못 은 덮어 두고 모든 것이 분단 탓이라고 말하는 것은 무책임한 일입니다. 또 분열을 극복해야 한다고 합니다만, 분열이라고 해서 무조건 나쁜 것은 아 니지요. 가령 선악을 갈라서 선을 취하고 악을 버려야 하듯이, 역사의 발전 과정에서 사회도 갈라질 때가 되면 갈라져야 하는 경우가 있습니다. 이렇 게 분열도 분열 나름이고 참다운 통일에 필요한 분열도 있다는 점을 기억할 때, 매사를 무조건 통일로만 갖다붙이는 것은 옳지 않다는 것입니다.

그러나 1945년에 일제식민지에서 해방되면서 남북이 하나의 나라를 만들지 못하고 갈라진 것은 누가 뭐래도 부당하게 갈라진 것입니다. 즉 우리 민족 다수가 원해서 갈라진 것이 아니고 주로 외세의 작용에 의한 강제분단이었습니다. 여기에 편승하여 분단을 부추기고 분단국가를 형성하는 데 적극적으로 가담한 우리 동포들이 있기는 있었습니다만, 그것도 우리 내부의 문제를 제대로 해결하려는 이들이 나선 것이 아니고, 일제하의 온갖 모순들의 극복을 막아보고 늦추기 위해 남북분단을 방조하는 사람들을 위주로 이루어진 것이 우리의 분단입니다. 그러므로 남북의 분단은 역사의 진보원칙에도, 민족의 자리이타(自利利他) 원칙에도 어긋나는 것이었습니다.

바로 그렇기 때문에 분단은 일시적 아픔으로 끝나는 것이 아니고 온갖 병적인 현상이 따라오게 됩니다. 남북분단이 서로의 이질성에 근거한 합리적인 해결책이 아니기 때문에 분단된 남과 북을 별도로 유지하고 다스리기 위해서는 원래 없던 이질성을 일부러 조장할 필요가 생깁니다. 같은 민족인데 서로 원수처럼 생각하도록 만들고 또 실제로 무력을 동원하여 대치하기도 하며 통신조차도 못하게 합니다. 그리고 한편으로 이렇게 이질성을 만들어내고 조장하면서 다른 한편으로는 각자가 내부에 없는 응집력을 인위적으로 만들어내기 위한 억지를 써야 합니다. 조금 비판적인 이야기만 해도 국론을 분열시킨다느니 국기를 흔든다느니 하며, 말문을 막고 신변을 제약하는 식의 사태가 벌어지는 것이지요.

그런데 이렇게 물리적인 힘을 동원하는 것으로도 체제 유지가 힘드니까 여기에 덧붙여 국민을 분열시키는 수법을 동시에 쓰게 됩니다. 고금동서를 막론하고 남을 지배하는 사람들이 즐겨 쓰는 수법이 소위 분열통치라는 것인데, 어느 사회에서나 사람을 다스릴 때 적당히 이간을 시켜 가며 부려먹는 통치술의 기본이라 하겠습니다. 지난번 선거 때 나타난 이른바 지역감정의 경우 남북으로 갈라진 남쪽에서 또 동서로 갈라졌다고 모두들 개탄하고 있습니다. 그런데 이런 식의 지역감정도 근원적으로 따져 들어가면 남과 북으로 갈라졌기 때문에 나타난 현상이라고 봅니다. 즉 남북분단으로 인해서 이 사회가 여러 면에서 지리멸렬해지는 병적인 현상의 하나에 불과한 것이지 지역 분열 자체가 결코 문제의 핵심이 아닌 것입니다.

그러나 현시점에서 가장 심각한 문제점으로 부각된 분열상이 지역감정인 것은 사실입니다. 이것이 단순히 경상도 출신이 정권을 잡으면서 호남을 푸대접했기 때문에 생겼다고 보는 것은 피상적인 생각입니다. 우리는 이것을 남북이 부당하게 갈라짐으로 인해 생겨난 분열증 가운데 하나라는 차원에서 인식할 필요가 있습니다. 원래는 자기 고장을 사랑하고 자랑스럽게 생각하며 또 다소 편애하는 것까지도 건강한 것입니다. 그런데 그 감정이 지나치게 배타성을 띠면서 문제가 되는데, 이 경우도 부당하게 차별을 받은 사람들의 방어적인 지역감정과 가해자들끼리의 동류의식을 똑같이 보아서는 안 됩니다. 그런 의미에서 수백 년간 차별 대우를 받아온 호남인의 지역감정은 역사적 근거가 있는 것인데, 이것을 분단체제가 교묘하게 이용하여 악화시켜 놓은 것이 오늘날 영·호남의 대립입니다. 국민들이 단결해서 통일을 요구하고 민주주의를 요구하면 분단체제가 유지되기 어려우니까, 우선 가장 손쉬운 일로 전라도와 경상도의 민중끼리 반목하게 만든 겁니다. 그래서 저는 지역감정의 문제가 남북분단과 불가분의 관계에 있다고 주장하는 것입니다. 또 어떤 정권이 들어서더라도 그 정권이 진정으로 민주화를 하고 남북을 자주적으로 통일하려고 추진하지 못하는 한 지역감정의 문제가 크게 달라지지 않으리라고 보는 것입니다.

그런데 지역감정 문제에서 보듯이 분단과 우리 내부의 분열은 하나의 악순환을 이루고 있습니다. 가령 통일을 제대로 성취하려면 민주화도 되고 외국에 대해 자주성도 갖고 해야 하는데, 바로 분단이 만들어내는 우리 내부의 온갖 분열 때문에 민주화·자주화도 안 되고 있다는 것이지요. 그러다보니 사람들의 마음속에는 패배의식이 깊어지고, 결국 적당히 어물어물 살아가는 것이 제일이라 생각하는 사람이 많아지게 됩니다. 또 그럴수록 이런 풍조에 반발하는 순수한 사람들, 특히 젊은이들과 나머지 사람들과의 이념적 분열이나 세대간의 단절이 커져서 그야말로 악순환이 끝없이 되풀이될 가능성이 높아집니다.

이처럼 고약하게 걸린 자리에서 악순환을 깨고 나오려면 그야말로 상식적으로 생각하기 힘든 일대 비약이, 어떤 개벽과 같은 일이 있어야 하지 않을까 하는 느낌을 저는 갖습니다. 통일과 연결시켜 마음이란 말을 사용해본 것도 그 때문입니다. 무언가 근본부터 다시 생각해봐야 할 난국인데, 만사의 근본을 마음에서 찾는 것은 불교의 가르침이자 우리 동양의 전통입니다. 그런데 만사의 근본을 마음에서 찾는다고 할 때 조심해야 할 점이 있습니다. 현실세계의 어려운 문제에 당면했을 때 현실 속에서 실질적인 해결의 길을 찾기보다 정신의 문제와 개인의 수양에 국한시켜 생각하는 경우가 많습니다. 특히 이제까지의 종교가 많이 그래왔지요. 그러나 이것은 무책임한 현실도피이고 종교의 근본정신에도 어긋나는 일이라고 믿습니다.

예컨대 분단사회의 온갖 병리도 민주화와 자주화를 통한 구체적 대책을 내놓아야지 모두를 개인적 수양이 부족한 탓으로만 돌린다면 종교가 민중의 아편이란 비난을 면하지 못할 것입니다. 실제로 불교에서 근본으로 치는 마음이란 것은 서양의 유심론자들이 절대적으로 있다고 고집하는 정신이나 관념과 달라서 딱히 있다고도 못하고 없다고도 못하는 것이고, 그 밖의 모든 정신현상은 우리의 육신이 처한 경계에서 나오는 것이라 하지 않습니까? 그러므로 '통일하는 마음'을 이야기할 때에도 현실을 외면하는 무책임한 발상이 아니라 정당한 사리분별과 구체적 실천을 전제한 마음이라야 하겠습니다. 그리고 이런 마음공부야말로 원불교에서 말씀하시는 삼학(三學)공부와도 일치하는 것이라고 믿습니다.

분단이 절박한 현실문제인 것은, 그것이 단순히 국토의 분단만이 아니라 사회 구석구석의 모든 분열, 우리 마음속의 모든 병들과 결합되어 있어서 어디서부터 풀어가야 할지 모를 악순환을 이루고 있기 때문입니다. 그러므로 통일이 이루어진다는 것은 하나의 개벽에 해당하는 사태가 될 것이고, 다른 한편으로는 진정한 개벽을 이루고자 할 때 먼저 달성해야 하는 전제조건이기도 합니다. 그러기에 통일하는 일도 우리 마음이 통일을 향해 열리는 일과 분단체제의 외부적 기구를 몸으로 허물어가는 일이 동시에 진행될 수밖에 없는 것입니다. 진정으로 통일하는 마음이란 각자가 개인의 수양을 게을리하지 않는 수양인의 마음인 동시에, 통일이 안 된 현실의 모순과 질환을 정확히 인식하려는 연구자의 마음이며, 이 모순과 질환을 제거하기 위해 그날그날의 할 일을 하고 싸움을 싸우는 실천가의 마음이기도 합니다. 이런 통일하는 마음만이 통일을 향한 참된 발걸음이 되리라고 믿습니다.

개벽과 통일

문익환 목사의 북한 방문 사건(1989.3.25—편자 주)을 계기로 우리는 남북 분단의 문제가 우리 모두의 삶에 얼마나 큰 멍에로 들씌워져 있는지 다시 한번 실감하게 되었다. 또한 통일을 가로막는 벽은 단지 남북 사이에 놓인 벽이 아니라 우리 사회의 내부에 갖가지 형태로 버티고 있는 벽이기도 함을 뼈저리게 느끼고 있다. 그러나 통일이 아무리 큰 사업이요 통일을 위해 헐어야 할 벽이 많고 깨부수어야 할 사슬이 아무리 무겁다 해도, '개벽'이라는 낱말과 함부로 연결시킬 일은 아니다. 막연히 그 과업의 거대함을 표현하는 수사법의 차원을 넘어 태초의 '천지개벽'이라든가 그에 못지않은 우주적 사건으로 이해되는 후천의 '정신개벽'을 말할 때와 같은 의미로 그 말을 쓰려면, 우리 민족의 통일이 과연 그런 차원의 사업인지 아닌지 좀 더 자세한 검토가 있어야 할 것이다.

통일이 되려면 '어떤 개벽과 같은 일이 있어야 하지 않을까' 하는 느낌을 나 자신 바로 이 지면[앞의 「통일하는 마음」 참조]을 통해 밝힌 일이 있다. 그것도 업이 되었는지 '개벽과 통일'에 대해 써달라는 힘겨운 부탁을 거절 못할 처지를 당하고 말았는데, 얼마나 어려운 사업인지 그 장애 요인들을 다소 구체적으로 검토해 보는 것으로써 책임을 면할까 한다.

통일의 첫째 장애로는 뭐니뭐니 해도 우리 사회의 실권을 쥔 사람들 가운데 통일이고 민주주의고 다 일없고 자기네 욕심만 계속 채우겠다는 이들이 적지 않다는 사실을 꼽아야겠다. 문목사 방북에 따른 소동만 보아도 그렇다. 문목사의 행위에 대한 법률적 해석이라든가 그의 방북이 통일과업에 실제로 끼친 공과에 대해서는 얼마든지 다툴 수 있다. 그러나 그 일로 온 세상이 시끄러운 법석이 벌어진 데에는, 분명히 소동을 극대화해서 자신의 허물을 감추고 국민의 정당한 주장을 억누르며 종국에는 분단 속에서만 지켜지는 자신들의 기득권을 더욱 튼튼히 다지려는 세력의 작용이 가해진 것이다.

그런데 우리 사회가 이러한 소수 반통일·반민주 세력과 나머지 전부로 확연히 양분되어 있다면, 전자가 아무리 큰 물리력을 지니고 있다 한들 다수 통일세력의 승리는 손쉬운 일일 터이다. 문제는 나머지 다수들이 또 몇 갈래로 나뉘어 있으며 각기 그 나름의 한계를 지니고 있다는 사실이다. 여기서 이들을 대충 세 갈래의 주된 흐름으로 나누어 살펴볼까 한다.

첫째는 통일과 민주주의에 대한 그들대로의 열망을 갖고 있으나 남북의 통일보다는 남쪽 사회의 민주화가 먼저 이루어져야 하며 민주화 자체도 점진적인 개혁에 한정되어야 한다고 믿는 갈래이다. 여기에 속하는 사람들은 집권층 내부에도 있고 제도권 야당들의 경우 대부분이 이런 입장이며 사회 전체로 볼 때는 중산층의 많은 사람들이 이에 동조한다고 하겠다. 그리고 이것은 분명히 여러 가지 미덕을 지닌 입장이다. 통일작업을 슬기롭게 추진할 수 있기 위해서도 먼저 우리 사회가 지금보다 좀 더 자유롭고 민주적이 될 필요가 시급하며, 통일이 안 된 상태에서나마 우리 남쪽에서 우리 나름으로 성취해 놓은 민주화 투쟁이나 경제발전의 열매들을 헛되이 잃어버리지 않기 위해 통일과 민주화의 작업 모두에 신중을 기하자는 것도 틀린 이야기랄 수 없다.

그러나 문제는 통일 같은 큰 사업이 이런 신중론만으로는 이룩되지 않는다는 점이다. 반세기 가까이 갈려 살았고 게다가 어느 외국보다도 더욱 원수처럼 맞서온 남북한이 화해하고 통일한다는 것은 연방제라는 점진적인 방식을 취하든 어쩌든, 쌍방의 상호관계에서만이 아니라 각각의 내부에서도 엄청난 변혁이 아닐 수 없다. 그야말로 백척간두에서 또 한 걸음을 내딛는 판인데, 이제까지 누리던 것 다 누리고 지키고 싶은 것 다 지키려다 보면 아무것도 안 하자는 꼴이 되기 십상인 것이다. 이 첫 번째 흐름에 속하는 사람들이 자기 나름으로는 민주화를 열망하고 통일을 지향한다지만 정작 결정적인 대목에 가서 오히려 공공연한 반민주·반통일 세력과 손잡는 일이 적지 않은 것은 그 때문이다. 예컨대 민주화를 외치면서도, 이미 많은 것을 누리고 있는 사람들이 좀 더 자유로워지고 확실한 권리를 누리게 되는 일만을 주로 생각하기 때문에, 아직 아무것도 못 가지다시피 한 더 많은 사람들이 약간만 거세게 나와도 금세 '자유민주주의체제 수호' 운운하며 자유와 민주주의를 파괴해 온 세력과 타협할 태세로 돌아선다. 또한 남쪽에서만 가능한 이점들을 지키기에 너무나 열중한 나머지, 북쪽의 실상을 계획적으로 왜곡하는 반통일 세력의 선전을 아무 저항 없이 받아들이는 일도 흔하다.

그러므로 '선민주 후통일'과 '안정 속의 개혁'을 내세우는 이 흐름을 두고 다른 두 갈래에서 결국 분단의 영구화에 가담하는 입장이라고 비판하는 것은 그들 나름의 근거를 지닌 일이다. 그중 한 갈래에서는, 그것이 특히 남한 사회 내부의 가진 자들의 입장이라는 계급적 성격을 꼬집는다. 우리 사회는 이미 고도로 발달된 자본주의사회이고 외부 제국주의세력의 지원을 받는 국내 독점자본이 다수 민중을 억누르고 착취하는 체제이니만큼, 이런 기본적인 사실을 무시하고 '통일'을 말하는 것은 속임수거나 환상이요, '민주화'

역시 이제까지 너무나 적은 수의 권력자와 재벌들이 누리던 것을 조금 더 많은 수의 재산가들끼리 함께 누리자는 이야기지 대다수 민중이 자기 삶의 주인 노릇을 못하기는 마찬가지라는 것이다.

정부당국은 이런 입장을 극도로 불온하다고 보아 종종 탄압을 가하기도 한다. 그러나 첫 번째 갈래에 심각한 문제점이 있음을 인정한 이상 그에 대해 진지한 비판을 제기하는 사람들이 어떤 다른 의견을 갖고 있는지 일단 경청해 보는 것이 공부하는 태도요, 정녕 통일을 이루고야 말겠다는 사람의 자세일 것이다. 더구나 자본주의사회의 계급관계에 대한 분석은 그 나름의 유구한 전통과 권위를 지닌 학문 방법이다. 또 실제로 우리 주변에서 벌어지는 현상을 보더라도, 지식층의 반체제 활동이나 학생 데모에는 비교적 관대한 정부가 노동자들의 생존권 싸움에 대해서는 그야말로 적군을 토벌하듯 무자비하게 나가고 그러고도 기성 언론들의 호의적인 반응을 얻기 일쑤인 것이다.

그러므로 이 두 번째 흐름도 일정한 설득력을 지녔음은 분명하다. 동시에 그 나름의 문제점과 한계도 있다고 할 것이다. 계급간의 착취·피착취관계를 강조하는 나머지 앞서 첫 번째 흐름에서 옳게 지적된 사실들을 외면하는 경향이 있는가 하면, 남한에서 민중이 주인되는 세상을 먼저 만듦으로써 통일도 가능케 된다는 발상은 분단이 우리 사회의 온갖 발전을 얼마나 속속들이 제약하고 있는지를 충분히 감안하지 못했음을 말해준다고 하겠다.

세 번째 흐름 역시 불온하고 위험한 것으로 배척당하곤 한다. 다만 이 경우의 특징은 남한 사회 안의 계급적 대립보다도 통일을 열망하는 우리 민족 대다수와 이 염원을 짓밟는 외국세력(주로 미국) 및 소수의 국내 매국세력 사이의 대립을 더욱 중요시한다. 그런 의미에서 남북통일은 곧 민족해방이며 이를 위한 광범위한 민족자주화운동을 가장 중요한 과제로 삼고 있다.

우리가 첫 번째, 두 번째 입장에서 그 나름의 문제점을 이미 발견한 만큼, 이 세 번째 관점의 불온성 여부에 구애 받기 전에 여기서도 우리가 배울 바가 무엇인지를 먼저 물어야 할 것이다. 그럴 경우, 최소한 그것이 다른 두 흐름에 비해 우리 사회가 무엇보다도 분단으로 고통 받는 사회라는 인식이 투철하고 통일을 소망하는 열의가 뜨거움을 인정하지 않을 수 없을 것이다. 반면에 외세의 역할을 과대평가하여 우리 자신의 문제점들을 간과하거나 남한사회 내부의 갈등을 '애국 대 매국'으로 단순화하는 경향이 있으며, 북쪽의 자주성과 남쪽의 비자주성을 대비하는 일에 몰두하는 가운데 남북 사회 각기의 장단점에 대한 과학적 분석이 모자란다는 비판도 받아야 하지 않을까 싶다. 셋째 갈래 역시 통일로 가는 길을 어김없이 밟고 있지는 못한 것이다.

이쯤 되면 통일을 이룬다는 것이 얼마나 복잡하고 어려운 일인지 실감된다 하겠다. 우리는 아직도 기세등등한 극단적 반통일 세력 앞에서 자신을 방어하기도 급한 판인데, 통일을 지향하는 셋 또는 그 이상의 갈래들이 지닌 문제점들을 모조리 극복할 길을 찾아내야 하는 것이다. 이럴 때 각각의 부분적인 미덕을 그냥 이것저것 주워모으는 일은 참된 종합이 아닌 '절충주의'로서, 머릿속으로는 그럴듯하게 보일지 모르나 실천의 마당에서는 죽도 밥도 아닌 꼴로 끝나게 마련이다.

그러면 통일은 너무 어려워 엄두도 못 낼 일인가? 갈래갈래 나뉜 입장들의 미덕을 두루 간직한 채 각기의 한계를 일거에 뛰어넘는다는 점에서 일대 비약을 요구함에는 틀림없으나, 그런 비약일수록 정작 깨닫고 보면 쉬운 일이라는 것이 뭇 성현들의 가르침이요 '변증법'의 원리이기도 하다. 소태산

(少太山) 대종사의 말씀에도, 도(道) 이루는 일이 지극히 어려울 듯싶어도 그 이루는 법을 알고 보면 '밥 먹기보다 쉬운 것'이라 하지 않았던가.

그렇다고 내가 통일하는 어렵고도 쉬운 길을 터득했다는 말은 물론 아니다. 다만 통일이 이런저런 단순처방으로 결코 안 되는 일임을 그냥 머리로 아는 것이 아니라 수양하고 연구하며 실행하는 마음으로 깨우친다면, 막상 이루어질 때는 마치 저절로 이루듯이 이루어지는 '개벽'과도 같은 것이리라는 짐작을 해보는 것이다.

그런 짐작을 하는 데에는 문학에 종사하는 사람으로서 나름대로 문학과 예술에 관해 생각해 온 것이 작용한 바도 없지 않다. 훌륭한 작품일수록 지극히 성취하기 힘들면서도 막상 될 때는 저절로 되듯 되는 것이요, 읽는 사람에게는 우선 즐거운 것이 참예술이다. 70년대 이래 우리 문학에서 '민족문학'의 이름으로 벌어져 온 운동은, 바로 이러한 예술의 본성에 충실한 문학이 우리 시대에는 남쪽만의 국민문학이 아니라 분단을 거부하는 민족 전체의 문학이어야 하고 동시에 막연히 민족을 찾고 통일을 찾는 것이 아니라 분단된 이 사회 대다수 민중의 삶과 욕구에 근거한 민중문학이어야 한다는 주장이었다. 그 구체적 실천으로서 우리는 앞서 언급한 첫 번째 갈래가 중시하는 당면의 민주적 개혁을 위해 싸우는 동시에 두 번째 갈래가 강조하는 자본주의사회의 기본모순에 대한 과학적 인식에 근거하고자 했고, 세 번째 갈래의 뜨거운 통일 열망과 민족자주의 정신에 공감하면서도 우리의 분단이 비록 외세의 결정적인 개입으로 형성되었으나 지금은 남북 각기에 일정하게 내부화된 '분단체제'의 문제로 파악하고자 한 것이다. 그리고 단순한 알음알이나 한정된 효력의 행동이 아닌 '작품'이 되려면, 이 모든 요소들이 그때마다 하나의 새로운 진실로 열리며 독특한 세계를 창조하는 길뿐임을 거듭 확인해 온 것이다.

실제로 그런 경지에 다소나마 도달한 작품조차 아직은 많지 못하다. 그러나 구체적인 예를 들 지면이 없는 상태에서 결론만 말한다면 문학에서도 분단극복의 한길을 환히 뚫어준 작품은 안 나왔지만 대저 어떤 경지에서 그런 작품이 가능할지를 실감할 정도는 되어 있다고 할 것이다. 그리고 그 경지는 여타 분야의 통일작업에서와 마찬가지로 냉철한 현실 인식과 뜨거운 실천이 본마음의 고요와 하나가 됨으로써 복잡다단하기만 하던 남북통일이 각자에게 너무나도 당연하고 분명한 일감으로 제시되는 경지라고 표현할 수 있겠다.

나는 원불교 교도는 아니지만 일원회상(一圓會上)과 겹겹의 고마운 인연이 있어, 평소에 통일을 생각할 때나 문학을 생각할 때 소태산 선생의 가르침을 염두에 두는 일이 적지 않았다. 이 글에서 '개벽' 운운하며 주제넘게 문자를 농한 것도 결국 그런 인연을 믿고 한 노릇이다. 그리고 내친 김에 개벽에 관해 생각나는 바를 한두 마디 덧붙이고 끝맺을까 한다.

'물질이 개벽되니 정신을 개벽하자'는 원불교의 개교표어를 두고, 나는 정신개벽에 대한 그 자세한 가르침을 알아서 따르려는 노력보다도 물질개벽이 도대체 어떤 것일까 하는 의문을 자주 해 보는 편이다. 개교 당시 일제 식민지가 된 이 땅에 급작스레 밀어닥친 근대서양의 문물과 그 와중에 아무런 주체적 방비 없이 겪은 엄청난 물질생활의 변혁을 우선 생각하게 되지만, 그것을 물질의 '개벽'이라 했을 때 단순히 변화의 거대함이나 급격함을 표현하는 수사법은 아니었지 싶은 의심이 드는 것이다. 사실 현대 과학기술로 대표되는 물질문명도 물질 자체가 만들어낸 것이 아니라 사람의 마음이 움직여서 이루어놓은 개벽이다. 그것이 개벽임을 모르기 때문에 그 앞에서 사람의 정신이 약해지고 닫혀지는 것이 아닐까. 그러나 바로 그것이 개벽임으로 해서 비로소 물질의 개벽이 정신의 개벽을 부르고 정신개벽으로 그 완성에 이를 수 있는 것이 아닐까.

이런 생각을 굳이 말해보는 것은, 통일을 정신개벽과 연결시킬 때 일종의 정신주의로 흐를 염려가 있겠기 때문이다. 원불교의 자세한 사정은 모르지만, 무릇 기성의 종교에는 그런 성향이 다소간에 끼어들기 마련이 아닌가 한다. 물질적인 현실의 변화에 대한 깊은 공부와 적극적인 대응을 소홀히 한 채 정신의 변화만을 강조함으로써 진정한 정신개벽이 아닌 개인 차원의 정신수양에 치중하고 말 위험이 그것이다. 이는 정신수양만이 아닌 삼학(三學)의 고른 수행을 강조했을뿐더러 삼학 자체도 육신의 의·식·주 3건을 포함한 '6대강령'의 절반으로 설정한 원불교의 교리와도 다른 것이다.

더구나 물질이 개벽된 세상에서는 모든 사람의 의·식·주를 해결할 만큼의 생산력이 주어지므로 만인이 실제로 고르고 풍족한 물질생활을 영위하게 해 주는 연구와 실행이 마음공부의 직접적인 과제가 될 수밖에 없다. 통일의 과정에서 노동자·농민을 억누르는 사회구조의 문제가 기본적인 것으로 대두하는 까닭은 그것이 바로 이처럼 물질이 개벽되는 시대에 정신을 개벽하는 과업의 당연한 일부이기 때문이다. 동시에 우리 사회의 구조적 문제가 통일이라는 일대 개벽을 통해서만 제대로 풀릴 수 있다고 말하는 것은, 모든 진정한 역사 발전이 그때마다 하나의 정신개벽이 아니면 안 된다는 원리에서 벗어나는 이야기가 아니다.

03

물질개벽 시대의 공부길

제가 청탁받기로는 현재로부터 2천년대 초반까지 한국사회를 진단하고 지도자로서 해야 할 역할을 말해달라는 것이었습니다. 그런데 이 청탁 내용대로는 도저히 말씀드릴 자신이 없습니다. 저는 예언자도 아니고 미래학자도 아니고 또 사회과학자도 아닙니다. 그래서 2천년대 초반까지 한국사회가 정말 어떻게 돌아가려는지 진단하거나 예언할 능력이 없고, 더군다나 지도자로서의 역할로 말하자면 여기 계신 분들이 전부가 종교계, 진리사업에 종사하는 지도자들이시고 그중에는 지도자 가운데서도 또 지도자에 해당하는 분들이 계신데, 저 자신은 사실은 수양이 모자라서 제 몸뚱어리 하나도 제대로 건사를 못해서 주위 분들에게 많은 심려를 끼치며 살고 있습니다. 그런 제가 여러분들께 지도자는 이러저러한 역할을 해야 한다고 마치 지도를 하는 것처럼 입을 놀린다면 망발이 될 것입니다. 그래서 대신 생각해 본 것이 제가 평소부터 관심을 가지고 있던 문제와 연관시켜서, 원불교의 개교표어에 '물질이 개벽되니 정신을 개벽하자'고 했는데 물질개벽에 대해 제가 생각한 바를 말씀드릴까 합니다. 그런데 어떻게 보면 이것은 그냥 한국사회를 진단하는 것보다 더 거창한 얘기가 되겠고, 더 주제넘은 얘기가 될지도 모르겠습니다. 그야말로 부처님 앞에서 설법하는 격이 되겠는데요. 저는 그런 뜻으로 말씀드리는 것은 아니니까 양해를 해주시기 바랍니다. 오히려 문외한으로서 평소에 교전도 읽고 귀동냥한 것을 가지고 제가 생각한 것을,

말하자면 학생이 선생님들 앞에서 발표하는 마음으로 말씀을 드리고 여러분들의 질정을 받아볼까 하는 것이니까요.

그래서 우선은 오늘 제가 물질개벽을 말하게 된 취지를 조금 더 설명드리고, 다음에는 물질개벽 시대의 실상이 어떤 것인가에 대해서 제가 생각하는 바를 말씀드리고, 그 다음에는 물질개벽 시대에 부응하기 위해서 어떻게 공부할 것인가 또 어떻게 나아갈 것인가에 대해 그 부분은 좀 더 줄여서 말씀드리고, 마지막으로는 정신이 개벽된 그런 시대를 향해서 우리 민족이 나아갈 때 당장 부닥치는 문제로서 민족의 통일이라는 과제에 대해서 한두 마디 말씀드릴까 합니다.

제가 개교표어에서 '물질이 개벽되니…'라는 구절에 남다른 관심을 갖게 된 것은 워낙 정신수양이 모자라니까 정신개벽 부분에 대해서는 자신이 없어서 그렇기도 하지만, 물질개벽론은 말하자면 시국에 관한 판단이고 현실에 대한 판단이라고 생각되었기 때문이기도 합니다. 이것은 종교 안팎을 막론하고 누구나 우리가 살고 있는 시대에 대해서 함께 논의하고 생각할 자료가 된다고 보았기 때문이지요. 그런데 오늘날 물질문명이 놀랍게 발달하고 있다는 것은 누구나 알고 실감하는 사실입니다만, 이것을 '개벽'이라고 표현했을 때 여러분들은 늘 개벽사상을 말하고 또 정신개벽의 사업에 종사하기 때문에 어떠신지 모르겠습니다만 이런 표현에 익숙치 않은 세상사람들의 머리에는 조금 색다르게 느껴집니다. 그냥 물질이 발달한다는 것이 아니라 개벽된다고 할 때 도대체 무슨 말인가? 물론 개벽이라는 말을 사전을 찾아서 알 수도 있고, 또 사전을 안 봐도 그 의미를 대충은 이해하고 있습니다만 물질이라는 것이 개벽된다는 것이 도대체 무슨 말일까? 물질이 발달한다는 말을 단지 조금 더 강조해서 말하는 하나의 수사법에 지나지 않는 것인가, 아니면 그것을 꼭 개벽이라고 말해야 할 까닭이 있는 것일까? 저는 평소부터 이런 것에 의문을 가져왔습니다. 어떻게 보면 이것이야말로 우리 시대의 하나의 의두(疑頭)요 화두(話頭)가 아닐까 하는 생각도 해봤습니다. 그래서 이것도 '의두요목'의 하나로 추가해서, "물질이 개벽되리라고 말씀하셨는데 그것은 무슨 뜻인가"라고 한번 화두를 걸어 보면 어떨까 하는 생각을 했습니다.

특히 제가 근래에 와서 그런 생각을 더 많이 하게 된 것은 물질개벽·정신개벽을 두고서 어떤 사람들은 이것이 별로 대단한 얘기가 아니고 심지어는 표현이 잘못됐다고까지 하는 것을 들었기 때문입니다. 물질문명/정신문명, 이런 식으로 나누어서 보는 것 자체가 말하자면 서양철학에서 또는 우리 일상생활에서 하나의 상투적인 사고방식인데 원불교에서 그런 상투적인 사고나 표현의 수준을 넘어서지 못해서, 말하자면 대종사님 뜻이야 그렇지 않았겠지만 그것을 정리하는 사람들이 뭔가 상투성에 얽매여서 개교표어를 잘못 만들었다는 얘기를 한 것을 전해 들었습니다. 그때 저는, 물질이 개벽된다는 말에 그야말로 화두가 걸려서 이것을 하나의 의두로 연마를 안 하면 이런 식의 해석도 가능하겠구나라는 생각이 들었습니다. 그냥 평범하게 물질문명이 발달하면서 정신문명이 부족해졌다든가 하는 식의 얘기는 수없이 들어 왔고, 또 지금도 수없이 하고 있고, 그렇게 암만 얘기해 봤자 대개는 하나의 공염불로 끝나고 맙니다. 그래서 물질개벽이 정말 무엇인지를 조금 더 깊이 생각을 해 봄으로써만 우리가 개교표어를 제대로 이해하는 것은 물론이고 거기서 말씀하신 오늘 우리에게 필요하다는 정신개벽도 제대로 해낼 수 있지 않을까 하는 생각이 들었던 것입니다.

제가 여러 종교에 대해서 갖고 있는 짧은 지식을 근거로 판단할 때 소태산(少太山) 박중빈(朴重彬) 선생의 후천개벽론에는 몇 가지 특이한 바가 있습니다. 하나는, 소태산 선생뿐 아니라 우리 구한말에 후천개벽(後天開闢)을 얘기하신 수운(水雲) 선생이라든가 증산(甑山) 선생. 이런 분들이 단순히 이 시대가 난세니까 난세를 다스려야겠다는 수준의 말씀이 아니고 이제 정말 선천이 가고 후천이 오는 큰 전환의 시대이고 그때 우리가 개벽을 해야 된다고 말씀하신 것이 종래의 흔한 난세론과 다른 바가 있다고 생각합니다. 그전에도, 가령 중국에서 같으면 우리 조선에서보다 왕조의 전환이 더 많았는데 어쨌든 왕조가 바뀔 무렵이 되면 그것이 난세가 되고 새로 개국하는 임금이 나서서 치세를 다시 이룩하곤 했습니다. 그러나 후천개벽이라는 것은 그런 수준의 수습이 아니라 더 근본적인 전환입니다. 이런 더 근본적인 전환을 내다보았다는 것이 조선조 말기의 우리 민중종교사상들과 더불어 소태산 사상의 한 특징이라고 할 수 있겠습니다.

동시에 메시아 사상이라든가 그 비슷한 것은 서양에도 있었고 동양에도 없지 않았습니다. 예수께서 재림하여 천년 동안 세상을 다스리신 후에 이 세상의 종말이 온다는 것이 성경에 나와 있는데 그런 천년왕국의 도래를 예언 또는 선포한 사람이 많았고 후천개벽 사상이 그런 것과 통하는 바도 있습니다. 하지만 그것과 원불교에서 말하는 후천개벽, 또 선후천교역기(先後天交易期) 개념의 가장 큰 차이는 현실에 대한 사실적인 인식을 바탕으로 후천개벽을 얘기한 것이지 막연히 예수께서 재림하신다든가 또는 후천이 열린다든가 이런 것이 아니라는 점인 것 같습니다. 다시 말해서 현 문명에 대한 인식, 이것이 바로 물질이 개벽하는 시대라는 인식에 그 차이가 있다고 생각합니다. 거기에다 같은 후천개벽을 얘기하신 수운이나 증산 선생과 비교할 때 소태산 대종사께서는 정신을 개벽하자고 하시면서도, 가령 내가 태어남으로써 후천이 열렸다든가 또는 원불교가 창시됨으로써 저절로 후천개벽이 이루어졌다고 말하기보다, 앞으로 우리 한 사람 한 사람 모두가 정신개벽을 하고 모든 민중이 깨어나는 세상이 될 때 그것이 새로운 세상이 되리라고 하셨다는 점, 이렇게 우리 모두의 노력에 후천개벽의 임무를 맡긴 점이 또 하나의 특징이 아닌가 합니다. 그런 의미에서 저 같은 사람도 외람되나마 물질개벽·정신개벽, 이런 얘기를 하는 것이 허용되지 않을까 하는 것입니다. 그러면 물질개벽에 대해서 몇 가지 말씀을 드려보겠습니다. 『대종경(大宗經)』 서품(序品)에 그런 말씀이 있지요. "지금 물질문명은 그 세력이 날로 융성하고 물질을 사용하는 사람의 정신은 날로 쇠약하여, 개인·가정·사회·국가가 모두 안정을 얻지 못하고 창생의 도탄이 장차 한이 없게 될지니…."[1] 이렇게 말씀하셨는데, 지금 세상이 돌아가는 것이 전부 나쁘게만 돌아가는 건 아닙니다만, 어떻든 "창생의 도탄이 장차 한이 없게 될지니…."라고 하신 그 말씀은 여전히 유효하고 우리가 나날이 실감하면서 살고 있지 않은가 합니다. 특히 세상의 병을 말씀하신 자리에서는 여섯 가지 병을 열거하신 것을 기억하는데, 여러 교무님들은 다 외우다시피 하시겠지만 제가 이야기 전개의 편의상 다시 한번 상기시켜 드리면, 첫째가 돈의 병이고, 둘째가 원망의 병, 셋째가 의뢰의 병, 넷째가 배울 줄 모르는 병, 다섯째가 가르칠 줄 모르는 병, 여섯째가 공익심이 없는 병이라고 했습니다.[2] 그런데 이 여섯 가지의 어느 하나를 보거나 지금 우리 세상 돌아가는 것이 병이 점점 깊어져 가고 있지 아직까지는 사회 전체로 볼 때 소생·회복기에 접어 들어갔다고는 보기 어려운 것 같습니다. 사례를 들자면 한정이 없겠습니다만 우리가 매일 신문만 읽고 살아도, 또 신문을 읽지 않는 사람도 자기가 직접 생활에서 겪으면서 사는 일이기 때문에, 거기에 대해선 길게 설명을 안 드리겠습니다. 그런데 한국에서 이런 현실을 살면서, 우리가 흔히 외국에서는 안 그런데 우리는 그렇다, 서양의 선진국 같으면 이러저러하게 잘하는데 우리는 왜 이렇게 못하는가라는 얘기를 많이 합니다. 실제로 서양의 이른바 선진국이라는 나라들은 우리보다 낫게 하고 있는 점이 많은 것도 사실입니다. 제가 젊어서 미국에서 공부를 했고 지금도 주로 공부하는 내용이 서양에 관한 학문입니다만, 가령 많은 미국사람들이 자기들끼리 일을 꾸려나가면서 공익심을 발휘하는 것을 본다거나 또는 남에게 의뢰하기보다 자력에 의해서 생활하려는 태도, 이런 것은 대체로 우리보다 훨씬 낫지 않은가 하는 생각입니다. 또 미국사회의 어떤 구석을 보면 미국이 금전만능사회라고 하지만 돈의 병이 우리보다 덜 심각한 구석도 많습니다. 그러나 크게 볼 때 소태산 선생께서 말씀하신 오늘날 문명사회의 병은 한국이나 미국이나 또 세계 어느 사회나 다 마찬가지가 아닌가 생각되고, 특히 미국 같은 사회, 소위 선진국이라는 사회를 우리가 그 나라만을 따로 보지 않고 인류사회의 차원에서 본다면 어떤 면에서는 이 병이 더 깊이 들어 있다고 볼 수 있습니다. 가령 미국사람들이 자기네끼리 자기 나라의 살림을 꾸려나가는 데는 남달리 공익심을 발휘한다고 칩시다. 그러나 그들이 자기 나라만을 운영하는 것이 아니고 세계를 지배하는 위치에 있는데 약소민족들에게 어떻게 하고 있는가, 또 인류의 장래를 위해서 무슨 전망을 갖고, 신념을 갖고 꾸려나가고 있는가, 아니면 자기네들이 남보다 조금 잘 살고 또 좀 앞서 있다는 이것을 지키기 위해 급급해 있는가. 이런 차원에서 본다면 이른바 선진사회라는 것이야말로 공익심도 없는 사회이고 남을 가르칠 줄도 모르는 사회이고 또 스스로 배울 줄도 모르는 사람들로 가득 차 있다고 할 수 있습니다. 따라서 이런저런 점을 두루 감안할 때 이른바 선진국이라는 나라들이 실은 물질개벽의 선진이지 정신개벽의 선진은 아니라고 말할 수 있겠습니다. 실제로 주인될 정신이 도리어 물질의 노예가 되고 만 현실의 뿌리를 찾자면 동양 못지않게, 또는 오히려 그 이상으로 서양의 선진사회에서 찾아야 하지 않을까 하는 생각입니다. 그래서 서양을 공부한 사람으로서 거기에 관해 몇 가지 말씀을 드려볼까 하는 것입니다.

서양의 물질문명이 화려하게 발전하고 있는 것은 우리가 다 아는 사실입니다. 그런데 그 뿌리가 되는 서양의 정신문명이 있는데, 이 정신문명의 기둥으로 우리가 흔히 말하는 것 중에 하나는 유태교·기독교로 대표되는 서양의 종교입니다. 유일신(唯一神) 신앙입니다. 그래서 서양문화의 연원이 한 편으로는 히브리문화에 있고 또 하나는 그리스와 로마의 고대문화에 있다고도 하지요. 특히 고대 그리스의 탐구정신이라고 할까요, 학문과 예술을 꽃피운 정신이 서양정신의 또 하나의 뿌리라고 할 수 있습니다. 이러한 큰 두 흐름이 합쳐져서 유럽, 그리고 오늘날의 미국에까지 이르는 서양문명을 발전시키면서, 그 사회를 이끌어 온 여러 가지 윤리·도덕을 형성했습니다. 이런 것들이 서양정신의 뿌리라고 할 수 있겠는데 과연 그 정신이 오늘날에는 얼마나 살아 있으며 또 물질이 개벽되는 이 시대를 얼마나 잘 감당해내고 있는가 하는 점을 한번 생각해 보고자 하는 것입니다.

우선, 서양의 종교가 유일신을 내세우고 있고 또 그것을 바탕으로 많은 중생을 제도하고 교화하며 오늘날의 서양사회를 건설해 왔습니다. 그러나 신이라든가 하느님이 창조하셨다고 하는 인간의 영혼이라든가 이런 것은 서양사람들의 개념에 의하면 그것이 정신적인 존재에 해당할 터인데, 우리 동양에서 불교의 진리에 입각해서 본다면, 원불교의 관점에서도 마찬가지 겠습니다만, 어디까지나 유·무의 분별에 근거한 현상 중에서, 그러니까 우리가 있다고 단정한 것 중에서 정신적인 존재, 영적인 존재가 정신이요 영혼입니다. 그리고 하느님은 그러한 존재들, 정신적인 존재들 중에서 지고(至高)한 존재, 가장 높고 가장 힘있고 또 가장 현명하신 존재입니다. 즉 신은 모든 존재자 중 지고의 존재자인 셈입니다. 이것이 서양정신의 하나의 큰 뿌리라고 할 수 있는데, 이것은 가령 원불교의 『정전(正典)』에서 삼학 중에 '정신수양'을 얘기하면서 정신을 정의하기를 "정신이라 함은 마음이 두렷하고 고요하여 분별성과 주착심이 없는 경지를 이름이요"[3]라고 했을 때의 정신에 관한 생각과는 전혀 다른 차원의 것입니다. 즉 원불교 교전에 정의된 이런 '정신'이라고 할 때는, 이것은 있는 것들 중에서 물질이 아닌 다른 종류의 있는 것이라는 뜻이 아니라 오히려 물질과 정신의 분별이 없는 경지라고 해야 옳겠습니다. 영육쌍전(靈肉雙全)의 경지라고 표현되기도 합니다. 그런 점에서는 정신이라는 것은 육신에 의존하는 존재이기도 하고, 마찬가지로 육신은 정신에 의존하는 존재인데, 육신은 우리가 다 아는 바와 같이 물질적인 존재입니다. 말하자면 불교에서는 응용무념(應用無念)한 도(道)를 적용하는 하나의 방편으로서 물질과 정신을 가르기도 하고, 또는 정신 · 육신 · 물질 이렇게 셋을 가르기도 하는 것이지, 서양에서처럼 있는 것들 중에서 정신과 물질을 갈라 놓고 비물질적 존재자로서의 정신을 말하는 일은 설혹 그것이 정확하게 가른 것이라 하더라도 어디까지나 분별지(分別智)의 정확성에 지나지 않고 참다운 지혜에는 못 미치는 것입니다. 사실은 그것이 정확한 분별인가 하는 것도 심히 의심스러운 일입니다. 왜냐하면 방금 말씀드렸듯이 정신이라는 것 자체가, 있는 물건의 차원에서는 정신도 물질의 일부다, 또는 물질과 정신을 구별하는 것은 불가능하다고 할 수 있기 때문입니다. 우리가 흔히 마음을 말할 때에도 '정신수양'과 관련하여 말씀하신 '정신'은 바로 불성과 같은 것입니다만, 중생의 마음이라고 할 때는 원래 그런 것은 없는 것이지만 경계를 따라서 있어지는 것이다라고 말하지요. 다시 말해서 물질현상에 부수되는 현상으로서 나타나는 것이 그런 차원의 정신작용이라고 말할 수 있습니다. 그런 의미에서도 중생심이라는 것은, 보통 사는 사람들의 평범한 의식이라는 것은, 물질현상의 일종이라고 말할 수 있고 이는 바로 서양에서 유물론자들이 주장하는 바입니다. 또 정신에 대한 그런 철학적 해석뿐만 아니라 현대 물리학에서도 정신과 물질의 차이를 구별하기가 점점 어려워져 가고 있는 것으로 압니다. 물질을 옛날에는 무슨 물질의 덩어리가 있는 것처럼 생각했는데 물리학의 연구가 깊어질수록 그런 식으로 우리가 어떤 물질의 알갱이를 객관적으로 확인한다는 것은 어려워지고, 어떤 의미에서는 물질은 에너지 그 자체이고 관찰하는 사람과의 관계를 떠나서 생각할 수 없는 것으로 이해되는 일이 많다고 듣고 있습니다. 이렇듯 물질을 에너지라고 한다면 어떻게 보면 정신이야말로 물질이라고 말할 수도 있는 것입니다.

오늘날 기독교, 유태교를 포함해서 기존의 종교들, 특히 서양의 종교들이 실제로 많이 쇠퇴해 있습니다. 교세 자체도 쇠퇴하고 있고, 가령 천주교라든가 기독교가 이상하게도 우리나라에서는 그렇게 융성합니다만 서양에서는 천주교 같으면 교도의 수도 줄어들거니와 특히 신부 하겠다는 사람이 없어서 제3세계에서 인재를 수입해야 하는 실정이라고 합니다. 이렇게 종교가 쇠퇴하고 있는 데는 여러 가지 이유가 있겠습니다만 크게 보아서 그들이 모시는 하나님, 또는 그들이 가장 존귀하다고 생각하는 인간의 영혼, 이런 개념 속에는 한편으로는 그것이 진리를 담은 측면도 있습니다만 그것을 기존의 서양철학이나 신학에서 정리하고 체계화해 놓은 상태가 진리와 다소 거리가 있고 어떤 의미에서는 물질과 다름없는 것으로 만들어 놨기 때문에 물질이 개벽하는 시대를 감당할 수가 없는 것입니다. 말하자면 모든 물질이 열리고 깨지는 이 시대에 그들이 존귀하게 모셔온 정신도 깨지게 마련이라고 볼 수 있겠습니다. 물론 오늘날 기성의 종교들이 쇠퇴하는 가운데 여러 가지 종교적 부활·부흥 운동이 일어나고 있는 것도 사실입니다. 기성의 종교가 힘을 잃으면서 미신적인 종교들이, 혹은 기성의 종교 내에서도 미신적인 분파들이 더 힘을 발휘하는 것이 사실인데, 저는 이것 역시 크게 보면 종교가 쇠퇴하는 현상의 일부라고 봅니다. 진리에서 멀어지는 과정의 하나라고 볼 수밖에 없을 것 같습니다.

종교가 그렇듯이 고대 그리스의 탐구정신에서 출발한 서양의 철학이라든가 학문, 과학, 이 모든 것들도 오늘날 심각한 도전에 직면했고 이제 물질문명의 주인 노릇할 힘을 잃어버리고 있다고 생각합니다. 그리스 사람들이 생각한 진리 개념도 원래는 그것이 어떤 있는 사물에 대해서 사실 여부를 확인하는 단순한 알음알이의 차원은 아니었습니다. 오히려 숨겨진 도가 드러나는 것, 이런 것을 최초의 그리스 철학자들은 진리라고 생각했지요. 그런데 그것이 발전하면서 숨겨진 것이 드러나는 과정에 대한 깨달음이라고할까 이런 면은 오히려 잊어버리고, 드러난 것만 가지고 그것이 정말 있느냐 없느냐, 맞냐 틀리냐를 따지는 쪽으로 치우쳐 온 것이 서양철학의 발전과정이라고 생각됩니다. 이것이 전적으로 잘못됐다는 이야기는 아닙니다. 서양 학문과 동양 학문을 비교해 볼 때 서양사람들은 드러난 것이 맞느냐 틀리냐에 대해, 또 개별적인 사물 하나하나가 맞냐 틀리냐만이 아니라 맞는 사물들끼리의 상호관계가 정확히 어떤 것인가에 대한 집념이 제가 보건대 동양사람보다 훨씬 강했다고 생각합니다. 그렇기 때문에 서양의 학문이 훨썬 더 체계적으로 발달하고 거기서 근대과학이 탄생하고 오늘날과 같은 눈부신 과학문명을 건설하는데 서양 사람들이 주역을 맡게 되었던 것입니다. 그러니까 원래는 서양의 과학도 그 뿌리를 캐자면 구도(求道)의 한 방편으로 출발한 것이고 수많은 도인들을 낳기도 했습니다. 그러나 그 방편 자체가 워낙 발달하고 전문화되면서 그것이 도의 방편이라는 것을 망각하게 된 결과가 오늘날 서양의 과학에서 말하는 진리의 개념입니다. 가령 서양의 과학뿐만 아니라 많은 철학자들이 여기 있는 이 컵을 두고 이것이 컵이라고 하면 '진리'이고 컵이 아니라고 하면 '진리'가 아니라고 얘기하는데, 우리는 진리라는 말을 그렇게 함부로 쓰지 않지요. 서양에서도 예수께서 "나는 길이요 진리요 생명이다"라고 말씀하셨을 때 그 진리라는 말 역시 우리 동양에서 말하는 것에 더 가까운 진리이지, 무슨 이게 컵이냐 아니냐, 2 더하기 2가 4냐 5냐 하는 차원의 알음알이는 아니었던 것입니다. 하지만 가령 오늘날 영어에서 truth라고 하면 우리가 생각하는 진리의 개념은 거의 없어졌고 그야말로 맞냐 틀리냐, 혹은 실험을 해서 결과가 나오느냐 안 나오느냐 하는 차원으로 떨어져 버렸습니다. 따라서 그들이 말하는 진리는 물질의 운동과 물질의 운용에 대해서 이렇게 할지 저렇게 할지를 따지는 작업이 되었고 그것이 진정으로 진리다운 진리를 탐구하고 구현하는 차원에서는 벗어나게 된 것입니다. 그렇기 때문에 오늘날 과학의 진리 역시 물질이 개벽하는 시대에는 깨지고 무너지지 않을 수 없게 되었습니다. 요즘 최첨단에 있다고 하는 서양의 이론가들 중에는, 진리라는 것 자체가 하나의 신화이고 하나의 이데올로기이다. 그것이 어떻게 구성된 이데올로기인가를 알아서 그것을 다시 해체해 보아야 한다는 얘기를 하는 이들도 있습니다. 그것을 해체주의 또는 해체론이라고도 하고 탈구조주의라고도 하는데, 물론 덮어놓고 아무거나 문자 그대로 해체해서 없애버리겠다는 뜻은 아니고 진리 역시 역사적인 과정을 통해서 구성된 하나의 구성물이기 때문에 그것을 그대로 진리로 받아들일 수 없다는 얘기입니다. 따라서 이야기 자체는 정말 진리가 아닌 것이 진리로 행세해 온 것을 폭로하고 거기서 우리가 어떤 깨달음을 얻는 데는 유효한 말입니다만, 그런 낮은 차원의 진리나 진실을 해체한 다음에 우리가 더 높은 차원의 진리에 도달해야 할 텐데, 어디까지나 그러한 참앎의 방편으로서 해체작업을 수행해야 할 텐데, 그런 진리를 제시하지 못하고 있는 상황에서는 진리 자체가 무너지고 그래서 진리의 이름으로도 우리가 물질문명의 주인 노릇을 할 수 없게 된 시대의 또 다른 증상이라고 할 수밖에 없겠습니다. 윤리·도덕에서도 마찬가지죠. 긴 말씀은 안 드리겠습니다만, 윤리·도덕에 관한 한은 서양사람들 전부가 윤리를 잊어버리고 산다는 것은 아니고, 다만 윤리·도덕에 대해서 오늘의 과학이나 철학이 그것은 어떤 독단이다라거나 그때그때 사회의 풍습에 불과하다라는 정도, 아니면 개인의 주관적인 판단에 맡겨진 문제다라는 정도지, 그 이상의 근거를 제시하지 못하고 있는 것 같습니다. 물론 이것은 어떤 특정 시대에 태어난 생활상의 규칙을 모든 사람에게 강요하는 그런 강압적인 도덕규범을 갖는 것보다는 발전한 면이 있습니다. 그러나 도덕이 하나의 생활상의 편의에 지나지 않는다고 말하다 보면 결국은 그 편의 자체도 사라지게 되고 우리는 물질문명의 노예가 되어서 불편한 생활을 하지 않을 수 없게 될 것입니다.

서양에서 19세기 말에 니체라는 철학자가 나왔는데 그가 한 유명한 말 중에는, 신에 관한 것도 있고 진리에 관한 것도 있고 도덕에 관한 것도 있지요. 이 세 가지 기존의 권위를 부정하는 유명한 말을 남겼고, 바로 그렇기 때문에 오늘날 해체론자라든가 탈구조주의자들이 니체를 자신들의 가장 중요한 선구자로 모시고 있습니다. 그의 유명한 발언 중에서 신에 관한 말로는 여러분들도 아시다시피 "신은 죽었다"라는 말이 있죠. 하나의 충격적인 역설입니다. 특히 서양에서는 신과 인간을 구별할 때 '인간은 수명이 유한한 존재이고 신은 무한한 존재이다'라는 것이 신의 정의나 다름없었습니다. 즉 죽지 않는 것이 신의 특징인데 "신은 죽었다"라고 했지요. 다음에, 진리라는 것은 하나의 허구라고 보았습니다. 진리라는 말 자체가 어떤 의미로는 가장 큰 거짓말이라는 것이지요. 그 다음에 도덕에 대해서는 『도덕의 계보』라는 책을 썼습니다. 도덕이라고 하면 그 자체가 우리에게 선과 악을 가려줘서 모든 사람에게 구속력을 가져야 하는 것인데, 어떤 것을 좋다고 하고 어떤 것을 나쁘다고 하는 도덕과 선악 분별에 대해서 그 계보 · 족보를 따져야겠다는 겁니다. 다시 말해서 선악의 절대성을 부정한 것이죠. 제가 니체를 깊이 공부하지는 못했습니다만, 니체 자신은 이런 것을 부정할 때 그야말로 구도하는 자세로 했다고 저는 믿고 있습니다. 그래서 제가 어느 글에서, 그때도 주제넘게 불교문자를 써서 표현을 했습니다만, 붓다가 말씀하신 삼법인(三法印) 중에서 니체라는 사람은 제행무상(諸行無常)과 제법무아(諸法無我)의 깨달음은 이루었지만 열반적정(涅槃寂靜)의 중도(中道)를 설파하지는 못한 것 같다는 취지의 말을 했는데,[4] 아무튼 니체의 그러한 부분적 깨달음마저 가세해서 이제까지 서양문명의 기둥을 이루고 있던 정신적인 가치들이 물질개벽 앞에서 그야말로 개벽당하고 해체당하고 만 상태가 오늘의 시대 상황이라고 생각됩니다.

요즘은 물질문명이 또 한 걸음 나가서 정보사회라는 말을 하는데, 이 말이 얼핏 듣기에는 참 멋있습니다. 이제까지는 우리가 땀 흘리며 궂은 일을 해서 생산을 해야 살았는데 '이제는 아는 것이 제일이다, 정보가 제일이다'

라는 거죠. 하기 힘든 노동이 줄어든 사회라는 뜻에서도 달콤하게 들리고, 또 종전에는 총칼이 지배했고, 총칼의 지배 뒤에서는 금력, 돈이 지배를 했는데 이제는 총칼도 아니고 돈도 아니고 지식이 지배하는 사회가 되었다, 어떻게 보면 '지자본위(智者本位)'의 사회가 된 것처럼 들려서 그럴듯합니다.

하지만 제가 이해하기로는 정보사회라는 것이야말로 물질개벽이 한걸음 더 나가서 극치에 달한 사회이고, 정말 지자본위의 살기 좋은 세상이라기보다는 물질문명에 대해 인간이 더욱 노예가 되는 사회를 뜻하는 것이 아닌가 합니다. 인간이 노동을 안 하고 지식만 가지고 사회를 운영한다는 것이 저는 우선 현실적으로 가능하지도 않다고 봅니다만, 설혹 그것이 가능하다고 해도 바람직한 상황은 아니라고 봅니다. 그야말로 영육쌍전하고, 일할 때 일하고 공부할 때 공부하고 즐길 때 즐기면서 사는 것이 바람직한 세상이지, 풍요롭다고 해서 모두 앉아서 책이나 보고 컴퓨터나 두드리고 나머지 시간에는 낮잠이나 잔다든가 놀기만 하는 이런 것이 바람직한 사회는 아닐 것입니다. 그래서 정보사회가 노동을 없앴다는 것은, 상당수의 사람들이 먹고 살기 위해 육체노동을 해야 하는 처지에서는 벗어났음에도 불구하고 좀 더 자기에게 맞는 노동을 찾지 못하고 머리에 든 지식만을 가지고 살아가려고 하는 불건전한 사회풍조가 더 커지고 있다는 얘기로 들립니다. 더군다나 아직까지도 땀 흘려서 일하지 않으면 끼니를 때울 수 없는 사람들이 많이 있는 세상에서, 그것은 우리 한국도 그렇고 미국도 사실은 마찬가지지만 한국보다 더 뒤떨어진 나라들을 포함해서 지구 전체를 볼 때는 더더욱이나 세상의 압도적인 다수가 아직도 그런 삶을 살고 있는데, 마치 그런 현실이 없는 것처럼 호도하는 발상이라고 할 수 있습니다. 또 총칼이 지배하지 않고 지식이 지배한다는 것도 원래 진정한 지혜가 지배하는 것이라면 물론 좋은 일입니다만, 그게 아니라 아까 말씀드렸듯이 원래 서양사람들이 생각하던 진리라는 것도 도가 드러나는 하나의 모습으로 시작을 했는데 이제는 그야말로 물질에 대한 사실 여부를 확인하고 그것을 우리가 어떻게 운용할 수 있는가라는 실용적인 목적으로 변한 '진리'를 바로 '정보'라고 표현하면서 그런 정보를 가지고 매사를 움직여 나간다는 뜻이라면, 그건 전혀 다른 이야깁니다. 이것은 참된 의미의 정신이 지배하는 사회가 아니라, 물질개벽이 되는 사회에서 종래 정신의 분야에 속하던 것조차 물질의 일부가 되어 버린 그런 현상이 이제는 극도에 달해서 지식까지도 물질 운용의 법칙에 의해서 돌아가게 된 세상이라고 말할 수 있는 것입니다. 실제로 지금 정보사회라고 할 때 그 정보라는 것은 참된 지혜나 참된 앎과는 거리가 멉니다. 컴퓨터로 입력이 안 되는 것은 정보사회에서 활용이 안 됩니다. 가령 일원상(一圓相)의 진리가 컴퓨터에 넣으니까 안 들어간다면 그것은 정보도 아니고 지식도 아니고 따라서 이 사회를 움직여 가는 원리로서, 힘으로서 인정될 수 없다는 얘기인데, 그런 의미에서 저는 정보사회야말로 물질개벽이 극치에 달한 사회이고 인간이 물질의 노예가 되는 현상이 더없이 심각해진 사회라고 생각합니다.

오늘날 물질문명의 발달이 바로 이런 의미에서 개벽이기 때문에, 그래서 심지어는 종전에 진리를 우리에게 가르쳐주던 정신적인 가치들마저도 물질개벽의 대상이 돼서 그야말로 깨져버리는 시대이기 때문에, 종래의 정신적인 가르침 가지고는 이 현실에 대응을 할 수 없는 것입니다. 가령 미국에 도덕재무장(MRA)운동이라는 것이 있습니다만 그런 식의 낡은 도덕재생 운동을 가지고는 이 현실을 감당할 수 없습니다. 또 서양문명이 처음 쳐들어올 때 우리나라에서는 동도서기(東道西器)라고 해서 도는 동양의 도를 바탕으로 삼고 거기에 서양의 기술문명을 도구로 삼아서 이 난국을 헤쳐 보자는 얘기를 했고, 중국에서는 중체서용(中體西用)이라고 해서 중국의 학문, 또는 도를 체로 삼고 서양의 학문을 용으로 삼아 극복해 나가자고 했지요. 그러나 그 점에서 중국이나 우리나 다 실패했습니다. 앞으로도 저는 그런 식으로, 동양의 도를 우리가 잊어버리자는 것은 아니지만 기존의 낡은 동양의 도를 그대로 가져와서 그것을 현실에서 살린다는 것도 불가능하다고 봅니다. 서양의 종교나 윤리를 재생하는 것이 불가능하듯이 말입니다. 그렇기 때문에 선천시대 종교들이 남겨준 귀중한 가르침들은 배워서 활용해야겠지만 선천종교를 강화한다든가 선천종교들과 연합해서 그 자체로 무슨 해결책이 생기지는 않으리라고 확신합니다. 바로 그렇기 때문에 정신도 그냥 발달하는 정도가 아니라 그야말로 개벽될 필요가 있는 것입니다.

이제까지 제가 말씀드린 것 중에서 질문하실 것이 있으면 한두 가지만 해 주시기 바랍니다. 없으시면 잠시 쉬었다가 계속하도록 하고요.

(휴식)

문　백선생님 말씀 가운데 대종사님의 후천개벽은 '우리들의 노력함에 의해서…'라는 말씀이 있었는데, 특히 원불교에서는 5만년 대운이라든지 여러 용어들이 있습니다만 무한한 발전이 이루어질 것으로 생각을 하고 있고 저도 또한 그와 같은 사고에 젖어 있습니다. 그런데 과연 발전이라고 할 때 지금 기독교와 같은 상황을 말하는지, 기독교와 같은 교단의 세력이 되는 것을 말하는지를 생각해 봅니다. 그러나 서구에서의 발전이라는 개념으로 우리 원불교에서 한국이 발전할 것이다, 혹은 원불교 교운이 발전할 것이다 하는 말을 하고 있지는 않은 것 같습니다. 그렇다면 과연 우리는 지금 서구에서 쓰는 발전이라는 말의 의미를 어떻게 봐야 하며 한국은 과연 어떻게 발전할 것인가, 그리고 원불교가 앞으로 발전한다고 할 때 그 모양은 어떻게 갖추어지는 것인지, 혹시 지도를 받을 수 있다면 감사하겠습니다. (일동 웃음)

답　경전에 대해서는 여러 선생님들이 더 잘 아실 터인데, 제가 읽은 기억으로는 소태산 대종사께서 앞으로 돌아올 세상에 대해서 여러 가지 전망을 하시면서 원불교 교단에 대한 말씀도 많이 하시고, 또 교단과 직접 관계없이 세상에 대한 얘기도 많이 하셨습니다. 그런데 막연한 생각으로는, 지금의 기독교와 같은 발전일 것인가라는 점에 의문을 표하셨는데, 저도 그것은 아니지 않겠는가, 교단과 세상과의 관계도 선천시대와는 다른 관계이며 기독교하고도 좀 다른 것이 아닌가 합니다. 특히 미륵불이나 용화회상(龍華會上)을 말씀하신 대목 같은 데서 사람들이 대종사님 당신을 자꾸 미륵불로 모시고, 마치 기독교인들이 예수 그리스도를 신앙하듯이 당신을 신앙하고 ─기독교 복음서를 보면 다른 제자들도 다 훌륭하지만 베드로가 수제자로 발탁된 이유가 예수님의 가르침은 둘째치고 "당신이 그리스도이십니다"라고 말한 때문에 "네가 반석이다"라고 발탁을 받았는데, 대종사님은 그것과는 정반대라는 느낌을 받았습니다. 당신을 미륵불로 모시는 것보다도 말하자면 너희들 모두가 똑같이 나처럼 될 때, 혹은 다 깨달을 때 모두가 미륵이 되고 미륵세상이 오는 것이다라는 뜻으로 말씀을 하신 것으로 기억됩니다. 적어도 그런 자세가 저의 기억에는 유달리 남아 있습니다. 그래서 교단으로 보더라도 교단이 그런 세상을 만드는 과정에서 핵심적인 역할을 해야겠지만 기독교 교회와는 뭔가 달라야 하지 않을까 합니다. 세상의 발전 혹은 한국의 발전에 대해서는, 사실 발전이라는 말 자체가 요즘은 경제발전이라든가 경제발전에 바탕을 둔 이제까지 통념상의 발전을 생각하게 만들기 때문에 쓰기가 조심스러운 면도 있습니다만, 어쨌든 지금 문명의 병이 깊어졌지만 이것을 극복하고 무궁하게 더 나은 세상으로 나아갈 것이라는 신념을 대종사께서 심어주셨고 우리도 그런 신념을 가지고 사는 것이 당연하다고 생각합니다.

세상 자체가 어떻게 발전해야 할 것인가에 대해서는 제가 말씀드리기 어렵고 한국에 대해서도 먼 장래에 대해서는 말씀드리기 어렵습니다. 다만 당장 우리 역사가 맞닥뜨린 중요한 과제로서, 역사의 고비로서 통일문제에 대해서는 이 시간의 끝부분에 가서 말씀드릴 예정입니다. 그러면 다른 질문 있으면 하나만 더 받고 다음 얘기를 하겠습니다.

문　물질이 무한히 발전하고 개벽이 되고 있습니다. 선진국들은 물론 우리 정부도 첨단과학단지나 연구단지를 많이 만들어서 발전을 시키고 있는데, 정신개벽에 대해서는 정부나 세계 각국 모두 물질개벽보다는 힘을 덜 쓰고 있다는 느낌이 듭니다. 그런데 앞으로 세계는 정신개벽이 물질개벽을 앞서 갈 것인가, 저는 그런 것에 대한 생각을 많이 하는데, 그러기 위해서는 우리들의 사명이 참 크다고 봅니다. 물질개벽을 앞서가는 시대가 되어야 이 사회가 좋아진다고 보거든요. 그 부분에 대해서는 어떻게 생각하십니까?

답　우리가 후천시대라는 말을 더러 합니다만, 정확히 말하면 지금은 선후천교역기(先後天交易期)죠. 그래서 우리 사회의 많은 부분이 사실은 선천시대의 유물들입니다. 그리고 정부라는 것이 나라마다 다르고 시대마다 다릅니다만 지금 우리나라의 정부를 비롯해서 대부분 나라들의 정부가 말하자면 선천시대의 기관이라고 보는 것이 타당할 것 같습니다. 그런 의미에서 정부가 경제개발이나 과학기술진흥, 이런 문제에 대해서 주로 신경 쓰는 것은 당연한 것이고, 설혹 거기서 문화사업을 한다거나 정신문화를 일으킨다고 하더라도 그것 역시 아까 제가 말씀드린 대로 대부분의 경우는 물질개벽의 과정에서 깨어지게 되어 있는 낡은 정신을 어떻게든 지켜볼까 하는 사업이고, 심한 경우에는 정신의 유산을 깨는 데 가세하는 사업이지, 정말 정신을 개벽하는 사업은 아닌 경우가 대부분이라고 생각합니다. 물론 선천시대의 정신적인 가치를 지키는 것도 그 나름으로 뜻있는 과업이긴 하지요. 그것이 그 모양 그대로는 보존이 안 되지만 그 안에도 진리가 담겨 있긴 하니까 깨진다고 해서 그냥 없어져 버리면 곤란하고, 어떻게든 지켜가면서, 그동안에 우리가 그것을 더 잘 활용할 수 있는 정신개벽을 이룩해야 되는 거겠죠. 그런데 정부로 말하더라도 '정부'라는 무슨 온전한 물건 덩어리가 미리 주어진 것이 아니고 정부도 사람들이 만드는 것이고 시대가 만드는 것이니까, 우리 국민들 한 사람 한 사람의 정신이 깨어나고 우리가 정부의 주인 노릇을 하게 되면 정부가 하는 사업도 정말 우리 모두가 요구하는 정신개벽의 사업에 더 가까워지리라고 생각합니다.

문　앞에서 말씀하신 두 분 질문에 관련이 되는 것 같은데요, 서양에서의 발전이 진행되는 과정에서 요즘 등장하는 정신, 사상으로 아까 말씀하신 해체주의, 포스트모더니즘의 경향이 사방에서 일어나고 있습니다. 거기에 대해서 저도 불안하게 생각하거든요. 도대체 해체를 해놓고 어떤 쪽으로 갈 것인가? 그랬을 때 저는 그것이 표현은 다르지만 일원주의 사상의 모습으로 가는 것이 아닌가 하는 생각을 개인적으로 하는데 그 생각이 맞는 것인지, 틀린 것인지….

답 일원주의라는 것은 일원(一圓)사상을 말씀하시는 것이지요? 으뜸 원(元) 자가 아니고 둥글 원(圓) 자 ….

문 예. 그렇죠. 다 수용하면서 뭔가 새로운 것들도 인정을 해 주는 다원적인 방향으로 세상이 가고 있는데, 그렇게 가는 과정으로서 일어나는 사상 경향이 해체주의가 아닌가 하는 생각을 합니다만, 그것이 맞는지요?

답 제가 아까 해체주의 말씀을 드렸는데, 진리의 개념도 해체해서 그것의 절대성을 부정한다거나 그런 얘기들입니다. 진리뿐 아니라 이성(理性)이라든가 인간이라는 개념도 부정을 하고 주체라는 개념도 부정합니다. 그런데 아까도 말씀드렸습니다만, 종래 인간에 대한 우리의 이해라든가 인간의 이성에 대한 생각이라든가 심지어는 지고한 정신적인 존재라고 하는 신에 대한 개념도 어떻게 보면 진리의 한 부분만을 부각시켜서 그것을 절대화한 것이니까 이것을 해체하고 상대화하는 것은 의의가 있는 작업이라고 생각합니다. 이것을 역사적으로 보면 물질이 개벽하면서 물질을 제대로 통어하지 못하는 정신은 전부가 그것 역시 해체되어 가는 과정의 일부라고 볼 수 있는데, 지금 말씀하셨다시피 그래가지고 어떻게 할 거냐 할 때 적어도 해체론을 얘기하고 포스트모더니즘을 얘기하는 사람들은 대안이 없는 것 같습니다. 대안이 없을 뿐 아니라 그중 많은 사람들은 대안이 없다는 걸 무슨 큰 자랑으로 삼고 뻐기고 다니는 것 같아요. 우리 옛날 식으로 얘기하면 참 싸가지 없는(일동 웃음) 인간들이죠. 대안을 내세우는 사람들은 낡은 사상에 묶여서 해체를 당해야 할 개념에 얽매여 있는 사람들이고 대안이 없는 자기들이 가장 개명한 사람들이라고 하는데, 어떻게 보면 우리의 개화기에 서양의 과학, 서양의 정치, 서양의 이성, 이런 것을 들고 나와서 전래의 전통적인 것을 모두 우습게 보던 사람들이나, 지금의 것을 해체해야 한다고 하면서 종전 것을 우습게 보는 사람들이나 그 행태에 있어서는 비슷한 점이 많습니다. 그러나 거듭 말씀드립니다만 큰 흐름으로 볼 때는 이것이 물질개벽에 한몫을 하고 있고 또 그것은 당연히 개벽되어야 할 것들이 개벽되는 것이니까, 여기에 부응해서 우리가 어떻게 주인 노릇을 하느냐가 관건이고 따라서 비록 싸가지 없는 형태로나마 그런 작업을 하는 사람들은 자기 나름대로 이 사업에 동참하고 있는 거지요. 자기 복은 못 지으면서 세상에 좋은 일을 부지런히 하고 있는 사람들인지도 모르지요.(웃음)

그러면 이제 제가 준비한 이야기의 다음 대목으로 넘어가겠습니다. 이제까지 물질개벽에 관해서도 제가 여러 가지로 주제넘은 얘기를 했습니다만, 지금부터는 정말 주제넘은 얘기를 하려고 합니다. 뭐냐 하면 물질개벽 시대에 우리가 어떤 공부를 해서 정신개벽을 할 것인가 하는 얘기입니다.

공부에 대해서는 바로 원불교에서 삼학팔조(三學八條)의 공부법을 대종사께서 가르치셨고 여러분들이 실천을 하고 계시니까 거기서 벗어나는 다른 얘기를 할 생각은 없습니다. 오히려 다른 얘기를 할 수 있으면 마음이 편할 터인데 바로 그 얘기를 가지고 말하려니까 마치 부처님 앞에서 설법하는 느낌이 드는 거지요. 어쨌든 제 생각에는 이제까지의 물질의 발달이라는 것은 정말 개벽이라는 차원에서 봐야지 그냥 과학의 진보라든가 근대화라든가 이런 정도의 수준에서 보는 것은 온당한 이해가 아니라는 것입니다. 그렇다면 그야말로 개벽되는 물질의 시대, 또는 물질이 개벽되는 이 시대에 걸맞는 정신만이 우리를 살릴 수 있다고 보겠습니다. 그런 의미에서 정신공부가 무엇보다 중요하다는 것은 옳은 말이라고 믿습니다. 인간이 무슨 일을 하려면 우선 몸에 병이 없고 튼튼해야 합니다만, 그냥 몸만 움직여서 되는 게 아닌 더 큰 일을 하려면 몸과 더불어 정신이 튼튼해야 하는데, 정신이 튼튼하다는 것이 옛날처럼 간단한 일이 아니지요. 옛날에는 그 정도면 정신적인 존재로 인정되던 것조차도 지금은 물질의 일부가 되고 그나마 개벽되는 물질의 일부가 되는 세상인 만큼 특별한 정신공부가 필요한 것은 틀림없는 사실입니다. 그렇기 때문에 정신의 중요성을 강조하면서도 우리는 선천시대의 정신주의라든가 선천시대의 도덕주의를 가지고는 도저히 오늘날의 문명을 감당할 수 없다는 인식이 있어야 하지 않을까 합니다. 그래서 정신수양이 긴요하기는 한데 그것도 뭔가 종전과는 다른 방식이 되어야겠다, 정신수양에 대한 개념 자체가 근본적으로 달라져야 한다고 생각합니다. 그런데 바로 원불교의 가르침에서도 정신수양(精神修養)이라는 것은 어디까지나 삼학(三學) 중의 하나이고 나머지 둘이 따라와야 된다고 하지요. 구 불교에도 계·정·혜 삼학이 있고 정신수양은 그중 정학(定學)에 해당되는 셈이지만 구 불교의 정학과도 사실은 또 다른 점이 많다고 생각합니다. 어쨌든 '정신'자가 붙어 있기 때문에 개인 차원에서 정신의 수양만 하면 바로 정신개벽을 이룰 것처럼 착각할 수도 있지만, 정신수양이라는 것은 어디까지나 정신에 관한 일심(一心)·알음알이·실행, 이 3건 중 1건에 해당할 뿐이라는 것을 저는 강조하고 싶습니다. 물론 제가 특별히 강조를 안 해도 여러분들은 다 아시는 일이겠지만요.

아무튼 정신수양에 따라오는 것이 사리연구(事理研究)와 작업취사(作業取捨) 아닙니까. 사리연구는 기존의 불교에서는 지혜를 얻는 혜학(慧學)에 해당하는 것입니다만 제가 원불교 교전을 읽으면서 특별히 인상 깊었던 것은, 종전 불교에서는 지혜를 얘기할 때 주로 그것이 알음알이와 얼마나 다른 것인가를 강조하면서 알음알이를 없애는 것이 바로 지혜라는 점을 거듭 되풀이하는데, 물론 그 원칙 자체는 원불교에서도 그대로 수용·계승하고 있는 것으로 압니다. 그러나 표현된 것을 보면 사리연구를 또 '알음알이 공부'라고도 했거든요. 저는 이것이 소태산 선생의 독창성인 동시에 후천시대 종교로서 원불교의 큰 강점이 아닌가 합니다. 그래서 연구력을 얻는 빠른 방법을 열거하는 가운데서도 첫째는 "인간만사를 작용할 때에 그 일 그 일에 알음알이를 얻도록 힘쓸 것이요"[5]라고 말씀하셨는데, 이것은 전통 불교의 스님들이 보면 영 방향이 빗나간 것이다, 적어도 표현이 잘못된 것이다라고 말씀하실 것 같습니다. 물론 지식이나 알음알이라는 것이 성리(性理)에 근거한 지식이어야 하고 또 일상생활에 응용되는 지식이라야 되지만 인간만사의 사리를 연구하는 데 있어서 알음알이가 중요하다, 또 제가 앞서 하던 이야기와 연결시켜서 말씀드린다면 인간사라는 것도 정말 우리가 구체적으로 살고 있는 현실, 물질이 개벽되는 현실 속의 그 일 그 일의 알음알이를 얻어야 된다는 말씀이 될 것 같습니다. 곧, 우리 시대의 객관적인 성격에 대해서 정확한 과학적 지식을 갖는 것이 도인의 연마 가운데 일부인 '사리연구'에서 중요한 몫을 차지한다는 얘기가 될 수 있겠습니다. 사회과학적인 문자로 말한다면 지금 물질이 개벽되는 이 시대는 자본주의가 지배하는 근대(近代)라고 하겠습니다. 물론 자본주의 이전에도 물질의 발달이라는 것이 있었습니다만, 자본주의가 서구에서 시작돼서 전 세계로 퍼져나가 오늘날 이 지구를 다 덮게 되었고, 한때는 자본주의에서 벗어났다고 자부하던 공산국가들까지 지금 자본주의 세계에 다시 편입되어 들어가고 있는데, 자본주의가 발달해 온 몇백 년 사이에 일어난 물질문명의 변화야말로 바로 개벽에 해당하는 변화이고 그 이전 시대의 물질문명 발달과는 질적인 차이가 있다고 생각됩니다. 그래서 물질이 개벽되는 시대의 사리연구는 성리공부가 바탕이 되면서도 이 자본주의가 지배하는 근대에 대한 역사학의 공부, 사회과학의 공부, 이런 것이 핵심적으로 중요한 몫이 되어야 하지 않을까, 그것은 단순히 전문가에게 맡겨 놓을 문제가 아니라 공부하는 모든 사람이 관심을 갖고, 물론 모두가 똑같이 전문적으로 연구할 수는 없습니다만, 누구나 연마해야 할 삼학의 일부로 봐야 하지 않을까 하는 생각입니다.

　그 점과 관련해서, 제가 이번에 이 강연을 준비하면서 교전 몇 군데를 다시 들춰봤는데요, 아까 말씀 드린 교의품(敎義品) 34장에 여섯 가지 병을 열거하신 것을 보면서 저는 특별히 흥미를 가지고 주목한 대목이 있는데 여러분들 생각은 어떠실지 모르겠습니다. 그 여섯 가지를 보면 ①이 돈의 병이고 ②가 원망의 병이고 이어서 ③④⑤⑥까지 있습니다. 그중 ②의 원망의 병이라는 것은 물론 사은(四恩: 원불교에서 말하는 천지 · 부모 · 동포 · 법률의 은혜)과 관련된 말씀이겠고 나머지 ③④⑤⑥은 사요(四要: 인생의 네 가지 요도, 즉 自力養成 · 智者本位 · 他子女敎育 · 公道者崇拜)에 관련된 말씀인 것 같은데 그러면 ①은 뭐냐? 돈의 병, 이것은 물질개벽, 즉 개교표어와 직접 관련된 병이겠다는 생각이 들었습니다. 그런데 돈의 병이 깊어지는 까닭은, 사람들이 돈 욕심이 있기야 옛날이나 지금이나 마찬가질 텐데 오늘날 돈의 병이 그처럼 깊어가는 것은 자본주의가 발달하면 할수록 돈이 조화를 부리는 힘이 더 커지기 때문입니다. 옛날 같으면 임금이고 천자라고 하더라도 어디 겨울에 싱싱한 여름 과일을 먹을 수 있었겠습니까? 그런데 지금은 돈 몇 푼만 있으면 되거든요. 축지법을 웬만큼 해서야 하루에 천리길을 달렸겠습니까? 그런데 고속버스 값만 있어도 서울서 부산까지 간단히 달려갑니다. 반면에 돈 없으면 꼼짝 못하기로는 옛날보다 훨씬 지독한 세상이지요. 돈이 조화를 부리는 자본주의 세상이기 때문에 돈의 병이 깊어지는 것이고, 이것을 여섯 가지 병으로 나열하시면서 사은과 사요에 앞세울 정도로 중시하셨을 때는, 적어도 개교표어와 연결시켜 생각해 보는 것이 마땅하지 않겠는가 하는 것입니다.

다음으로 실행 또는 작업취사의 건인데 저는 이 점이 특히 종전 불교 삼학 중의 계학(戒學)과는 큰 차이가 있다고 생각됩니다.[6] 어떻게 보면 계 공부라는 것은 오히려 정신수양의 일부라고 할 수 있을 것 같아요. 계도 지키고 참선도 하고 하면서 수양의 기초를 닦는 것이 계학일 텐데, 작업취사에는 물론 지계(持戒)도 포함이 됩니다만, 이것은 수양과 연구를 바탕으로 그야말로 응용하는 단계에 들어가는 것이고 또 실제로 나무에 열매 맺는 것으로 표현(「정전」 교의편 4장 3절, 『원불교전서』 55면 - 편자 주)하신 적이 있는 것으로 봐서도 취사라는 것은 어떤 의미에서 삼학의 종합이고 그야말로 응용무념 그 자체에 가까운 것이 아닌가 하는 생각이 듭니다. 그런데 취사에 대해서 "정의는 취하고 불의는 버림을 이름이니라"라고 『정전』에 나와 있습니다.[7] 다시 말해서 취사의 기준이 바로 정의 대 불의라는 것입니다. 정의는 동서고금을 막론하고 많은 사람들이 얘기해 왔습니다만, 사실 선천의 종교들을 보면 정의를 얘기하면서도 세속의 정의는 외면하는 경우가 많았습니다. 거기에는 여러 가지 이유가 있겠습니다. 당장의 선악을 가리기보다는 더 높은 진리를 추구한다는 종교 나름의 사명도 있고, 또 교단을 보호하기 위해서 세속 권력과의 충돌을 피해야 할 테니까 하나의 방편으로서 그럴 수도 있겠지요. 아무튼 전반적인 경향이 말로는 정의를 얘기하지만 세속의 정의 따로 있고 종교의 정의는 또 따로 있는 것처럼 말해서 실제로 일상생활에서 정의와 불의를 가려내는 일을 강조하지 않는 경우가, 말하자면 개인 윤리의 차원을 벗어났을 때는 정의의 문제를 소홀히 하는 경우가 많았다고 생각됩니다. 그런데 원불교에서는 삼학 중에서 어떻게 보면 그 결론에 해당되는 작업취사를 얘기하면서 바로 그 기준을 다름 아닌 정의와 불의로 해놓으신 것을 볼 때, 앞으로 우리가 정신을 개벽해 나가는 과정에서 우리 일상생활에서 그날그날을 살면서 개인 차원에서건 가정 차원에서건 국가와 사회 차원에서건 더 나아가서 세계 인류의 차원에서건 정의를 구현하는 작업이 정신개벽의 요체라는 말씀이 되는 것 같습니다. 그렇게 본다면 교단에 계신 여러분들도 한편으로는 교단을 키우면서 다른 한편으로는 병든 정치, 병든 종교, 병든 교육, 병든 사회, 이런 것들과 싸우는 세속의 여러 움직임들과도 회통(會通)하는 일이 중요하리라고 생각됩니다.

그러면 마지막으로 정신이 개벽될 때 돌아올 새로운 세상에 대해 소태산 대종사께서 여러 가지 황홀한 전망을 많이 하신 것과 관련하여 오늘 우리 민족의 당면 문제를 잠깐 생각해 볼까 합니다. 소태산 선생은 우리 민족의 암울한 시대에 조선 땅에서도 아주 궁벽한 시골에서 사신, 어떻게 보면 한 촌로이신데, 그런 분으로서는 정말 대단한 예측을 많이 하셨습니다. 그러면서 정신개벽이 되는 시대를 대명천지(『대종경』, 전망품 9장, 위의 책 - 편자 주)라고도 말씀하시고 용화회상(『대종경』, 전망품 16-18장, 위의 책 - 편자 주)이니 참문명세계(『대종경』, 서품 8장, 위의 책 - 편자 주), 이런 것을 예언하셨는데, 동시에 우리 조선의 역할과 비중에 대해서 많은 강조를 하셨습니다. 『대종경』에는 "정신적 방면으로는 장차 세계 여러 나라 가운데 제일 가는 지도국이 될 것이니, 지금 이 나라는 점진적으로 어변성룡(魚變成龍)이 되어 가고 있나니라"[8]라는 대목도 있지요. 당시가 일제통치라는 점을 생각하면 이건 매우 불온한, 요즘 같으면 국가보안법에 걸릴 발언이었습니다. 그런데 이런 대목을 읽으면서 우리가 한 가지 기억해야 할 것은, 그때 소태산 선생이 말씀하신 '조선'은 비록 식민지 통치 아래서 신음하고 있던 조선이지만 지금처럼 분단된 조선은 아니라는 점입니다. 그래서 그분의 예언을 우리가 그대로 지금의 '한국'이라는 말로 바꿔서—단순히 언어 습관상 바꾸는 것이라면 좋은데, 실제로 우리가 사고의 습관으로까지 흔히 그러듯이 '한국'을 남한으로만 국한한다면 이건 전혀 대종사의 뜻과 어긋나는 해석이라는 것입니다. 통일이 없이 그런 예언이 성취되리라고 바랄 수 없는 겁니다. 그리고 만약에 대명천지를 이룩하는 과정에서 조선이 정말 그런 역할을 맡아야만 그런 세상이 오는 것이라면, 이건 한반도가 통일이 안 되면 세상도 그렇게 안된다는 얘기가 되니까 우리 민족의 책임이 그만큼 더 막중해지는 것이라고 할 수 있습니다. 제가 여기저기서 통일 얘기를 하면 어떤 사람들은 통일을 이렇게 강조하는 것은 마치 통일이 안 되면 아무 일도 안 될 것 같은 이야기라서 당장에 우리가 해야 할 일을 소홀히하게 된다고 하고, 심지어는 우리가 해야 할 일을 안 하는 핑계로 통일을 내세우는 것이 아니냐는 비판도 합니다. 물론 그런 점은 우리가 경계를 해야겠습니다. 통일, 통일 하면서 자기할 일을 안 하는 것은 그야말로 게으른 자의 핑계고 어리석은 자의 편견에 지나지 않을 것입니다. 말하자면 통일운동도 이소성대(以小成大)의 정신으로 해야지 거창한 일을 앞세워 작은 일들을 게을리해서는 안 되겠지요. 그래서 각자의 정신수양에 근거해서 연구하고 취사하면서, 당장 우리 남한사회의 민주화라든가 하나하나 개선할 것을 개선하는 이런 당면의 취사로부터 출발해서 통일처럼 큰 것을 이루어 나가야 된다는 것은 당연한 이야기입니다. 그러나 이소성대라고 할 때는 '소'로써라는 면도 있지만 '대'를 이룬다는 면도 있는 것이니까, 작은 일을 할 때 작은 일에 매몰되지 않고 통일이라는 큰 것을 향해서 하는 일이라는 점, 어떻게 해야지 부분적인 개선으로 끝나지 않고 통일의 대업으로 이어질 것인가 하는 점을 동시에 생각하고 판단하면서 작은 일을 해나가야 그야말로 이소성대가 되는 것이지, 그렇지 않으면 범부의 작은 선행에 머물기 십상이지요. 그런데 통일조차도 더 크게 보면 그 자체가 이소성대의 '소'에 해당하는 것 아니겠습니까? 우리가 인류 전체를 위한 대명천지를 이룩해 가는 하나의 과정으로서 통일을 한다고 생각할 때 통일도 이루어지는 것이지 통일만 되면 인류가 갑자기 잘 살게 되는 것처럼 생각한다면 통일 자체도 이루어지기 힘들고 통일이 된 뒤 그 다음 일을 하는 데에도 큰 도움이 안 되리라고 봅니다.

이제 남은 시간에, 이 과정에서 지도자, 종교지도자의 역할에 대해서 말씀드릴까 합니다. 종교지도자의 역할은 정치지도자의 역할과는 물론 다릅니다. 그러나 이제까지 말씀드린 대로 정신수양에는 연구와 취사가 따라야 하고 또 연구라는 것은 물질개벽 시대의 사실에 관한 연구, 과학적인 인식을 포함해야 하며, 한국인으로서 취사를 한다고 할 때는 민주화와 통일을 위한 큰 움직임에 참가하는 취사가 포함되어야 한다면, 삼학공부의 선진이시고 또 그 공부를 지도할 임무가 있는 종교지도자 여러분들이 바로 그런 것을 우리 민중에게 가르치는 것도 지도자 역할의 일부라고 생각합니다. 그러니까 결코 종교를 버리고 무슨 정치 발언을 하시라는 게 아니라 종교인으로서 정의로운 취사를 하시라는 거지요. 사실 그것은 지도자 여러분들뿐만 아니라 물질이 개벽되어서 거기에 걸맞는 정신개벽이 요청되는 시대에 우리 모두가 할 일이겠지요. 제가 특히 통일과 관련 지어 이런 말씀을 드리는 것은, 2차대전 이후에 이데올로기 문제로 분단된 나라가 크게 보면 셋이 있었는데 하나가 베트남이고 하나가 독일이고 또 하나가 우리 한국입니다. 그중 두 나라가 이미 통일이 됐는데 베트남은 직접 총칼의 힘으로 통일이 됐습니다. 물론 그것을 저는 단순한 무력통일이라고만 보지는 않습니다. 잘하고 잘못한 것이 양쪽에 다 있긴 합니다만 크게 볼 때는 약소민족의 해방과 민족의 독립을 강대국이 총칼로 방해하려고 하는 데 대해 정의의 취사를 해서 총칼을 들고 나와서까지 기어코 항거하며 통일을 이루었다고 생각합니다. 그러나 누가 잘하고 잘못했건 간에, 또 주변 상황이 어땠건 간에 그것은 총칼의 힘이 주가 되어 이룩한 통일이기 때문에 그 과정에서도 수많은 무리가 있었고, 또 결과가 앞으로는 어떻게 될지 모르겠습니다만, 긴 장래로 본다면 베트남 민족이 그 고귀한 피를 흘린 만큼의 복을 언젠가는 받게 되리라고 믿습니다만, 지금으로서는 신통한 꼴을 못 보고 있는 것입니다. 또 가까운 장래에도 많은 문제에 부닥치리라는 생각이 듭니다.

반면에 독일은 평화통일을 하긴 했습니다만, 그러나 이때 주가 된 것은 돈의 힘이었습니다. 여기에도 물론 정의가 작용했지만 오히려 정의라고 한다면 동독 쪽의 공산통치에 대해 들고 일어난 민중들, 또 동독의 지식인들이 정의의 취사를 했고 그것을 기화로 갑작스럽게 서독 마르크화의 위력으로 통일을 한 서독 쪽 위정자들의 행위를 정의의 취사라고는 보기가 어렵습니다. 그렇기 때문에 오늘날의 독일을 보면, 독일 역시 머지않아 당면하고 있는 문제들을 극복하고 더 융성하리라고 생각합니다만 지금 사회 문제가 심각하기가 이를데 없고 또 독일이 자랑하던 경제도 다소 침체에 빠져 있으며, 더욱이 세계의 다른 민족에 대해 별로 모범이 되지 못하고 있습니다. 물론 우리 정부나 사회의 일각에서는 독일이 돈의 힘으로 통일했으니까 우리도 독일처럼 빨리빨리 돈을 벌어서 북한을 흡수 통합해 보자고 생각하는 사람도 있습니다. 그러나 제가 볼 때 이것은 아주 어리석은 생각이고 비현실적인 생각입니다. 동독과 북한은 달라서 이북은 철수할 소련 군대도 없고 소련이나 러시아의 누가 지지를 철회한다고 해서 곱게 무너질 사회도 아닙니다. 또 남북 간에 원수가 되도록 싸운 군대가 그대로 있는데 남쪽에서 통합한다고 할 때 그 군대가 가만 있겠습니까? 어떤 천하대란이 일어나더라도, 심지어는 중국과 손잡는다든가 또는 독력으로 피바다를 만들더라도 그렇게 동독식으로 만만하게 손을 들지는 않을 것입니다. 북쪽은 북쪽대로 그렇게 완강한 데가 있는가 하면 남쪽의 우리도 그 사이에 자본주의가 발달을 해서 돈을 좀 벌었다고는 하지만 서독이 이룩한 성과에 비하면 천양지차입니다. 경제력에서도 그렇고 사회제도 면에서도 그렇고 복지 면에서도 그렇고 모든 면에서 크게 다릅니다. 그래서 섣불리 이북을 삼키려고 해서 삼켜지지도 않으려니와 만약에 삼킨다고 해도 서독 정도의 소화불량에 걸리는 것이 아니라 아마 남북한의 민족이 전부 지금보다 훨씬 못한 자리에 떨어져서 일본이나 미국에 대해서 지금보다 훨씬 심한 종 노릇을 하게 될 우려가 큽니다. 그렇기 때문에 이제는 2차대전 후에 남아 있던, 이념 문제로 분단된 3개국 중에서 하나는 무력으로 통일했고 하나는 돈으로 통일했는데 우리는 지혜로 통일하고 도덕으로 통일하는 길밖에는 없다고 생각합니다. 도덕이라는 말이, 통일이 옳은 거니까 통일을 해야 된다는 당위적인 명제만 가지고 통일한다는 말이라면 그야말로 공염불일 따름이지만, 그런 선천시대의 도덕이 아니라 사실적인 도덕, 현실이 어떻게 되어 있고 세상이 어떻게 돌아가는가에 대한 정확한 알음알이를 바탕으로 한, 남북 모두가 정말 자기에게도 이롭고 상대방에게도 이로운 자리이타(自利利他)의 새로운 도덕을 말하는 것입니다. 이렇게 서로가 이로운 통일을 지혜롭게 추구하는 길만이 우리에게 가능한 길이라고 저는 믿습니다. 또, 다른 길이 없는 것이 차라리 기회가 되어 그 길을 찾아가다 보면 우리가 어쩔 수 없이라도 지혜를 발휘하게 되고, 그렇게 되면 우리가 편안할 뿐 아니라 이 세상의 다른 사회에 대해서도 모범이 될 수 있다고 봅니다. 그래서 앞으로 좋은 세상이 돌아오는데 그 과정에서 조선이 큰 일을 하리라고 하신 대종사 말씀을 대종사 시대와는 달리 분단되어 있는 지금 우리 실정에다 꿰맞춰서 생각해 보면, 바로 분단되어 있기 때문에 조선에 관한 대종사의 예언을 실행하기 위해서라도 우리는 통일을 해야 하고, 무력통일도 금력통일도 불가능한 처지에서 통일을 하려면 지혜가 깨어나고 정신이 개벽되지 않을 수 없고, 또 그렇게 해서 통일을 하게 된다면 세상 전체의 정신개벽에도 남다른 이바지를 해서 정신적 지도국이 되지 않을 수 없고, 이렇게 수학문제 풀리듯이 척척 풀리는 면도 있는 것 같습니다. 이것으로 제 말씀은 마치겠습니다. 감사합니다. 그럼 시간이 얼마 남지 않았습니다만 질문 있으시면 해 주십시오.

문 감사합니다. 먼 장래로 보면 우리는 좋은 세상, 낙원사회가 도래하리라고 믿고 그것을 신앙으로 받아들여서 살아가고 있는 사람들 중의 하나입니다만, 짧게 보면 현실적으로 존재하는 물질세력, 세속적인 권력이나 특히 물질적인 소유, 이런 것이 편재한다든가 또는 이것을 기득권 세력이라는 사람들이 계속 재창출하고 유지하면서 현실적으로 분배정의가 실현 안 된다거나 이런 것들이 상당히 걸림돌이 됩니다. 앞으로 남북통일의 번영된 민족공동체를 이루기 위해서도 현실적으로는 남한에서의 부도덕하고 정직하지 못한 정부―그래서 우리는 정직한 집권층을 갖는 것이 정말 소원입니다. 아마 어떤 면에서는 통일보다 먼저 이룩해야 할 준비과정의 하나인데, 그런 점에서는 종교집단들이, 특히 불교계 종교가, 아까는 좋게 말씀하셨습니다만 대단히 아쉬운 면이 있지요. 그 점에서는 원불교에서도 젊은 교역자들은 역시 불만을 갖고 있습니다. 그래서 개벽교무단도 실제로 있습니다. 또 청년운동 쪽에서도 그 점에서는 교단 지도층 여러분들에게 약간은 불만을 갖고 있습니다. 백교수님께서도 그런 부도덕한 정부라든가 정치행태에 대해서 비판의 입장을 갖고 계시고 현실적으로 참여한 일도 있는 걸로 아는데, 불교 또는 원불교 교단에 대해서도 충고 말씀이라든가 견해를 말씀해주시면 감사하겠습니다.

답 교단에 대해서 제가 구체적인 충고 말씀을 드릴 수는 없고요. 그건 제가 발뺌을 하려는 게 아니라 그야말로 교단은 교단대로 취사를 하실 터인데 각자 개인도 그렇고 단체도 그렇고 자기가 주체가 되어 상황을 판단해서 취사하는 거니까 구체적인 조언을 바깥 사람이 하기는 어려울 것 같습니다. 일반론으로는 지금 말씀하신 것처럼 저 자신이 정치학자라거나 정치인은 아니지만 현실의 문제에 대해서 한 시민으로서 발언할 건 발언하고 항거할 것은 항거하는 것이 당연한 의무라 믿고, 그 점에서는 종교인이나 세속인이나 다 마찬가지라는 생각입니다. 특히 원불교의 경우에 그동안 제가 문외한으로서 교전을 읽은 감상을 말씀드렸습니다만 결론은, 구체적으로 어떤 취사를 해야 할지는 몰라도 당연히 지금 말씀하신 방향으로 우리 현실에 기여해야 한다는 얘기가 바로 삼학공부의 내용에도 들어 있지 않은가 합니다.

문 삼학을 설명하시면서 세 가지를 어느 하나도 간과해서는 안 된다고 하신 말씀에 공감을 하고 있습니다. 한 가지 여쭤보고 싶은 것은, 대답하기 어려우실지 모르겠습니다만 사모님이 우리 원불교교도이시기 때문에 말씀드리는 겁니다. 뭐냐면, 저희들 원불교학과가 원불교 지도자들을 양성하는 곳이거든요. 그런 점에서, 원불교학과의 교과과정을 살펴보셨다면, 세 가지 중요한 이런 것들을 포함한 원불교학 과목에 대해 충고를 해주실 부분은 없으신지요? 즉 작업취사에서 사회적인 문제, 또 사리연구에서도 사회과학이라든지 전반적인 학문, 또 정신수양에서도 마찬가지죠. 좌선 일변도가 아닌, 원만한 수양이라야지요. 이러한 종교지도자를 만들어내는 가장 기본 과정인 저희 원불교학과의 커리큘럼을 볼 때에 좀 지적해주실 말씀이 없으신지요?

답　죄송합니다만 제가 원불교학과의 교과 과정을 보지 못했습니다. 그래서 그 질문에는 답변을 못 드리겠고, 혹시 선생님께서 커리큘럼을 아시는 입장에서 어떤 문제점이 있다고 지적을 해주시면 제가 듣기에 공감이 가는지 안 가는지를 말씀드릴 수는 있겠습니다.(일동 웃음)

문　제가 질문드린 것은, 가장 기본이 되는 저희들 전통적 해석인 삼학을 수행해 나가는 것이다, 말 그대로 개벽종단으로서 세 가지 점을 많이 보완해서 교육시켜 나가야 하는데, 그 점이 별로 없어서 교무들 스스로의 인식·자각 하에서 공부를 해야 하기 때문에 바로 저희들이 원불교라는 좋은 사상을 가지고 있으면서도 사회라든지 정치라든지 이런 데 대해서 종교지도자의 입장에서 코멘트하는 일이 별로 없거든요. 이것은 교육의 부재와, 지도자를 가르친다기보다는 뭐랄까 원불교 교리를 전파하는 데만 치우친 면이 있어 왔기 때문이 아니냐 하는 반성에서, 앞으로 저 자신도 반성을 해보고 또 우리들도 단순한 교무가 아니라 인류와 사회의 개벽 지도자라는 그런 입장에서 지도자가 되는 공부를 좀 더 포괄적으로 해 나가고 후학들에게도 제시해줘야겠다는 생각입니다. 게다가 저희가 작년(1991)에 '교육발전위원회'(원불교 교무양성 교육과정 개혁을 목적으로 1991년에 조직된 특별위원회—편자주)에서 많은 논의를 했는데 그 결과가 지금 교과에 반영도 안 되고 있고 해서 좀 섭섭해서 그런 겁니다.(일동 웃음)

답　말씀하시는 취지는 제가 이해하기로 공감이 가는 말씀입니다. 서양의 그리스도교가 저렇게 융성하고 또 그 사회에서 지도적인 임무를 다해온 데에는 신학의 몫이, 성직자들에 대한 신학교육의 몫이 컸다고 생각합니다. 그런데 교리 자체로 볼 때는 그리스도교 교리가 학문과 양립하기가 불교보다 훨씬 어려운 면이 있다고 생각합니다. 서양사람들 중에도 신학이라는 학문이 도대체 어떻게 성립할 수 있느냐는 이야기가 있습니다만, 왜냐하면 라틴어로 "Credo quia absurdum est" 즉 "불합리하기 때문에 나는 믿노라"는 유명한 말이 그리스도교 전통에 있거든요. 그만큼 더 철저한 신앙고백이랄 수도 있지요. 신앙의 내용이나 대상이 합리적이지 않기 때문에 바로 신앙이 요구된다, 그리고 이성적으로 도저히 믿을 수 없는 것을 믿어주는 것이 진짜 신앙이다라는 발상인데, 불교의 가르침과는 정반대죠. 물론 불교에서도 신심이 없이는 깨달음에 이르기 힘들지만 원칙적으로는 누구나 깨달아서 진리를 알게 되고, 정말 이치에 맞다고 깨달음으로써 믿는 것이니까요. 그럼에도 불구하고 그리스도교의 신앙이 서양문명의 형성 과정에서 또 하나의 큰 몫을 해낸 그리스적인 진리탐구 정신이나 예술문화와 합쳐지면서 신학이라는 독특한 학문이 형성되고 서양의 대학도 원래는 주로 목사나 신부를 양성하기 위해서, 말하자면 종교지도자 양성을 위해서 만들어졌습니다. 그런데 이들에게 거기서 가르친 것이 기독교의 교리나 교단운영에 관한 문제만이 아니고 그 당시로서는 기초적인 학문들, 수학이나 철학 등 모든 분야를 폭넓게 가르쳤습니다. 그래서 신부가 되면 단순히 교리를 전파하는 사람만이 아니라 그 사회의 지적인 지도층이 되었던 것이죠. 그래서 시골이라도 각 교구마다 목사가 하나씩, 또는 신부가 하나씩 배치되어 있었다는 사실은 최소한 한 교구에 지식인이 한 사람은 있었다는 뜻이 되며 그것이 그 사회의 조직 원리가 되고 되고 문명화의 동력이 되었던 것입니다. 그런 것을 생각한다면 지금 원불교학과의 실상이 어떤지는 잘 모릅니다만, 종교지도자의 교육이 훨씬 넓어져야 한다는 것은 옳으신 말씀이라고 생각합니다.

문 통일에 대한 견해 말씀을 잘 들었는데요, 제가 말씀드리고 싶은 것은 한반도의 통일은 지혜와 도덕으로 이루어야 한다는 것은 좋은 말씀인데 거기에 한 가지 덧붙여서 사상의 조화를 이루어야 한다고 봅니다. 좀 더 적극적으로 말하면 우리 개인 간에도 화해를 위해서는 상대방의 처지를 이해해야 되지 않습니까? 마찬가지로 저쪽과 이쪽 역시 그 단점이 있지만 기능도 있거든요. 그것을 이해하지 않으면 도저히 만날 수가 없어요. 그렇기 때문에 사상의 조화를 이루어야 하는데 그것은 역사라든지 문화, 이런 이해를 바탕으로 해야 하며, 결국은 아까도 일원주의라는 말이 나왔지만 중도주의라든지 일원주의에 바탕한 이념이 제시되어야 할 것 아니냐, 이렇게 생각됩니다. 그래서 우리 원불교 교전도 많이 읽으셨으니 그런 점도 추가해서 생각하시면 어떨까 해서 말씀드리고, 또 제가 느끼기에는 북쪽에 있는 분들도 그런 점에서 우리 원불교 이념에 관심을 가질 면이 있다고 보기 때문에 선생님께서도 이런 문제에 더 많은 관심을 가져주시기를 부탁 드립니다.

답 네. 전적으로 공감하는 바인데 요구하신 사항이 너무 어려운 문제가 돼 놔서 지금 무슨 말씀을 드릴 수 있을는지 모르겠습니다. 아까 제가 우리가 시대의 병과 싸우기 위해 사회 안에서 종교적인 움직임뿐 아니라 병든 사회에 항거하는 세속의 움직임들, 이런저런 시민운동이나 민중운동과도 회통하는 것이 필요하다는 취지로 말씀드렸는데 그 이야기를 조금 더 연장하면 북쪽의 사상과도 일정한 회통을 이루어야죠. 회통이라는 말은 이제까지는 주로 종교에서 사용되는 말이고 원래는 불교 내부의 여러 종파들 사이의 만남과 하나됨을 뜻하는 것으로 압니다만, 원불교가 과연 후천개벽을 담당할 종교라면 단순히 불교끼리의 회통 또는 선천종교들과의 회통이 아니라, 그보다 훨씬 복잡하고, 그러나 어떤 의미로는 물질개벽 시대의 공부로서 어느 기성 종교에 못지않게 중요한 세속인들의 움직임과 회통하는 것이 그 성패를 좌우할는지 모르겠습니다. 물론 회통이란 것은 무작정의 통합이 아니고 뚜렷한 원칙과 엄청난 상호비판에 따른 하나됨인 만큼, 북의 사상이나 북쪽 체제의 기능이 어느 수준인지에 따라 그 회통의 구체적 내용이나 방식이 달라지겠지요. 아무튼 지금 말씀하신 대로 일정한 기능이 있고 그 나름의 역사와 문화가 있는 한은 마땅히 원만한 회통의 상대로 인정되어야 한다는 점에 동의를 표하고 싶습니다.

한국민중종교의 개벽사상과
소태산의 대각

백낙청(「창작과비평」 편집인, 서울대 영문과교수)
박혜명(월간 『원광』 편집인, 원불교 교무)

박혜명 개벽(開闢)이란 표현은 『주역(周易)』 이나 『사기(史記)』 등에 나타나지만, 조선왕조 붕괴 즈음에는 선각자들을 통해 공통의 구호로 등장합니다. 특히 한국 민중종교라 일컬어지는 천도교(동학), 증산교, 원불교 등의 교리에 나타나 '전환기적 변화'의 의미로 설명됩니다. 원불교의 '물질이 개벽되니 정신을 개벽하자'라는, 일명 개교표어를 아실 것입니다. 박사님께서는 이 표어를 어떻게 해석하며, 또한 현실적인 '가치관'은 어떠하신지 여쭙고 싶습니다.

백낙청 대각개교절이란 특별한 경축일 특집에 저를 『원광』에 초대해주셔서 영광으로 생각합니다. 말씀처럼 '개벽'이란 옛날부터 쓰여진 말이지만 우리 민족이 조선조 말기, 일제시대 즈음 큰 위기를 당했을 때 민중 속에서 많이 유행되었다고 봅니다. 민중을 대표하는 몇 선각자들을 통해 거듭 개벽이 강조되고 특히 '후천개벽(後天開闢)'이라 하여 과거의 시대, 즉 선천(先天)과 구분하고 있습니다. 민족적 위기 상황에서, 우리 민족이 단순히 좌절감에 빠지지 아니하고 이것을 나라의 일대 전환기로 인식할 뿐 아니라 전 세계 인류에 이르기까지 '새로 태어나는 기회'로 파악했다는 것은 민족의 저력이요, 자랑스럽게 생각할 일이라고 봅니다.

그런데 이러한 후천개벽을 말씀하신 예로는 수운(水雲) 선생이나 증산(甑山) 선생 등 많은 분이 계시고, 소태산(少太山) 대종사도 크게 보아 같은 맥락이겠지만, 새로운 면도 발견됩니다. 그 전에 후천개벽을 주장한 종교들이 교조(敎祖)를 신비화하는 경향이 짙고, 그러다 보니 교조 자신의 뜻과는 어긋나게 '미신적'으로 흐르는 폐단이 생기게 되었습니다. 그러나 소태산 대종사의 후천개벽 사상은 이 두 가지의 폐단을 넘어선 점이 눈에 뜨입니다. 가령 「솔성요론」 1조에 '사람만 믿지 말고 그 법을 믿을 것이요'라든지, '그대는 나를 믿을 때에 나의 도덕을 보고 믿을지언정 어디에 의지하는 마음으로 믿지는 말라', 또 『대종경』 전망품 9장의 대명천지에 서지 못할 '낮도깨비'의 경계 등은 이를 말하고 있습니다. 교단의 기념일 제정에도 그런 뜻이 담긴 것 같습니다. 기성 종교, 가령 불교의 '부처님 오신 날'과 기독교의 '크리스마스' 등이 교조 탄생일을 가장 큰 기념일로 합니다만 원불교에서는 대종사께서 대각하신 날을 출가·재가 전교도의 '공동생일날'로 정한 것은 교조 개인을 신격화한다든지 신비화하는 폐단을 처음부터 경계한 것이라 생각됩니다. 물론 동학에서도 최제우(崔濟愚) 선생의 탄생보다 도(道)를 깨친 날로 후천개벽의 기점을 삼기도 하는데, 이것도 원불교의 후천개벽시대 개념과는 좀 다릅니다. '지금은 묵은 세상의 끝이요, 새 세상의 처음이 되어'(『대종경』 전망품 19장 - 편자 주)라 하셨고 '차차 되어지고 있으며'(『대종경』 전망품 16장 - 편자 주), '하나하나 먼저 깨치는 사람이 주인이 된다'(『대종경』 전망품 16장 - 편자 주)라 하셨는데, 말하자면 앞으로 더 많은 사람들이 깨침으로써 후천개벽이 차차 이루어질 것이라는 뜻이고 소태산 한 분이 대각하셨다고 곧바로 후천개벽시대가 열린 것은 아니라는 거지요. 후천개벽에 대한 책임을 우리 개개인에게 돌리신 것이라고 이해해 봅니다.

이것은 개교표어의 '정신을 ~하자'라는 1인칭 청유형에서도 나타납니다. '물질이 개벽되니 정신을 개벽하자'는, '우리 합시다', '나도 하니 당신들도 함께 합시다'라는 민중본위의 사상이 담겨 있다고 봅니다. 또한 '물질이 개벽되니…'라 하여 시국이나 시운에 대한 일정한 판단을 전제로 그러한 시국관·시운관에 맞는 실질적인 처방을 내리려 하신 점이 여타종교의 개벽사상에 비해 좀 더 합리적이고 과학적이란 느낌을 줍니다.

여기에서 잠깐 물질개벽의 내용에 대하여 저 나름으로 풀이한다면 현대를 물질개벽의 시대로 진단한 것은 과학기술문명이 발달하면서 옛날과는 전혀 다른 시대가 왔다는 인식이 밑깔려 있다고 해석됩니다. 이것을 사회과학적인 언어로 바꾸어보면 자본주의 문명이 지금 극에 달하여 물질적 변화를 그 어느 때보다 강력히 주도하고 있지만, 이 문명의 이념이나 사상은 이제 생명력을 상실한 시기, 즉 세계사의 대전환기 내지는 인류 전체가 멸망할 수도 있는 위기라는 말이 될 수 있겠습니다.

박혜명 한국은 해방 50년을 기념하고 선진국형 '나라꼴'을 만들기 위해 노력해 왔습니다. 그러나 잘 아시는 바와 같이 30년 가까이 군정천하를 이루어 왔고, 현재 문민정부 혹은 신한국이란 미명만이 있을 뿐 인류 역사상 드문 전직 두 대통령의 구속 등 '총체적인 혼란상태'라고 합니다. 더욱이 4월 11일 총선을 기점으로 지역갈등, 경제혼란 등이 예상되고 있습니다. 또 지난 몇 년을 살필 때 엄청난 대형사고가 줄을 이었습니다.

백낙청 이러한 상황은 한국뿐 아니라 전 세계가 '전체적인 혼란에 처해 있다'라고 보아야 옳겠습니다. 이것은 선천시대가 끝나고 후천시대가 이미 왔다기보다 아직은 선후천이 뒤바뀌는 과도기이기 때문이겠지요. 선천시대에는 선천시대 나름의 질서가 있었는데 그 질서가 무너진 상태에서 '정신개벽'이 제대로 안 된 까닭이겠지요. 가령 사람들은 동서냉전시대가 끝나고 바로 평화시대가 올 것을 얘기하기도 했지만, 실제로는 냉전시대가 끝난 오늘날 훨씬 많은 삶들이 죽어가고 있습니다. 냉전시대 때에는 없던 혼란이 여기저기서 벌어지고 있습니다. 아프리카 곳곳에서 그렇고 걸프전쟁이나 구 유고슬라비아 내전 같은 것은 냉전체제 속에서는 있기 어려운 사태였지요. 앞으로 이런 불행과 혼란이 전 세계적으로 더 많이 일어나지 않을까 걱정됩니다.

그런데 한국사회의 최근 사건들로 좁혀서 생각할 때는 저는 조금 더 긍정적으로 보고 싶습니다. 작년(1995)에 두 전직 대통령이 구속되고 삼풍백화점 붕괴, 성수대교 붕괴 등 세상에 부끄러운 일이 많이 일어나 매우 비관적으로 세상을 볼 수도 있습니다. 하지만 개벽시대, 곧 양(陽)시대가 열리면서 '옛날에 지어 놓은 죄들이 터지는 것'이고 그 업보가 재빨리 돌아왔다고 생각하면 오히려 희망적인 면이 없지 않습니다. 예컨대 두 전직 대통령 구속만 하더라도 분명 수치스러운 사건이지만, 한편 그들의 죄업을 세상에 드러내고 사법처리를 할 수 있다는 것은 불행 중 다행이라고 생각합니다. 어떤 의미에선 한국인만이 할 수 있는 자랑일 수도 있습니다. 이런 사건을 터뜨리기조차 못했다면 그것이야말로 진정 부끄러워야 할 일이지요. 우리나라의 현대사를 보면 대통령이 되지 말아야 할 사람이 대통령이 되었다가 대부분 불행하게 끝을 맺었습니다. 이승만 대통령은 하와이 망명지에서 죽었죠. 박정희 대통령은 부하한테 총 맞아서 끝나지 않았습니까. 전·노 두 분은 지금 감옥에 있고요. 하지만 그런 사람이 대통령을 했다는 사실이 정작 부끄러운 일이고 불의와 부정을 제때에 막지 못한 것이 국민적 수치이지, 대통령을 하면서 여러 가지 저질러 놓은 것을 국민들이 끝까지 묵과하지 않고 업보를 받도록 만든 것은 오히려 자랑스러운 일입니다. 이런 점에서 저는 한국의 미래에 희망이 있다고 봅니다.

박혜명 소태산 대종사께서 예시한 '한국의 미래'는 매우 희망적이고 밝으며 건전한 사회입니다. 한국의 질적인 수준이나 생활 환경, 미래의 모습에 대하여 어떻게 이해해야 하며 소태산 대종사의 예시된 '나라꼴'에 동참하는 방법은 없겠습니까.

백낙청 그처럼 암울했던 식민지 시대에 조선을 '진급기에 처해 있다'(『대종경』변의품 6장—편자주), '정신적 방면으로는 장차 세계 여러 나라 가운데 제일가는 지도국'(『대종경』 전망품 23장—편자주) 등으로 말씀하신 것은 그 당시 사람들에게 엄청난 힘이 되고 희망을 주었을 것은 물론이고, 지금 돌이켜 보는 사람들도 '그때 우리나라에 그러한 말씀을 할 수 있는 인물이 있었구나' 생각할 때 민족에 대한 자부심이 커지고 자신감을 더해 준다고 하겠습니다. 그렇지만 그런 희망적인 말씀을 무조건 맹신해서는 안 될 것입니다. 말하자면 절대적 진리로 취급하기보다 일종의 '화두'로 삼아야 할 것입니다.

우리나라가 남북이 분단된 어려운 상황에서도 어느 정도의 경제발전과 민주화를 이루는 것을 보며 '아 그 예언이 맞는구나'라는 자신감을 갖고 신심을 내는 것은 좋지만, 또 한편으로는 '우리나라가 구체적으로 무슨 자격을 갖췄기에 세계의 정신적 지도국이 되고 도덕의 부모국이 된단 말인가'라는 의문을 지닐 필요도 있습니다.

다른 나라의 경우에도 비슷한 민족적 자부심을 갖는 예는 얼마든지 있습니다. 자신의 나라와 겨레에 특별한 의미와 세계사적 사명을 부여하려는 충동은 누구에게나 있는 거겠지요. 중국은 중국대로 자신들이 세계의 중심이라 하고, 인도는 인도대로 세계 정신을 지도할 나라는 인도라고 합니다. 물질개벽을 선도해 온 선진 자본주의국들은 문화 능력에서도 자기네가 앞선 점을 자랑하고, 한국보다 훨씬 못사는 나라들은 바로 그런 가난 속에서만 정신적 지도력이 나오리라고 주장하기도 합니다. 이런 사례들을 충분히 검토하고 연마하면서 그런데도 유독 소태산 대종사가 조선에 관해 예언하신 바가 맞다고 할 무슨 과학적 근거가 있는지 냉정히 자문할 필요가 있겠습니다. 그렇다고 의심에 빠져 신심과 분심(忿心)을 잃어서도 안 되지만 '의두(疑頭)의 대상'을 '맹신의 대상'으로 바꾸는 것도 공부길이 아니겠지요?

박혜명 박사님께서는 『분단체제 변혁의 공부길』에 실린 「물질개벽 시대의 공부길」에서 민족의 숙원인 '통일'에 대하여 '지혜의 시대' '지혜의 통일' 방법을 제시하고 있습니다.

백낙청 과거 베트남에서 무력이 주가 된 통일, 또 독일의 경우처럼 돈의 힘이 주가 된 통일과 달리, 앞으로 우리가 해야 할 통일은 양쪽 어느 것과도 다른 한 차원 높은 통일이 되어야 한다는 뜻으로 그런 표현을 쓴 적이 있습니다. 하지만 베트남이나 독일도 그들 나름대로의 지혜와 정의로운 취사가 작용했음을 전적으로 부정해서는 안 되겠지요. 그러나 어쨌든 우리 경우에는 베트남이나 독일이 했던 방식으로는 도저히 불가능한 독특한 과제가 얽혀 있습니다. 저들보다 통일이 늦어진 대신 그만큼 더 나은 통일을 할 기회가 있지 않은가 합니다. 그걸 해낼 때 우리나라가 세계의 정신적 지도국으로 발돋움할 수 있는 계기가 마련되는 것이지, 분단된 상황에서 남한에서 좀 더 잘해 봤자, 원불교 교도수가 늘고 세계 교화가 좀 된다 하여 그런 사태가 온다고 볼 수 없을 것입니다.

'지혜의 통일'에 관해 구체적으로 방안을 내놓을 수는 없지만 학문을 하는 한 사람으로 '지금 우리에게 주어진 현실'을 좀 더 정확하게 인식하자는 뜻에서 저는 '분단체제'라는 개념을 사용해 왔습니다.(「분단체제의 인식을 위하여」, 『창작과 비평』 1992년 겨울호―편자 주) 단순히 '분단'이라고 하지 않고 '분단체제'라고 말할 때에는 남과 북의 분단상태가 오래가면서 뭔가 두 개의 아주 서로 다른 사회이면서도 둘이 얽혀가지고 하나의 분단체제라고 부를 만한 그런 특이한 구조와 기능을 가진 어떤 체제가 성립됐다는 뜻입니다.

그래서 통일을 해야 한다는 것도 흔히 말하듯이 같은 핏줄을 나눈 민족이니까 통일을 해야 한다는 것보다 남북한이 분단체제라는 공통의 체제 속에 얽혀 그 체제의 질곡으로 공동의 고통을 겪는 공동운명체이기 때문에 남북의 민중들이 힘을 합해서 이 분단체제를 허물고 통일을 해야 한다라고 말하는 것이 더 적절하다고 봅니다. 또 이 세상에는 한 핏줄이라도 떨어져서 잘사는 거레들도 많고, 한 국가 안에 여러 다른 핏줄이 모여 사는 나라도 많습니다. 이런 세계에서 한 핏줄당 한 국가를 당연히 가져야 한다는 원칙은 엄청난 혼란을 초래할 수 있습니다.

박혜명 분단체제라는 개념에 대하여 좀 더 설명을 부탁 드립니다.

백낙청 학자들 가운데 강만길(姜萬吉) 교수가 먼저 '분단시대'라는 말을 사용했습니다. 『창작과비평』 지면에서였지요. 그 후 진보적 사회과학계에서 소위 '사회구성체 논쟁'이라는 게 있었는데 거기서 민족모순이다 계급모순이다 뭐 이런 얘기들을 하는 것이 제가 볼 때 너무 관념적이고 특히 우리나라의 분단사회가 갖는 특수성을 그 이론에 제대로 반영하지도 않는 것 같았습니다. 그래서 분단이라는 모순도 있는데 당신들이 말하는 그 이론체계 속에 그러한 모순은 어떻게 들어가느냐, 이런 식으로 제가 문제를 제기하기 시작했지만 오히려 소모적인 논쟁만 부추긴 느낌이 들었습니다. 결국, 우리가 분단되어 있는 것은 사실이 아니냐, 아무튼 분단현실이 있는 게 아니냐, 그리고 분단된 이 현실을 극복할 생각이라면 남과 북이 두 개의 사회이면서 동시에 하나이기도 하다는 인식을 가짐과 함께 이 현실을 좀 더 총체적으로 보고 체계적으로 봐야 되지 않느냐라는 뜻에서, '분단체제'라는 개념을 한번 검토해 보고자 제안했던 거지요.

박혜명 '분단'에 관해서는 말씀하신 대로 사학을 하신 강만길 교수님, 문학으로는 고은(高銀)님, 평론에서는 백 박사님께서 주로 말씀해 오신 것으로 알고 있습니다.

백낙청 네. 강만길, 고은 두 분이 모두 중요한 역할을 하셨고 그 밖에도 물론 여러 분이 계십니다. 그러나 분단 '체제'라고 하면 아직도 논란이 많은데 그 개념에 대하여 한 가지만 부연설명을 하죠. 분단체제를 구성하고 있는 핵심은 물론 남과 북의 두 사회입니다. 하지만 다른 한편으로는 분단체제 자체도 그것이 무슨 독립된 체제가 아니고 더 큰 체제 속의 한 부분으로 돌아가고 있다는 것을 인식하자는 것이 분단체제론의 또 다른 측면입니다. 이 점을 간과하면 분단체제라는 것이 한반도 바깥에 있는 미국이라든가 일본이라든가 다른 나라들의 역할을 빼놓고 '분단된 남북사회만 보는 게 아니냐'라든가 남과 북이 그렇게 다른 사회인데 그걸 묶어 완전무결한 하나의 체제로 하는 것은 비과학적이다라는 비판들이 나올 수 있습니다. 그러나 분단체제는 그 자체로서 완성된 체제가 아니고 세계체제 속에서의 특수한 한 부분을 이루고 있기 때문에, 세계체제가 어떻게 돌아가느냐에 따라 직접적인 영향을 받게 되는 것이죠. 또 이 분단체제가 세계체제 속의 '한 부분', 즉 하나의 '하부체제'라 말씀 드렸습니다만 사회과학이나 역사를 하시는 분들이 흔히 생각하는 것 이상으로 세계체제에서 아주 핵심적인 고리를 형성하는 하부체제라고 봅니다. 그렇기 때문에 이것이 어떻게 풀리느냐에 따라 세계체제의 장래 또한 크게 좌우되리라 생각합니다.

한국전쟁을 연구한 미국의 브루스 커밍스(Bruce Cumings) 교수가 그런 말을 한 적이 있어요. 미국 사람들이 한국전쟁이라는 것을 거의 잊어버리고 사는데 사실은 베트남전쟁보다 한국전쟁이 세계사적으로 훨씬 더 중요한 전쟁이었다고요. 그래서 베트남전쟁은 어떻게 보면 미국에게 불필요한 전쟁이었다고 할 수도 있는데, 한국전쟁은 냉전체제를 구축하는데 절대적으로 긴요한 전쟁이었고 따라서 한반도 문제가 안 풀리면 미국 사회가 제대로 변화할 수도 없다는 말을 한 적이 있습니다.

박혜명 소태산 대종사가 대각(일원상의 진리)하여 기념하는 4월 28일은 여러 가지 의미가 있습니다. 그 가운데 '다종교(다원주의) 현상'의 인정과 종교 본연의 사명감 촉구는 좋은 호응을 얻고 있습니다. 그 어느 나라보다 다종교 현상의 갈등상을 보이고 있는 한국의 종교인들이 점차 강세를 보이는 '해체주의' 이론이 있음에도 불구하고 '절대종교교리'를 내세우는데, 이러한 종교인들과 원불교에 하시고 싶은 말씀은 없습니까. 또 교단주의에 대해서도….

백낙청 한국이 다종교사회라는 것을 저는 다행스러운 현상이라고 봅니다. 그러니까 하나의 종교가 국교가 된다든가, 국교는 아니라도 전국민을 지배하는 것은 바람직하지 못한 현상이라고 봅니다. 그런데 다종교사회로서의 어떤 창조적 가능성들을 활용하려면 그냥 많다고만 좋은 것은 아니고 그 많은 종교가 각자의 특성을 지니면서도 서로 회통할 수 있는 상황이 되어야 하겠지요. 그 점에 대해 원불교에서는 교리가 처음부터 회통을 전제한 출발을 했으니까 원불교의 사명이 남다르다고 할 수 있겠습니다.

그런데 정말 중요한 것은 종교의 사회적 역할이란, 교세나 교도 수보다 각 종교가 그렇게 역할을 할 만한 교리가 있어야 하겠고, 교리의 그러한 면모를 교도 한 사람 한 사람이 착실하게 이해하고 실행해서 교도가 아닌 사람에게도 권위를 가질 수 있게 되는 데 달렸다고 생각합니다.

저는 원불교가 나라 안팎에서 교세 신장을 하긴 하더라도 더욱 근본이 되는 것은 소수종교로서도 '정신적인 영향력과 지도력'을 확보할 수 있다는 사실이라고 믿습니다. 신문들의 예를 보더라도 우리가 프랑스의 권위 있는 신문이라 하면 『르몽드』(Le Monde)지를 떠올리는데 그곳의 다른 신문들에 비해 부수는 적은 편입니다. 그런 『르몽드』지가 대형적인 매체들하고 부수 경쟁을 해서 이기겠다는 생각을 하면 그때부터 『르몽드』지의 영향력은 사라지기 쉽겠지요. 원불교가 꼭 작은 교단으로 머물라는 것은 아니지만 작더라도 프랑스 언론계에서 『르몽드』지가 하듯이 다른 종교들을 얼마든지 이끌 수 있다는 자세로 나가는 것이 바람직하다고 생각합니다.

교단주의를 말씀하셨는데 저는 교단주의 이전에 종교주의라는 것이 또 있을 수 있다고 봅니다. 그래서 전에 '중도훈련원'에 가서 강연(1992년 7월 — 편자 주)을 할 때도 그런 말씀을 드렸습니다만, "회통을 하실 때에 다른 종교들과 회통할 생각만 하지 말고, 각자 나름대로 새 세상을 만들어나가겠다는 세속적인 움직임하고도 동시에 회통을 해야 하며, 후천종교를 자처하면서 선천종교들하고만 회통을 하고 후천시대의 바른 일꾼들하고 회통을 못하면 문제가 아닌가"라는 취지였습니다.

원불교의 특성은 한편으로 종교이면서도 선천종교의 입장에서 보면 종교가 아닐 수 있는 면모를 지닌 점이라고 생각합니다. 가령 대종사께서 예수교를 믿던 제자보고 "네가 내 제자가 될수록 더 하나님을 잘 모시고 예수님을 잘 믿으라"(「대종경」 전망품 14장 — 편자 주) 하신 것은 종래 종교의 상식으로는 좀 이상한 말씀이 아닙니까? '무시선(無時禪) 무처선(無處禪)'의 가르침도 바로 그런 것이겠지요. 그런 의미에서 저는 후천종교는 선천종교가 가지고 있던 종교적 또는 종교주의적 특성을 넘어서는 역할을 동시에 수행해야 한다고 봅니다. 그것을 못하고 종교주의에 빠질 때 교단주의는 반드시 따라오게 되어 있지요. 그리고 교단주의에 빠지면 또 사제주의(司祭主義)라는 것이 따라오게 마련인데, 영어로는 클러리컬리즘(clericalism)이라고 합니다만, 사제가 평신도 위에 군림하는 체제를 뜻하지요.

그래서 저는 종교주의의 폐단을 극복 못하면 교단주의가 오게 되고 교단주의의 폐단에는 사제주의라는 게 따르기 마련이며, 사제주의가 일단 성립하고 나면 사제들 간의 권력암투가 시작되기 마련이다는 일반론을 말씀드릴 수 있겠습니다.

박혜명 원불교는 아직 교세나 사회 일반의 이해에 있어서 미흡한 점이 많습니다. 그러나 소태산 대종사의 '불법연구회' 활동이나 현재 원불교의 활동은 어느 정도 객관적인 평가가 내려져야 한다는 의견이 많습니다. 특히 민중과 소외계층을 위한 활동의 평가를 받고 싶습니다.

백낙청 어려운 질문이군요. 교단주의랄까, 교세확장주의로 생각하다 보면 아무래도 '정의(正義)의 취사(取捨)'를 해야 할 때 못하는 수가 있죠. 소태산 대종사의 경우는 일제하 민족운동의 큰 테두리 안에서 보면 그 방식이 굉장히 온건한 투쟁을 하신 분이기 때문에 타협주의로 오해 받기도 하겠지만, 그때 하신 말씀이나 교단을 키워 온 것을 보면 사실 일제당국이 제대로 알았으면 징역도 종신징역을 살리고도 남을 일들을 하신 것이 아닙니까. 그들로 볼 때에는 굉장히 불온한 사상을 가졌고 불온한 활동을 치밀하게 하신 분입니다. 지금 식민지시대가 지나간 마당에 우리가 계속 정부에 대해 꼭 '불온분자'가 되어야 한다는 것은 아니지만 군사독재 시절 같은 때에, 가령 군사독재에 맞서서 많은 국민들이 피를 흘리고 했는데 그런 상황에서 소태산 대종사의 '저항정신'을 이어받은 교단은 어떤 취사를 했어야 할까, 이런 것을 한번 점검해 보실 필요는 있겠죠.

또 대종사님 자신이 민중의 아들로 나타나셨을 뿐만 아니라 대각 이후에도 그러셨지만, 대각하기까지의 과정이 잘 안 알려진 대목이 많은데 당시 민중 현실의 밑바닥을 헤매신 것만은 틀림이 없고 그런 체험이 대각 후의 활동에도 반영되어 있다고 믿습니다. 그런데 실제로 그동안에 민중선교라는 차원에서 보면 기독교나 천주교 쪽에서는 가톨릭농민회나 도시산업선교 등 이런 활동이 많았는데 원불교는 아무튼 외부에서 볼 때 너무 소극적이라는 인상을 남긴 것은 사실입니다. 교단 자체로서는 주어진 상황에서 할 수 있는 능력이 무엇이었는데 그 이상을 했는가 또는 그 이하를 했는가 이러저러한 자기점검을 해 볼 필요는 있지 않을까 생각해봅니다.

주제넘은 소리를 하는 김에 한 가지 덧붙이고 싶은 점을 말씀 드리겠습니다. 저는 학문을 하는 사람이고, 학문 중에서도 서양의 학문을 하는 사람이니까, 그야말로 외학(外學), 외서(外書)를 전공한 사람인데, 대종사께서 그러한 외학이나 외서를 경계하는 말씀을 남기시기는 했지만, 동시에 도학과 과학이 함께 나가야 된다는 말씀도 하셨고 '일의 형세를 보고 알음알이를 진행하라'고 말씀하는데, 얼핏 상반되는 이 가르침을 원불교가 어떻게 소화해서 이행하려는지 궁금합니다. 세계적인 종교가 되고 정신의 지도국 역할을 하려면 외학 공부에도 훨씬 더 힘을 기울여야 하지 않을까 하는 생각이 들어요.

대종사님의 그 말씀을 저는 본말이 뒤집힌다거나 주객이 바뀌는 것을 경계하신 말씀으로 해석합니다. 무슨 학문을 하든지 그 삶의 심지가 올바로 서고 마음공부가 제대로 된 상태에서 알음알이를 구해야 한다는 것은 만고의 진리라고 하겠습니다. 또 하나는 교단의 초창기이기 때문에 그 터가 확실히 잡히지 않은 상황에서 섣불리 병진하려다가 실족할 위험이 커서 그런 말씀을 하시지 않았는가, 그런데 이제는 교단도 커지고 할 일도 더 많아지고 했으니까, 외학을 좀 더 깊이 연구를 안 하면 주어진 임무를 제대로 수행하기 어렵지 않을까 하는 생각을 합니다.

가령 유교가 동아시아에서 오랫동안 지도 역할을 맡아왔는데 유교의 선비들이 사서(四書)만 읽고, 제자백가(諸子百家)는 공부에서 배제했다고 한다면 그들이 과연 그런 문명사적 몫을 해낼 수 있었겠는가 하는 생각을 해 볼수가 있습니다. 또 어쩌면 이건 근기(根機)하고 관련되는 문제일 듯도 해요. 그러니까, 근기가 아주 낮은 사람은 정말 조심해야지 외학에 이끌려서 그릇된 길로 빠지기가 십상이고, 반면에 아주 상근기는 고승이 산에서 참선 수도만 하고도 세상 이치를 훤히 알 수 있는 것처럼, 외가서(外家書) 읽기는 대종사께서 대각 후에 각종 경전을 일별하셨듯이 나중에 대충 해도 충분하겠지요. 그래서 아주 하근기나 아주 상근기의 경우는 특별히 외학 공부를 할 필요는 없겠지만, 그 중간에 있는 다수의 사람들은 앞으로 점점 외학 공부를 더 많이 해야 되지 않느냐는 생각이 들어요.

박혜명 3월호『원광』에 게재된 류기현(柳基現, 속명 柳炳德, 1930-2007) 박사님의 인터뷰 기사 중 외학, 외지(外知)의 해석이 나와야 한다고 말씀을 하셨는데 말씀대로 대종사님께서 외학, 외지에 대해 경계를 하셨는가 하면 시대를 따라 학문을 준비하라고도 하셨습니다. 여기에 다시 시대화·생활화·대중화에 대한 문제도 포함해서 생각해야 할 것 같습니다.

백낙청 예를 들자면 류기현 박사님이 원불교의 교무이시면서 다른 철학도 공부하시고 특히 한국의 민중종교사상을 연구하여 많은 저서를 내셨는데, 앞으로는 가령 칸트 철학이라든가 헤겔 철학이라든가 마르크스의 철학을 원불교적 관점에서 새로 해석해 놓아, 서양의 헤겔 전문가나 마르크스 전문가도 경청하지 않을 수 없게 되어야 정말 원불교가 세계적인 종교가 되는 것이겠지요.

사실은 서양의 사상과 문명에 대한 이해가 원불교 교도가 교전을 제대로 읽는 데도 요긴하다고 생각됩니다. 가령 우리가 사용하는 물질문명이니 정신문명이니 하는 용어 자체가 대종사님 당시에 쓰실 때하고는 많이 바뀌었거든요. 그 바뀌게 된 배후에 뭐가 있냐면 서양의 영향이 더 깊어져서 그 개념들을 서양식으로 해석하는 습성에 물들어버린 거예요. 원래 도덕문명이라든가 정신문명이라 말씀하실 때에 도덕이라는 것은 대종사님 말씀하신 '도'와 '덕'이 전제된 그런 도덕이었을 것입니다. 그런데 요사이 도덕이라 하면 무엇을 해라 무엇은 하지 말라는 '윤리적 개념' 같은 것으로 바뀌었습니다.

정신이란 것도 그렇습니다. 정신수양이나 정신개벽을 하고자 할 때의 정신이란 것은, 서양사람들이 정신이냐 물질이냐 구분하는 것하고는 다른 개념인데, 지금은 오히려 정신이나 물질을 말할 때 서양식의 개념을 우리가 그대로 들여와서 쓰기가 일쑤입니다. 그런 서양식 사고로 물질이나 정신을 해석하고 또 정신문명의 개념을 이해하면 정말 서양에서도 많은 사람들이 무수히 해 온 상투적인, 그야말로 케케묵은 얘기들을 되풀이하는 것에 불과하게 되는 것이죠.

이런 것을 알기 위해서는 원래 소태산 선생이 도덕이나 정신을 어떻게 파악하고 사용했느냐 하는 것을 우리가 깨치는 것도 중요하지만, 그 개념이, 그런 용어가 오늘날 달리 쓰이게 되는 배후에 어떤 서양 역사의 발전이 있고 서양사상의 해석이 있어 왔는가 하는 것을 모르면 그러한 깨침의 계기를 잡지 못하고 넘어갈 염려도 있을 것입니다.

박혜명 소태산은 여성의 존엄적 가치에 대하여 교리의 부분부분에 명시하고 있습니다. 남녀평등의 범위를 넓혀 남자와 다름없는 사회의 일꾼으로 등장시키고 있으며 자각된 '권리'와 '참여'를 강조하였습니다. 그러나 남녀 '조화'가 밑깔려 있는 소태산 대종사의 남녀관은 아직 원불교 내에서 초기 정착단계에 놓여 있다는 지적도 있습니다.

백낙청 원불교 교리의 「사요(四要)」 중에 그 첫 번째인 '자력양성(自力養成)'이라는 것이 예전에는 '남녀권리동일'이었다는 얘기를 듣고 상당히 감명을 받은 적이 있습니다. 그때에 이미 그것을 사요의 하나로 내놓을 정도로 그 문제를 투철하게 인식하셨다든가 또는 그 중요성을 강조하셨다는 게 참으로 놀라웠는데, 다른 한편으로 보면 남녀권리동일의 문제는 동학에서도 나왔고 강증산(姜甑山) 선생도 말씀하셨으며 또 기독교가 처음 들어와서도 그랬습니다. 다만 그중에서도 교리의 중요한 부분으로 설정을 했고, 뿐만 아니라 이것을 조직 운영에 반영했다는 것이 원불교가 다른 종교와 비교할 때 월등한 점이 아닌가 합니다. 어떤 종교는 말단성직자도 허용을 안 하거나 말단은 되더라도 고위 성직에는 못 오르는 경우가 대부분인데 원불교는 여성사제(교무), 고위직 여성 교역자가 많은 건 물론이고 수위단이라는 최고 의결기관도 남녀동수로 한 것 등은 아주 선진적인 체제라 볼 수 있습니다.

그런데 지금 서양의 여성해방에서 제일 논란의 대상이 되고 있는 것이 제가 알기로는 남녀 간의 차이를 인정하는 문제하고, 여성에 대한 차별을 철폐하는 문제 이 둘을 어떻게 조화시킬 것인가 하는 것입니다. 차이를 인정하다 보면 부당한 차별까지 정당화해 버릴 염려가 있고 그 부당한 차별을 가지고 싸우다 보면 엄연한 남녀 차이마저 없애는 쪽으로 치닫기가 십상입니다. 원불교의 남녀권리 관념이라든가 자력양성 조목에 나오는 몇 마디 말씀은 어디까지나 앞으로 더 발전시켜 나가야 할 원칙의 제시이지 여성해방론의 난제를 미결로 남긴 점은 마찬가지겠지요. 하지만 원리상으로는 첫째 남녀의 차이를 전제한 차별 철폐를 말씀하셨고, 다음에는 남녀의 평등한 자력양성을 얘기하는 가운데에 이미 지자본위(智者本位)의 원칙이 들어가 있는 것 같아요. 아울러 타자녀교육(他子女敎育)의 원칙도 거기에 포함되어 있는 것 같고요. 그래서 여성이 이제까지는 제대로 대접도 못 받고 교육도 못 받고, 그러다가 자력이 없게 되었으니까 자력을 기르도록 해야 하는데, 부부간에도 서로 도울 뿐 아니라 남자든 여자든 어느 한쪽이 좀 나을 때는 남녀를 불문하고 나은 쪽에서 배워야 하고 나은 사람은 가르쳐 줘야 한다는 거지요.

지자본위라는 차이를 인정하고, 또 타자녀라는 말을 넓게 이해하면 부부간도 타자녀 아닙니까. 내 아내도, 남편도, 교수라 해서 학생만 가르치는 게 아닙니다. 월급 받고 가르치는 타자녀나 자기가 낳은 자식만 가르칠 게 아니라 원래 남의 자식으로 태어난 부부간에도 서로 가르침으로써 자력을 길러서 남녀의 동등한 권리를 확보해가는 몇 가지 기본원리가 제시되어 있다고 생각합니다.

박혜명 현대인들은 '자제력'에 대하여 비판을 받기도 합니다. 인내와 극복의 과정이 없이 의무와 책임이 주어지는 사회상황에서 부적응의 경우가 많습니다. 청소년 교화도 함께.

백낙청 자제력에 대해서는 원불교의 이소성대(以小成大)라는 게 바로 그 점을 짚은 것이라 생각되는데, 작은 일을 통해서 큰 일을 이루려면 자제력이 없이는 안 되거든요. 그런데 그게 말이 쉽지 작은 일을 차근차근 해 나가는 걸 답답해하는 현대인, 특히 젊은 세대에게 어떻게 그걸 가르칠 것인가, 그건 교화를 맡으신 분이나 교육을 맡으신 분들이 그때그때 현장에서 해결해야 할 과제입니다. 다만 이소성대라 할 때 이소(以小)가 절반이고 큰 일을 이룬다는 성대(成大)가 나머지 절반인데, 이 큰 일이라는 것이 구체적으로 과연 얼마나 큰 일인가 하는 것을 젊은이들이 실감하게끔 보여줄 때만 작은 일을 할 수 있는 힘이 나고 자제력이 나오는 것이지, 작은 일을 잔뜩 모아가지고 조금 덜 작은 일밖에 안 된다면 호소력이 없겠지요. 그래서 큰 것에 대한 비전을 제대로 내놓을 필요가 있다고 생각합니다.

그런데 옛날에는 자제한다면 그야말로 금욕하는 것이고 거의 무한정의 자제를 요구했는데, 대종사께서는 석가모니 부처님과 달라서 당신은 원만한 도로써 사람들을 이끌어 놀 땐 놀고 쉴 땐 쉬고 하라는 그런 말씀을 하신 것으로 기억합니다. 사실 그것이 없이 옛날 종교처럼 금욕만을 요구하면 도저히 사람들이 따라오지 않게 될 것입니다. 그렇기 때문에 기본적인 원리에서는 이소성대의 정신이라든가, 또 금욕주의가 아닌 원만한 중용(中庸)의 자제력을 요구한다는 점에서 훌륭하게 되어 있으니까, 그것을 잘 활용하시면 되지 않을까 싶습니다.

『창작과비평』에 대해 '신세대들이 잘 안 읽는 잡지'라는 말이 있고 '신세대를 포기하고 잡지를 만들 생각이냐'라는 말까지 듣는데, 잡지 편집인으로서나 대학교수로서나 그 틀을 포기하겠다는 생각은 전혀 없지마는 구체적인 방안은 제 감각에서 나오기보다는 젊은 사람들 자신의 얘기를 많이 듣고서 수용하는 데서 나올 수밖에 없다고 봅니다. 청소년 교화에 대하여 한 가지 말씀 드린다면, 이소성대하는 습성을 어렸을 때부터 길러주는 게 무엇보다도 중요하지만 어린 청소년일수록 정말 그렇게 차근차근히 해서 나갈 때 뭐가 이루어지는지가 보여야 하고 그것이 그들의 젊은 피를 뛰게 하는 뭐가 있어야 합니다. 그러면서 중간단계로서 지금 하는 작은 일과 원대한 큰 목적 사이에 중간쯤 크기의 것을 성취해 나가는 재미가 있어야지 쉽사리 포기하지 않을 것이라 봅니다.

그래서 해탈이나 열반 같은 궁극적인 목표 이전에 좀 더 현실적인 과제 중 그들이 감동하고 동감할 수 있는 것을 제시하여 그걸 위한 이소성대의 노력을 자극하면서, 그만큼 큰 문제도 사실은 또 더 크게 보면 그 자체가 '이소성대'의 작은 것에 해당되어서 다음에 더욱 큰 것을 이룰 수 있다는 실감과 확신을 갖게 하는 교화 프로그램이 되어야 하지 않나 하는 생각입니다.

대학교수로서 인성교육 문제에 관해 한 말씀 드린다면 그 문제는 대학에서 손대기에는 이미 늦은 문제라고 봅니다. 저 자신은 학생들에게 기본적인 범절에 관해서도 자잘한 잔소리를 꽤 하는 편입니다만 대학교수가 할 수 있는 기본적인 인성교육이라는 것은, 전문적인 지식을 연구 축적하고 축적한 것을 전수하는 일을 업으로 삼은 사람으로서 그런 작업이 지혜와 반대되는 알음알이의 축적, 분별지의 축적만이 아닌, 온당한 사리연구(事理研究)의 일부가 되는 방법을 자기 나름으로 연마해 가는 모습을 학생들에게 보여주는 것이 교수가 할 수 있는 고유의 인성교육이라고 생각합니다.

박혜명 박사님께서 청소년 시절부터 많은 책을 읽어 오셨는데 제일 감명 깊었던 책이 있다면?

백낙청 직업이 교수에다 평론가이다 보니 어느 책 한 권을 말하기는 어렵습니다. 외국의 작가 중에서는 영문학을 전공하면서 로런스(D.H.Lawrence)라는 작가를 좋아해서 그 사람에 관해서 학위논문도 쓰고 계속 연구를 하고 있는데, 흔히 우리나라에서 '성문학의 대가'라는 식으로 알려져 있습니다만 저는 그의 책을 읽으면 읽을수록 로런스야말로 서양의 개벽사상가에 해당하는 사람이 아닌가 하는 느낌이 강해집니다. 지금까지도 제가 많이 읽고 계속 많은 것을 배우는 서양의 작가입니다.

우리나라나 동양의 책들도 감명 깊게 읽은 것을 딱 하나만 고르라면 어렵습니다만, 제가 『원광』지와 대담중이라서 그러는 건 아니고 실제로 『대종경(大宗經)』이 '민족문학의 고전'이라는 말을 활자로 쓴 적도 있고 자주 읽지는 않아도 늘상 생각하며 배우는 책으로 꼽을 수 있습니다. 교도가 되느냐 안 되느냐를 떠나서 반드시 읽어야 할 책이라고 생각합니다. 교단의 입장에서 보면 『정전(正典)』이 더 기본적이리라 짐작되지마는 『대종경』 같은 '문학적인 재미'는 좀 덜하지 않겠습니까? 『대종경』은 학생들이나 주변에 문학 하는 친구들한테도 안 읽었으면 꼭 한번 읽어보라고 권합니다..

박혜명 앞으로의 계획을 듣고 싶습니다.

백낙청 학자로서 하는 일은 '알음알이를 축적'하는 작업인 셈이고 더욱이 서양문학도라면 '외학'의 전공자가 분명합니다. 그러나 조금 철이 들면서부터 첫째 민족문학에 뜻을 둔 평론자의 작업과 영문학도로서의 작업이 둘이 아닌 하나로 연결되어야겠다는 생각을 하게 되었고, 둘째로 영문학이든 한국문학이든 또 다른 학문이든 공부는 마음공부가 바탕이 되어야 한다는 생각으로 해 왔습니다. 앞으로는 이런 노력이 좀 이렇다 할 학문적인 성과로도 나타나고 눈에 덜 뜨이는 개인의 수양과 취사에도 진전이 있었으면 하는 소망입니다.

05

21세기 한민족공동체의 가능성과 의의

1. 머리말: '한민족공동체'의 개념

이 대회의 큰 주제에 명시된 혈연공동체로서의 '한민족'(the Korean race)은 한반도의 민족국가 내지 국민국가의 성원을 뜻하는 '한국 민족'(the Korean nation)과는 별개의 개념이다. 그런데 한국에서 이들 개념은 곧잘 혼동되곤 한다. 한반도는 주민들의 인종·언어·문화적 동질성이 유달리 높고 중앙집권적 국가생활의 역사가 남달리 오래되었기 때문에 한 핏줄을 나눈 겨레를 근대적인 정치단위로서의 민족과 동일시하는 일이 당연하게 느껴지기 쉬운 것이다. 게다가 일본의 식민통치와 그 과정에서 많은 사람들에게 강요된 해외 이산, 그리고 뒤이은 남북분단 등 최근의 민족사는 '국적' 및 '시민권' 개념과 혈연공동체(race 또는 ethnos)에의 소속 문제를 구별할 여유를 허락하기 어려운 상황이기도 했다.

그러나 이 대회에 세계 도처에서 다양한 처지와 신분의 동족 지식인들이 참가하고 있는 데서도 드러나듯이, 바로 그러한 우리의 근대사는 한민족 성원 중 적지 않은 사람들이 한반도 바깥 여러 나라의 국적 또는 영주권을 지니며 살고 있는 현실을 낳았다. 해외 동포들을 포함하는 한민족이 구성하는 공동체가 있다면 이는 벌써 하나의 다국적 민족공동체(多國籍 民族共同體. multi-national ethnic community)이다. 또한 영어나 러시아어, 일본어 등이 모국어이고 심지어 우리말을 외국어로서도 모르는 동포가 꽤 많다는 점에서 이 다국적 공동체는 다언어(多言語) 공동체이기도 하다. 아니, 한반도 자체만 놓고 보더라도 한민족은, 비록 절대 다수의 주민과 쌍방 정부당국이 모두 잠정적인 상태라고 규정하고는 있지만, 실질적으로 두 개의 국적을 가진 민족으로 살고 있는 실정이다.

따라서 21세기 한민족의 비전을 말할 때 한반도 주민에 국한되지 않는 그 성원들이 도대체 어떤 공동체로 존립할 수 있을 것이며 그렇게 존립하는 의의가 무엇일까를 생각해 볼 필요가 절실하다. 이는 원광대학교의 설립 종단인 원불교의 입장에서도 긴요한 문제가 아닐까 한다. 원불교는 한반도에서 한민족의 역사가 낳은 종교임을 자랑으로 삼는 동시에 처음부터 '후천시대(後天時代)'의 세계종교를 지향해 왔다. 따라서 세계 곳곳에 퍼진 한민족공동체와 남다른 친연성을 가질 수밖에 없지만, 이것이 인종주의나 민족주의로 귀결하는 것은 원불교가 표방하는 '대세계주의'와 어긋나는 일이 될 터이다.

2. 21세기 한민족공동체의 가능성

사람에 따라 그리고 지역에 따라 차이가 있겠지만, 오늘날 남북한의 약 7천만 인구와 대략 5백만을 헤아리는 해외동포를 망라하는 한민족 성원들의 민족적 유대의식은 꽤 강한 편이라 하겠다. 대부분 고국을 떠난 지 여러 세대가 안 되어서 그런 것도 있고, 근년에 한국(남한)의 경제력이 커지고 국제적 위상이 높아진 것이 민족의식의 강화에 일조한 것도 사실이다. 현대사회의 전반적인 국제화·세계화 추세도 멀리 떨어진 동족 간의 소통을 수월케

해줌으로써, 아직까지는 민족의식을 약화하기보다 강화하는 쪽으로 작용하는 것 같다. 하지만 이러한 추세가 21세기에도 지속될 것인가? 또 그것이 한민족을 위해서나 인류를 위해서 바람직한 일인가?

먼저 가능성의 문제부터 생각해 보자. 너무나 변수가 많고 21세기라 하면 비록 그 시발은 몇 해 안 남았지만 시작하고부터는 백 년이 되는 긴 세월인데 어떤 단정을 내린다는 것은 어리석은 짓이다. 하지만 여러 변수 가운데 한반도의 통일문제가 특히 중요한 변수라는 사실만은 분명하다. 전 세계에 걸친 다국적 공동체일수록 장기적으로 존립하기 위해서는 강력한 구심점이 필요한데, 한민족의 경우 한반도에 사는 사람들이 그 몫을 맡을 수밖에 없음은 당연하다. 물론 유태인들처럼 오랫동안 이스라엘국조차도 없는 상태에서 공동체를 유지해 온 사례가 있지만, 그 경우는 실질적으로 혈연공동체의 성격이 강하면서도 엄밀히 말하면 유태교를 중심으로 한 종교공동체로 규정된 것이었고, 사실상 이산 유태인들의 문화적 동질성을 유지하는 데 종교가 결정적인 역할을 했다. 그러나 한민족에게는 그런 몫을 해줄 종교가 없으려니와—원불교도 그런 의미의 '민족종교'는 단연코 아니다—대대로 살아온 한반도가 있는데 굳이 유태인의 선례를 따를 까닭도 없다.

문제는 이 한반도가 남북으로 분단되었을 뿐더러 이에 따른 민족의 분열이 심각하고 이질화도 무시할 수 없는 정도며 남북의 동족 간 소통이 여러 면에서 해외동포와의 교류보다 훨씬 힘들다는 것이다.

그리하여 한반도가 전 세계 한민족공동체의 구심적 역할을 하기는커녕 각 지역 한족 사회의 분열 요인으로 작용하기 일쑤였고, 해외동포들의 민족적 자존심을 손상하여 민족공동체로부터의 이탈을 부추기는 예도 적지 않았다. 일각에서는 비록 통일이 안 된 상태라도 어느 한쪽이 월등히 잘돼서 구심력을 제대로 행사할 수가 있다고 생각하기도 한다. 남한의 정부 당국이나 언론매체에서 요즘 곧잘 내비치는 것이 바로 그런 생각이며, 한때는 북한측에서 그런 생각을 했는지도 모른다. 그러나 한때의 북한이든 지금의 남한이든, 세계화의 대세 속에서 21세기에도 범지구적 민족공동체를 건강하게 유지하는 구심력을 행사할 만한 모범사회는 못 된다. 그리고 분단이 고착된 상태에서는 남북 어느 쪽에도 모범사회라 할 만한 것이 나타나기 힘들지 싶다.

이 점은 냉전 종식과 한국의 경제발전 및 일정한 민주화에 따라 해외동포들에 대한 남한의 영향력이 눈에 띄게 커진 현 상황을 좀 더 자세히 들여다보면 뚜렷해진다. 민주화만 하더라도 김영삼 정권의 출범 이래 획기적인 성과들이 없지 않았으나, 작금의 한총련 사태나 동해안 북한요원 침투 사태 그리고 이에 힘입은 반개혁 세력의 대대적인 발호가 보여주듯이 분단상황에서의 개혁 성과란 취약하기 그지없는 것이다. 이 지경이 되기까지는 정부의 대북정책 실패도 있었고 북한 당국의 일방적인 조치들도 작용했다. 그러나 어쨌든 분단극복의 과정으로 이어지지 않는 남한 단독의 민주화에는 엄연한 한계가 있음이 새삼 실감된다. 경제 역시, 현재의 불황과 난경이 얼마나 심각하고 어디까지 갈지는 확언할 수 없지만, 남북교류(및 궁극적 통합)의 물꼬가 트이지 않는 한 지속적인 고도성장의 전망은 어둡다고 봐야 할 것이다.

더욱 중요한 물음은 성장 여부를 떠나 어떤 사회, 어떤 인간형이 득세하게 되느냐는 것이다. 얼마 전 페스카마호 선상에서 벌어진 대규모 살육사건은 아직 정확한 진상이 밝혀지진 않았지만 순전히 반란을 일으킨 중국 동포 선원들이 악독해서만은 아니었을 것이고, 그 사건의 의미를 페스카마호라는 특정 선박에 국한시켜 생각해도 안 될 터이다. 해외동포와의 관계를 결국은 못 가진 자에 대한 가진 자의 지배·착취관계로 몰고 가는 상당수 남한인들의 자세—및 자본주의의 경제논리—는 한국에 대한 해외동포들의 반감과 원한을 낳고 있으며 '다국적 민족공동체'의 비극적 파탄 가능성을 키워가는 중임을 직시해야 한다.[1] 이는 국내의 이민족 외국인 노동자들에 대한 더욱 공공연한 차별이나 동남아 등지에 진출한 한국기업이 비인도적·반사회적 행위로 악명 높은 현실과 결코 별개의 현상이 아니다. 배타적 민족주의 내지 인종주의는 항상 자기 민족 내부의 모순과 착취관계를 은폐하는 이데올로기로 작용해 온 것이다.

분단의 질곡에 매인 채 세계화의 높은 파도마저 넘어야 하는 남한 자본주의가 이러한 경향을 근본적으로 바꿀 수 있다고는 기대하기 힘들다. 그런데 일부에서는 북한을 남한체제에 병합함으로써 한국 자본주의의 획기적인 발전이 가능하리라고 보며 이를 위한 준비를 강조하고 있다. 북한체제의 여러 가지 가능한 장래에 대한 진지한 연구와 이에 대응하는 우리 나름의 철저한 준비는 아무리 강조해도 모자랄 게 없다. 그러나 동독을 흡수 통일한 지금의 독일이 결코 옛 서독보다 더 민주적이거나 사회복지가 향상됐다거나 외국인들에게 더 개방적인 사회가 아닌 것을 보면, 남한이 설혹 흡수 통일의 경제적 충격을 이겨낸다고 해도 다국적 한민족공동체의 바람직한 구심점과는 더욱 거리가 멀어질 것이 분명하다.

물론 악성 민족주의로 무장한 강력한 통일한국의 주도 아래 전 세계 한민족의 유대가 일시적으로 강화되는 사태는 예견할 수 있다.

그러나 이런 인종주의적 단합은 곧바로 해당지역 및 국가에서 소수민족인 조선족과 다른 민족들 간의 갈등을 불러일으킬 것이며, 무엇보다도 조선족사회 내부의 가장 진취적이고 창조적인 성원들의 이탈을 가져오기 십상이다. 21세기의 세계가 종족들 간의 난투장이 되지 않는 한 그런 식의 민족공동체가 굳이 존속해야 할 이유가 없기 때문이다.

3. 다국적 민족공동체의 역할

이처럼 한민족공동체의 장기적 존립이 한반도의 바람직한 통일에 의존할 뿐 아니라, 그러한 통일의 과정과 민족공동체의 유지·발전 과정이 내용상으로 일치하기도 한다. 바람직한 통일이란, 나 자신이 즐겨 써 온 표현으로는 단순한 분단극복이 아닌 '분단체제'의 극복—다시 말해 아무렇게든 통일만 되면 그만인 것이 아니라 민족분열적일뿐더러 그 속성상 반민주적이고 비자주적인 분단체제를 다수 민중이 자력을 길러서 이겨냄으로써 지금보다 훨씬 민주적이고 자주적인 사회를 한반도에 건설하는 일—이다.

그렇다고 어떤 이상향이 한반도에 도래하리라는 이야기는 아니다. 다만 한쪽이 다른 한쪽을 삼키는 통일이 아님은 물론, 양쪽 기득권 세력들 및 주변 강대국들 간의 야합에 의한 통일도 아닌 진정으로 민주적인 분단극복이라고 할 때는, 현재의 남북 어느 사회와도 크게 다르며 현대 세계 전체를 보더라도 괄목할 만한 몇 가지 특징을 지니게 되리라는 것이다. 예컨대 이러한 통일은 그 진행과정에서 남북 각기의 체제개혁운동이 자리 잡고 드디어는 양자간에 분단체제 극복을 위한 연대가 형성됨을 뜻하며,[2] 이 운동의 성공은 남북 주민의 서로 다른 역사적 경험과 현실을 포용하면서 시민들에 대한 국가의 강제력을 획기적으로 제약하는 새로운 형태의 복합국가 건설을 요구할 것이다. 또한 세계화의 시대에 경제적으로나 문화적으로 앞서 가는 지역에는 어차피 타 지역의 주민들이 유입되게 마련이고 남한에서도 이미 경제성장의 결과 그러한 현상이 시작되었음을 감안할 때, 통일 한반도의 새로운 복합국가는 동시에 다민족국가로서의 기틀을 잡아야 할 것이다.

이러한 엄청난 과업이 해외동포들의 열성적이고 슬기로운 개입 없이 가능하리라고는 믿기 어렵다. 물론 국제적 지원은 동포 아닌 외국인들로부터도 폭넓게 제공되어야겠지만 이것 자체도 재외 조선족들의 중개작용에 크게 좌우될 것이다. 그런데 어쨌든 오랜 군사통치가 끝장난 한국 내부의 현실을 보건 분단 고착만이 아니라 흡수 통일이 또 하나의 위험으로 대두한 분단시대의 새로운 국면을 보건, 해외동포의 통일운동 지원도 종전과는 다른 성격을 띠게 되었다고 생각된다. 이제는 단순한 반독재투쟁 후원이나 반통일세력 규탄으로는 실효를 거둘 수가 없고, 분단이 오래도록 계속되면서 일정한 자기재생산 능력을 갖춘 하나의 범한반도적 체제가 어떻게 성립했고 이 분단체제가 남북이 각기 판이하면서도 닮은꼴 또한 적지 않은 현실에서 구체적으로 어떻게 작동하며 어찌 해야 약화될 수 있는지에 관한 알음알이를 갖춘 대응이 필요해진 것이다.

소수민족으로서 더구나 어떤 경우에는 여전히 외국인의 신분으로서 그날그날 살아가기도 벅찬 재외 조선족 인사들이 이 복잡한 과업에 어떻게 참여할 수 있을지 의문을 가짐직도 하다. 실제로 현지에서의 생활상의 문제와 연결되지 않는 통일운동은 당자에게 지나친 희생을 요구하게 마련이고 때로는 무책임한 '장거리 민족주의'를 낳을 위험 또한 없지 않다. 그러므로 의문에 대한 해답은 오히려 통일이라도 분단체제 극복에 값하는 통일을 해야 한다는 그 복잡한 과제가 바로 재외 조선인들 자신의 한층 나은 삶을 위한 현지에서의 노력과 많은 부분 겹치는 데서 찾아야 한다. 앞서 말한 민주적이고 자주적인 다민족(multi-ethnic) 복합국가가 한반도에 건설됨으로써 전 세계 한민족의 긍지를 드높이고 현실적으로 든든한 뒷배가 됨은 물론이지만, 바로 그러한 성격의 국가가 자신이 거주하는 지역에서도 성립하고 발전하는 것이야말로 재외 조선족의 생활상의 이익에 부합하는 일이며 다국적 한민족공동체가 세계 속에서 순탄하게 존속할 터전이 되기도 하는 것이다.

그런데 다민족 복합국가가 한민족뿐 아니라 21세기 대다수 민중에게 이익이 되듯이 다국적 민족공동체 또한 21세기 인류 문명에 요긴한 존재가 될 것인가? 오늘날 민족·인종 간의 갈등이 곳곳에서 유혈사태를 낳고 있는 현실을 볼 때 21세기는 민족과 인종의 구별 자체가 사라진 하나의 거대한 '도가니'(melting pot)가 되는 것이 바람직하다는 생각도 나옴직하다. 또 그러한 융합이 미국의 공식 이념이자 많은 세계화론자들의 주장이기도 하다. 그러나 지구 전체는 물론 미국 내에서도 인종차별을 비롯한 온갖 차별이 녹아 없어질 기미가 안 보이는 것이 엄연한 현실일뿐더러, 이런 불평등의 증대와 다양한 민족문화 및 문명 유산을 포함하는 온갖 정당한 차이들이 사라져 가는 현상은 서로 모순되기보다 표리일체를 이룬다고 보아야 옳다.(이는 문화유산이 문화상품으로 보존되거나 개발되는 경우에도 그대로 들어맞는 이야기다.) 21세기의 인류가 살아남고 인간답게 살기 위해서는 지금보다 물질적으로 훨씬 균등한 사회가 이루어져야 하듯이, 경제적인 이해타산에만 좌우되지 않는 다양한 공동체들이 지금보다 훨씬 튼튼하게 자리잡아야 할 것이다.

이런 공동체의 대표적인 예의 하나가 다민족국가라 한다면 또 다른 예는 다국적 민족공동체가 아닐까 한다. 기존 사회과학의 통설에 따르면 혈연·지연 등으로 묶인 전통적 '공동사회'(Gemeinschaft)가 근대에 들어와 구성원들이 합리적 계산에 따라 자발적으로 참여하는 '이익사회'(Gesellschaft)로 점차 대체된다고 한다. 그러나 근대 사회의 전형적인 보기의 하나인 국민국가 자체가 실은 Gesellschaft보다는 Gemeinschaft에 가깝다. 국민이 되고 안 되는 것이 개인의 결단에 맡겨지는 일은 아직도 극히 예외적이며 국민으로서의 행동 역시 타산을 초월해서 이루어지는 바가 너무나 많은 것이다. 이처럼 근대 특유의 상황에 맞춰 재구성된 공동체로서의 국민국가가 이제는 그 공동사회적 성격도 약화되었을 뿐 아니라 이익사회로서의 자기완결성도 점차 축소되어 가는 것이 사실이다.

그렇다고 이제야말로 공동체의 시대가 끝나고 전 지구적 이익사회의 시대가 왔다고 주장한다면 이는 인간이 이해관계의 관철과 조정만으로 살아갈 수 있다고 믿는 망상이다. 반면에 전 인류 단위의 거대한 공동체가 그보다 작은 여러 공동체의 매개작용이 없이 성립하기를 기대할 수 없으며, 그런 획일화된 거대 공동체에 매력을 느끼기도 힘들다.

다른 한편, 무수한 작은 공동체들의 중요성을 강조하면서도 민족이라거나 국가 등 규모가 좀 크고 힘 있는 집단에 대해서는 거부감을 보이는 주장들이 '포스트모던'의 이름으로 제기되곤 한다. 물론 고전적인 국민국가나 인종적 단일성을 고집하는 민족공동체라면 적어도 21세기 인류사회에는 맞지 않을 것이다. 그러나 세계화가 더욱 진행된 21세기의 현실에 적용하고 그 현실이 요구하는 이익사회적 요소를 수렴하면서 새롭게 형성되는 공동체로서의 다민족 복합국가나 다국적 민족공동체라면 이야기가 다르다. 또한 이런 공동체를 추구한다고 해서 더 작은 규모의 공동체나 인류 차원의 더욱 큰 공동체에 등을 돌릴 필요는 없다. 그런데도 유독 이들 '중간 규모'의 공동체에 거부감을 갖는 태도는 단순히 상상력의 빈곤일 수도 있으려니와, 자본의 획일화 논리 앞에서 힘을 못 쓰는 군소 공동체만을 고집함으로써 사이비

다원주의로 자본의 논리를 치장해 주는 이바지일 수도 있는 것이다.

4. 맺음말: 한민족공동체의 독특한 몫

참다운 균등세계를 위해 새로운 형태의 민족공동체가 필요하다는 일반론이 성립한다 해도 한민족공동체의 특이한 몫이 따로 있느냐는 문제가 남는다. 여기서는 몇 가지 고려사항을 간략히 열거하는 것으로써 맺음말을 대신할까 한다.

첫째는, 한민족공동체의 당면과제인 한반도 분단체제 극복사업이 어떤 세계사적 의의를 갖느냐는 점이다. 이것이 단순히 특정 국가의 분할이 청산된다든가, 동북아 지역의 불안정 요소 하나가 제거된다든가, 세계에서 전쟁 발발 위협이 감소된다는 정도의 성과에 그친다면 21세기의 인류역사에 대한 결정적인 공헌이랄 것은 못 될 터이다. 반면에 분단체제 극복이 곧바로 세계체제의 변혁으로 귀결되지는 않더라도 한반도에 지금보다 훨씬 민주적이고 자주적이며 개방적인 사회가 건설되어 선천시대(先天時代)와는 근본적으로 다른 세상을 향한 결정적인 한 발자국이 내디뎌진다면, 이러한 통일사업에 대한 다국적 민족공동체의 기여는 인류 전체에 대해서도 더없이 소중한 보시(布施)가 될 것이다.

둘째, 동아시아 문명의 일원이면서 중국대륙과 연결된 반도임에도 민족적 독자성을 면면히 지켜온 역사가 새로운 인류 문명의 창출 과정에서 어떤 힘을 발휘하게 되느냐는 문제가 있다. 더욱이 과거의 동아시아 세계에서 한반도가 중화문명의 압도적인 위력에 굴복하고 흡수당할 위험을 견뎌왔다면 근대 자본주의문명으로의 편입 과정에서는 같은 아시아국인 일본의 식민지가 된 유일한 나라였는데, 일본 제국주의의 공공연한 민족말살정책도 이겨낸 경험이 어떻게 활용될지 또한 중요한 변수이다. 그러한 역사를 지닌 동아시아 국가가 종래의 국민국가들과는 질적으로 다른 국민생활을 성취하면서 동시에 세계적 규모의 다국적 민족공동체의 중심지로 작동한다고 할 때, 적어도 동아시아 지역의 장래가 크게 밝아질 것만은 분명하다. 통일 한반도가 동아시아의 전통적 이웃인 중국과 일본 그 어느 쪽과 견주더라도 여전히 상대적으로 작은 나라이리라는 점도 문명적인 기여에는 오히려 이로울 것이다.

마찬가지로 해외 조선족 약 5백만은 수적으로 해외이산 민족들 중 거의 다섯 손가락 안에 든다고 하며 그들 중 대다수가 중국·미국·구 소련·일본 등에 집중되어 있는데, 이 또한 유리한 여건이다. 곧, 주요 강국에 집중되어 있기 때문에 그만큼 영향력의 터전이 넓은 동시에, 대국 내의 소수민족이기 때문에 동남아 일대의 화교처럼 해당 국가에 대한 위협으로 받아들여질 확률이 그만큼 적은 것이다. 따라서 한민족이 동아시아에서 독특한 영향력을 확보하기만 한다면 그것이 자연스럽게 전 세계로 퍼져나가는 일도 어렵지 않을 터이다.

물론 이 모든 것은 분단체제 극복 사업의 성패에 달렸다. 하지만 역으로 이러한 영향력의 확보 여부가 통일 과정에 영향을 주기도 할 것이다. 그러므로 한민족이면 누구나 우선은 통일의 달성에만 치중하고 바람직한 다국적 한민족공동체의 건설은 통일 뒤의 원대한 사업으로 밀어놓으라는 주문은 설득력이 없다. 아니, 통일 자체가 단순한 분단극복이 아닌 분단체제의 극복이므로 그런 식의 선후 구분이 애당초 무의미하다. 우리가 변혁하려는 분단체제는 어디까지나 자본주의 세계체제의 일부요, 이 세계체제는 원불교에서 말하는 '물질개벽'의 주체이지 '정신개벽'의 주인은 못 되며, 오히려 한민족 구성원들을 포함한 세계 민중의 참된 깨어남과 새로운 공동체 건설을 통해 개벽해야 할 선천시대의 질서인 것이다.

06

통일사상으로서의
송정산의 건국론

정산(鼎山) 송규(宋奎, 1900-1962) 원불교 2대 종법사가 『건국론(建國論)』을 발표한 것은 1945년 10월의 일이다. 건국에 관한 경륜을 펼친 것 자체가 종교지도자로서 특이하려니와, 8 · 15 뒤 불과 2개월이 지난 시점에서는 정당이나 정치인 가운데도 이만큼 구체적인 논의를 제시한 예가 드물었다고 생각된다.[1] 그러나 1948년의 남북 단독정부 수립과 뒤이은 동족 간 전쟁으로 치달은 우리 현대사에서 그의 주장은 거의 받아들여지지 않았다. 바로 그랬기 때문에 6 · 25와 같은 민족사적 대 참화를 겪어야 했다는 점에서도 『건국론』의 구체적 제언들이 당시의 상황에서 어떤 의미가 있었는가를 재검토할 필요성은 충분하겠다. 하지만 이 발표에서는 그러한 역사적 고찰[2]보다는, 송정산의 논의가 현 시국에 대해서도 여전히 의미가 있는 것인지를 주로 통일 작업에서 제기되는 쟁점들과 연관시켜 점검해 볼까 한다.

1. 건국사업으로서의 통일작업

현 시기 통일운동의 기본적 과제는 첫째 통일의 필요성에 대한 정확한 인식이요, 둘째 원만한 단계적 통일의 구상을 제시하는 일이다.

'통일의 필요성'이라고 하면 새삼스럽게 들릴지 모른다. 그러나 분단시대가 장기화되면서 통일에 대한 막연한 염원과는 별도로, 통일 않고도 남북 모두 잘 살면 되지 않는가, 심지어는 나만 잘살면 되지 않는가라는 정서가 꽤 넓게 자리잡았고, 단일민족이라고 반드시 단일국가를 가져야 하는가라는 문제제기도 만만치 않다. 실제로 하나의 민족마다 한 개의 독립국가를 가져야 한다는 주장은 이론적 근거가 박약할뿐더러, 현실적으로도 지구상의 수많은 복수 민족국가 및 다국적 민족들 사이에 일대 혼란을 불러일으키기 십상이다. 아니, 우리 한민족 자체가 이미 다국적 민족공동체로서 한반도가 통일이 되더라도 단일한 국적을 갖고 모여 살 가망은 없는 상태이다.

그러므로 통일의 필요성을 한민족의 구체적인 역사와 현재 삶에 대한 과학적 분석을 통해서 제시하는 일 또한 중요하다. 한반도의 분단이 민족 대다수의 의사와 반대로 강요되었고 그렇게 형성된 분단현실 역시 반민주적이고 비자주적인 방식으로 지탱되어 왔음을 역사적으로 밝히는 작업도 그 일환일 것이며, 오늘날 한반도에 자리잡은 두 개의 분단국가는 어디까지나 분단국가로서 '분단체제'의 매개를 통해 세계체제에 참여하는 특수성 내지 불구성을 지닌다는 사실을 규명하는 작업도 필요할 것이다. 이처럼 아직도 '정상적인' 국가를 이루지 못했다는 점에서 한민족은 여전히 미건국(未建國) 내지 반건국(半建國) 상태라는 주장이 가능하다. 그리고 이 주장은 국제통화기금(IMF) 구제금융을 계기로 시작된 '경제신탁통치'의 시대에 더욱 실감되는 바 있다. 그렇다면 송정산의 『건국론』을 포함한 모든 진지한 건국론이 다소간의 현재성을 여전히 지니는 상황인 셈이다.[3]

통일의 필요성을 의심하는 논의 중에는 '통일비용'에 관한 것도 있다. 이 경우 민족통일을 논하는 마당에 그 비용을 따지는 반민족적 자세를 나무라기도 하고, 통일비용이 아무리 크다 한들 분단비용보다 더하겠느냐고 응수하기도 한다. 그런데 분단비용을 따지는 것도 돈 계산을 하는 일이니만큼 엄밀히 말하면 '반민족적'이라는 혐의를 쓸 위험은 마찬가지려니와, 그렇다고 통일이라는 대사를 놓고 비용문제를 미리 생각지 않는 것도 무책임한 처사다. 사실 근년의 통일비용론에서 정말로 문제 삼아야 할 것은, 대한민국의 건국―또는 적어도 최근의 고도성장―으로 한민족의 건국사업이 완료되었고, 이렇게 완성된 나라가 북한 지역과 그 주민을 (어쩌면 과다할지도 모를 비용을 들여) 흡수할지 여부만이 남았다는 발상이다. 반면에 분단체제는 일종의 '반 건국 상태'이고 앞으로 건국사업을 잘못하다가는 민족 전체의 재앙이라는 엄청난 대가를 치를 수도 있다는 비용론이라면 전혀 다른 이야기다. 마찬가지로 분단체제 유지에 들어가는 금전적·인간적 '비용'이 막대하지만 예컨대 전쟁에 의한 통일보다 더 많은 것은 아님을 인식하는 가운데, 그보다 적은 '비용'의 통일, 즉 분단체제의 진정한 극복에 따를 희생과 대가를 미리 예견하고 각오를 새로이 하는 일은 통일의 필요성을 재확인하는 작업의 일부일 것이다.

원만한 단계적 통일에 관해서는 남북의 정권 모두가 표면상 합의하고 있다. 그러나 실제로는 정권 안팎의 많은 사람들이 딴생각을 한다고 봐야 할 것이다. 남쪽의 경우, 적어도 'IMF시대' 이전에는, 남한 주도의 '흡수통일'이 지배층의 대세였고 그것이 안 되면 차라리 분단의 영구화를 희망하고 있었다고 하겠는데, 지금은 후자가 더 힘을 얻게 되었으리라 짐작된다. 북쪽 당국 역시 궁극목표로서 적화통일을 지향하면서 현하 불리한 정세에서는 분단고착을 희망하고 있는 점에서 대동소이한 셈이다. 그러나 한반도의 분단현실을 '분단체제'로 파악하는 발상은, '남북간 대립'을 무시하지는 않으면서도 '남북한의 분단체제와 남북한 다수 민중의 대립'을 더욱 근본적인 모순으로 보는 발상이므로, 이들 민중의 한층 보람 있는 삶을 가져오는 분단체제의 극복이 목표가 되고 이를 위해 민중의 주도성이 최대한 발휘되는 단계적인 통일작업을 요구하게 된다.

『건국론』 '부록'에서의 '건국 3기' 설정이나 그 바탕이 되는 '중도 정책'은 바로 이러한 통일구상과 일치하는 발상이다. 송정산이 건국에 필요한 훈련기간을 "1기 5년으로 3기"[4]를 설정한 것은 15년의 준비기간을 마치고서야 정부를 세우자는 뜻이 아니고 '건국'을 나라다운 나라를 만들어 가는 하나의 긴 과정으로 파악한 까닭인데, 이는 '통일'에도 적용될 수 있는 발상인 것이다. 예컨대 송정산이 이 3기의 내용을 '정치'와 '경제'로 나누어 각기

1. 훈련기 : 각 계급 병력기(幷力期)
2. 정리기 : 국가 집중기(集中期)
3. 완성기 : 생활 균평기(均平期) (346-347면)

로 세분한 것을 문자 그대로 통일 과정에 적용할 것은 아니지만 1) 상호교류와 국가연합의 예비단계를 거쳐, 2) 연방제든 단일국가든 우리 실정에 맞는 한층 집중된 국가 형태를 창출하면서, 3) 이를 통해 좀 더 고른 삶으로 나아가야 한다는 분단체제 극복작업의 큰 방향과 단계를 여기서 읽음직하다. 특히 우선은 중도적인 정책으로 출발하여 "그간 인심의 발달 상태와 국가의 건설 상태와 재력의 평균 상태를 보아서 이상적 진보가 있는 때에는 좌우 중[5] 어느 정책이든지 용이하게 완정(完定)할 수 있을 것"이라고 하며 이를 "곧 시련(試鍊)하는 정책이요 상극이 없는 진보적 정책"(343-344면)으로 자평했는 바, 이러한 유연하고 실험적인 자세는 민중의 각성과 창발적 공헌을 중시하는 통일작업에서 마땅히 본받아야 할 것이다.

2. 『건국론』과 7·4성명의 3원칙

『건국론』의 현재성을 점검하는 한 가지 방법은 1972년 남북 당국이 합의한 통일 원칙과 1945년의 이 문건을 대비해 보는 일이겠다. 7·4 남북공동성명의 세부사항들은 채 실행도 못 되고 사문화했지만, 성명의 발표가 민중의 통일의식을 획기적으로 자극하고 남한에서의 통일논의를 크게 북돋운 것은 돌이킬 수 없는 현실로 남았다. 더구나 '자주·평화·민족대단결'의 3대 원칙은 그 후의 모든 통일논의에서 중요한 하나의 준거가 되어 왔고 1991년의 남북기본합의서에서도 재확인되었다.

그중 '평화'의 원칙이 『건국론』의 입장과 일치함은 더 말할 나위 없다. 송정산은 이미 국내 여러 세력들의 대립이 첨예하고 동족상잔의 위험마저 느껴지던 상황에서[6] 무엇보다도 평화로운 건국사업을 위해 『건국론』을 썼던 것이다.

'자주'에 관한 주장도 분명하다. 예컨대 제2장 2절 '자력확립'에서 다음과 같이 말한다.

> 우리는 공평한 태도, 자력의 정신으로써 연합국에 똑같이 친절할지언정 자기의 주의나 세력 배경을 삼기 위하여 어느 일개 국가에 편부(偏附)하여 다른 세력을 대항하려는 이 어리석고 비루한 생각은 절대로 말아야 할 것이다.···
> 그런즉, 우리는 내부의 단결을 주로 하고 불편불의(不偏不依)한 조선의 정신을 새로이 찾아야 할 것이다. 만약 그렇지 못하고 이리저리 흔들리며 어느 한쪽에 기울어진 사상으로써 호갑반을(好甲反乙)하고 호을반갑(好乙反甲)하는 행동을 취한다면 이것은 스스로 외국 간섭을 원한 것이요, 건국 사업을

방해하는 공작이라 아니할 수 없으며, 그뿐만 아니라 만약 우리로 인하여 연합국 사이에 혹 어떠한 감정(憾情)[7]이 생긴다든지 또는, 국내에 무슨 불상사가 있는 때에는 거기에 대한 죄과는 그 얼마나 클 것인가? (324면)

물론 연합국과의 관계나 연합국 상호 간의 관계 모두 지금은 크게 달라졌다. 하지만 한민족의 자주성 결여가 국내의 '불상사'와 국제적인 충돌을 가져올 것을 염려한 선견도 주목할 만하려니와, '자력확립'과 함께 '대국관찰(大局觀察)'을 강조하면서 주변 강대국들에 대해서도 '중도주의'를 취할 것을 주장한 것은 오늘날 통일 과정에서도 경청할 만하다. 한편으로 특정 외세를 등에 업고 통일을 해 보려는 낯익은 태도를 비판하는 동시에, '자주'의 원칙을 편협하게 해석하여 맹목적인 배외주의로 치닫는다든가 대국을 읽지 못한 채 통일 과정에서 참된 자주성이라기보다 객기(客氣)에 가까운 독자노선을 추구하는 어리석음을 경계하기도 하는 발언이다.

7·4성명의 '민족대단결' 원칙 또한 『건국론』에서 쉽게 찾아낼 수 있다. 격렬한 좌우대립이 예견되는 상황에서 중도주의와 중도정책을 내세우며 '국내 단결'을 최우선시한 것이 송정산이었다. "현하 정세를 직관한다면 이 중도정책이 아니고는 각계 각급(各階各級)과 각당 각파가 필경 결함 없는 제휴와 희생 없는 해결로써 한 가지 건국에 귀일하기가 어려울 듯"(343면)하다는 주장이나 "건국이 있는 후에야 주의가 있고 평등도 있고 자유도 있고 이권도 있어서 우리의 행복을 우리 스스로 사용할 것이나, 만약 건국이 없는 때에는 주의와 평등과 자유와 이권을 그 누구에게 요구하겠는가"(346면)라는 호소는 사상과 이념, 제도의 차이를 젖혀 두고 통일을 위해 우선 민족의 대동단결부터 하고 보자는 7·4성명의 취지에 곧바로 이어지는 것이다.

그런데 7·4성명의 3원칙 중 남쪽에서 가장 논란을 일으킨 것이 바로 이 '민족대단결' 조항이다. 사상과 이념, 제도를 초월한 '대단결'은 한편에서는 공산정권도 좋다는 '불온사상'으로, 다른 한편에서는 실질적인 내용이 결여된 무이념·무사상의 구호로 비판받아 온 것이다. 이 점에서 『건국론』은 7·4성명에 비해 한결 분명한 데가 있다.

> 조선의 현상을 정확히 파악한 후에야 적당한 정치가 발견되리니, 그 적당한 정치는 먼저 조선의 내정을 본위로 하고 밖으로 문명 각국의 정치 방법을 참조하여 가감취사(加減取捨)하는 데에서 성안 될 것이다. 만약, 내외 정세를 달관하지 못하고 어느 한 편에 고집하거나 또는, 어느 일개 국가의 정책에 맹목적 추종해서는 적당한 정치가 서지 못할 줄로 안다.
> 단, 민주주의의 강령만은 공동 표준으로 함.(328면)

이처럼 '민주주의의 강령'을 명시한 것은 7·4성명에서는 빠진 중요한 대목이다.

실제로 성명 내용에서 민주주의 원칙이 누락된 점과 성명의 준비 및 발표 과정에서 민주주의적 절차가 결여됐던 점은—둘다 현실적으로 불가피했다고는 하더라도—민족통일의 장전(章典)으로서 7·4성명이 지닌 중대한 결함이다. 과정의 비공개성과 서명자의 비공식성(즉 책임 있는 정부 당국자라기보다 통치자의 개인 밀사 자격) 문제는 일련의 총리급 회담을 통해 성안 된 남북기본합의서에 이르러 부분적으로 시정되기는 했다. 그러나 이때에도 남쪽 국회의 비준 과정이 생략되는 등 미비한 바가 많았거니와, 민주주의적 통일이어야 한다는 요구는 남쪽의 '한민족공동체' 제안(1991)에 들어갔고 민간단체들에 의해 제기되었을 뿐 아직껏 정부 간의 어떠한 합의에도 반영되지 못했다.

이는 물론 남북 모두가 '민주주의'를 표방하면서도 그 해석이 너무나 달라서 이 문제를 끌어넣는 것이 협상에 도움이 안 되기 때문이기도 하지만, 남북의 상이한 민주주의 해석마저 그 지역에서 제대로 실현되지 못하는 상황이어서 당국자들이 내용 있는 '민주주의 강령'에 합의할 성의가 있는지도 의심스럽다. 그럴수록 이 문제는 민간운동 쪽에서 지속적으로 제기하고 언젠가는 남북 민중 간에 구체적인 합의가 형성되어야 할 것이다. 그 합의내용을 미리 못박고 들어갈 필요는 없다. 그러나 『건국론』의 '정치' 장에서 '1. 조선 현시에 적당한 민주국 건설'에 잇따라 나오는 '2. 중도주의의 운용' 원칙이라든가, 일정한 지방자치를 포함하는 '3. 시정 간명(施政簡明)', 법치에 기반한 '4. 헌법 엄정' 등의 원리와 비슷한 수준의 민주주의 개념이 시발점으로서는 적절할 듯싶으며, '5. 훈련보급'과 '6. 실력양성' 또한 50년이 지난 오늘에도 여전히 절실한 요구임이 분명하다.[8]

송정산의 이러한 건국 구상은 통일 원칙으로서도 앞서 말한 '불온사상'론이나 '무사상'론에 만만찮은 응답을 포함하고 있다 하겠다.

3. '민주주의 강령'의 사상적 기반

'민주주의의 강령'을 덧붙이더라도 구체적인 실천 방안을 제시하는 문제가 남을뿐더러 더욱 중요한 것은 민주주의의 정확한 내용과 그 이론적 근거가 무엇이냐는 문제이다. 실제로 '민주주의'는 오늘날 너나없이 내세우는 명분으로서 현대판 바리새인들의 말치레처럼 되었다. 아니, 민주주의에 대해 그나름으로 깊이 생각하고 몸소 실행하는 사람들의 경우라도, '민'의 참된 자각과 훈련의 바른 길이 전제되지 않는 한 민주주의는 실상 위험천만한 사상인 것이다.

『건국론』은 분단체제 성립 전에 씌어진 것이므로 분단체제 극복의 구체적인 방안을 거기서 기대할 수 없음은 물론이려니와, 민주주의 개념에 대해서도 정면으로 다루는 바가 없다. 다만 앞서 지적했듯이 새로 건설할 나라의 정치에 대한 이런저런 제언에서 '조선 현시(現時)에 적당한 민주국'에 대한 송정산의 구상을 짐작할 수 있을 뿐이다. 동시에 『건국론』이 8·15 직후의 시점에서 정치나 교육뿐 아니라 국방·건설·경제 등 여러 분야에서 '긴급대책'까지 포함한 구체적인 방안들을 제시하고 있음은 주목할 일이다. 이들 방안이 당시의 현실에 얼마나 적절했는지는 별도의 연구가 있어야겠지만, 이러한 현실적인 자세가 과연 그 나름의 확고한 사상적 원리에 근거한 것이었고 그러한 원리와 긴밀한 연관을 맺고 있었다면 오늘의 시점에서도 그만큼 참고할 바가 많을 것이다.

송정산의 사상적 원리라면 물론 원불교 교리일 터이다. 그러나 『건국론』에서는 교리에 관한 직접 언급은 당연히 피했고, 건국사업에서 "정신으로써 근본을 삼"아야 한다는 주장에서 종교인다운 면모를 드러낼 뿐이다.

> 그[건국론]의 요지는 정신으로써 근본을 삼고, 정치와 교육으로써 줄기를 삼고, 국방·건설·경제로써 가지와 잎을 삼고, 진화의 도로써 그 결과를 얻어서 영원한 세상에 뿌리깊은 국력을 잘 배양하자는 것이니,…(제1장 緒言, 321면)

그런데 이러한 자세가 종교지도자들에게서 흔히 보듯이 원론적인 호소에 그친 것이 아니고, '줄기'와 '가지와 잎' 등에 이르기까지 일관되고 비교적 상세한 논의로 이어졌음은 지적한 대로다.

이 점에서 우선 『건국론』의 정신 강조는 통상적인 의미의 정신주의나 '도덕재무장운동'류의 도덕주의와 성격을 달리한다. 이는 원불교 『정전(正典)』에서 "정신이라 함은 마음이 두렷하고 고요하여 분별성과 주착심이 없는 경지를 이름이요"(교의편 4장 1절 1)라고 했듯이 '정신'에 대한 이해가 정신주의의 그것과 기본적으로 다르다는 점과 무관하지 않은데, 이런 의미의 정신은 곧 '영육쌍전(靈肉雙全)'의 경지요, 그러한 정신의 수양은 곧바로 구체적인 실행 즉 '작업취사(作業取捨)'로 이어지는 것이다.

수양을 근본으로 삼으면서 구체적인 경세 방안을 내놓는 이러한 자세는 유교적 덕치주의를 상기시키는 바도 있다. 실제로 송정산은 유학의 전통 속에서 자란 인물이기도 하다. 그러나 원불교인으로서 송정산은 '덕치' 이전에 '도치(道治)'를 강조하는 입장이었음을 간과해서는 안 될 듯하다.

> 다스리고 교화하는 도에는 여러 가지가 있을 것이나 강령을 들어 말하자면 첫째는 '도'로써 다스리고 교화함이니, 모든 사람으로 하여금 각각 자기의 본래 성품인 우주의 원리를 깨치게 하여 불생 불멸과 인과보응의 대도로 무위이화의 교화를 받게 하는 것이요, 둘째는 '덕'으로써 다스리고 교화함이니, 지도자가 앞서서 그 도를 행함으로써 덕화가 널리 나타나서 민중의 마음이 그 덕에 화하여 돌아오게 하는 것이요, 셋째는 '정(政)'으로써 다스리고 교화함이니, 법의 위엄과 사체(事體)의 경위로 민중을 이끌어 나아가는 것이라, 과거에는 이 세 가지 가운데 그 하나만을 가지고도 능히 다스리고 교화할 수 있었으나 앞으로는 이 세 가지 도를 아울러 나아가야 원만한 정치와 교화가

베풀어지게 되나니라.

(『정산종사법어』[이하 『법어』] 「世典」 제6장 '국가'2)[9]

이는 단순히 송정산이 의지하는 '도'가 궁극적으로 유교보다 불교에 맥을 대고 있음을 지적하려는 것이 아니다. 유교의 덕치주의는 민(民)을 위한 정치이기는 하나 기본적으로 지도자 위주의 발상인 데 반해, 『건국론』의 '민주주의의 강령'은 "모든 사람으로 하여금 각각 자기의 본래 성품인 우주의 원리를 깨치게" 해 주는 한층 평등주의적인 도를 요구하는 것이다. 동시에 유교의 덕치주의가 대체로 폄하해 온 법가(法家)식 '정치'를 아울러 포용해야 한다고 주장한 점도 주목을 요한다.

그러므로 송정산의 경세사상을 개화기의 동도서기론(東道西器論)에 너무 쉽게 접맥시키려는 경향은 재고할 필요가 있다.[10] 물론 그의 사상 형성에 동도서기론이 얼마나 영향을 미쳤는지는 연구해 볼 문제지만, 송정산사상 자체를 현대판 동도서기론으로 보는 것은 그 의의를 지나치게 제약하는 결과가 된다. 유·불·선(儒佛仙)의 통합을 시도한 최수운(崔水雲)의 '동학' 자체가 이미 전통적인 '동도'에 대해서도 '개벽'을 단행한 셈인데, 유·불·선뿐 아니라 서양의 그리스도교와 현대과학까지 두루 아우르고자 한 송정산이나 그의 스승 소태산(少太山) 박중빈(朴重彬)의 입장을 '서양의 물질문명 대 동양의 정신문명'이라는 틀로 접근하는 것은 적절치 못할 듯싶다.[11]

4. 통일운동에서의 '정신'과 '수양' 문제

이러한 점들로 미루어, '정신'으로 근본을 삼자는 송정산의 주장을 단지 종교인의 '거룩한 말씀'으로 치부하기는 어렵겠다. 물론 사람마다 수양이 완벽해진 후에야 통일을 할 수 있다는 입장이라면 이는 통일이건 건국이건 아무것도 하지 말자는 이야기나 다를 바 없다. 하지만 그러한 절대적인 선후관계가 아니라 일의 본말로서 어느 정도의 정신자세 확립이 근본이 된다는 주장이라면 이는 얼마든지 용납할 만한 주장이며, 그 실제 내용이 얼마나 사리에 맞느냐가 문제일 따름이다.[12] 예컨대 『건국론』 제2장 '정신'에서 가장 앞세운 '1. 마음 단결' 대목에서 단결의 장벽으로 꼽은 열 가지를 오늘의 시점에서 다시 음미해 볼 필요가 있겠는데, 좀 길지만 전문을 인용해 본다.

> 1은 각자의 주의에 편착(偏着)하고 중도(中道)의 의견을 받지 아니해서 서로 조화하는 정신이 없는 것이요
>
> 2는 각자의 명예와 아상(我相)에 사로잡혀서 사기존인(捨己尊人)하는 마음을 가지지 못한 것이요
>
> 3은 불같은 정권야욕(政權野慾)에 침혹(沈惑)하여 대의정론(大義正論)을 무시하는 것이요
>
> 4는 그에 따라 시기와 투쟁을 일으키며 간교한 수단으로써 대중의 마음을 현란케 하는 것이요
>
> 5는 사체(事體)의 본말을 알지 못하고 일편의 충동에 끌려서 공정한 비판력을 가지지 못한 것이요
>
> 6은 지방성과 파벌 관념에 집착하여 대동(大同)의 정신을 가지지 못하는 것이요
>
> 7은 남의 세과(細過)를 적발하고 사혐(私嫌)과 숙원을 생각하여 널리 포용과 아량이 없는 것이요

8은 사심과 이욕이 앞을 서고 독립에 대한 정성이 사실 철저하지 못한 것이요

9는 그에 따라 진정한 애국지사의 충정(衷情)을 잘 받아들이지 못하는 것이요

10은 단결의 책임을 남에게 미루고 각자의 마음에는 반성이 없는 것이니…

(322-323면)

8·15 직후의 혼란기는 또 그렇다 치더라도 남북 모두 '건국'을 마친 지 반세기가 지난 오늘까지도, 남북 사이에서뿐 아니라 각기 내부에서도 이런 장벽들이 너무도 많이 남아 있는 것이 아닌가? 예컨대 남쪽의 경우 "지방성과 파벌 관념"은 바로 작금의 선거에서도 뼈저리게 확인한 바이고 "사체(事體)의 본말을 알지 못하고 일편의 충동에 끌"린 판단과 행동들은 금융파탄의 과정에서 무수히 드러났다. 동시에 이러한 잘못을 지적하는 순간일수록 "단결의 책임을 남에게 미루고 각자의 반성이 없는 것이니"라는 조항이 자신에게 적용되지 않는지 반추해 볼 일이다.

송정산이 1945년의 시점에서 우리 국민들의 병폐를 지적한 발언이 지금도 대부분 유효하다면, 통일을 위한—적어도 분단체제를 제대로 극복하는 통일을 위한—요건도 여전히 미비하다는 말이 되겠다. 여건이 미비하니 통일운동마저 뒤로 미루자는 말이 아니라, 이 시대가 요구하는 통일작업은 민중의 정신적 각성에서 출발하고 그들의 깨달음을 더욱 확장해 가는 민초들의 자발적인 움직임이 주가 되지 않고서는 아무래도 건국다운 건국을 달성하기 어렵다는 인식을 새로이 하자는 것이다. 실제로 우리가 무력통일이나 한쪽의 지배층이 주도하는 일방적인 흡수통일, 아니면 합의통일이라도 외세가 주도하고 남북의 기득권 세력끼리 야합하여 이들이 여전한 기득권자로 '평화공존'하고 공생하는 통일[13] 중 그 어느 것도 아닌 민중 주도의 분단

체제 극복을 달성하고자 할 때, 송정산이 말하는 '마음 단결'을 이룩한 사람들이 남북을 통틀어 최소한 어느 선 이상으로는 반드시 있어야 하리라는 점은 부인하기 어렵다.

실제로 개인의 수양과 현실적으로 필요한 집단적 행동을 어떻게 결합할 것인가라는 문제는 오늘날 통일운동뿐 아니라 이 시대의 모든 중요한 사회운동에서 핵심적인 과제로 부각되었다고 해도 과언이 아니다. 이미 말했듯이 각자가 온전한 도인이나 성자가 된 뒤에야 세상을 바꾸는 일에 나설 수 있다는 주장은 기존 질서를 지키려는 자의 속임수에 불과하지만, 환경·생명운동과 여성운동 등 개개인의 근본적으로 변화된 생활 태도를 요구하는 '새로운 사회운동들'이 중요성을 더해갈수록 제도부터 바꾸고 보자는 식의 운동이 소기의 성과를 거두지 못하며 심지어 제도를 바꾸는 데도 실패하기 일쑤임이 분명해지고 있다. 사회운동이 무엇보다 자기교육의 과정으로서 남도 교화하는 운동이 아니고서는 성공하기 힘든 것이다. 이 점은 분단체제 극복운동에 그대로 해당되는 바, 분단체제론은 남북 민중과 범한반도적 기득권세력을 대립항으로 설정하기는 하지만, 민중 또한 분단체제에 의해 분열되고 그 일상의 삶이 심각하게 왜곡되어 자기갱신을 요하는 존재로 설정하고 있는 것이다.

정신 및 수양의 이러한 중요성에 비추어 교육에 관한 『건국론』의 제언도 새롭게 관심을 끌어 마땅하다. 예컨대 '정신교육의 향상'이나 '근로교육의 실습' 등은 북에서는 편협한 노선의 주입에 치우친 반면 남의 공교육에서는 거의 무시되어 왔는데, 원만한 정신에 입각한 이런 교육이 없이 통일이라는 건국사업이 제대로 진행될 수 있을지 의심스럽다.

5. 균등사회를 향하여

환경이나 여성운동뿐 아니라 전통적인 사회운동에 해당하는 노동운동에서도 개인적인 수행이 따르지 않는 운동이 과연 노동계급의 해방을 가져올 수 있느냐는 물음이, 특히 '현실사회주의' 몰락 이후 실감을 더해 가고 있다. 8·15 직후의 건국 과정에서 그러했듯이 통일의 과정에서도 계급 차별 등 현존하는 불평등을 어떻게 처리할 것이냐가 초미의 관심사로 떠오르는데, 불평등으로부터 이득을 보는 세력들이 기득권을 지키려고 통일 과정에의 민중참여를 가급적 배제하려는 데 반해, 일부 변혁 세력은 기존의 불평등이 척결되지 않는 통일은 무의미하다는 성급한 주장을 펼치기도 한다.

『건국론』의 '결론'에서 요약하는 '중도 정책'은, "어느 계급을 물론하고 평등하게 보호하여 각자의 안정을 얻게 하는 것이요"(343면)라고 하여 당장에 계급 철폐 등 혁명적인 변화는 배제하고 있다.[14] 이는 우선 대외적으로 연합국이 두루 협조하고 대내적으로도 유산자들이 어느 정도 자발적으로 협력하지 않고서는 건국 사업이 불가능하리라는 냉철한 현실인식에 따른 것이라고 보아야 한다. 예컨대 강만길 교수는 송정산이 '일산(日産)의 처리' 항목에서 "일본인 재산은 전부 국가 소유로"(338면) 할 것을 규정하면서도 "친일파와 민족반역자들의 재산을 몰수한다"라는 해외 독립운동가 공통의 강령은 빠뜨렸음을 그의 한계로 지적했는데,[15] 직접적인 언급을 피한 것은 일종의 방편인지 몰라도, "유산자의 자발적 선심으로써 공도기관(公道機關)이 점차 증장되고 그에 따라 인민의 생활이 자연적 평균해지게 하는 것이요"(343면)라는 말이나 '각 구역 공익재단 건설'에 관한 제안(337면)에서 엿보이듯이 송정산은 '몰수'와는 다른 길을 구상했음이 분명하다. 이것이 민족의식 또는 계급의식의 한계로 비판받을 소지도 물론 있지만, 당시 미국의 존재를 포함한 국제정세와 국내의 세력 판도를 올바로 읽은 '대국 관찰'의 결과이자 '진화의 도'에 대한 그나름의 경륜이 실린 처방임을 무시할 수 없다. 특히 죄질이 나쁜 범죄자들에 대한 (재산몰수를 포함한) 징치는 그도 반대하지 않았을 터이려니와, 나머지 친일분자들의 경우는 자발적인 헌납—물론 여론의 압력에 굴복한 자발성인 경우가 많겠지만—을 유도하여 공익재단을 설립하는 길이 실익 면에서 월등했을 뿐 아니라 민족정기를 바로 세우는 데에도 반민특위(反民特委, 반민족행위특별조사위원회)의 좌절을 겪는 것보다는 더 효과적이었을 것이라는 추론이 가능하다.

좀 더 근본적인 문제는 평등의 의미와 그 전제조건에 대한 송정산의 원칙적인 견해이다. 즉,

> 공산주의로 말하면,[16] 인류의 공도 생활에 근본 신성한 사상이거늘 그것을 잘못 이해하는 자는 우선 남의 이권을 무시하고 무상 취득(無償取得)하는 데에만 정신이 어둡게 되나니, 이것이 어찌 공산의 원리리오. 공산의 원리는 먼저 우주의 공도를 깨쳐서 자기 사유에 애착 없는 정신을 가지며 노력(勞力)의 대가 없이는 의식을 구하지 않는 의무를 잘 인식하는 데에서 진실한 가치가 드러나며….(344면)

라고 했듯이 다수 민중의 수준 높은 정신수양이 갖춰지기 전에 강압적으로 물질적 평등부터 구현하고 보자는 '현실사회주의식' 방법은 잘못되었다고 보는 것이다.[17] 실제로 현실사회주의 실험의 실패는 바로 평등사상의 그러한 '진실한 가치'를 드러내지 못한 결과라는 해석이 오늘날 적지 않은 설득

력을 지니고 있다.

이처럼 균등사회 실현의 노력에 있어 높은 도덕성을 요구하는 논리가 한국을 포함한 전 세계 불균등사회의 기득권자들 귀에 너무도 달콤하게 들릴지 모른다. 그러나 송정산은 저들이 곧잘 내세우는 자유에 관해서도, "생활의 자유를 좀 구속한 중에도 공로자의 대우를 분명히 하여 공사 간 진화의 도를 얻게 하는 것이다"(343면)라는 식으로 일정한 공적 규제와 개입을 요구할뿐더러, 자유주의 자체를 두고는,

> 자유주의로 말하면, 인류의 평등 원칙에 가장 발달된 사상이거늘 이것을 잘못 이해하는 자는 우선 누구의 제재를 받지 아니하고 자행자지(自行自止)하여 궤도 없는 생활에 빠지게 되나니, 이것이 어찌 자유의 원리리오. 자유의 원리는, 먼저 각자의 마음이 공중도덕과 통제생활에 위반되지 아니할 만한 정도에 있으며, 남의 정당한 의견, 정당한 권리를 침해 구속하지 않는 데에서 문명의 가치가 있는 것이며…. (344-345면)

라는 대목들에서 신보수주의는 물론 고전적 자유주의관과도 크게 다른 입장을 취하고 있다. 자유와 평등에 대한 송정산의 이러한 해석은 분단체제 극복 운동의 이념으로서도 손색이 없다고 생각된다.

이 원리에 입각해서 제시한 '중도 정책'들은 그의 말대로 "좌익사상가[18]에서는 너무나 보수적이라고 비평할 수 있고, 우익사상가에서는 또한 자유구속이라는 관념을 가질지도"(343면) 모르는 것이었으며, 실제로 좌우 남북 어느 쪽에서도 받아들여지지 않았다. 아니, 자유민주주의를 표방한 남한 자체에서 『건국론』은 오랫동안 공론화되기 힘든 '불온한' 문건이었다. 그러나 돌

이켜볼 때, 만약에 좌우합작을 통한 통일국가의 건설이 가능했다면 그 정책은 송정산이 말한 '중도'에서 크게 벗어나지 않는 것이었을 테고 전제조건은 송정산이 강조한 '마음 단결' 등 '정신'을 바로잡는 일이었을 것이라는 추론이 그리 어렵지 않다. 또한 그렇게 하여 세워진 나라라면 즉각적인 실현은 아니더라도 균등사회와 자유세상, 평화세계를 이룩하는 방향으로 큰 발걸음을 내디뎠으리라고 족히 짐작되는 바 있다.

그런 방향으로 가지 못하고 참혹한 전쟁과 오랜 분단의 고통을 당한 것이 우리 민족의 불행이자 인류사회의 불행이기도 하다. 그러나 시련을 겪어낸 덕에 우리는 분단체제의 극복을 통해 다시 한번 건국다운 건국을 추진할 수 있는 자리에 섰다. 그 방편은 '현하 정세'에 맞춘 우리 시대 나름의 중도정책이어야 할 것이며, 이를 실행하기 위한 훈련과 준비를 지금부터 다그쳐야 할 것이다.(1997, 개고 1998)

원불교적 사유방식의 이유

:「회갑을 맞는 백낙청 편집인에게 묻는다」에서

백낙청(『창작과 비평』 편집인 · 문학평론가 · 서울대 교수, 영문학)

백영서(『창작과 비평』 편집위원 · 연세대 교수, 역사학)

김영희(『창작과 비평』 편집위원 · 한국과학기술원교수, 영문학)

임규찬(『창작과 비평』 편집위원 · 문학평론가 · 성균관대 강사, 국문학)

1997년 12월 30일, 창작과 비평사 회의실

김영희 리얼리즘과 관련해서 로런스 이야기가 나왔지만 로런스에서 선생님이 관심을 갖는 또 한 가지가 남녀문제인 것 같습니다.(웃음) 남녀를 이데올로기적, 혹은 차별적으로 구분 짓는 데 대해서는 로런스 자신도 강하게 반발하지만, 그럼에도 존재하는 남녀 차이에 대해서는 로런스와 선생님 모두 강조하는 편인데요, 거기에는 기술공학주의적인 사고에 치우쳐 자연이라는 범주가 무시되는 데 대한 경계도 들어 있는 것 같습니다. 70년대에 여성문제에 대해 짤막한 에세이를 쓰신 적이 있으시죠? 거기서 선생님께서는 여성문제를 이야기하더라도 남자로 태어난 이상 사냇값을 하고 가겠다는 남자들의 충정 자체는 어떻게든 소화해 내야 한다는 취지의 말씀을 하셨는데, 따지고 보면 그 사냇값이라는 게 참 복잡한 얘기인 것 같아요.(웃음) 사냇값을 한다는 것이 기득권적인 위치에서 가능했다는 점도 있고, 또 사냇값, 제대로 된 사내다움과 그야말로 고정관념으로서의 '남성다움'을 구분하기 쉽지 않다는 점도 있고요. 저 개인적으로도 페미니즘에서 남성적인 사고방식이나 성향, 그리고 거기서 나온 성취 일체를 비판 일변도로만 볼 것은 아니라고 생각하지만, 이것이 페미니즘에서도 중요하면서도 어려운 논제로 되어 있는 것 같습니다. 초기에 하셨던 발언과 관련해서 페미니즘에 공감하는 남성으로서 한 말씀…….(웃음)

백낙청 70년대에 그 글을 하나 쓰고서는 여성운동이나 여성문제 자체에 대해서 따로 쓴 게 없다 보니까 그 짧은 글이 마치 여성문제에 대한 나의 본격적인 입장 표명처럼 되어가지고 여성문제에 관한 인식이 매우 '후진' 사람이라는 평도 듣곤 했어요.(웃음) 얼마 전에 안동대 국제학술대회에 가서 발표한 글에서, 여성문제만 따로 쓴 것은 아니지만 여성운동의 독자성을 전제로 그것이 분단체제 극복 운동과 결합할 가능성을 얘기했는데, 새로 나올 책의 제1장으로 실릴 예정이지만 그게 나와서 여성운동가들로부터 덜 욕을 먹을지 어떨지는 모르겠어요. 거기서 "남자 못난 것들이 자기가 사내로 태어난 것을 큰 벼슬로 안다"는 말을 했는데 '사냇값' 운운한 것과 사실은 통하는 이야기죠. 실제로 우리 사회에서 남성우월주의의 전반적인 폐단에 대해서는, 내가 물론 여성운동하는 사람만큼 민감하진 못하겠지만, 그것이 남자들 자신을 덜떨어지게 만드는 면, 사냇값도 제대로 못하는 것들이 자기가 여자가 아니라는 사실만으로 행세하는 꼬락서니에 대해서는 꽤 민감한 편이라고 생각해요. 로런스도 그런데 거부감이 강한 사람인데 그의 영향도 은연중에 많이 받았겠지요. 그래서 여성문제를 직접 논의는 안 했더라도 문학작품 논의할 때 간간이, 이건 정말 여성 작가 특유의 시각으로 남자 못난 꼴을 잘 짚어냈다 싶은 걸 지적하면 작가 당자들도 그런 지적을 상당히 만족스러워하대요. 그래서 현대세계에서 자유·평등을 얘기하면서도 남성우월주의가 여전히 판을 치고 있고 그것이 남자들 자신을 더 못나게 만들고 있다는 점에 대한 비판의식이라든가 그런 것은 내 나름대로 강하다고 봐요. 그런데, 다른 한편으로는 남녀 간의 정당한 차이는 존중되어야 하고 남자다운 게 뭐고 여자다운 게 뭔지가, 그건 새로 규정을 해야 되겠지만, 아무튼 남자는 더 남자다워지고 여자는 더 여자다워지면서 양성 간에 더 공정하고 조화로운 관계가 이루어져야 한다는 게 내 생각이에요. 그러다 보니 사회적으로 형성된 부당한 차별에 항거하는 것이 자칫 이 중요한 문제를 망각하게 만들어서는 안 되겠다는 점을 강조하게 되고, 여성의 눈에는 역시 남자로서의 기득권 수호로 되돌아가는 구나라는 혐의를 받는지도 몰라요. 아직 너무 막연한 이야기라서 이것만으로 무슨 시비를 가리기는 힘들 것 같고, 아무튼 지금 나의 남녀관이 자연에 대한 존중이라든가 이런 개념과 연결이 된다고 했는데, 문제가 더 복잡해지는 것은 정말 자연적인 차이가 무엇이냐는 문제가 하나 있고, 거기서 한 걸음 더 나아가 사회적으로나 역사적으로 형성된 차이는 또 얼마나 존중할 것인가 하는 문제가 결부되거든요. 원불교 문자를 빌려서 설명한다면 원불교에서는 법신불을 사은(四恩)이라고도 해서 천지은 · 부모은 · 동포은─이때 동포라는 것은 우주의 온갖 생명들을 다 포함하는 뜻이죠─그리고 마지막으로 법률은(法律恩)이라는 것이 있어요. 법률의 은혜라고 해서 실정법을 무조건 존중한다는 뜻은 아니고 그렇다고 부처님의 법만을 말하는 것이 아니라 인간이 살아오면서 창안한 온갖 문물이나 제도, 문명 등을 기본적으로는 은혜로 받아들이는 발상이에요. 그러니까 자칫하면 현실순응주의로 갈 수 있는데, 아무튼 인간의 역사에 온갖 부정과 억압이 개재되었지만 기본적으로 그런 역사가 있고 인간이 살아온 것을 하나의 은혜로 느낄 것인가 아닌가 하는 중요한 문제가 걸려 있지요. 그걸 은혜로 받아들인다고 하면 원래 생물학적 차원의 차이가 아니더라도 가부장제를 통해서든 뭘 통해서든 역사적으로 형성되어 온 남성다움, 여성다움을 깡그리 부정하기는 그만큼 더 힘들어지는 거죠. 그래서 일전에 김선생하고 그런 대화를 나눈 적도 있지만, 흔히 자연적으로 있는 남녀의 성별을 서양 담론에서는 '섹스'(sex)라고 하고, 사회적으로 형성된 성차를 '젠더'(gender)라고 한다면 '섹스'를 폐기하자는 건 아니지만 '젠더'는 폐기하자는 것이 대다수 여성해방론의 주장이라고 보는데, 현실적으로 그렇게 가르는 일이 가능하냐 하는 문제가 하나 있고, 원칙 문제로는 자연적인 성별 그 자체는 아니더라도 문화적 성차가 일단 자연적 차이를 바탕으로 실제 인류 역사를 통해 형성되어 온 것이라면 거기에는 존중할 것도 꽤 있지 않느냐, 그래서 철폐할 것은 철폐하지만 그것도 말하자면 법률은에 보은하는 자세로 하자는 거예요. 이게 남자로서의 편견일 수도 있고, 특히 나이가 점점 들어가는 남자의 보수성일 수도 있지만, 지금 부당한 성차별은 별로 줄어들지 않으면서도 정말 사내다운 사내는 점점 적어지고 있는 것이 현실이라고 보는 점에서는 통상적인 남성주의하고는 다르다고 믿어요. 그래서 사내가 좀 더 사내다워야 한다는 주장은 지금도 포기하고 싶지 않아요.

거듭 말하지만 우리 시대의 남성다움과 여성다움은 남녀가 함께 새로 만들어 나갈 일인데 남녀 간에 온전한 합의는 불가능하지 않은가라는 생각도 해요. 남자도 제각각, 여자도 제각각이라서만이 아니라, 남녀 차이라는 것이 워낙 근본적인 차이이기 때문에 남성적인 인식과 여성적인 인식이, 아주 상식적인 얘기를 벗어나면 상당히 달라지는 것이 아닌가, 그래서 이것은 인간이 남자와 여자로 구별되어서 태어난다는 것이 인간의 '보편적인 인식' 능력의 한계로 작용하는 것이 아닌가 하는 생각을 갖고 있어요. 이건 김영희 선생이 많은 관심을 가진 이른바 여성적 입장의 객관성 문제와도 직결된 문제겠지요.

김영희 제가 자연 범주라고 한 것도 단순히 생물학적 차이를 염두에 둔 것이 아니라, 사회적이든 생물학적이든 오랜 시간 동안 구축되어 엄연히 존재하고 있는 것의 무게를 말씀 드렸던 것입니다. 아무튼 저로서는 여성적 인식과 남성적 인식의 차이를 일반화해 부각시키는 것보다는 다수 여성의 경험과 밀접히 관련된 앎의 방식들을 강조하면서도, 그것을 '여성적'이기만 한 것으로 보지 않는 논의들에 관심을 갖는데요. 가령 '지식'이라고 하면 인지적(認知的)인 것만이 '지식'인 양 여겨져 왔으며 그런 가운데 여성들의 실천적·정서적 앎은 '지식 이전'의 것으로 밀려났다는 논의가 있는데, 어떤 면에서는 실천적·정서적 앎이야말로 인지적 명제로 표현되는 지식의 바탕이라고도 볼 수 있겠지요. 이럴 때, 인지적 지식을 자리매김하는 동시에 그 위력—즉 실천적·정서적 앎들 가운데 끼어드는 '부정확'한 부분들을 교정하는 역할도 설명할 수 있을 것 같고……, 아무튼 이런 논의에서도 남성들과 여성들의 앎에 다른 부분이 있다는 것을 인정하지만, 그렇다고 '정서적 지식' 일반을 남성적인 것, 여성적인 것으로 대별하지도 않고, 밀려난 실천적·정서적 앎은 여성들의 앎의 방식일 뿐 아니라 노동하는 남성들의 그것이기도 하다고 보거든요.

백낙청 그건 중요한 지적이에요. 남성중심주의, 그리고 남성중심주의와 결부된 서양의 전통철학이 인지적 지식, 머리로 아는 알음알이만을 특권화했기 때문에, 여성이라든가 몸으로 노동하는 계급이라든가 이런 사람들 특유의 실천적·정서적 앎이 오히려 보편적 앎에 기여하는 면을 되새길 필요가 분명히 있지요. 그런 점에서 여성의 인식과 남성의 인식이 다르다 하더라도 오늘의 상황에서는 여성의 인식이 더 진실에 가깝기 쉽다는 것도 인정할 수 있어요. 그런데 김선생도 그 비슷한 이야기를 썼다고 믿지만, 실천적·정서적 앎을 중시한다는 것이 그냥 그러한 측면을 보완하는 정도가 아니라 인지 위주 지식의 절대성을 부인하는 것이라면, 이건 '객관성'이라든가 '진리'의 개념 자체가 뒤바뀌는 엄청난 이야기가 되죠. 가령 몸으로 아는 것이 진짜 앎이라고 하면, 몸은 어떻게 수련해야 제대로 앎에 이를 수 있느냐는 문제도 생기지만, 남자 몸과 여자 몸이 근본적으로 다를 경우 동일한 앎이 얼마나 가능하냐는 것도 문제가 되겠지요. 인간이 감관(感官)에 의존함으로써 인식 능력에 한계가 지어진다는 점은, 가령 현대과학에서도 과학이 발달하면 할수록 더 분명히 드러난다고 하지 않아요? 예컨대 광선이 입자냐 파장이냐 할 때에 사실은 파장이기도 하고 입자이기도 한데, 실험을 통해서 증명을 하려고 하면 입자임을 보여주는 실험과 파장임을 입증하는 실험을 따로 해서 양쪽 다 확인할 수는 있지만 파장인 동시에 입자의 상태를 증명하고 인지할 수 있는 인간의 감관능력은 없다고 하지요. 좀 엉뚱한 비유일지 모르나, 여성적인 인식 능력과 남성적인 인식 능력이 일치하는 대목이 한정된 상식을 넘어서면 과학적으로는 입증할 수 없고 명제로 정리될 수도 없는 게 아닌가, 남자와 여자는 전혀 다른 존재라서 진리도 남자 진리, 여자 진리 두 개가 있다는 말은 아니지만, 이때에 '하나의 진리'라는 것은 불교 문자로 분별지(分別智) 차원에서 도달할 수 없고 견성(見性)해서 남녀의 차별이 없는 자리를 깨치는 길이 있을 뿐이라는 거지요. 분별지의 차원에서는 남자는 여자가 아니라는 데서 오는 한계가 있고 여자는 남자가 아니라는 데서 오는 한계가 있기 때문에, 역시 남자는 남자답고 여자는 여자다우면서 서로 간에 어울려 사는 것이 중요하다, 또 그렇게 어울려 사는 중생의 삶이 곧 부처의 경지인지 모른다, 이렇게 말할 수 있지 않을까 싶어요.(웃음)

1. 원불교적 사유방식의 이유

임규찬 남녀관계 말씀 도중에 원불교의 개념을 원용하셨는데, 이와 관련된 질문을 하나 던져 보겠습니다. 평소 궁금했던 점이기도 합니다만, 선생님의 초기 글에서는 비교적 불교에 대한, 이른바 동양적인 사유방식 내지는 불교의 비중이 컸던 것 같습니다. 그런데 최근에 들어서서 원불교에 대한 관심을 강하게 표명하고 계십니다. 때로는 특정한 인물까지 거론하면서 말씀하시는데, 그런 측면이라면 불교계에서도 거기에 견줄 만한 사람도 많이 있을 텐데 특정 개인을 부각시킬 정도로 원불교 사랑에 빠진 어떤 연유가 있는 겁니까? 선생님의 사유방식은, 근저에 불교라든가 하이데거적인 사유방식이 깔려 있고, 그래서 '종교적인 인식'이라는 말씀도 초기에 하셨는데, 이런 개인적인 구도의 바탕, 개인적인 깨달음에 기반해서 거기에 일종의 사회적 실천으로서의 과학이라든가 여타 여러 이론과 사유가 결합되는 그런 사유체계로 보입니다. 그리고 선생님께서는 불교에 대해서 개인적인 구도 차원에서는 인정을 해주지만 당면한 현실의 실천적인 행위 차원에서는 별로 인정을 안 하시는 것 같아요. 그런데 원불교를 말씀하실 때는 양자가 결합하는 듯한 느낌도 들고, 아까 말씀하신 '법률은'의 경우에도 그런 예로 보이는데, 이런 측면이 특별하게 원불교에 대해 관심을 갖게 된 동기인지?

백낙청 사회적 실천이라는 면에서는 몇 해 전 조계종의 개혁불사(改革佛事) 이후로는 불교 쪽이 오히려 활발한 감이 있고, 원불교 교단은 교세가 약해서 그런 것도 있겠지만 가령 민주화운동 과정에서도 한 일이 별로 없었다고 봐요. 그러나 교리 면에서는 실천성이 더 강조된다고 할 수는 있겠지요. 원불교에 대한 나의 관심은 사사로운 연고도 있지만, 한편으로는 불교에 대한 관심의 연장이랄 수 있고 그 창시자인 소태산(少太山) 박중빈(朴重彬)이나 그의 수제자 정산(鼎山) 송규(宋奎) 같은 분이 현대 한국의 독창적인 사상가이기도 하다는 인식이 있는 거지요. 원불교는 한편으로 그 맥을 불교에 대고 있으면서 다른 한편으로 구한말 이래, 그러니까 서양문명이 들어오면서 그 엄청난 충격에 주체적으로 대응하려는 우리 민족의 사상적 모색의 맥을 동시에 잇고 있는 점이 특이하지요. 물론 불교 쪽에서도 고승들이 많이 나왔지만 내가 별로 연구는 못해 봤고, 아무튼 단순히 불교를 유신한다든가 갱신해서 거기에 대응한다는 것과는 다른 차원에서 동학의 최수운(崔水雲)에서 비롯되는 유·불·선 통합의 노력이 있잖아요? 강증산도 있고.

그런데 이런 작업이 원불교의 창시에 이르러 한 단계 더 전진했다는 느낌을 갖고 있어요. 그렇게 된 배경에는 수운이나 증산 이런 분들의 선구적인 작업을 딛고 일어섰다는 이점이 있고, 또 하나는 유·불·선 통합이라는 것이 말이 쉽지 그냥 갖다가 절충을 한다고 통합이 되는 것이 아니고 그럴 만한 바탕이 있어야 하는데, 가령 수운 같으면 유교에서 이단자가 되기는 했지만 유학을 바탕으로 출발을 한 셈이고, 증산의 경우는 선도(仙道) 쪽이 더 중요시되었지요. 이에 비해서 원불교는 사상적인 바탕을 불교에 두고 있는데 나는 유·불·선 통합을 하려면 불도가 바탕이 되지 않으면 어렵다고 생각하거든요. 거기다가 유·불·선 통합이라는 것은 원래 유·불·선 3개만 통합하려는 것이 아니라 서양의 그리스도교를, 동학 당시에는 천주학인데, 어떤 식으로든 의식하면서 거기에 적절히 대응을 하겠다는 의지가 담겨 있었는데, 그게 제대로 되자면 그냥 '동학'으로써 '서학'에 대응한다는 차원이 아니라 그리스도교와 현대과학, 이런 것까지도 유·불·선 통합 작업에 끌어넣어야 되지요. 그런 시도는 수운이나 증산에서는 보기 어렵고 소태산에 와서 드디어 이루어진다고 봅니다. 그래서 나는 어디선가 소태산의 언행록에 해당하는 『대종경(大宗經)』이 종교문제를 떠나서 우리 한국문학의 중요한 자산이라고 말했는데, 한국문학도인 임규찬씨만 해도, 안 읽어 봤죠?

임규찬 네.(웃음)

08

희망의 21세기,
어떻게 맞이할까?

백낙청(『창작과비평』 편집인, 서울대 교수)
박혜명(『원광』 편집인, 원불교 교무)

박혜명 안녕하셨습니까? 20세기 마지막 한가위를 보내면서 인사를 드리게 되어 무척 영광입니다. 이제 새 천년의 도래가 얼마 남지 않았습니다. 모두들 한껏 희망의 나래를 펴면서 또 한편 어떤 불안감도 없지 않은 듯합니다. 지난(1999년) 7월 31일은 원불교의 신앙·문화·홍보지인 『원광』의 50돌이었고, 오는 11월 4일은 '월간원광사' 창사 9돌이 됩니다. 그래서 저희 '월간원광사'에서는 이를 기념하고자 교단 내외 인사들의 기념 휘호 및 축하 메시지 지상 전시회, 『한국의 지성과 원불교』 발간(10월 15일), 명사 초청 특별 인터뷰 등을 연차적으로 추진해 왔습니다. 이 시리즈의 첫 회[1]를 맡아주셨던 백낙청 박사님을 오늘 다시 모시고 '희망의 21세기, 어떻게 맞이할까'라는 제목으로 특별 인터뷰를 하게 되어 대단히 영광스럽게 생각합니다. 이번 기념호에는 저희가 일부러 교단 바깥에서 객관적으로 말씀해주실 분을 모시기로 했으니 아무쪼록 기탄없이 말씀해주시기 바랍니다.

백낙청 『원광』과 '월간원광사'의 이 뜻 깊은 자리에 나오게 되어 저야말로 영광입니다. 그러나 과연 제가 또 나설 자리인가 하는 의문이 없지 않습니다. 일부러 문외한을 고르셨다고 하니 다소 안도는 되는군요. 아무튼 축하의 말씀부터 먼저 드립니다.

박혜명 박사님께서 미국의 버스웰 교수(Robert Busweld, UCLA 대학) 등과 원불교의 오랜 숙원이었던 원불교 『정전(正典)』 영역본을 완역하시고 발간에 앞서 '수위단회 교서감수위원회'의 영역본 교서 최종 감수 절차를 밟고 있다는 소식을 들었습니다. 새 천년의 도래와 함께『정전』의 영역본 발간·보급은 많은 의미가 있다고 봅니다.『정전』영역본 번역에 참여하신 소감이나 그 작업을 통해 원불교에 대한 새로운 이해가 있었다면 말씀해주십시오.

1. 세계에 내놓고 자랑할 만한『원불교정전』

백낙청 원래는 교단에서 교전 영역본을 새로 마련하면서 외부 인사를 포함한 자문회의 비슷한 것을 두어 차례 여는 정도로 알고 영문학을 공부한 사람으로서 참여해도 무방하겠다고 생각했고, 한때 송광사에서 수도생활을 한 바 있는 미국의 불교학자 버스웰 교수도 제가 권유해서 참가를 했었지요.

그런데 이것이 인연의 꼬투리가 돼서 결국은 버스웰 교수, 교단 측의 우산(右山) 최희공 원무님(고려대 교수) 등과 더불어『정전』번역 작업에 깊이 관여하게 되었습니다. 성과를 떠나서 저로서는 영어를 배워서 이런 데 쓸 수 있게 된 것을 큰 복으로 알며 즐겁게 일했고 많은 공부가 되었습니다. 특히 최희공 박사님과 함께 일하면서, 어떻게 보면 독(獨)선생을 두고 정전 공부를 한 셈이라 저 나름으로 깨우친 바가 적지 않았어요. 물론 교단 내에야 정전을 평생 연구하신 학자나 몸소 수행하면서 공부해 오신 도인들이 많이 계실 테니 저 나름의 무슨 해석을 내세울 일은 전혀 아니지요.

박혜명 그래도 박사님께서 느끼신 바를 듣고 싶은데요.

백낙청 글쎄요. 제가 전에『대종경(大宗經)』을 두고 '한국문학의 소중한 자산'이라고 말한 일이 있는데, 그때만 해도『정전』의 진가를 제대로 몰랐습니다. 물론 지금도 『대종경』이 이야기 재미까지 겹쳐서 처음 읽는 사람들도 쉽게 다가설 수 있다는 점에서 '문학적 가치'가 앞선다고 말할 수는 있겠지요.

다만 이번에 『정전』 번역에 참여하면서 『정전』이 읽으면 읽을수록 참 대단한 문건이라는 생각을 하게 되었어요. 『대종경』과 같은 의미의 문학적 자산은 아닐지 몰라도 문학의 의미를 한층 넓혀 볼 때 이 또한 한국문학의 희귀한 자산이요 사상적으로도 세계에 내놓고 자랑할 만한 문건이라는 생각을 하게 된 것입니다. 가령 영역 작업이 너무 힘들다 싶을 때 한 가지 큰 위안이 된 것이 『정전』이 짧다는 점이었는데요, 『원불교전서』판으로 약 70-80쪽 분량이지요? 그런데 이걸 바꾸어 말하면 그 짧은 지면에 불교의 그 수많은 경전에 담긴 가르침을 간명하게 요약·정리했다는 뜻이 되고, 동시에 최수운(崔水雲) 선생 이래 한국의 민중종교가 유·불·선을 통합하려 했던 사상의 흐름마저 이어받아 원만하게 집대성했다고 볼 수 있습니다. 참으로 엄청난 작업이 짧은 지면에 밀도 높게 담긴 것입니다. 문학하는 사람으로서 우선 그 '예술적 경제'에 찬탄하지 않을 수 없었지요.

문학 독자들이 작품을 평가할 때 흔히 그 짜임새를 따집니다. 단순한 형식미(形式美) 차원을 넘어 각 부분에 전체가 집약될수록 짜임새가 돋보이지요. 또 그럼으로써 '예술적 경제'라는 것도 달성되고요. 그런데 예전에 제가 『정전』을 읽을 때, 특히 제3편 '수행편' 같은 것은 원불교 교도들이 따라야 할 이런저런 수행지침을 수록했다는 정도로 생각했고, 수행편의 이런 사항들조차 전체적인 짜임새 속에서 의미심장하게 배열된 점을 인식하지 못했습니다. 번역하면서 여러 번 읽고 또 세부적인 의미를 따져 가는 과정에서 비로소 그 점에 눈뜨게 되었지요,

다 잘 아시다시피 『정전』은 처음 '총서편' 「개교의 동기」에서 시국의 큰 흐름을 살피면서 시작해서 「교법의 총설」에서도 불교를 비롯한 종교들의 현황에 대해 언급하면서 원불교의 요지를 제시하지요. 그 다음 '교의편'에서 중요한 교리를 정리한 뒤, '수행편'에서는 「일상수행의 요법」으로 시작하여 정기훈련·상시훈련, 그리고 염불, 좌선, 참회, 심고 등등 구체적인 수행법이 제시됩니다.

그런데 제가 이번에 우산님께 귀동냥을 한 덕도 있어서 주목하게 된 것은, 첫째 수행편 자체가 뒤로 가면 다시 시국과 직결된 「최초법어」와 「고락에 대한 법문」 「병든 사회와 그 치료법」 등을 통해 '총서편'의 문제의식과 시국관으로 돌아가서 「영육쌍전법」과 「법위등급」장에서 정신개벽을 이룬 인간상을 제시하면서 끝을 맺습니다. 말하자면 『정전』이 『대종경』에 비해 이야기 재미가 덜할 지는 몰라도 그 나름의 이야기 진행이랄까 하나의 장엄한 드라마가 저변에 깔려 있다는 것입니다.

2. 현실성·실천성에 역점 둔 원불교 교리체계

또 한 가지는 '수행편'의 한 장 한 장에 교의편의 내용이 녹아들어 있음을 주목하게 되었습니다. 교도들이 늘 암송하는 「일상수행의 요법」만 하더라도, 이건 뭐 다른 분들이 이미 말씀하신 것이겠지만, 그 아홉 개 조목 안에 원불교의 모든 교리가 다 들어 있지 않습니까. 1, 2, 3조에 "심지는 원래 요란함(또는 어리석음, 그름)이 없건마는 경계를 따라 있어지나니… 한 것은 일원상의 진리에 근거하면서 구체적으로는 삼학(三學)을 말씀하신 것이지요.

그런데 불교에서 이야기하는 계(戒)·정(定)·혜(慧)와 달리 정·혜·계의 순서로 되어 있는데, 이는 물론 여기서 '자성의 계를 세우자'는 것은 불교에서 말하는 계라기보다 원불교 삼학의 열매에 해당하는 작업취사(作業取捨)이기 때문이지요. 또 기존의 번역에서 '그 요란함' '그 어리석음' 등의 '그'가 빠진 점을 우산님이 지적하셨는데, 전통 불교에서의 계율 지키기나 참선 위주의 수행으로 요란한 마음을 제거하려 하기보다 생활 속에서 그때그때 일어나는 요란함, 어리석음, 그름을 없애 가는 생활종교의 특성이 '그'라는 글자 하나에 담겨 있음을 깨달았습니다.

이어서 제4조는 공부의 요도 팔조(八條)에 해당되고, 제5조는 사은(四恩), 그리고 6조부터 9조까지는 인생의 요도 사요(四要)에 해당합니다. 이렇게 「일상수행의 요법」 하나만에도 일원상 진리와 삼학팔조, 사은사요가 모두 담겨 있는 것입니다. 염불법이나 좌선법, 무시선법, 참회문 등 다른 장에 관해서도 그런 이야기가 가능하리라고 봅니다. 문학도가 중시하는 '부분 속의 전체'라는 관점에서도 원불교 『정전』이 대단한 문건이라고 탄복할 만한 거지요.

박혜명 이번 『원불교정전』 영역 작업을 하시면서 원불교 교리를 공부하시는 가운데 '원불교의 이런 점은 참 좋은 장점이구나' 하고 느끼셨던 점이 있으시다면 어떤 점을 꼽으실 수 있으신지요?

백낙청 방금 『정전』에 대해 말씀 드리면서 대충 이야기한 셈 아닐까요? 저는 예전부터 과거 여러 세계적인 종교의 가르침 가운데서 불법(佛法)이 그 중 뛰어나다는 생각을 해 왔던 사람입니다만 그 불법의 기본 취지를 간명하게 설파하고 생활 속에 실천할 길을 열어준 것이 큰 장점이겠고, 아울러 조선시대 말기 민족사적·문명사적인 위기를 맞아 유·불·선의 통합과 기독교를 비롯한 서양문명의 주체적 수용이 우리 민족의 지상과제였고 지금도 해결 못한 과제인데, 그 회통의 길을 열어 놓았다는 점도 꼽을 수 있겠습니다.

그리고 아직 개교한 지 얼마 안 돼서 그런지는 몰라도, 다른 종교에 비할 때 원불교인들 대부분이 바르게 사시고 특히 일선 교역자들이 무섭게 헌신적이라는 느낌을 늘상 가져 왔습니다. 반면에 영역 작업을 하면서 새삼 느낀 점입니다만, 소태산(少太山) 대종사나 정산(鼎山) 종사께서 내다보신 세계 종교로 제 몫을 다하기에는 교단의 실력이 여러 모로 부족하다는 느낌이 든 것도 사실입니다.

박혜명 교수님께서는 이번 『정전』 영역 작업을 마무리하신 뒤 다시 『대종경』 영역에도 참여하실 의향이 있다고 들었습니다.

백낙청 예. 버스웰 교수가 처음에는 『정전』 영역 작업의 자문위원 자격으로 잠시 와서 몇 마디 의견을 말해 주는 정도로 생각을 했던 것 같은데 다행히 점차 열심을 내주었어요. 그래서 버스웰 교수가 초역(草譯)을 하고 그걸 바탕으로 작업을 진행하게 되었는데, 해 보니까 그 방법이 제일 능률적이었습니다. 드디어는 교단에서 『대종경』 영역 작업도 해주십사고 그분께 부탁을 했고 버스웰 교수는 제가 참여한다면 하겠노라고 하더군요. 그래서 당신이 한다면 나도 하겠노라고 그랬지요. 하지만 그에 앞서 우리가 해 놓은 『정전』 영역본에 대한 교단 측의 감수가 끝나야겠지요.

박혜명 아울러 곤란한 질문일지 모르겠습니다만 그 누구보다도 원불교에 대한 관심과 원불교 교리에 대하여 공감하시면서도 정식으로 원불교 교도가 되는 입교 절차를 밟지 않으신 특별한 이유가 있으면 궁금해하는 독자분들을 위해서 말씀해주십시오.

백낙청 글쎄요, 소태산 대종사께서 인류의 큰 스승이자 우리 민족이 낳은 위대한 영웅이라는 믿음을 갖고 있는 건 사실입니다. 그런데도 왜 그분이 만드신 회상에 정식으로 입문하지 않았느냐는 물음인데, 그것은 제가 떠안고 살아가는 많은 모순 가운데 하나라고 이해를 해주시면 고맙겠습니다. 다만 한마디 덧붙인다면, 저 개인의 문제를 떠나서 원불교의 입장에서도, 저처럼 교단에 들어오지 않으면서도 대종사님을 존경하고 원불교의 가르침에 공감하는 사람들을 굳이 교단에 끌어들일 것 없이 주변에 남겨둔 채 활용하는 것도 한 가지 방편이 아닐까 하는 생각을 해 봅니다.

박혜명 새로운 천년에 대하여 대통령 자문 '새천년준비위원회'(회장 이어령)에서는 '평화 · 환경 · 인간 · 지식 창조 · 역사의 천년화'라는 5개 부문의 사업을 정하는 등 희망과 새로운 각오의 상징적 사업을 계획하고 있는 개인이나 단체가 있는가 하면, 요사이 부쩍 종교 측(일부의 기독교계와 한국 신종교계)에서 말세(末世)를 내세워 극한상황으로까지 인심을 이끌고 있습니다. 포괄적인 질문입니다만 이러한 '변화의 기점' 및 방향성에 대하여 어떻게 생각하십니까?

백낙청 세계가 이구동성으로 '밀레니엄'이다, '새 천년'이다 하고 떠들썩하니까 우리도 어느 정도는 여기에 맞추어 나갈 필요가 있겠습니다만 저 개인적으로는 되도록 이런 말들을 쓰지 않으려고 합니다. 그것은 제가 천년을 단위로 말할 만한 경륜이 없다는 게 제일 큰 이유입니다만, 사실 새 천년이나 21세기가 모두 2001년부터 시작하는 것인데 2000년이 더 뚝 떨어지는 숫자인데다 2001년까지 기다리다가는 2000년에 먼저 결행한 사람들 때문에 김이 샐까 봐 너도나도 앞다투는 모습이 별로 마음에 들지 않는 까닭도 있습니다. 게다가 지금은 전 세계가 대부분 서력기원을 쓰고 있기는 합니다만, 단기로는 그 해가 4333년이고, 불기로는 2544년인가요? 아무튼 그저 평범한 해일 뿐입니다. 또 원불교의 입장에서도 정산종사 탄생 100주년이라는 것만 빼놓고는 원기 85년일 뿐이지요. 교단 1백 년도 아니고 또 대(代. 36년)의 개념으로 따져서 3대가 되는 해도 아직 더 남았습니다. 원불교가 과연 몇 천년, 몇 만년을 말하는 세계종교라면 서기 2000년 쯤은 좀 더 대범하게 넘기는 것도 좋겠다는 생각입니다.

3. 새 천년의 초기는 혼란의 조짐 많아질 터

새로운 가치관에 대해 물으셨는데, 그거야말로 정법회상(正法會上)[2]에서 제시를 해 주셔야지 제가 말할 내용이 아니겠지요. 다만, 많은 사람들이 21세기와 '새 천년'을 말하면서 20세기가 갈등과 고통의 시대였다면 21세기는 대화와 화해의 시대가 될 것이라는 희망적인 말씀들을 많이 하는데, 저는 그렇게 되어야 한다는 데는 물론 찬동입니다만 과연 그렇게 될 것인가, 적어도 21세기의 전반부에 그런 세상이 도래할 것인가에 대해서는 의문되는 바 많습니다. 오히려 21세기로 넘어가면서 이제까지 인류가 겪어 온 여러 가지 혼란과 고통이 더 심해지면 심해졌지 약해지리라는 조짐이 어디 있는 가 하는 우려가 앞섭니다. 물론 20세기에 우리들이 우려했던 또 하나의 세계대전 같은 것은 일어날 확률은 적어졌습니다.

그러나 냉전이 종식되면서 '국지전'은 더 많아졌고 인명살상도 실제로 늘어났는데 이것이 연도가 2천 몇 년으로 바뀐다 해서 특별히 달라질 이유는 없을 것입니다. 핵무기의 확산도 계속될 전망이고, 인종청소라든가 국지적인 무력충돌도 한동안 끊이지 않을 것이고 심지어 늘어나기 십상입니다. 그 밖에 확대일로에 있는 빈부격차라든가 환경파괴, 도덕적 타락 등 그 어느 면에서도 지구 전체 차원의 '병든 사회'가 쉽사리 치유될 기미가 안 보이지요. 심지어 근대를 통해 현격하게 좋아진 것으로 누구나 인정해 온 '공중보건'도 오히려 악화될 조짐이 보입니다. 실제로 20세기 말에 와서 이 분야에 심상치 않은 현상이 보이고 있지요. 새로운 악성 질병들이 나타나고, 그동안 발달된 약품에 대한 내성을 지닌 새로운 균들이 생겨나고, 또 지역에 따라서는 정치적인 혼란과 경제적 빈곤 때문에 전체적인 위생 상태가 전보다 오히려 나빠진 곳도 많습니다.

따라서 21세기는 저절로 밝아지는 것이 아니라 '선후천교역기(先後天交易期)'의 혼란 속에서 후천개벽의 일꾼들이 제 몫을 다하기까지는 20세기의 암흑이 지속되고 더러는 더욱 짙어지리라는 비장한 각성이 필요하지 않은가 합니다.

박혜명 20세기까지 세계적 힘의 구조(군사·경제·종교 등)는 대립적이고 수직적인 권력형 구조의 특징을 가지고 있다면 21세기는 점차 상호연계적인 협력의 수평적 구조, 특히 경제와 문화의 영향력이 커진다고 예측하는 분들이 많이 있습니다. 이것은 한편 모든 사회와 국가에 있어서 '새로운 가치관'의 변화를 예고하는 듯합니다. 21세기에 부각될 이러한 가치관 변화에 대한 생각을 말씀해주십시오.

백낙청 경제와 문화의 힘이 더 커진 시대가 왔다는 점에는 대체로 동의합니다. 그러나 그것이 곧 수평적인 협력의 구조가 자리잡았다는 뜻은 아니라고 봐요. 경제의 시대라는 것은, 쉽게 말해 옛날에는 총칼과 같은 무력이 더 힘을 썼는데 이제는 돈의 힘이 더 커졌다는 뜻일 텐데, 적나라한 폭력이 난무하던 때에 비해 한 걸음 발전한 것이라고 볼 수는 있겠지만 그만큼 '돈의 병'이 깊어졌다는 의미도 되거든요. 문화의 영향력이라는 것도 기본적으로 돈이 지배하는 세상이 지속되는 한은 경제전쟁의 도구로 쓰이는 문화일 뿐이지, 진정한 문화가 인간을 인간답게 교화해서 총칼의 폭력이든 돈의 폭력이든 일체의 폭력이 사라진 밝은 삶을 살게 해 주는 것과는 거리가 멀다고 봅니다. 따라서 저는 문화가 힘을 제대로 발휘하기까지는 아직도 갈 길이 멀다고 생각합니다.

박혜명 그렇다면 문화가 어떻게 하면 물질의 도구로 사용되지 않고 우리 모두가 인간답게 살 수 있는 나침반으로서의 역할을 할 수 있을까요? 특히 지금 우리가 살아가는 시대는, 예를 들어 결혼관만 하더라도 지금 50대 이상의 세대들에게 있어서는 필수로 여겨지던 것이 요즘 젊은 신세대들에게는 선택으로 받아들여지고 있지 않습니까? 군이 결혼은 하지 않더라도 아이는 갖고 싶다고 하는 신세대들도 적지 않습니다. 우리는 혼란이라고 하는데 또 그들은 혼란이라고 생각하지 않거든요. 가치관의 차이랄까……. 여하튼 사회적인 책임만도 아니고 개인·가정·사회 등 모든 관계들이 다 연결고리로 엮여 있지 않느냐 하는 생각을 하는데, 종교인으로서 이들에게 어떤 가닥을 잡아주어야 할 책임 같은 것들이 있다는 생각인데요.

백낙청 저도 구세대니까 신세대의 생활이나 가치관 문제를 제대로 판단할 자격이 있는지 모르겠습니다. 확실히 우리가 혼란이라고 생각하는 것을 당사자들은 전혀 혼란이라고 생각하지 않는다는 문제가 있습니다. 그런데 이 경우에 우리가 따져볼 일은, 한편으로 물질개벽이 극에 달한 시대라서 혼란을 혼란으로 인식하는 능력마저 유실되어 가는 측면이 있을 것이고, 다른 한편 그들이 혼란이 아니라고 생각하면 실제로 혼란이 아닌 것인데 구세대가 공연한 걱정을 하는 면도 있을 법하다는 생각입니다. 이런 상황일수록 종교인의 기본 임무는 진리를 깨쳐서 밝은 혜두(慧頭)로 진짜 혼란과 가짜 혼란을 가려내는 일이겠지요.

박혜명 21세기 원년에 정산종사님의 탄생 100주년 기념행사가 치러지게 됩니다. 삼동윤리(三同倫理)를 중핵으로 하여 종교 간의 협력과 인류에 대한 공헌을 강조한 높은 뜻을 오늘에 부각시켜 실현할 수 있는 방법은 매우 많을 것입니다. 특히 20세기에 보여준 종교의 부정적인 측면 중 대표적인 것은 대립과 선민의식을 바탕으로 교세 확장주의 성향이라는 지적이 있습니다. 그러나 21세기는 인류에 대한 공헌에 중요성을 두어 타종교와 대화의 문을 열고 화합과 협력의 길로 들어설 경향이 높다는 매우 긍정적인 낙관론의 입장도 있습니다. 21세기에 요청되는 모범적 종교의 자세에 대하여 말씀해주십시오.

백낙청 특정 종교에 소속되지 않은 입장에서 보면, 삼동윤리의 골자는 너무나 당연한 이야기요 별로 새로울 것도 없는 이야기로 들릴 정도입니다. 물론 정산종사께서 평생을 연마하다시피 해서 내놓으신 가르침인 만큼 그렇게 뻔한 이야기일 리야 없지만, 가령 동원도리(同源道理) 즉 세상 모든 종교의 진리가 근원으로는 하나라는 말씀만 하더라도 종교가 없는 사람보다 특정 종교에 속한 사람에게 도전이 되는 말씀이지요. 그런데 원불교인이나 원불교 학자들 스스로가 그게 얼마나 무서운 말씀인가를 실감하지 못하고 있는 듯한 인상도 더러 받습니다. 물론 여산(如山) 류병덕(柳炳德) 박사님이 '삼동윤리의 해석학'을 제창하면서 쓰신 글을 보면 이것이 단지 교단주의에 대한 경종만이 아니라 종교의 울 자체를 넘어서기를 요구하는 새로운 윤리라는 문제제기가 있습니다만, 제가 보기에도 삼동윤리 사상은 선민의식에 바탕한 교세 확장주의에 반대되는 정도가 아니라, 또는 교단주의에 대한 비판을 담은 정도가 아니라, 어찌 보면 교단 자체의 존재 이유에 대한 도전으로 해석될 소지마저 있어요.

4. 삼동윤리 법문의 도전성

물론 정산종사는 원불교 회상을 건설하고 키우시는 데 일생을 바친 분이신데 교단의 존재이유를 문자 그대로 부정하셨을 리는 없지요. 그러나 삼동윤리 법문 자체로만 본다면 모두가 '한 집안 한 권속 한 일터 한 일꾼'인데 굳이 어느 종단에 속할 이유가 어디 있느냐는 반문이 가능하지 않겠습니까? 그래서 저는 이 삼동윤리가 곧 원불교 교단의 존재이유를 부정한 것은 분명 아니지만 동시에 원불교를 포함한 모든 기성 종교 조직에 속한 사람들로 하여금 과연 내가 이 조직에 속할 필요가 있느냐는 끊임없는 물음을 강요하는 도전장으로 남아 있다고 봅니다. 원불교인의 입장에서 볼 때 원불교 교단이 있어야 삼동윤리를 제대로 전파할 수 있겠지만 '한 일터'에서 '한 일꾼' 노릇을 잘하는 것이 긴요하지 원불교의 명패를 달았느냐 안 달았느냐가 핵심은 아닌 거지요.

또 하나, 저는 '윤리'라는 말도 심상히 볼 문제가 아니라고 믿습니다. 여기서 말하는 윤리가 계문 식으로 무엇은 하고 무엇은 하지 말라고 선악시비를 재단하는 뜻이 아니라, 오히려 종교라는 말을 대신할 수 있는 표현으로 윤리를 택하신 게 아닌가 해요. 한마디로 기성종교의 어떤 특별한 교리를 신봉하기보다 누구나 얻을 수 있는 깨달음과 이에 따른 취사를 중시하는 태도지요. 다시 말해서 종교와 종교 사이의 울을 트는 문제만이 아니라 종교와 비종교 간의 구획에 대한 통념에까지 도전하는 말씀이 아닌가 하는 것입니다.

삼동윤리가 비종교인에게는 오히려 너무나 당연한 말로 들린다고 앞서 말씀 드렸는데, 물론 곱씹어보면 비종교인에게도 결코 뻔한 이야기는 아닌 대목이 많습니다. 가령 '동원도리'에 대해서는 이 세상의 모든 종교를 다 '일원으로 통일'하자고 『정산종사법어』도운편에 나와 있는데, 이건 종교를 원불교로 통일하자는 말씀이라기보다 일원의 진리를 깨달음으로써 종교 간의 대화와 회통을 이룰 수 있다는 말씀이겠지요. 그냥 여러 종교가 대화하며 사이 좋게 지내자는 무난한 이야기는 결코 아닌 것입니다.

동기연계(同氣連契)도 그렇지요. 모든 생령과 인류를 '평등으로 통일'하는 데 앞장서라고 하셨는데 현실세계에서는 이 평등문제처럼 골치 아프고 갖가지 저항을 야기하는 문제가 또 없거든요. 이 시대의 인류가 떠안은 엄청난 역사적 과제입니다. 동척사업(同拓事業)에 대해서는 '세계의 모든 사업을 중정(中正)으로 통일'해야 한다고 하셨으니까 이것 역시 기존의 정치 양태를 완전히 혁파해야 한다는 주장에 다름 아니지요. 결론적으로 저는 종교인이든 비종교인이든 삼동윤리 무서운 것부터 알자고 말하고 싶습니다.

박혜명 교수님 말씀은 삼동윤리가 자칫 타종교나 타종교인에게 도전 받을 요소를 안고 있고, 더 나아가서는 원불교의 존재이유에까지 도전할 요소를 담고 있다는 말씀이 아닌가 싶습니다. 그렇다고 해서 입교를 중심으로 한 교화를 소홀히 할 수도 없는 처지에서 경우에 따라서는 교단주의라는 것도 궁극적인 목표를 위해서는 부분적으로 필요한 것 아니냐 하는 그런 생각을 하기도 합니다. 원불교의 주체성 내지는 정체성을 살려가면서도 이러한 교단주의에서 발생하는 문제들을 최소화시킬 수 있는 묘안은 없는지 알고 싶습니다.

백낙청 물론 저 자신도 교단의 존재이유를 부정할 생각이 없고, 교단이

소중하다 보면 교단주의도 부분적으로 긍정할 여지가 있다는 데 동의합니다. 그러나 우리가 무슨무슨 '주의'라고 할 때는 그 자체가 목적이 된 점을 비판하는 뜻이 있잖습니까? 엄밀히 말하면 역시 교단주의는 삼동윤리를 저버리는 자세라고 봐야겠지요. 교단을 키우되 어떻게 교단주의에 빠지는 걸 피해 가느냐, 이게 바로 삼동윤리를 내세우는 교단 특유의 딜레마라고 하겠는데, 저로서는 그 딜레마를 피해 달아나기보다 그 한복판에 자리잡고 살아가는 것이 어떤 점에서는 바로 원불교의 정체성(正體性)이 아닐까라는 말씀을 드릴 수 있을 따름이지요.

박혜명 한국은 아직도 교단주의적 종교의 형태가 많고 더욱 타종교의 교리나 신앙·수행 방법을 인정하여 높은 종교적 경지에 도달하기 위해 적극 수용하려는 태도보다는 '유일한 구원의 종교, 오직 이 길뿐인 신앙·수행'이 강조되고 있습니다. 그러나 세계적으로는 한층 높은 교리, 실용적이고 현실적이면서 주체적인 종교인이 되려는 사람이 많아지고, 종교들도 그것을 당연히 인정하며 때로는 권하고 있기도 합니다. 그래서 심지어 종교가 다른 사람들끼리 모여 공동체를 이뤄 살면서 상대 종교에 대하여 결코 거부하지 않는 모임이 생겨나기도 합니다. 이것은 과거의 신앙촌 중심의 공동체 마을 형태가 범종교적 신앙촌의 공동체 마을로 발전한 것으로 보입니다. 이러한 경향에 대하여 어떻게 생각하십니까? 지난 여름에 프랑스의 '떼제(Taizé) 공동체'를 방문하셨다고 들었는데 방문한 감상도 덧붙여 주시면 감사하겠습니다.

백낙청 서로 다른 사람들의 공동체라는 것이 어떤 차원이나 규모인지 잘 모르겠습니다만, 지속적인 공동생활을 하는 경우는 종교가 아예 다른 사람들이 많이 모여 사는 건 좀 비현실적이 아닐까 해요. 떼제 공동체만 하더라도 종교 간의 대화와 화해를 추구하면서 종파를 초월해서 모이기는 했지만 잠시 훈련차 다녀가는 인구가 아닌 항구적 성원들은 모두 그리스도인들이거든요.

사실 떼제에 관해 제가 아는 건 많지 않습니다. 지난 여름 프랑스에 잠시 여행 갔다가 빠리 교당 신세를 톡톡히 졌는데 그곳 교무님들이 차편까지 제공해주서서 떼제 마을을 하루 다녀온 것뿐이지요. 다행히 그곳에서 생활하는 한국인 수사(修士, 천주교 수도원의 수사가 아니라 떼제 공동체에서 정남 생활을 함께하기로 서약한 분들을 수사라고 부른다) 두 분을 만나 떼제에 대한 설명을 비교적 자세히 듣기는 했지만요. 아무튼 수사들은 모두 그리스도교도지만 신·구교와 종파의 차이를 넘어 모여 살고, 세계 각지에서 찾아오는 수많은 사람들에게 일정 기간 공동체생활 기회를 제공하는데 이때 영성과 화해 정신의 체험을 나누고자 할 뿐 일체의 선교 활동을 않는다는 원칙이 있더군요. 어찌 보면 정산종사님의 삼동윤리 사상을 모범적으로 실천하고 있다는 생각도 들었습니다.

5. 탈 종교적 공동체를 통한 교조정신 회복

원불교 같은 데서 이런 활동을 좀 더 본격적으로 해보면 좋겠다는 생각도 해보았지요. 공동체를 운영하든 훈련원을 운영하든 원불교인이 주체가 되어 운영하고 프로그램을 만들되, 찾아오는 사람은 세계 방방곡곡에서 오도록 하고, 특히 요즈음 문제가 되고 있는 '청소년'들이 모여들어 일원정신 내지는 삼동윤리 정신을 체험하고 각자 사는 곳으로 돌아가서 자기 식으로 활동하게 하는 겁니다.(원불교 완도 청소년훈련원에서는 1년에 약 7-10만여 명의 청소년들을 삼동윤리 정신에 입각하여 훈련시키고 있음) 다만 떼제처럼 포교를 일절 하지 않는다는 원칙을 원불교 전체가 따를 수는 없겠지요.

떼제가 그럴 수 있는 것은 이미 그리스도교가 막강한 세계종교로 자리를 잡고 있고 수많은 인구가 기독교 성경을 읽어서 이미 인류적 교양의 일부가 되어 있기 때문인데, 원불교는 그런 바탕이 없는 만큼 스스로 교화사업을 안 한다면 탈 종교적 사업의 기반조차 생겨날 수가 없지요. 하지만 외국의 그리스도교 공동체에서 삼동윤리를 충실히 실행하고 있는 모습을 참고할 필요는 있다고 봅니다.

박혜명 원불교는 교화·교육·자선·복지·문화·의료·훈련·사업 등의 방면으로 꾸준히 한국사회 및 국제사회에서 활동해 왔습니다. 이 활동은 대부분 출가 교무들이 주축이 되었으나 재가들과 함께 균등한 위치에서 추진돼 왔다고 생각합니다. 그런데 이러한 방면의 활동에서 '교무들의 전문화'가 강조되고 때로는 '전문교역자'의 인상을 주기도 합니다. 곧 교역자의 부문별 직업화 성향이 두드러지게 나타난다는 것입니다. 원불교를 비롯하여 많은 종교에서 21세기는 더욱 이러한 체계적이고 공인되는 형태의 '전문교역자' 제도가 시행될 것으로 보입니다만 부정적인 측면이 결코 없는 것은 아닙니다. 각 종교 교역자의 전문적인 활동에 대하여 어떻게 생각하십니까?

백낙청 글쎄요. 그러한 논의가 진행되는 교단 내부의 맥락에 어둡기 때문에 무어라 말해야 좋을지 모르겠습니다. 다만 저와 관련된 전문분야가 있다면 하나는 『원광』 잡지와 또 하나는 원광대학교가 있겠는데, 구체적으로 그 분야에서 교역자들이 어떻게 해야 한다는 식의 말씀은 드릴 수 없지만 잡지든 대학이든 그 나름대로 훨씬 더 전문성을 갖고 한국의 잡지계와 대학 사회, 더 나아가서는 전 세계의 문화계, 교육계에서 원불교의 독자적인 목소리를 낼 수 있어야 하지 않겠는가 하는 생각은 더러 해 봅니다.

가령 『원광』지 같으면 이것이 원불교 교도들만 읽는 잡지가 아니라 시대에 앞장서가는 지식층이라면 누구나 참조하지 않을 수 없는 그런 잡지로까지 성장해야 후천개벽 교단의 잡지로서 면목이 서지 않겠어요? 대학의 경우도 마찬가지예요. 원광대학교가 원불교학뿐 아니라 다른 많은 분야에서 세계적인 일류 대학이 되어야지요. 사실 우리나라처럼 모든 것이 서울로만 몰리고 대학사회는 서울의 명문대학 집중 현상이 과도한 현실에서 사립 지방대학이 처한 어려움은 이루 말할 수 없지요. 그런 어려움에 비추어 원광대학교가 그만큼 자라서 좋은 평판을 유지하는 것이 대단한 성과이긴 합니다. 하지만 정법회상을 자처하는 교단의 주력 대학이라고 한다면 이야기가 달라지지요. 그런 잣대로 본다면 심지어 원불교학에서조차 그 소임을 다하고 있는지 의심스럽습니다.

물론 제가 원불교학자님들의 업적을 소상히 알고 있는 것도 아니고 읽은 논문들을 제대로 평가할 능력도 없습니다만, 넓은 의미의 동업(同業)으로서 받은 인상은 가령 일선 교무님들이 사무여한(死無餘恨)의 정신으로 나서시는 것 같은 기운이 담긴 논저가 많지는 않은 것 같아요. 이것이 '전문교역자' 제도의 정비를 통해 해결할 문제인지, 정비한다면 어떻게 정비할지는 모르겠습니다만 어쨌든 전문적인 분야에 종사하는 이상 최대한의 전문성을 갖추도록 노력하는 것은 원불교도로서의 의무이기도 하리라고 생각됩니다.

전문교역자의 양성이 앞으로 불가피한 추세라고 한다면 그런 전문화에 따른 문제점들에 대한 배려가 당연히 따라야겠지요. 가령 전문화로 인해 원불교인으로서의 기본자세 또는 전인적인 교양이 약화되는 문제를 예상할 수 있지요. 그 대응책으로 한 가지 생각할 수 있는 것은 교도들, 특히 출가교역자의 훈련을 강화하는 일입니다.

가령 조계종을 비롯한 불교의 대다수 종단에서는 겨울·여름 석 달씩 '안거(安居)' 기간을 두어서 1년의 절반을 정기훈련으로 보내는 경우가 상례인데, 물론 그 훈련 내용이 편벽된 바 없지 않으며 이 바쁜 세상에 일년의 절반을 그렇게 보내는 게 너무 한가한 느낌이 들고, 일반적으로 상시훈련이 너무 약하다는 비판을 면키 어렵습니다만, 어쨌든 전문화의 진전과 더불어 공동훈련이 강화될 필요가 있을 듯싶습니다. 또 한 가지는, 대학 이야기의 연장이기도 한데, 대학 과정에서 수준 높은 인문교육을 받음으로써 장차 어느 분야의 전문가로 나가든 전인적 교양의 바탕을 잃지 않을 저력을 길러주는 것이겠습니다.

박혜명 원불교는 중앙총부→교구→각 기관·교당이 중앙집권적 조직체계를 갖추고 좀 더 효율적으로 교화를 이끌어내고자 하고 있습니다. 그러나 이것이 통일적이고 체계적인 결과를 기대할 수 있는 반면 사람들의 다양한 종교적 성향(욕구)에 따라 부정적인 반응을 불러 올 수 있다고 봅니다. 원불교의 교단 구조와 맞물린 21세기 교화 형태에 대한 올바른 방향을 찾고 있습니다. 풍요로운 문명의 시대, 예측하기 어려운 급변하는 시대, 개인의 주체적인 종교 활동이 존중되는 시대, 다양한 계층들이 서로 넘나드는 시대에 원불교 교화는 장차 어떠한 방향으로 발전되어야 하겠습니까?

백낙청 교단의 조직체계가 어느 정도 중앙집권화되어야 하고 또 어느 정도 지방분권화되어야 하는가는 제가 말씀 드릴 수 있는 사안이 아닌 것 같습니다. 다만 시대가 발전하고 사회가 복잡해질수록 거기에 부응할 신축성 있는 교단조직이 필요하다는 일반적인 원칙에는 공감합니다. 획일화의 우려는 중앙집권화 자체에서 오기도 하고, 현대사회에서는 주거지역과 활동

근거지가 일치하지 않는 경우가 점점 많아지는데 이에 부응하는 교화 방법의 다양성을 개발하지 못하는 데서도 올 수 있다고 봅니다.

그리고 한 사람이라도 더 많은 교도를 확보한다는 양적 기준에 치중하다 보면 획일화의 위험에 둔감해지는 것이 사실이지요. 교도 수가 얼마다라는 식의 양적 계산으로는 교단이나 교도가 사회에 직접·간접으로 어떤 영향을 미치는가라는 좀 더 중요하고 미묘한 문제를 제대로 포착할 수 없거든요.

6. 양적 교세보다 종교의 사회 영향력이 중요

저는 교도 수를 늘리는 일을 가볍게 보자는 입장은 아닙니다만, 가장 큰 목표는 역시 원불교의 정신이 이 세상을 균등하고 평화롭게 만드는 데 얼마나 영향을 끼치느냐 하는 것이라고 믿습니다. 일단 큰 목표를 거기에 두고 그 목표에 맞는 만큼의 중앙집권, 그 목표에 맞는 만큼의 분권화를 추진해서 그야말로 중도를 얻는 것 외에 다른 길이 없겠지요.

예수께서 제자들에게 "너희는 세상의 소금이니 소금이 그 맛을 잃으면 무엇으로 짜게 하겠느냐. 너희는 세상의 등불이니 등불이 그 빛을 잃으면 무엇으로 밝게 하겠느냐"라고 말씀하신 바 있지요. 이 말씀이 그리스도인의 선민의식을 자극하는 말로 받아들여져서 부작용을 낳는 일도 없지 않습니다만, 진리를 따른다는 사람들이 목표할 바를 잘 밝혀준 말씀이라 생각됩니다.

그런데 저는 예수님의 이 비유를 문학비평가 식으로 수용해서, 소금이 맛을 내는 데 절대적으로 필요하다는 사명감도 중요하지만 소금이란 게 너무 많아도 음식 맛을 버리고 건강마저 해칠 수 있는 게 아니냐, 등불이 한두 개만으로도 훨씬 큰 면적을 밝게 만들지만 너무 많다 보면 자칫 화재가 발생할 수 있는 게 아니냐, 이런 식으로 다소 삐딱하게 풀이해 보기도 합니다. 아무튼 예수님의 본의가 양적인 교세 팽창보다는 사람을 바꾸고 세상을 바꾸는 효력과 권능에 있었다는 점은 분명하다고 봅니다. **박혜명** 『대종경』 전망품에는 "돌아오는 세상이야말로 참으로 크게 문명한 도덕세계요, 정신적 방면으로는 장차 세계 여러 나라 가운데 제일가는 지도국이 될 것이니…"라는 예시적 내용이 나타납니다. 한국은 IMF 금융구제 상황 하에서 전 국민적 합력으로 점차 회복의 길에 들어서고 있다는 평가를 받고 있습니다. 그러나 현정부의 강력한 대기업 구조조정에서 비롯되는 여러 가지 경제적 파장, 내년 국회의원 선거를 겨냥한 집권 여당의 신당 창당 및 야당의 거부 움직임에서 예상되는 대립구조의 정치양상, 북한과의 단계적 평화통일 노력 등이 매우 불안한 조짐을 보이기도 합니다. 전망품의 법문과 관련하여 미래 한국의 상황에 대하여 어떻게 전망하고 계신지 궁금합니다. 또한 원불교에서 어떠한 입장과 태도로써 사회적 참여를 했으면 하는지 허심탄회한 말씀을 듣고자 합니다. 박사님께서는 1970년대와 1980년대의 민주화 운동에 원불교가 매우 소극적인 자세를 취했다고 문제제기를 한 바도 있으신데 더 자세한 입장을 듣고자 합니다.

백낙청 전망품의 법문에 관해서는 오히려 제가 여쭈어보고 싶어요. 대종사님께서는 이 나라가 장차 정신적으로는 세계에서 제일가는 지도국이 되리라고 말씀하셨는데, 실제로 그렇게 되리라고 보시는지, 된다고 한다면 그것이 언제쯤이나 되리라고 생각하시는지, 박혜명 교무님뿐만이 아니라 교단 어른들은 어떤 말씀을 하시는지 여쭙고 싶습니다. 이 나라가 장차 세상의 중심국이 된다는 식의 예언은 옛날부터 무수히 있었고 일부 다른 종교에서도 하고 있습니다. 또 그 비슷한 생각을 다른 나라에서도 얼마든지 찾아볼 수 있지요. 가령 얼마 전에 들은 이야기인데, 터키 같은 데서도 21세기는 터키의 세기가 되리라고 주장하는 범터키권 재건운동이 상당한 세력을 얻고 있다고 해요. 방금 말씀하신 대로 우리 사회가 문제점 투성이지 않습니까? 그런데 이런 나라가 어떻게 세계의 정신적인 지도국이 된다는 걸까요? 이런 예언에 대해 교단의 어른들이나 교무님 자신은 어떻게 생각하시는지요?

7. 이 나라가 세계의 정신적 지도국이 될 수 있는가

박혜명 제가 교단 어른들의 말씀을 대변할 수 있는 능력은 없지만 제 개인적으로는 이렇게 생각합니다. 부잣집 아들이라고 해서 스스로 노력을 하지 않고 가만히 앉아 있어서는 선대가 물려준 그 재산을 다 지키지 못할 것입니다. 복이 와도 그 복을 받을 준비가 되어 있어야 그 복을 받을 수 있을 것입니다. 따라서 소태산 대종사님께서 전망품 말씀에서 이 나라가 장차 정신적 지도국이 된다고 하셨지만 아무리 좋은 법이, 좋은 기류가 온다고 해도 달려가는 말을 잡아채서 타는 사람이 기수가 되는 것처럼 아무리 좋은 말이라도 탈 줄 모르는 사람은 낙마하기 마련인 경우와 같다고 생각합니다. 따라서 먼저 깨닫는 사람이 미륵불이요 처처불상(處處佛像) 사사불공(事事佛供)의 대의가 드러나는 용화회상을 만들어 가기 위해서는 스스로 노력하는 일이 중요하다고 봅니다. 또한 대종사님 가르쳐주신 교법을 실천하려고 하는 의지가 있느냐 없느냐, 또 그것을 얼마나 사회화하느냐 못하느냐에 따라 달라질 문제라고 생각합니다. 교법 실현을 제대로 하고 대종사님의 정신을 제대로 받드는 그런 사람들이 많아질 때에는 당연히 세계의 지도국이 될 수 있지 않겠습니까? 스스로 노력하지 않고 절대로 그렇게 될 수 없다고 말씀을 드리고 싶습니다.

백낙청 그렇지요. 좀 막연한 이야기지만 소태산의 제자로 자처하는 사람이라면 다른 가르침과 마찬가지로 그분이 제시하신 공부법에 따라 연마를 해야 한다고 봅니다. 즉 우선은 믿는 거지요. 그러고는 난들 그 주인공이 못 될 이유가 어디 있느냐는 분심(忿心)을 내야겠고, 이어서 의심을 할 줄 아는 게 중요하다고 봅니다. 대종사님 말씀이니까 무조건 믿는다는 데 그치고 말면 그건 맹신이요 타력신앙으로 되돌아가는 것이지요. 제가 다른 여러 나라에도 비슷한 예언이 많은데 왜 유독 한국에 대한 예언만이 적중하겠느냐는 의문을 제기했는데, 이것이 신(信)과 분(忿)에 이은 의(疑)의 과정에 해당한다면 공부길에서 벗어나는 바 없을 것입니다.

또 지금 우리나라가 안고 있는 온갖 문제점들을 냉철하게 직시하면서 '과연 이러고도 지도국 운운하는 게 가당한가'라든가, 도대체 어느 한 나라가 지도국이 된다는 발상 자체가 낡은 시대의 패권주의적 발상이 아닌가 하는 의문도, 그런 공부의 맥락에서는 정당한 의심이라고 하겠습니다. 물론 전망품의 말씀이 세계를 지도국과 피지도국으로 국가 간의 서열을 매기는 발상이 아닌 건 더 말할 나위 없습니다만. 그러나 가장 중요한 것은 이런 의심이 난다고 해서 애초의 신심과 분심을 포기하지 않고 간단없는 마음으로 이루어 나가는 것, 즉 성(誠)이지요.

실제로 성심을 갖고 매진하다 보면 우리나라의 형편이 반드시 한심한 것만은 아니라는 점이 점차 드러난다고 생각합니다. 앞에서 21세기 초엽의 세계가 더욱 혼탁해지기 쉬우리라는 말씀을 드렸는데, 몇 가지 점에서 한국이 예외가 될 가능성이 있다고 봅니다.

첫째로 개인이든 사회든 너무 잘 살거나 너무 못 살면 방향감각을 잃기 쉬운데 한국은 너무 잘 살지도 않고 참혹할 정도로 못 사는 사회도 아닌 점이 우리 모두가 원(願)을 크게 세우고 올바르게 세우는 데 유리한 바가 있습니다. 둘째로는 제일 큰 원이야 성불제중(成佛濟衆)이겠지만 큰 원을 그날그날의 작은 일거리와 연결 지어주는 중간목표들이 구체적으로 드러나야 되는데, 우리 경우에는 분단체제를 극복하고 한반도에 좀 더 균등하고 평화로운 사회를 만들어야 한다는 과제가 당면한 단기사업과 용화세계 건설이라는 장기사업을 적절히 연결시켜 주고 있어요. 분단이 우리 역사의 큰 불행이긴 하지만 우리처럼 단기·중기·장기 사업이 자연스럽게 연결되어 공부하기 좋은 처지도 오늘날 세계에서는 만나보기 쉽지 않지요.

8. 더 적극적으로 사회현실에 대응해야

원불교의 현실 참여 문제에 대해 질문하셨는데 70년대, 80년대 반독재 투쟁이 한창 격렬할 때 원불교가 천주교나 개신교, 심지어 불교에 비해서도 현실 참여가 부족했다는 말을 저 자신도 한 적이 있고 『원광』을 보니까 고은 선생도 대담에서 그런 이야기를 하셨더군요. 그런데 이걸 원불교를 비난하는 말로 받아들이실 건 아니에요. 원불교가 타종교에 비해 교단의 연조도 짧고 절대적인 교세도 약하지 않습니까? 게다가 기독교 같으면 외국 쪽의 정신적 지원은 물론 많은 경우 인적·재정적 지원까지 있었거든요. 그렇기 때문에 저는 반독재 투쟁에 원불교가 그 사람들과 똑같이 싸우길 기대하는 것은 무리라고 봅니다. 다만 현실적으로 그랬다는 것을 사실로서 인정할 필요는 있고, 동시에 종교가 성장하려면 역시 그 시대에 가장 열정적이고 헌신적인 젊은이들의 마음을 사로잡는 것이 중요하다는 점을 교단으로서도 인식할 필요가 있다는 겁니다.

그런데 원불교는 교리에 법률은(法律恩)이라든가 정교동심(政教同心)이라는 개념이 있어서 이를 해석하기에 따라서는 실정법에 대한 지나친 존중이랄까 기존 권력에 대한 순응주의로 흐를 수가 있을 것 같아요. 『정전』에도 나와 있지만 법률은이라고 할 때의 법률이라는 것은 '인도정의의 공정한 법칙'을 말하는 것이지 실정법을 의미하는 것은 아니잖아요? 실정법이 정의에 어긋난다 할 때에는 오히려 죽기로써 저항을 하는 것이 곧 법률보은이 되지요. 정교동심이라는 것도 저는 상당히 의미심장한 법문이라고 봅니다. 정교동심은 근대 이전의 정교일치(政教一致) 또는 제정일치(祭政一致)와 다르면서 이를 타파한 근대 민주주의 사회에서 정치와 종교의 완전한 분리 내지 상호 불간섭주의에 안주하는 자세와도 다릅니다. 근본적으로 교(教)는 일원정신을 바탕으로 삼고 정(政)은 중정(中正)에 기반함으로써 동심(同心)을 이루자는 거지요. 동체(同體)는 아니고요. 정부나 정권에 대한 일방적인 복종이 아닌 건 더 말할 것도 없지요.

박혜명 21세기와 관련하여 원불교의 교화·교육·자선의 3대 방향과 사회적 활동은 여러 측면에서 현재 검토되고 있으나 분명한 것은 이제야 겨우 교단이 사회적 방향과 체제를 어느 정도 갖추고 거의 시작 단계의 활동, 즉 인권·여성·환경·문화운동 등을 하고 있다는 점입니다. 타종교를 비롯하여 종교의 직접적인 사회적 활동이나 원불교에서 기대하시는 점이 있다면 말씀해주십시오.

백낙청 저의 집안에 원불교 여성회장(한지성 교도, 종로교당, 광운대 교수)이 있어서 가정생활에 다소는 피해를 보고 있긴 합니다만(웃음) 원불교의 여러 사회운동의 전반에 대해서는 어떻게 전개되고 있는지 잘 알지 못합니다. 다만 욕심을 내서 주문을 한다면 이러저러한 좋은 일을 남들도 하니까 원불교에서도 한다는 데에 만족하지 말고 원불교의 교리와 정신에 바탕을 둠으로써 어떻게 그 좋은 일들을 훌륭하게 해낼 수 있는지를 이론과 실천의 모든 면에서 보여주었으면 하는 것입니다. 여성운동의 경우에는 원불교가 교리에서 이미 남녀평등에 관해 매우 선진적이기 때문에 전체 여성운동의 방향 설정에 공헌하기가 쉽게 돼 있다고 봅니다. 현실적으로는 평등 교리 때문에 싸울 의욕이 덜 나게 되는지도 모르지만요.

9. 여성운동에도 기여할 바 많은 원불교의 남녀평등론

아무튼, 교리가 앞서 있다고 해서 그것을 그냥 내세우기만 해서는 성리(性理)가 빠진 일반 사회운동에 그치겠지요. 예컨대 사요 중 '자력양성'의 구체적인 내용을 보면 절반 이상이 남녀의 차별을 없애는 이야기입니다. 더구나 교단 초기에는 바로 '남녀권리동일'이 사요의 첫 조목이었던 것으로 압니다. 그런데 이것이 '자력양성'으로 바뀐 것을 어떻게 볼 것인가, 이것도 한번 연구해 볼 만한 일입니다. 사요의 하나로 남녀권리동일을 지금까지 내걸고 있으면 세계종교사상 유례없는 일로서 여성운동 하는 분들이 기운이 더 날 것 같은데, 자력양성으로 바꾸면 아무래도 그런 맛이 없지요.

그렇다면 여성운동의 관점에서 이것을 후퇴라고 보고 섭섭해해야 할 것인가? '남녀권리동일'이 좀 너무 튀는 감이 있어 『정전』 편찬 과정에서 타협

했을 가능성도 생각할 수 있지만 저는 그런 것은 아니지 싶습니다. 애초에 남녀권리동일 조목을 내세운 것은 당시 남녀불평등이 우리 사회에서 워낙 심각한 문제였고 남녀를 불문하고 자력양성에 심각한 장애가 되는 것이었기 때문이었지만, 세계종교로 발돋움하는 교단의 앞날을 위해 교전을 재정비하는 시점에서는 그 기본취지인 자력양성을 내세운 것이 적당했다고 생각합니다

사실 남녀평등을 주장하는 오늘날의 여러 가지 이론 가운데서 아마 가장 힘을 쓰는 이론이 근대 서구에서 나온 개인의 권리 개념인데, 그것이 일면 타당성이 있지만 그에 따른 부작용도 만만치 않아요. 인간 개개인을 하나의 원자화된 알갱이로 설정하고 그 개체마다 이런저런 것을 할 수 있는 동일한 권리가 있다고 규정하는 것이 과연 올바른 인간관인지 의문이지요. 적어도 불교적인 인간 인식과는 거리가 있습니다. 남녀의 권리가 부동(不同)한 것이 나쁜 것은 결국 사람은 누구나 자력을 길러서 평등사회의 주인 노릇을 해야 마땅한데 남녀차별이 그에 장애가 되기 때문이지, 무조건 매사에 누구나 동일 권리를 행사해야 된다면 지자본위(智者本位)의 원칙에도 어긋날뿐더러 평등사회가 이뤄질 리도 없는 것입니다. 이렇게 본다면 원불교의 남녀평등론은 여성 교역자의 대대적인 활약이나 수위단의 남녀 동수 구성 같은 실행상의 모범을 보여주었을 뿐 아니라 여성운동 이념의 정립에도 기여할 바가 많다고 하겠습니다.

박혜명 고도로 발달된 문명의 풍요 속에서 인류의 정신적 양식을 제공해 왔던 기성종교들이 많은 변화를 보이고 있습니다. 그중에서 신이나 절대자의 권능에 치중했던 종교들이 이제는 개인의 영성 계발이나 주체적인 신앙, 또는 소외계층을 위한 복지사업 등에 많은 관심을 보이고 있습니다. 특

히 미국이나 유럽 등의 선(禪)불교 운동이 많은 각광을 얻고 있는 것이 예라고 하겠습니다. 이러한 경향을 원불교 교화와 관련시켜 말씀해주시면 감사하겠습니다.

백낙청 유럽에서도 다분히 그렇다고 들었습니다만 미국에서 지금 선이 대단한 붐을 일으키고 있는 것이 사실입니다. 하지만 선뿐만 아니라 여러 갈래의 불교가 많은 사람들의 주목을 끌고 있지요. 제일 먼저 소개된 것이 일본의 선불교였던 까닭에 지금까지도 일본식 선의 비중이 큽니다만 요즘은 티벳불교가 굉장한 힘을 얻고 있는 것으로 압니다. 그 밖에 한국 불교나 남방불교도 진출해 있지요. 불교에 대한 미국인들의 이런 관심에는 좌선과 명상에서 일종의 특효약을 찾는 면도 없지 않고, 이국적인 것, 신비화된 것을 찾는 풍조도 섞여 있습니다. 하지만 다른 한편에서는, 온갖 종류의 불교가 미국이라는 생소한 풍토에 들어와 이 사회의 독자적인 전통과 만나면서 어떤 중대한 변화가 일어나고 있다는 느낌도 듭니다.

원래 서양사람들이 기독교적인 전통과 과학적인 사고가 몸에 배어 있는 사람들 아닙니까? 그런 사람들과 불교가 만났을 때 과학문명과 양립하고 그리스도교와도 회통할 수 있는 불교가 아니고는 뿌리를 내리기가 어렵지요. 게다가 여러 가지 불교가 한꺼번에 들어가니까 불교 전체의 공통점 내지 요체를 간명하게 찾아내려는 노력이 일게 마련입니다. 또 현대인에게는 특별한 소수를 빼고는 산간불교가 맞지 않으니까 생활불교로 나가야 되고요.

10. 세계의 정신 지도할 소임이 있는 원불교

이런 사실들을 종합해 보면 원불교와 관련해서 재미있는 결론이 나옵니다. 즉 생활불교, 과학과 양립하며 그리스도교와도 회통하는 불교, 모든 종파불교를 간명하게 통합하는 불교, 이게 바로 원불교가 아니고 무엇이겠습니까? 물론 꼭 원불교라야 한다고 고집할 일은 아니고 앞으로 미국이나 유럽의 불제자 중에서 더욱 그들의 체질에 맞는 회통 교법을 내놓는 사람이 나올지도 모르지만, 아직은 그런 경우가 안 보이는데 원불교에서는 이미 수십 년 전에 그런 기틀이 만들어졌단 말이에요.

지금 미국이나 유럽에 불교가 성행하면서 불교가 객관적으로 떠안게 된 변화를 일찍이 앞지른 종교가 바로 원불교라는 말이 됩니다. 그렇다면 원불교가 넓은 바깥세상의 이러한 변화 한복판에 하루빨리 뛰어들어 이 변화를 바르게 이끌어줄 필요가 더욱 절실해집니다. 물론 실력의 밑받침이 없이 타자녀·타국민을 교육하려는 건 허욕이겠지만요.

박혜명 오랜 시간 동안 대담에 응해주셔서 감사드립니다.

백낙청 『원광』의 무궁한 발전을 기원합니다. 미국이나 유럽에서 일어나는 그런 변화에 대해서도 지도인의 소임을 다할 실력을 기르는 데 『원광』이 톡톡히 한몫을 하시기 바랍니다.

후천개벽시대의 한반도

이렇게 귀한 자리를 만들어주신 '열린 포럼'과 원광대학교의 여러분들께 진심으로 감사드립니다. 그리고 지금이 축제 기간인 것으로 아는데, 재미있는 일들이 많을 텐데도 다 제쳐놓고 여러 학생들이 찾아와 줘서 정말 흐뭇하고 고맙습니다. 오늘 주제는 새만금에 관한 것이지만, 저는 정작 새만금에 대해서는 전문적으로 연구한 바도 없고 오늘 길게 얘기할 생각도 없습니다. 나중에 김석철(金錫澈) 교수께서 본격적으로 말씀해주실 테니까 저의 이야기는 식사로 치면 전채(前菜)에 해당하고 운동경기로 말하면 큰 경기를 앞둔 '오픈게임' 정도가 되겠지요. 그런데 오픈게임 치고는 제목이 좀 거창합니다. '후천개벽시대의 한반도'라고 했는데, 장소가 원광대학이고 또 교무님들도 여러 분이 오시고 해서 원불교 문자를 좀 썼습니다. 그것 말고도 오늘 주제넘은 소리를 많이 할 것 같은데 양해하고 들어주시면 감사하겠습니다.

새만금 문제가 지금 전라북도뿐 아니라 우리나라 전체에서 대단히 민감하고 어려운 문제로 걸려 있습니다. 제가 말씀드리려는 것은 새만금에 대한 구체적인 얘기보다는 우리가 이 시대에 새만금뿐 아니라 한반도 전체에 걸쳐서, 나아가 전 세계적으로 큰 전환기를 맞이하고 있고 여기에 걸맞은 사고의 전환, 살림살이의 전환이 있어야겠다는 그런 말씀을 드리고자 합니다. 어찌 보면 지금까지의 새만금 사업에는 선천시대의 온갖 문제점들이 응축되어 있습니다. 그래서 이건 어떤 단순논리로 돌파할 수 있는 것이 아니고 우리의 생각이 바뀌고 마음이 열리고 그야말로 각자가 후천개벽시대에 걸맞은 정신의 큰 열림─이곳 강연장에 들어오면서 '물질이 개벽되니 정신을 개벽하자'는 개교표어가 걸려 있는 걸 봤습니다만─그런 정신개벽을 겪지 않고서는 풀 수 없는 문제라고 생각합니다. 지금 당장은 물막이 공사를 마저 할 거냐 말 거냐로 첨예하게 대립하고 있습니다만, 설혹 이에 대한 합의나 타협이 이루어진다 하더라도 저는 이 새만금 사업이 정말 제대로 되어서 전라북도가 번영하고 또 우리 한국사회 전체가 잘 되려면 앞길이 산 넘어 산이라고 봅니다. 정말 우리가 마음을 열고 지혜를 모으고 지극한 정성을 다해야 겨우 무엇이 될 수 있는 어려운 문제이지요. 그 대신 그러한 것이 이루어질 때 그것은 새만금 문제만의 해결이 아니고 우리 한반도 전체의 변화, 나아가서는 후천개벽시대에 걸맞은 세계적인 변혁의 한 실마리가 발견될 수 있다고 생각하는 것입니다.

후천개벽(後天開闢)이라는 말은 원불교에서 많이 쓰는 말입니다만, 아시다시피 원불교 문자만은 아니지요. 개벽은 옛날부터 있던 말이고, 후천개벽은 동학의 최수운(崔水雲) 선생께서 먼저 말씀하셨고, 그 후에 우리나라의 여러 민족종교들이 얘기해 왔습니다. 강증산(姜甑山) 선생이 특히 그러했고 그 흐름을 이어받아서 원불교에서도 후천개벽을 얘기하고 있습니다.

1. 원불교 후천개벽론의 시대인식

그런데 제가 볼 때 원불교의 후천개벽 개념에는 좀 특이한 데가 있습니다. 과거의 닫혀 있던 낡은 시대를 선천이라 하고 새롭게 열리는 개명한 시대를 후천이라고 하는 점은 공통되지만, 원불교에서는 물질개벽과 정신개벽을 얘기하면서 그 둘 사이의 시차를 분명히 설정합니다. 지금 물질개벽이 앞질러서 이루어지고 있는데 그 덕분에 여러 가지 발전되고 있기도 하지만, 오히려 그러한 발전 때문에 인류가 더 불행해지고 혼란스러워지고 있으니 이제 거기에 걸맞은 정신개벽을 이룩해야겠다, 그렇게 함으로써 비로소 후천시대를 제대로 열 수 있다고 주장하는 점이 과거의 후천개벽 논의들과 조금 다른 바가 아닌가, 적어도 그러한 점이 더 강조되어 있다고 봅니다.

물론 후천개벽의 연도를 동학에서는 1860년 수운 선생이 득도하신 시점으로 잡고, 원불교에서는 1924년 갑자년, 즉 원불교의 익산총부가 건설된 시기로 잡고 있습니다. 하지만 1860년이냐 1924년이냐 하는 차이보다는, 1924년에 그러한 계기가 마련되었다 하더라고 우리들 한 사람 한 사람이 정신개벽을 이룩해서 후천개벽시대에 부응하는 깨달음을 얻고 살림살이를 개척하기 전에는 후천시대가 제대로 오지 않았다는 인식이 더 중요하다고 생각합니다. 그래서 후천개벽시대를 얘기하면서도 선후천교역기(先後天交易期)라는 말을 쓰기도 하지요. 선천과 후천이 뒤바뀌는 과도기라는 것입니다. 그래서 1924년에 후천시대가 시작됐다고는 하지만 원불교 창시자이신 소태산 대종사께서는 1924년 이후에도, 앞으로 인류가 도덕적으로 점점 타락할 것이라는 예언을 한 것으로 압니다.

실제로 19세기 중엽의 한반도에서는 서구의 문물이 밀려들어오면서 물질의 개벽과 정신의 개벽을 거의 동시적인 과제로 인식할 법도 했습니다. 그러나 수운, 증산 같은 분들의 선구적 노력에도 불구하고 20세기 초엽에 이르면 일방적으로 진행되는 물질개벽이 새로운 차원의 정신개벽을 요구하는 상황이었습니다. 아니, 세계라는 더 큰 국(局)을 살핀다면 물질개벽은 자본주의의 발달과 더불어 서양에서 이미 수백년 전에 시작되었고 이제 그 결과로 인류가 멸망으로 가느냐 아니면 새로운 세상으로 가느냐 하는 갈림길에 다다랐다는 것이지요.

이런 대국적인 시대인식이 원불교의 개벽 개념의 남다른 점이라고 저는 생각합니다. 그러니까 지금은 뭔가 새로운 시대가 열리고 있지만 아직 제대로 도래하지는 않았기 때문에, 아직 우리들 각자가 새로운 시대를 감당할 각성과 성숙을 충분히 이루지 못했기 때문에, 이 세상은 아직 한참 더 혼탁해질 것이라는 인식입니다.

저는 그런 생각의 연장선상에서 오늘날의 세계정세에 대한 저 나름의 인식을 말씀드리고, 그 가운데 한반도의 위상은 어떤 것이며 어떤 전망을 할 수 있는지, 이런 다소 거창한 얘기를 해보겠습니다.

2. 동서냉전이 끝나고 더욱 어지러워진 세계

저의 갖고 있는 기본적인 인식은 이런 것입니다. 지금 이 세계 전체로 말하면 점점 더 혼란스러워지고 위태로워지며 도덕적으로도 타락해 갈 가능성이 많은데, 한반도 역시 거기에 휩쓸려서 고생을 하고 여러 가지 위험을 겪겠지만 어떤 점에서는 한반도야말로 오히려 이 소용돌이 속에서 남다른 가능성과 희망을 지닌 지역이라는 것입니다. 이런 이야기는 우리가 별 생각 없이 자기 나라에 대해 덕담을 하는 차원이 아니라면 일반적인 논의의 흐름과는 조금 어긋나는 것일 듯합니다. 세계의 선진국들은 그래도 잘 하고 있는데 우리는 그들처럼 되려면 너무나 멀었다는 개탄을 오히려 많이들 하지요. 그리고 세계적으로는 냉전이 끝난 지 오래인데 한반도만은 냉전의 고도(孤島), 외딴섬으로 남아 있다는 탄식도 하곤 합니다. 물론 다 일리가 있는 말입니다. 하지만 저는 더 중요한 사실은, 오히려 선진국이라고 하는 나라들 다수를 포함한 바깥세상이 한참 더 고생하고 혼란을 겪을 것인 데 비해, 우리에게는 그동안 고생한 보람을 찾는 시대가 다가왔다는 점이라고 생각합니다.

세계정세에 대해서 길게 얘기할 시간도 없고 제가 그럴 만한 전문적인 식견이 있는 것도 아닙니다만, 몇 가지 눈에 띄는 사실을 살펴볼까 합니다.

동서냉전이 진행되는 동안 우리는 냉전 때문에 되는 것이 없다고 생각하기 일쑤였습니다. 그래서 1990년대 초에 냉전이 끝났을 때 많은 사람들이 이제야말로 새로운 세계질서가 이룩되고 평화와 번영의 시대가 시작되리라는 생각들을 많이 했어요. 그런데 현실은 어떻게 됐습니까?

냉전시대는 미국과 소련이 핵무기를 가지고 서로 위협하면서도 사실은 그것 때문에 핵무기가 사용되지 않았고 또 더 이상의 확산도 없었는데, 냉전시대 이후로 핵무기만 해도 오히려 불어나고 있습니다. 공식적으로 인도와 파키스탄이 핵무기를 갖게 됐고 여기저기서 핵을 가져야겠다고 많은 나라들이 준비하고 있습니다. 그리고 이제는 과학기술이 발달해서 꼭 국가 단위가 아니더라도, 국가가 아닌 조직이나 집단도 얼마든지 핵무기를 가질 수 있는 그런 세상이 되어 가고 있습니다.

거기다가 빈곤과 이에 따른 사람들의 고통도 늘어갑니다. 세계가 경제적으로 발전한다고 하는데 못사는 사람들, 아프리카나 아시아, 라틴아메리카의 빈국들은 물론이고 제법 사는 나라에서도 빈부격차가 심해지면서, 인류의 다수를 기준으로 본다면 빈곤도 더 심해지고 질병도 더욱 창궐하고 있습니다. 최근에 사스라는 신종 괴질이 나왔습니다만, 그 전에 에이즈가 나왔고 심지어는 한때 퇴치됐다고 했던 결핵 같은 것도 지금 다시 퍼지고 있는 실정이지요. 그 점에서도 이 세상이 점점 더 혼란스럽고 괴로워지고 있다는 판단이 틀린 것은 아닌 것 같습니다.

여기다가 지구환경의 파괴를 더한다면 인류는 바야흐로 멸망의 위기로 치닫고 있다고까지 말할 수 있겠지요.

3. 미국패권의 쇠퇴와 군사적 지배의 한계

그런데 비록 도덕적으로 문제가 있다 하더라도 가령 미국 같은 나라가 압도적인 힘으로 세계를 장악하고 질서를 잡아간다면 얘기가 또 달라질 수 있습니다. 부도덕한 질서라도 완전한 혼란보다는 우선 견디기에 나을 수 있으니까요.

그러나 이라크 전쟁에서 승리한 후로 미국의 패권이 장기적으로는 더 약화되고 있다고 봐야 할 것 같습니다. 일부에서는 19세기에 영국이 세계체제의 패권을 쥐었고 20세기 후반에 미국이 패권을 쥐었는데, 21세기에는 유일한 초강대국이 된 미국이 더욱 강력한 패권을 발휘하리라는 견해도 있습니다만, 저는 그렇게 안 봅니다. 19세기 영국도 그렇고 20세기의 미국도 그렇고 그때의 패권은 군사력만으로 성립한 것이 아니었어요. 첫째 경제적으로 그 나라가 생산성이 가장 높았기 때문에 전쟁을 않고 일대일로 장사만 하면 대부분의 경우 패권국가가 이기게 되어 있었습니다.

그래서 자유무역을 표방하고 시장개방을 추구했는데, 지금은 미국이 특수한 몇 분야를 빼고는 경제적 생산력에서 유럽이나 일본, 또는 어떤 분야에서는 한국이나 중국 등에 비해 형편없이 떨어진 상태입니다. 다만 미국

달러가 일종의 세계화폐이고 그 세계화폐를 관장하고 있는 것이 미국정부이기 때문에 그동안 전 세계의 돈이 미국으로 몰려들어서 미국은 남의 돈으로 떵떵거리며 살아온 형국이지요.

하지만 요즘 달러값이 떨어지는 것은 많은 경제학자들은 일시적인 현상으로 보지 않습니다. 한 나라의 경제가 생산성이 떨어지고 무역적자와 경상수지 적자가 엄청나고 빚이 엄청나고 그런데도 사람들이 그 나라의 화폐를 계속 보유하려고 하고 또 그 화폐가 값이 나간다고 할 때, 쉬운 말로 하면 그게 '거품'이라는 거지요. 아파트에 대해 실수요가 없지만 사고파는 맛에, 아파트를 사고팔면 돈이 되는데 다른 건 돈 될 게 없다고 해서 사람들이 우르르 몰리다 보면 값이 올라가게 되어 있습니다. 그러나 그것을 우리는 거품이라고 합니다. 언젠가 거품이 빠지면 갑자기 폭삭할 수가 있지요. 그런데 지금 이라크 전쟁이 끝나고서도 미국경제가 나아질 기미가 안 보이면서 달러화에서도 이미 거품이 빠지기 시작했는지 모릅니다. 저는 경제학자가 아니기 때문에 확실한 얘기는 못합니다. 어느 해 어느 달에 달러값이 폭삭 내려앉으리라는 예언을 하려는 건 더욱이나 아니에요. 다만, 미국의 재정적자와 국가부채가 줄곧 늘어가는 상황에서 세계의 점점 많은 사람들이 미국 돈 갖고 있다가 손해보겠다, 차라리 유로화나 일본의 엔화가 낫겠다고 생각하기 시작하면 아무리 막강한 군사력이라도 달러화를 내다팔지 못하게 할 수는 없다는 것이지요.

이처럼 경제적으로도 쇠퇴의 길에 접어들었고, 도덕적으로야 더 말할 나위 없지요. 게다가 막연한 도덕의 문제가 아니라, 미국이 그동안 세계를 지배하면서 자신이 직접 나서기보다는 대개는 유엔이라든가 WTO라든가 하는 국제기구들, 아니면 북대서양조약기구(NATO) 같은 동맹조직을 통해서 명분을 확보하곤 했는데, 요즘 보면 미국 스스로 나서서 그런 기구들을 허수아비로 만들고 그야말로 적나라한 군사력 행사로 나가고 있기 때문에 앞으로 세상의 군기를 잡아가기가 점점 더 힘들어질 판입니다.

비유해서 말하면 이런 거죠. '조폭'의 비유를 해서 안 됐습니다만, 이번 이라크 침공만 하더라도 말 안 듣는 꼬마 하나를 형님이 응징하시겠다고 했을 때 옛날 같으면 형님이 직접 나서기 전에 아우나 똘마니들이 의논을 모아서 "이렇게 하십시다"라고 두목의 의중을 헤아려서 앞장서주었는데, 이번에는 유엔도 말을 안 듣고 나토도 말을 안 들었어요. 그러니까 할 수 없이 자기가 직접 나섰는데 겨우 영국하고 두어 나라만이 따라왔습니다. 한국도 전투병력은 아니지만 결국 파병을 하긴 했어요. 한국은 옛날로 치면, 계속 이런 용어를 써서 좀 그렇습니다만, 그야말로 충성스러운 똘마니 급이지요. 그런데 이번에는 이런 큰 일이 벌어졌는데, "형님이 하시니까 우리는 무조건 따라야죠"라고, 속마음은 어떨지언정 겉으로는 그렇게 나가야 하는데, 한국에서조차 사람들이 반전평화 데모를 하고 국회의원들까지 나서서 반대를 하고, 심지어 정부도 명분은 좀 문제가 있지만 실리를 위해서 파병한다는 식으로 나왔어요. 바꿔 말하면 형님이 하시니까 무조건 따라간다는 것이 아니고, "야 두목이 저렇게 나가는데 어떡하냐, 안 따라가면 우리는 혼나게 되어 있으니까 할 수 없이 따라간다." 이렇게 말하고 있는 셈이지요. 이건 벌써 집구석 꼴이 말이 아닌 겁니다. 두목의 권위가 돌이킬 수 없이 손상된 것이지요. 두목이 두목 노릇을 해먹으려면 아무리 주먹이 세고 힘이 좋아도 상당수가 자발적인 충성심을 갖고 따라주고 나머지도 대개는 알아서 기어주는 맛이 있어야지, 말 안 듣는 놈을 일일이 찾아가서 때려 주면서 하려면 오래 못 해 먹거든요. 저는 그런 의미에서 미국의 군사력에 의한 질서조차 그다지 절대성을 갖기가 어렵게 되어 있다고 보는 겁니다.

4. 한반도, '어변성룡' 하고 있나

그런데 무슨 대안이 있느냐? 아직까지는 뚜렷한 대안이 나타난 바 없습니다. 그렇기 때문에 세상이 점점 더 혼란스러워질 수밖에 없다는 것이지요.

과거 같으면 하나의 패권국가가 쇠퇴하면 새로운 패권국가가 나타나서 뒤를 이었습니다. 네덜란드의 패권이 쇠퇴하면서 영국과 프랑스가 쟁패하던 끝에 영국이 다음 패권국이 되었고, 영국이 쇠퇴하면서 독일과 미국이 경쟁을 하고 두 차례 전쟁까지 치른 끝에 미국이 패권국가의 지위를 계승했지요. 그러나 지금은 미국이 유일한 초강대국이고 미국을 견제할 나라가 아무도 없다고 하는 것은 바꿔 말하면 미국의 패권이 쇠퇴하고 있음에도 불구하고 새로운 패권국이 나타나지 않고 있다는 뜻입니다. 그것은 바로 이제는 옛날과 같은 식으로 패권국이 교체하면서 세계의 질서를 잡아가는 선천시대가 끝나고 전혀 새로운 질서, 다시 말하면 세상의 많은 사람들의 마음이 깨어서 새 세상을 이루어가는 후천시대의 질서가 이루어져야 할 그런 단계이기 때문에 미국을 계승할 수 있는 신흥 패권국이 나타나지 않고 있는 것입니다. 그래서 길게 보면 이것은 희망적인 사태입니다만, 당장에는 더 혼란스러운 상황이 아닐 수 없는 거지요.

그런데 이런 혼란 속에서 유독 한반도만 희망이 있는 것처럼 말하는 것이 무슨 근거가 있는 얘기일까요? 물론 원불교라든가 여러 민족종교에서는 한반도에 대해서 여러 가지 희망적인 예언을 해 왔습니다. 소태산 대종사께서도 일제강점기 그 어두운 시기에 우리 조선은 지금 어변성룡(魚變成龍)하고 있다, 즉 물고기가 변해서 용이 되어가고 있다는 말씀을 하셨고, 또 정산 종사도 장차 우리가 도덕으로써 세상의 중심국이 될 것이며 그렇게 되어야 한다는 말씀을 남기셨지요.

그러나 교도의 입장에서 이런 예언을 믿는 것과 달리 얼마간 과학적으로 검증할 만한 전망을 한다고 할 때, 과연 무슨 근거로 우리가 한반도의 특별한 희망을 얘기할 수 있을까? 우선, 지금 전 세계가 혼란한 가운데 상대적으로 안정되어 있는 것이 꼭 한반도만은 아닙니다. 오히려 한반도는 지금 북한의 핵 문제가 있어서 몹시 위태롭다고도 하겠는데, 그래도 우리가 지금 중동지역에서와 같은 전쟁을 겪고 있는 것도 아니고 미국이나 모로코라든가 사우디아라비아에서 일어난 테러를 경험하고 있지도 않습니다. 그런 점에서 한반도는 역시 상대적으로 안전한 지대이고, 동북아시아 전체를 미국이나 중동, 유럽, 아프리카 등과 비교하면 더욱이나 그렇습니다.

경제적으로도, 지금 우리 경제가 문제가 많다고는 하지만 사실은 세계적으로 동아시아가 가장 활발하게 경제가 성장하고 있는 곳입니다. 물론 중국이 단연 앞서지만 그 다음이 한국이라고 평가하지요. 그런데 경제성장이라는 것이 꼭 좋은 것만은 아니고 성장에 따른 여러 가지 문제가 있습니다. 특히 동아시아의 경우는 만약에 그동안의 유럽이나 북미대륙, 그리고 일본에 이어서 동북아시아의 일대가 세계의 가장 큰 경제 권역으로 떠오른다고 한다면, 이것은 실제로 인류 전체를 위해 대단히 위험한 고비이기도 합니다. 왜냐? 옛날에는 아직까지 세계 전체가 그야말로 세계화돼서 경제활동을 하기 전의 단계였는데 지금은 지구 환경이 거의 포화상태에 다달았습니다. 게다가 동북아시아 지역은 인구가 매우 많은 지역 아닙니까. 중국만 갖고도 세계 인류의 4분의 1이 되고, 거기에 비하면 얼마 안되는 것 같아도 일본과 한반도 모두 인구가 굉장히 많고 인구밀도가 높은 나라들입니다. 이 많은 사람들이 지금 때늦은 시점에 와서 과거에 했던 그 방식으로 경제발전을 해서 세계 최대의 경제 권역을 형성한다면 아마도 지구는 이것을 감당 못하고 생태계가 완전히 파괴되고 말 것입니다.

그래서 지금 동북아시아가 세계적으로 어떤 의미에서는 가장 안정되고 순조롭게 성장하고 있는 지역이면서 동시에 여기서 어떤 큰 전환이 일어나지 않으면 인류 전체가 멸망하는 그런 고비에 와 있다고 볼 수 있습니다.

이 과정에서 큰 가능성이 있는 곳이 저는 한반도라고 생각하는데, 역설적이지만 우리가 동아시아에서 가장 불안정하고 세계적으로도 위험한 곳이기 때문에 그런 가능성이 생기기도 합니다. 가령 북핵 문제를 둘러싸고 전쟁의 위험이 심각한 곳이 지금 한반도지요. 우리는 뭔가 평화의 길을 찾아내지 않으면 정말 다 죽을 수도 있는 그런 위기에 처해 있습니다. 바로 그렇기 때문에 아프가니스탄이나 이라크보다 훨씬 끔찍한 사태가 벌어지거나 아니면 남북의 화해와 교류협력을 꾸준히 키워서 평화의 시대를 열어가거나 둘 중에 하나지, 다른 길이 없는 것입니다.

냉전시대에는 동서진영이 대립하고 있기 때문에 우리가 통일도 못했지만 그 덕에 전쟁도 안 났는데, 지금은 대결을 통한 그런 식의 평화 유지조차 불가능하게 되어 있습니다. 그 점을 잘 보여주는 것이 미국 행정부의 대북 강경정책입니다. 가령 과거에 소련과 대치하고 있던 시대라면 부시가 저렇게 북한을 일방적으로 공격하는 식으로 못 나왔을 테지요. 지금은 전쟁까지 안 가더라도 대치상태가 오래 지속되면 북은 북대로 견디기가 어렵고 남은 남대로 남북관계를 잘 풀어가지 않고는 우리 내부의 문제를 해결할 수 없게 되어 있는 상태입니다.

경제만 하더라도 우리 경제가 지금 수준에서 오히려 더 후퇴하지 않으려면 뭔가 새로운 방식의 자본축적과 개발 방식을 찾아내야지 분단체제가 굳건한 상황에서 통하던 그런 방식으로는 어렵게 되어 있습니다. 실제로 우리만큼의 소득 수준이랄까 세계경제 속의 위상에 도달했다가 뒷걸음친 예가 얼마든지 있습니다. 정확한 수치는 잘 모릅니다만, 20세기의 한때 아르헨티나가 그랬고, 상당한 수준의 중진국이 되었다가 다시 물러선 예가 많은데, 우리 한국경제도 분단체제를 제대로 극복하지 않으면 그렇게 될 가능성이 많은 것입니다.

이렇게 여건이 어려운 반면에 사실 지난 한 세대 동안 우리 한국사회가 걸어온 발자취를 보면 세계 어느 곳에서도 보기 힘든 엄청난 일을 해 온 것도 사실입니다.

남한의 경제발전이라는 것이 수많은 문제점을 지녔습니다만, 어쨌든 세계가 놀라는 일이고, 더욱 더 놀라운 것은 독재와 끊임없이 싸우면서 사회를 민주화해 온 과정과 병행됐다는 사실입니다. 또 참혹한 동족상잔의 전쟁을 치르고 굳어졌던 남북 대립에도 엄청난 변화를 이루었습니다. 그 결과 지금 우리나라는 온갖 문제가 많습니다만 시민사회가 굉장히 활성화된 나라가 되었습니다.

미국의 브루스 커밍스 교수 같은 이는 미국보다 한국이 오히려 시민사회가 살아 있는 나라라고까지 주장합니다. 어쨌든 작년 월드컵 때의 모습을 봐도 그렇고, 여중생 사망사건을 계기로 전국에서 벌어진 촛불 데모라든가 이런 것을 봐도 그렇고, 작년의 대통령 선거를 봐도 그렇고, 우리가 많은 정신적 자산을 축적해서 지니고 있음을 확인하게 됩니다.

우리의 활발한 인터넷 문화 역시 물질개벽의 한 첨단을 대표하면서 이것을 사람들이 주체적으로 부리는 정신개벽이 진행되고 있는 조짐이지요. 그래서 한반도가 자칫하면 엄청난 재난을 당하게 되어 있는 객관적인 상황과 이런 정신적인 자산들이 맞물려서 큰 가능성이 열리고 있다고 저는 확신합니다.

5. 아껴 놓은 땅 전라북도, 뜻밖에 열린 새만금의 미래

끝으로 새만금에 대해 한두 마디 하고 마치겠습니다.

저는 새만금이야말로 이렇게 우리가 처한, 한편으로는 대단히 어렵고 위험하면서도 다른 한편으로는 엄청난 가능성을 지닌, 이 한반도 상황의 어떤 상징이 아닐까 생각합니다. 저는 전문가는 아니지만 그동안 새만금에 대해서 이것저것 알아보기도 하고 저 나름의 공부를 좀 했는데, 새만금 갯벌과 바다를 완전히 간척지로 만든다는 것은 참으로 구시대적인 발상입니다.

환경 파괴, 생태계 파괴라는 점에서도 그렇지만 전라북도의 입장에서도 이렇게 해서 도대체 무엇을 얻겠다는 것인가, 농사가 밑지는 세월에 농토를 잔뜩 얻어서 무엇 할 것이며, 기업들이 외면하는 또 하나의 산업단지를 만들어서 무엇 할 것이며, 이 사업에 묶여서 전라북도의 온갖 다른 발전 계획, 개발 계획이 유보되어서 도민들에게 무슨 이득이 돌아가는지 저로서는 알 수가 없습니다. 그런 점에서 이것은 구시대의 잘못된 유산의 표본이라고 할 수 있습니다.

그러나 다른 한편으로는, 아까 제가 그동안 우리 사회가 이룩해 온 것이 엄청나게 많다고 했는데, 실은 새만금에 저런 방조제를, 아직은 완공되지 않아서 바닷물이 드나드는 방조제를 갖게 되고 안바다를 갖게 됐다는 것은 세계 어느 나라에도 없는 엄청난 기회라고 생각합니다. 가령 김석철 교수든 누구든 처음부터 거기에 방조제를 쌓아서 안바다를 만들고 그것을 이용한 멋진 새만금 사업을 해 보자는 얘기를 했더라면, 아무리 훌륭한 구상을 들고 나왔어도 미쳤다는 소리를 들었을 거예요.

그런데 정작 우리는 새만금 바다를 막아서 농토를 만들겠다는, 어찌 보면 다분히 미친 짓을 해 오다 보니까 뜻밖에 엄청난 기회가 열렸다고 저는 생각했는데, 그것이 하나의 상징적인 현상이 아닌가 하는 겁니다.

전라북도로 봐서도 그렇습니다. 한반도가 그동안 여러 가지로 고생을 해 왔고 지금도 어려움이 많기 때문에 오히려 기회가 있다고 했듯이, 전라북도가 그동안 선천시대의 개발에서 소외되었기 때문에 사실은 더 친환경적이고 더 미래지향적인 새로운 방식의 개발을 할 수 있는 길이 남은 것이 아닌가, 다시 말해서 소외된 땅이었기 때문에 오히려 아껴둔 땅이 된 것이 전라북도가 아닌가 하는 생각을 합니다.

거기다가 김석철 교수가 늘 강조하는 점입니다만, 오랫동안 교역과 문명의 현장으로서 거의 죽어 있던 황해가 중국의 개혁·개방, 한반도의 긴장 완화, 그리고 동북아시아 전체의 경제적 약진을 업고서 되살아나고 있습니다. 동시에 가장 활발하게 성장하면서도 이곳에서 어떤 패러다임의 전환이 일어나지 않으면 인류가 다 망할 수도 있는 그런 세계 역사의 초점이 되어 있습니다. 바로 그 동북아시아의 한가운데 황해가 있고 이 황해에서 핵심적인 위치에 놓인 곳이 새만금이며 호남평야인 것입니다.

그동안 전라북도가 새만금 논의에서도 소외됐다, 새만금 사업을 찬성하는 데에 전북 도민이 동원되기는 했을지언정 이 사업을 어떻게 할 것인가

하는 구체적인 내용에 대해서는 거의 관여를 못했다는 이야기를 흔히 듣습니다. 전라북도를 살리는 방안을 결정하는 과정에서 도민들이 실질적으로 소외되어 왔다는 말이지요. 다른 한편 지역주의라 불리는 우리나라의 묘한 정치구도 때문에 전라북도를 포함한 각 지역이 전국적인 의사 결정에서 일정한 비토권을 갖고 있습니다.

그러나 그것을 행사하는 것은 그 지역의 다수 주민들이 아니라 지역의 이름으로 자기 잇속을 챙기는 낡은 세력들인 경우가 대부분이지요. 새만금에 관해서도 지금 상태는 어찌 보면 최악의 상황입니다. 다시 말해서 정작 전라북도를 어떻게 살릴지에 대해서는 도민들이 아직 제대로 참여하지 못하면서 소수의 기득권 세력이 전라북도를 확실히 망치고 발목 잡을 수 있는 힘은 지니고 있다고 하겠습니다. 그래서 뭔가 이 국면을 뚫고 나가야 한다고 생각합니다. 돌파구를 찾아야 되는 그런 시점이고, 새만금 문제를 슬기롭게 해결하게 되면 그것이 전라북도뿐 아니라 대한민국의 문제, 한반도 전체의 문제, 나아가서는 동아시아와 세계 문제를 풀어갈 수 있는 핵심 고리라고 믿습니다.

6. 원광대학교와 익산총부의 존재

이런 판국에 익산이라는 도시에 원광대학교가 있고 원불교 중앙총부가 있다는 것이 저는 굉장히 중요한 일이라고 생각합니다. 이런 종교적 중심지와 지성의 거점이 있어서 이 고장의 문제를 주체적으로 연구하고 풀어 가며 사람들의 마음을 열어가는 데 선도적인 역할을 하지 않고서는 새만금의 문제든 전북 발전의 문제든 제대로 풀릴 수가 없을 것입니다. 새만금을 비롯해서 전라북도와 한국사회 전체의 새로운 발전 방향을 열어간다고 할 때 역시 중요한 것은 사람이기 때문이지요. 지금 전라북도와 새만금은 천시(天時)도 만났고 지리(地利)도 얻었지만 아직 사람이 제대로 나서지 않았다고 말할수 있습니다. 사람을 훈련하는 대학으로 말한다면 딱히 어느 한두 군데로국한할 일은 아니지만 역시 전북대학이나 원광대학 같은 데서 큰 몫을 해줘야 할 것이고, 익산의 원불교 중앙총부 또한 기본적으로 사람농사를 짓는곳입니다.

원불교 교단의 입장에서도 그래요. 제가 오늘 교단을 상대로 얘기하러온 건 아닙니다만, 로마 가톨릭교회라는 것이, 원래 기독교가 처음 생겨서여기저기 본산이 많지 않습니까? 그중에서 로마라는 데는 물론 베드로가 선교를 한 곳이라고 하지만 초창기에는 탄압도 심하고 해서 특별히 비중이 큰본산은 아니었습니다. 그리스도교가 로마제국의 국교가 됐을 때도 제국의중심은 콘스탄티노플이었고요. 로마 교회가 결국에 그토록 중요하게 된 데는 여러 가지 이유가 있습니다만, 큰 이점 중의 하나는 로마라는 세계도시와 교황청이 함께 있었다는 사실입니다.

다른 한편 로마시가 로마제국 멸망 후에도 세계적인 도시로 행세하고 크게 될 수 있었던 데에는 바티칸시를 옆에 끼고 있었다는 사실이 작용했지요. 바티칸이라는 것이 지금은 로마가 커져서 로마시에 둘러싸인 조그만 치외법권지역처럼 되었습니다만, 옛날에는 로마시 북서쪽 언덕에 가톨릭교회의 총본산이 자리잡고 있었던 것이지요(물론 옛날에는 교황의 영토가 훨씬 많기도 했습니다만).

로마라는 세속의 중심지와 바티칸이라는 세계종교의 중심지가 병립해서 서로 발전해 나갔듯이 원불교의 경우도 익산 총부와 전북지역 전체의 세속적인 발전이 상부상조하는 구조가 되지 않고서는 세계종교로서의 앞날을 기약하기 힘들다고 봅니다. 그런데 세계적인 수준의 사업을 해 내려면 세계로의 길이 열려 있어야 합니다.

새만금을 통해서 황해공동체로 직접 나가고 세계로 연결될 수 있어야지, 번번이 서울이나 인천 또는 부산과 광양을 거쳐야만 하는 상황에서는 부근에 농지나 산업단지의 면적을 넓혀 놓는다고 세계종교의 중심지가 될 수 있는 것은 아니지요. 동시에 익산 총부와 그 종립대학이 제 구실을 못한다면 새만금에 관해 어떤 구상이 나오든 그것을 뒷받침할 인재와 문화가 공급되기 힘들겠지요.

저의 두서없는 이야기는 이제 마치겠습니다만, 이 시대를 후천개벽시대로 인식한다는 것은 정말 우리 모두가 원(願)을 한번 크게 세울 것을 요구하는 일입니다.

각자가 마음을 열고 생각을 새롭게 하고 정말 지극 정성으로 헌신해서 선천시대와는 전혀 다른 어떤 새로운 길을 찾아나가야 하는 시대이고, 그러지 못할 경우 물질개벽만이 일방적으로 더 진행돼서 세계는 더욱 혼탁해지고 인류 자체가 멸망할 수도 있는 것입니다. 반면에 우리가 이 시대의 물질적인 변화에 상응하는 각성을 이루고 지혜를 찾는다면, 우리가 사는 한반도를 비롯해서 전 세계가 그야말로 후천시대라는 이름에 값하는 새로운 인류 문명을 만들어갈 수 있다고 믿습니다.

긴 시간 경청해 주셔서 감사합니다.

10

나의 문학비평과 불교, 로런스, 원불교

백낙청(서울대 명예교수 6. 15 공동선언실천 남측위 상임대표)

서준섭(평론가 · 강원대 국어교육과 교수)

2006년 6월 12일 대산문화재단 사무실

서준섭 문학비평가로서 사회활동을 겸하고 계신 선생님의 퇴임 후 현재 사회활동의 직함과 그 사회활동 경험이 글쓰기에 미친 영향이 있다면 어떤 것인지 궁금합니다.

백낙청 현재의 사회활동 중에서 비중이 큰 두 가지만 말한다면, 작년 (2007)부터 '6.15공동선언실천 남측위원회 상임대표'로 일하고 있고, 현재 이 일에 가장 많은 시간을 할애하고 있습니다. 그보다 앞서 재단법인 시민방송 이사장을 맡아 지금에 이르고 있는데, 시민방송 RTV는 한국 최초의 시민 참여 방송입니다. 퍼블릭액세스 방송이라고도 하지요. 초창기에는 많이 바빴지만, 근년에는 상임이사가 업무를 총괄하고 있어서 사정이 나아졌지요.

사회활동을 하다 보니 문학평론가로서, 우선 작품을 읽는 일에서부터 절대적 시간이 부족합니다. 그러나 다른 한편으로는 나보다 더 능력이 있는 사람이 이런 사회활동을 하면서 문학활동도 동시에 감당할 수 있다면, 양자를 겸하는 것도 보람 있는 일일 거라고 생각을 하지요.

서춘섭 서울대 퇴임 당시의 신문 인터뷰 기사에서 선생님께서 '이제 굴레를 벗은 자유로운 몸이 되었으니, 앞으로는 읽고 싶은 책을 마음대로 읽고 문학평론과 학문에 전념하고 싶다'고 말씀하셨던 일이 기억납니다.

백낙청 그 무렵이 사실은 시민방송 초창기라 아주 바빴던 때이고, 당시 문학평론은 휴업 상태였지요. 재작년부터 다시 평론을 쓰기 시작했습니다.

그러다가 작년에 6·15공동선언실천 남측위원회 상임대표를 맡게 되어 다시 사정이 어려워졌는데, 그러나 문학활동을 완전히 손 놓지 않으려 굳게 다짐하고 있습니다.

서준섭 저는 선생님이 누구보다도 인간을 깊이 이해하는 문학평론가이시고, 또 오랫동안 분단체제 극복 문제에 깊은 관심을 기울여 오신 분이라, 선생님이 상임대표직을 맡으셨다는 보도를 접하고 적임자를 제대로 찾았구나 생각했습니다. 정부 쪽에 눈밝은 분이 있구나 그렇게 생각했지요.

백낙청 정부하고는 관계가 없습니다. 순수한 민간단체지요. 6·15공동선언실천 남측위원회는 민화협, 7대 종단, 통일연대, 시민사회단체 등 여러 민간단체의 연합기구입니다. 여러 단체의 연합이다 보니 상임대표 선출에 합의를 보지 못했고, 궁여지책으로 나 같은 사람을 불러내서 뜻밖에 그 일을 맡게 되었지요. 실천과 유리되지 않은 학문 활동을 주장해 온 사람으로서 '나에게 이 일은 업보구나' 그렇게 생각하고 있습니다.(웃음)

서준섭 최근 선생님께서 앞장서서 치러낸 '광주대회'에 대한 소식은 신문, 방송보도와 인터넷신문《프레시안》의 인터뷰 기사(6월 23일자)를 통해 알고 있습니다만, 그 행사가 개최된 후 최근에 북한에서 미사일을 발사하는 사건이 일어나 국내외의 관심이 집중되고 있습니다. 남북 화해협력을 위해 일해 오신 선생님의 이번 사건에 대한 고견을 듣고 싶습니다.

백낙청 오늘은 문학 이야기를 하고 싶고, 그래서 이 사태에 대한 자세한 이야기는 사양하겠지만, 단계적 평화통일운동, 시민이 참여하는 통일운동의 입장에서 보면, 북한의 이번 행동이 일단 우리에게 불리한 정세를 조성한 것이 사실입니다. 한편 국제적 파워게임 차원에서 보면 그것이 백 퍼센트 무모한 행위였는지는 앞으로 좀 더 시간을 두고 봐야겠지요. 그런데 민간 통일운동 차원, 시민참여형 분단극복운동에서 보면, 우리가 꼭 정권과 맞설 필요도 없지만, 남과 북 어느 정권이건 우리 입맛에 맞게 행동해줄 것을 기대해서도 곤란합니다. 유리할 때도 있고 불리할 때도 있는 것이지요. 그래서 열심히 노력해서 주체적으로 풀어나가야 하겠지요. 어쨌든 그렇게 하지 않으면 한반도에 희망이 없다고 봅니다. 미사일 쏘니까 일부 보수세력이 신바람이 나서 기존의 화해협력 노력을 규탄하기까지 하는데, 그래서 어떤 대안이 있느냐 하면 대안이 없어요. 이번 사건은 북의 존재를 잊고 남에서만 잘 살고 싶어도 그렇게 되지 않는다는 걸 다시 한번 보여주었습니다. 남북, 북미 대결 상태에서는 그것이 우리의 경제에도 많은 지장을 줄 수 있음을 다시 한번 보여준 사건이지요. 시민들이 참여하는 민간통일운동이 적극 개입해서 한반도의 문제들을 풀어가야 한다는 입장에서는 이런 사태로 일희일비(一喜一悲)할 필요가 없다고 봅니다.

서준섭 선생님은 최근(2006) 『통일시대 한국문학의 보람』과 『한반도식 통일, 현재진행형』 등 두 권의 평론집을 거의 동시에 내셨는데, 오랜만에 대하는 선생님의 역저라 독자들의 관심이 뜨겁습니다. 저는 선생님께서 그 역저들을 친히 보내주셔서 아주 감사한 마음으로 감명 깊게 읽었습니다. 선생님의 책을 읽고 지구화 시대의 민족문학, 한반도식 통일, 한반도의 미래에 대한 구상 등 다방면에 걸친 관심과 여러 주제에 대한 선생님 특유의 도저한 사유를 다시 확인할 수 있었습니다. 제 독후감은 '백낙청 선생님껜 뭔가 특별한 것이 있다', 선생님의 글들은 다차원적·다전망적인 새 지평을 연 것이고, 선생님은 결코 단순하지 않은 '멀티플한 주제를 다루면서도 모든 주제를 명쾌하게 통찰하는 특별한 능력을 지닌 비평가'라는 것이었습니다. 오랜 저술 활동에서 특히 이번 두 권의 평론집이 지니는 의미는 무엇인지요?

백낙청 찬사가 지나치신데 아무튼 고맙습니다.(웃음) 단조로움보다 멀티 플이 좋겠지만, 더 중요한 것은 『논어』에서 말하는 '일이관지(一以貫之)'겠지요. 내가 문학평론, 사회비평, 영문학 연구 등에 걸쳐 다양한 주제를 다루어 왔는데, 비평가와 독자들이 거기서 어떤 일관성을 발견해 준다면 반가운 일입니다. 최근 리영희(李泳禧) 교수의 심산상(心山賞) 수상식에서 성균관대학교 임형택(林熒澤) 교수가 축사를 겸해 리 선생님 저술에 대해 평가하면서 동아시아에서의 '시문(詩文)'의 전통에서 문(文), 즉 딱히 소설이 아닌 산문들이 차지하는 중요성을 이야기하더군요. 요즘은 문학에서 소설 이외의 산문이라 하면 주로 수필을 말하지만 리영희 선생의 산문이야말로 전통적 의미의 문에 속하며 현대문학에서도 이런 산문의 중요성을 재인식할 필요가 있다는 주장이었어요. 임교수의 이야기에 나도 공감했고, 최근에 낸 두 권의 내 저서를 각각 문학, 비문학으로 구분해 볼 수도 있겠으나, 임교수 식으로 모두 '문, 문장'에 속하는 것으로 보아준다면 좋겠다는 생각을 했지요.

1. 불교, 깨달음, 그리고 글쓰기

서준섭 선생님의 '문'을 읽어 보면 문이되 시적이고, 또 자의식의 무게 같은 게 거의 나타나지 않습니다. 그 독특한 문체는 선생님의 독특한 사유와 관계 깊다고 생각합니다. 저는 선생님의 그 독특한 문체와 사유가 선생님의 불교에 대한 오랜 관심과 수행과 깨달음, 즉 '깨달음의 대명사'로서의 불교적 사유(禪, 道, 眞理 등)와 깊은 관련을 맺고 있으며, 선생님의 책을 읽는 독자들이 우선 그 점을 이해해야 할 것이라고 생각하고 있습니다. 저의 그런 생각을 근래에 글로 써서 발표해 보았는데(『문학사상』 2006년 3월호), 최근 선생님과 김용락(金龍洛) 시인과의 대담(『사람의 문학』 2006년 여름호)을 보니 선생님께서 여러 모로 부족한 그 소론을 보신 것 같아 영광입니다. 선생님의 글쓰기에 불교적 선, 깨달음, 현묘한 기틀[玄機] 이런 것이 기본 바탕이 되고 있다는 제 글의 요지에 혹시 잘못된 점은 없는지 여쭈어 보고 싶었습니다.

백낙청 불교의 진리가 큰 진리라면, 누구든 자기 식으로 진리 공부를 하다 보면 어느 날 저절로 드러나는 것이겠지요. 꼭 경전 읽고 참선하고 그러지 않아도 말이지요. 불교에서도 '선외선(禪外禪)'의 경지, '무시선 무처선(無時禪 無處禪)'의 경지를 말하지 않습니까. 내 경우 불교와의 직접적인 관계는 1960년대부터 경전을 틈틈이 읽어 왔고, 70년대에는 원불교 교전을 접하게 되었습니다. 영문학 작가로서는 로런스(D. H. Lawrence)를 주로 연구했는데, 철학자로서는 하이데거(Heidegger)를 읽으면서 로런스와의 어떤 유사성을 보았고 그 문제를 박사논문에서 다루어 보기도 했는데 두 사람 모두 불교나 동양사상과의 친연성이 있지요.

서준섭 선생님의 모든 사유를 불교 하나로 환원하는 것은 바람직하지 않지만, 저는 선생님의 글쓰기는 오랜 수행과 사유에 바탕을 둔 '큰 깨달음'의 경지가 있다고 보고 있습니다. 불가에서 이 말을 하는 것은 물론 문제가 있지만, 그렇다고 그 경지를 달리 표현할 언어를 찾기 힘듭니다. 최근의 글들도 그런 경지에서 씌어진 것이라고 그렇게 읽었습니다. 그 경지는 지해(知解), 알음알이를 넘어선 사물에 대한 깊은 통찰력과 투시법('방법으로서의 직관')으로 나타나며, 이것은 인간의 모든 잠재력의 극대화이겠지요. '초인'과 같은 경지로서의 그런 경지는 옛 선인들의 글에서도 볼 수 있는 것인데, 선생님의 글을 읽으며, 그걸 다시 발견할 수 있어서 즐거웠습니다.

2. '알음알이 비평'과 상식적 비평

백낙청 좋은 글쓰기가 지식만으로 안 된다는 것은 공감할 수 있는 이야기입니다. 특히 문학비평이 알음알이만으로 안 된다는 것은 상식이지요. 그런데 요즘 비평을 보면, 비평을 일반 독자가 모르는 작품에 숨겨진 인식을 독자에게 일러주는 것이라고 생각하고 작품을 분석, 해체해서 자기 식으로 재구성하는 그런 식의 문학비평이 많아요. 하지만 조금 낮은 차원의 알음알이냐 높은 차원의 알음알이냐의 차이가 있을 뿐, 이런 비평은 모두 '알음알이의 차원'에 머무는 비평이라 할 수 있지요.

내가 좋아하는 비평은 오히려 너무 상식적이거나 직관적인 차원에 머문다는 말을 들을 수도 있는 비평, 그러나 상식적이되 알음알이 차원을 넘어 깨달음과 감동을 인간에게 선사하는 그런 비평이지요. 문학비평가가 일반 독자와 질적으로 다른 점은 없습니다. 다만 훌륭한 비평가라면 평균 독자보다는 더 많이 읽고 많이 느끼고 생각하며 작품을 통해 깨달은 바가 있으며 이걸 글로 전달하는 훈련을 많이 한 사람이겠지요, 누구나 공감할 내용이면서 읽어보면 뭔가 새로운 감동이 있는 그런 비평이 좋은 비평이라 봅니다. 영문학에서 내가 특별히 관심을 가져온 리비스(F. R. Leavis)의 비평이 그런 성격이고, 전업 비평가는 아니지만 로런스도 그런 평론을 많이 썼지요. 실은 꼭 문학만이 아니라 사회생활이나 인생 전반에서, 알음알이는 하나의 방편이지 그 자체가 목적이 아니잖아요. 내가 '예술의 진리가 과학의 진리보다 한 차원 높다'고 하는 것도 그런 의미에서 하는 이야기입니다. 알음알이 차원의 앎은 예술이나 올바른 행동 등을 통해 드러나는 진리보다 낮은 차원이라는 거지요.

3. 예술, 진리, 문학비평

서준섭 '예술의 진리가 과학적 진리보다 한 차원 높고', 진리가 문학작품을 통해 드러난다는 선생님의 말씀에서, 우선 '진리가 있다'는 전제는 이해가 됩니다. 그런데 예술적 차원의 진리가 과학적 차원의 진리보다 한 차원 높다는 의미는, 진리라는 어떤 의미에서 보면 추상적 경험이 예술작품에서는 형상화되어 드러나지만 과학에서는 그렇지 않다는 의미인지요?

백낙청 아니, 진리라는 추상적인 경험이 미리 있고 그것을 예술이 나중에 형상화한다는 것은 전혀 불교적이지 않은 발상이겠지요. 예술의 형상화 작업에서 진리가 비로소 드러나며 이룩되기도 한다고 생각해야 맞는데, 모든 작품이 다 그렇다는 건 아니에요. 예술이나 문학의 이름을 걸고도 그런 차원에 못 미치는 작품이 너무나 많지요. 그리고 이런 경우 사실 평범한 생활인들 앞에서 부끄러운 행위가 될지 모르겠습니다. 최근의 일 하나를 통해 이야기해 보지요. 나에 대한 개인적 관심은 많지만 문학비평과는 별 관계없이 사는, 어느 사업 하는 이에게 내 문학평론집을 보냈더니 이런 답장이 왔어요. '처음에는 이런 이야기를 하면서 먹고 사는 세상도 있구나' 하고 신기하게 생각하면서 읽었지만, 계속 읽다 보니 재미도 있더라는 거예요. 우리들이 한다는 문학의 상당 부분은, 사실 힘들게 일하며 먹고 사는 사람에게는 미안한 짓일 때가 많아요. 그러나 진짜 예술이란 그렇지 않다고 생각합니다. 진짜 예술은 딱히 쉽게 읽히는 작품이 아니더라도, 힘들게 벌어먹는 사람에게도 도움이 된다고 믿어요. 원불교 『대종경(大宗經)』에 법을 내는 일이나 법을 받들어 전하는 일이나 그 법을 반가이 받드는 일의 공덕이 같다는 말씀(부촉품 19장―편자주)이 나오는데 문학에서도 그렇다고 봅니다. 작품을 창작하는 사람이나 그것을 알아보고 평하는 사람이나 작품을 받아들여 즐기는 사람이나, 모두 창조적인 사업에 동참하는 것입니다. 진리를 드러내는 사업에 동참하는 것이지요. 이 일이 그다지 어려운 것도 아닙니다. 너무 어렵게 만들어서 사람들이 즐기지 못하게 하는 것은 비평가의 도리가 아니지요.

서준섭 문학비평에 대한 선생님의 평소 생각을 말씀해 주셨으면 합니다.

백낙청 편안한 마음으로 내가 읽은 작품 경험을 다른 독자와 공유하고 대화하는 것이라고 봐요. 평론가가 어떤 작품을 과학적으로 규정하는 것은 불가능하지요. 또 가능하다 한들 그래서 어쨌다는 거예요? 작품을 즐겨 읽고 즐겁게 이야기하는 것이 문학비평의 본분이지요. 물론 좋은 문학의 입지를 세우기 위해 더러 힘겨운 싸움도 하고 어려운 이야기도 합니다만.

4. '로런스, 하이데거는 내 문학적 사유의 오랜 화두'

서준섭 최근의 평론집을 포함하여 선생님의 저술들을 읽는 독자로서 선생님의 글쓰기의 바탕이 되는 사유의 세계에 대해 여쭈어보고 싶습니다. 선생님의 사유에서 불교가 특히 중요하다고 생각되지만, 선생님께서 언급하신 하이데거, 로런스, 원불교 등도 선생님의 글쓰기에서 중요한 동력이 되고 있는 것 같아 이에 대해 좀 더 자세히 여쭈어보고 싶습니다. 우선 로런스에 대한 것인데 『통일시대 한국문학의 보람』 '서문'에서 로런스에 대한 저술 계획을 잠깐 언급하셨는데, 선생님의 평론 「로런스와 재현 및 (가상)현실 문제」는 이번 평론집에서 빠졌더군요. 로런스가 선생님의 문학적 사유에서 어떤 의미가 있는지요?

백낙청 로런스에 대해 쓴 평론 몇 편은 로런스 연구서에 넣으려고 이번 평론집에 포함하지 않았지요. 그동안 로런스에 대해 쓴 글이 책 한 권 분량이야 되지만, 전체 구도에서 빠진 대목을 보충하고 기존에 발표한 글도 다시 쓰려다 보니 시간이 지체되고 있습니다. 올 하반기에 집중 작업을 해서 내년에는 간행해야겠다고 생각 중입니다.

로런스를 '성문학의 대가'라고 잘못 알고, 점잖은 사람이 왜 그런 걸 연구하느냐고 의아해하는 이들도 있지만(웃음), 내가 이때까지 그를 붙들고 있는 건 내 나름의 이유가 있어요. 영문학 전공자로서 전공서적 하나 낸다는 것 이상의 의미 말이지요. 로런스는 근대문명에 대한 근본적인 질문을 던진 작가지요. 소설에서뿐만이 아니라 그가 남긴 여러 산문에도 그의 사유가 잘 드러나는데, 근대를 '존재망각이 극에 달한 시대'로 본 하이데거의 근대에 대한 발상과도 상통하는 점이 있습니다. 하이데거는 근대를 넘어서자면 서구 형이상학을 발본적으로 넘어서는 새로운 사유가 있어야 한다고 보았는데 로런스의 인식이나 사상적 탐구도 그런 궤적을 보여주지요.

불교적 사유가 근대를 태동시킨 사유가 아니기 때문에 그것만으로 온전한 근대 극복을 이룰 수 없지만, 거기에는 근대를 넘어서고 돌파하는 뭔가가 있다고 봅니다. 그게 내 화두지요. 그런 점에서 한국인이자 동아시아인인 나의 문학적 작업에서 불교와 원불교, 로런스와 하이데거는 내 마음속에서 긴밀하게 서로 이어져 있어요.

서준섭 로런스와 불교와의 관계가 어떻게 되는지요?

백낙청 로런스는 불교도인 친구와 함께 스리랑카 불교 성지에도 갔던 사람입니다. 하지만 그가 안 불교는 우리가 흔히 소승불교라 일컫는 남방불교였어요. 그의 글에는 불교에 대한 비판적 발언이 더러 나오는데 주로 그런

불교를 염두에 둔 비판이지요. 기독교 전통을 극복해야 한다면서도 불교는 대안이 아니라고 보았는데, 비판의 취지는 오히려 그가 몰랐던 북방불교 즉 대승불교나 유·불·선 전통의 융합을 꾀한 원불교에 근접한 면이 있습니다.

하이데거는 그에게 공부하러 온 일본 제자들을 통해 일본의 선불교에 관심을 갖게 되었고, 서구의 근대적 사유를 극복하기 위해서는 서구적 사유와 '동아시아적 사유'가 만나야 한다고 주장한 바 있습니다. 특히 노장(老莊)사상에 관심이 많았지요. 로런스는 하이데거만큼 해박하지 않았지만 서양의 형이상학 극복의 필요성을 자각, 추구했고 그의 사유와 불교, 원불교의 사유 사이에는 상당한 친화성이 있다고 나는 생각합니다.

5. '정신개벽' 요구하는 원불교에서 많이 배워

서준섭 선생님의『분단체제 변혁의 공부길』에는 원불교 중앙훈련원에서 한 강연이,『흔들리는 분단체제』에는 '송정산(宋鼎山)의 건국론'에 대한 글이 각각 수록되어 있고, 최근 저서에도 '개벽'이라는 용어가 사용되고 있습니다. 원불교는 박중빈(朴重彬) 대종사가 창시한 종교인데, 이를 조선조 말기 사상사적 맥락에서 보면, 최제우(崔濟愚)의 동학, 강증산(姜甑山)의 증산교 다음에 이어지는 사상이자 종교라고 할 수 있을 것 같습니다. 제 나름의 읽기 방식으로 보면 불교, 하이데거의 경우처럼 원불교도 선생님 책에서 잠시 언급하고 지나가는 것처럼 보이지만, 사실은 중요한 의미를 지니는 화두의 하나가 아닐까 생각됩니다. 원불교에 대한 관심의 동기와 선생님의 사유에서 원불교가 차지하는 의미에 대해 자세히 말씀해 주셨으면 합니다.

백낙청 개인적으로는 장모님이 일찍부터 원불교 교도였던 관계로 집사람이 70년대부터 원불교 교당에 나가기 시작했는데, 그런 인연으로 원불교 교전을 대하게 되었지요. 집사람은 지금 평신도로서는 교단의 꽤 중요한 위치에 있어요. 『정전』과 『대종경』으로 구성된 원불교 교전 가운데 『대종경』은 처음부터 재미있게 읽었지만 『정전』의 깊은 맛은 훗날 우연히 영역 작업에 참여하면서 깨달은 것 같습니다.

교전의 영역본이 전에도 있었으나 90년대 중반에 새 번역 작업을 하게 되어 나는 처음에 자문위원으로 참여했는데, 그때 내가 미국 UCLA에서 중국과 한국의 불교를 강의하는 로버트 버스웰(Robert Buswell) 교수를 소개해서 그도 자문위원으로 함께 참여했지요. 그는 원래 송광사에서 출가, 구산(九山) 스님 상좌로 있다가 미국 불교학계의 중진이 된 사람입니다. 시작은 그렇게 했는데 버스웰 교수와 나 모두 발목이 잡혀서(웃음) 교전 번역에 직접 나서게 되었지요. 결국 버스웰 교수의 한국 출신 부인까지 참여하고 그 밖에 교단 측 인사들도 참여한 영역위원회가 구성되어 최근에 번역을 다 마쳤습니다. 2000년도에 영어 『정전』만 따로 나온 적이 있지만, 전체 교전의 새 영역본이 곧 간행됩니다. 자문위원 시절까지 합하면 10년이 걸린 사업이지요.

사상사적 맥락에서 볼 때, 창시자 박중빈 선생 스스로 인정했듯 원불교는 동학과 증산교에 맥을 댄 종교인데, 유·불·선 전통을 두루 계승하되 특히 불법(佛法)을 주체로 삼았다는 점이 동학이나 증산교와 다른 점이지요. 게다가 동학, 증산교보다 늦게 출발하면서 서양의 기독교와 과학문명을 많이 수용하기도 했고요. 그런데 단순히 후발 종교여서가 아니라 불법을 주로 삼았다는 점이 중요한데, 불교가 아닌 유교나 도교에 기본 바탕을 두었더라면 서양의 과학문명이나 그리스도교적 요소를 수용하기가 훨씬 어려웠을 것이라 생각합니다.

원불교는 '물질이 개벽되니 정신을 개벽하자'는 개교표어를 내걸었는데, 전통적 불교와의 차이가 바로 이렇게 현 시국을 물질개벽의 시대로 진단하면서, 이런 시국 인식에 상응하는 깨달음을 요구하고 있다는 점인 것 같아요. 물질개벽이란 마르크스가 말한 자본주의시대의 현실이라는 것이 나의 해석입니다. 마르크스가 '모든 단단한 것이 연기처럼 사라진다'고 말했던 것, 그게 바로 '물질개벽'이 아니겠습니까. 그런데 그 표어를 교당마다 걸어 놓고 있지만, '물질개벽에 상응하는 정신개벽'이라는 창시자의 가르침을 후세의 교도들이 얼마나 충실하게 연마 이행하고 있는지는 바깥에서 볼 때, 의심스러울 적이 있는 게 사실이에요.

서준섭 선생님의 독특한 해석 말씀을 듣고 보니 '전통 불교의 현실주의'가 바로 원불교가 아닌가라고, 그렇게 이해됩니다.

선생님의 이번 저서를 읽으면서도 느꼈지만, 오늘 직접 여러 말씀을 듣다 보니 선생님은 동서와 고금을 자유롭게 오가는 멀티플하면서도 다차원적인, 다방면의 큰 사유가이자, 동서와 고금, 전통과 현대에 두루 해박하신 평론가라는 생각을 다시 하게 됩니다.

6. 지식의 빈(貧)에 머무는 안빈낙도(安貧樂道)

백낙청 내가 그처럼 해박하다는 이야기는 과장이며 오해입니다. 나도 한때는 이것저것 두루 공부해 보려는 야심에 찬 적이 있고, 서양과 동양의 진짜 해박한 학자들을 대하면서 스스로 좌절감 같은 것을 느낀 적도 있어요.

나 자신은 워낙 바탕이 시원찮았는데다 잡지 일이라든가 그 밖에 이런 저런 사회활동으로 쫓기다 보니 지식 축적에 한계가 많았거든요. 그래서 좌절감도 많이 느끼다가, 『대종경』 인도품(人道品)에서 '안빈낙도(安貧樂道)'를 설한 대목(인도품 28장―편자 주)을 읽고 '내 지식이 부족하다고 안달할 필요가 없겠구나' 하는 깨우침을 얻었어요.

전통적으로 안빈낙도라고 하면 물질적인 가난에 괴로워하지 않고, 말하자면 나물 먹고 물 마시고 팔을 베고 누웠어도 대장부 살림살이 이만하면 족하다는 태도를 말한 것이지만, 『대종경』에서는 "무릇, 가난이라 하는 것은 무엇이나 부족한 것을 이름이니, 얼굴이 부족하면 얼굴 가난이요, 학식이 부족하면 학식 가난이요, 재산이 부족하면 재산 가난인 바……"라고 '빈'의 개념을 넓혔더군요. 나의 지식 가난에 대해 안빈낙도하자 하는 생각을 했고 그렇게 살아가고자 노력하고 있습니다. 나름 대단한 석학으로 보는 사람이 왕왕 있는 걸 알지만, 첫째 사실이 그렇지 않고, 또 지식인으로서 가능한 한 해박해지려는 노력은 중요하지만 대단한 석학이 되지 못했다고 주눅들 것은 아니며, 알음알이의 많고 적음이 제일 중요한 것도 아니다, 그렇게 생각하고 있습니다.

서준섭 오늘날 선생님처럼 우리 시대의 난제를 앞에 놓고, 지속적으로 넓고 깊게 종합적으로 사유하는 분도 많지 않은 것 같습니다. 요즘 학문은 너무 전문화되다 보니 인간에 대한 종합적 사유가 실종되어 가고 있는 것 같습니다. 선생님의 리얼리즘론은 '지공무사'라는 용어가 사용되고 있어 독특합니다. 선생님의 리얼리즘론은 단순한 문학이론이 아니라 진리론이기도 하지요. 그런 점에서 이 '지공무사'를 그 맥락에 따라 때때로 선불교적인 지공무사(至空無私)로 읽어도 되지 않을까 생각해 본 적도 있습니다. 그렇게 보아도 되는지요?

7. '지공무사(至公無私)'는 여전히 유효

백낙청 아시다시피 내가 말한 것은 '공변될 공' 자의 '지공무사(至公無私)'이지요. 아무튼 이런 용어를 사용한 몇 가지 이유가 있는데, 우선 현실 반영을 리얼리즘의 절대적 기준으로 삼는 것이 원론적으로도 타당하지 않다는 생각이고, 예술에서 진리의 경지에 도달하는 것이 가장 중요하다고 생각하기 때문이며, 이렇게 진리의 경지에 달한 예술에서 현실 반영이 어떤 식으로든 일어나지만 그 양상은 장르마다 다르다는 점을 따로 규명할 필요가 있기 때문입니다. 그래서 현실의 반영 또는 재현보다 '지공무사'를 우선시한거지요. 이 말은 영문학의 비평 전통에서 말하는 '사심없음'(disinterestedness)이라든가 '몰개성성'(impersonality)과도 통합니다. 말하자면 독특한 의미의 객관성인데, 과학자들처럼 대상과 인위적인 거리를 두는 그런 객관성이 아니라, 일을 하면서 또는 현장에서 운동을 하면서 구현되는, 참여와 객관성을 결합하기 위한 용어로서 '지공무사'를 말한 것입니다. 그런데 '지극히 공변되다'는 '지공(至公)'이 아니라, '빌 공' 자를 함부로 쓰다가는 불가에서 얻어맞기 십상 아니겠어요?

서준섭 요즘 사회 분위기는 '지공무사'라기보다 그 반대로 '지사무공(至私無公)'이 아닌가 할 정도로 사(私)를 앞세우는 풍조가 강한 것 같고, 젊은 세대의 작품들을 읽어보아도 그런 생각이 듭니다. 그런 점에서 오늘날 선생님의 지공무사론은 문제점이 있지 않을까요?

백낙청 젊은 세대에 그런 경향이 없지 않지만 그들 나름으로 지공무사로 나갈 가능성은 열려 있다고 봐야겠지요. 앞 세대가 부르짖던 '공(公)'이 과연 지극히 공변된 '공'이었는지 아니면 조금 넓게 잡은 '사(私)'를 '공'으로 인식했던 것은 아닌지, 그런 문제도 있고요. 만약 그랬다면 젊은이들이 '사'를 앞세워 '공'을 버린다기보다 잘못된 '공', 공이 아닌 것을 공으로 치장해서 도모하는 빙공영사(憑公營私)의 관행을 일단 깨뜨리는 면도 있거든요. 물론 본래 의미의 지공무사는 여전히 목표로 남아야 하지만요.

또한 '사'를 앞세울 바에는 한번 철저히, 서교수 표현대로 '지사(至私)'의 경지까지 한번 가 보는 것도 의미가 있다고 봐요. 불교에서 '자리이타(自利利他)'를 말하며 자신과 남을 동시에 위할 줄 아는 사람을 최고로 치지만, 어떤 경전에서는 그 다음 등급으로 남만 위하고 자신을 위할 줄 모르는 사람보다 자신만 위하고 남을 위할 줄 모르는 사람을 꼽는다고 들었습니다. 자기를 제대로 위하다 보면 남을 위하는 것도 중요하다는 걸 배우게 되는데 그 반대의 경우 즉 남만 위하다 보면 끝까지 자기를 위하는 공부를 못하기 쉽다는 거예요. 그래서 제대로 '사'를 챙기다 보면 '이타'를 하고 결국 '지공무사'의 경지를 향해 진급할 가능성이 있다고 봐요. 요즘 젊은이들 중에는 물론 처음부터 공심이 남다른 친구들도 적지 않지만, 나머지 사람들의 태도 역시 처음에 불만스럽더라도, 그들 또한 '지공무사'가 실제로 자신에게 이로운 것임을 자연스럽게 알게 되리라는 희망을 갖고 있습니다.

서준섭 선생님의 분단체제론은 세계체제론과 서로 긴밀한 관련을 맺고 있습니다. 그 세계체제론은 특히 이매뉴얼 월러스틴(Immanuel Wallerstein)의 견해에서 많은 아이디어를 얻고 있는 것으로 보이는데, 현재 '월러스틴의 세계체제론'에 대한 국제 학계의 의견은 어떻습니까?

백낙청 월러스틴의 세계체제론이 미국 주류 사회과학계에서 아직도 크게 인정받고 있는 견해는 아니라고 생각됩니다. 월러스틴 자신은 물론 유명한 학자요 중요한 사회학자로 인정받고 있지요. 그러나 그의 이론을 수용해서 적용하는 학자들은 소수로 보아야 할 겁니다.

얼마 전에 일본에 갔었는데, 함께 갔던 한국 교수 하나가 일본의 젊은 학자에게 세계체제론에 대해 이야기했더니, '그 이론은 일본에서는 이미 유행이 지난 것인데 한국에서는 아직도 중요하냐'는 식으로 나오더래요. 그 이야기를 듣고, 일본의 학계 역시 여전히 서양 학계의 유행을 타고 있구나, 그렇게 생각했지요. 어떤 이론이 정말 타당하고 수긍할 만한 것이라면 유행 여부를 떠나 그것을 나의 필요에 맞게 활용하는 게 중요하지 않겠어요?

서준섭 최근의 두 저서를 포함하여 선생님의 저서들을 읽으면서 선생님의 독특한 사유와 글쓰기는 둘이 아니라고 생각하면서 지금까지 책을 읽으며 제 나름대로 궁금했던 것들을 여쭈어보았습니다. '근대적응과 근대극복'의 이중과제라는 화두를 스스로 던지고 이를 오늘날까지 사유해 오신 선생님의 글쓰기는, '진리탐구와 방편찾기'의 이중과제 수행의 과정이기도 하며, 최근의 저서들은 그 사유의 도정에서 얻은 한국비평의 귀중한 결실이 아닐까 그렇게 생각합니다. 여러 가지 번거로운 질문에 일일이 친절히 가르쳐주셔서 감사합니다. 혹시 덧붙이고 싶은 말씀이 있다면 독자들을 위해 한 말씀 해 주셨으면 합니다.

백낙청 뭐 이미 너무 많이 말했잖아요. 도리어 오늘 서 교수가 나의 문학적 사유에 대해 해 주신 말씀이 내 책을 읽는 독자들에게도 도움이 되리라 생각합니다.

서준섭 오늘 말씀을 듣고 보니, 선생님의 진면목은 그 사유에 있지 않을까, 글 뒤에서 작동하는 그 사유, 동아시아적 사유의 세계를 제대로 보아야 선생님의 저술들을 어느 정도 제대로 이해하게 되는 게 아닐까, 그런 생각이 듭니다. 선생님의 사유와 글쓰기는 이루어진 것과 이루어지지 않은 그 경계선에서 부단히 움직이고 있는, '움직이는 지평선' 같은 느낌이 듭니다. 선생님의 문학비평은 선생님 특유의 남다른 통찰력과 혜안(慧眼)의 산물로서, 한국문학과 비평에 전에 없던 새로운 영역을 창조해 온 창조적 비평으로서, 이제 그것은 선생님 개인의 차원을 넘어서 한국문학의 공동의 자산이 되었다고 생각하고 있습니다. 저는 최근 저서들을 혼란한 우리 사회와 문학계에 던지는 '하나의 나침반'이자, 원로 비평가가 들려주는 '즐거운 소식'으로 읽었습니다. 앞으로도 한국문학과 후학들을 위해 많은 가르침을 주시고 좋은 책 더 많이 내셨으면 합니다. 오랜 시간 감사합니다.

　이번 인터뷰에서 선생은 『대산문화』 독자를 위해 모처럼 자신의 오랜 문학적 사유와 화두들의 그 드넓은 세계에 대해 털어놓았다. 대개 처음으로 듣는 얘기들이라 인터뷰는 내내 즐거운 시간이었다. 선생의 목소리는 시종 부드러우면서도 명쾌하였고, 사유에 막힘이 없었다. '사유의 대가'라는 느낌이었고, 나는 그 움직이는 드넓은 사유, 그것이 백선생의 진면목이 아닐까 하고 생각했다. 귀중한 인터뷰 기회를 마련해 준 대산문화재단에 감사 드린다.

11

통일시대 한국사회와
정신개벽

1. 원광대학교 개교 60주년을 맞아

원광대학교의 개교 60주년을 기념하는 학술대회에서 기조강연을 하게 된 것을 영광으로 생각하며 진심으로 축하합니다. 60년 전이면 8·15 직후 의 혼란기일뿐더러 원불교 교단으로서는 갑자년(1924)의 출범 이후 22년밖에 안 된 시점이었습니다. 그 어려운 조건 속에서도 '유일학림(唯一學林)'의 이름으로 인재양성을 서두른 교단 지도자와 초창기 대학 관계자들께 새삼 깊은 경의를 느낍니다.

파리 대학이나 옥스포드, 케임브리지 같은 오늘의 세계적 명문대학들도 그 출발점은 소규모의 성직자 양성기관이었습니다. 그러나 훌륭한 교역자 는 인문적 교양과 학식을 갖춰야 한다는 전제가 있었기에 이들 기관이 종합 대학교의 씨앗이 되었고 훗날 세계적인 대학으로 발전했습니다. 유일학림 이 초급대학이 되고 4년제 단과대학이 되며 다시 종합대학으로 승격한 역 사는 그보다 훨씬 짧습니다만, 원광대학교의 설립 주체인 원불교 교단 역시 대학의 이념에 부합하는 교리를 가졌고 대학교육을 제대로 받은 인재를 요 구한다는 점에서 그것은 논리적인 발전이었습니다. 원불교는 불법의 가르 침대로 '지식'을 넘어서는 '깨달음'을 목표로 삼지만, 동시에 지식과 학문의 중요성을 인정하고 정당한 알음알이를 강조하는 점에서 전통 불교와는 상당한 차이를 보입니다. 『정전』의 '최초법어'에서도 '수신(修身)의 요법' 첫 항목이 "시대를 따라 학업에 종사하여 모든 학문을 준비할 것이요"라고 했고, '지도인으로서 준비할 요법'의 첫 항목도 "지도 받는 사람 이상의 지식을 가질 것"을 주문하고 있습니다(『원불교전서』, 원불교출판사, 1995, 84면, 86면). 교조 소태산(少太山) 박중빈(朴重彬) 선생의 이런 가르침에 충실하기 위해서도 원광대학교가 60주년을 계기로 비약적인 발전을 이룩하기를 기원합니다. 단순히 지방 사립대학으로서 모범적인 운영을 하는 데 만족하지 말고 전국적으로, 나아가 세계적으로 우뚝 선 대학이 되기를 바랍니다.

이 과정에서 종립대학(宗立大學)으로서 원불교 교리에 대한 연구 및 교육의 본거지 역할을 제대로 하는 일도 긴요할 것입니다. 다른 나라나 국내 다른 대학들에 원불교학과가 없기 때문에 저절로 일등을 하는 데에 만족하지 말고, 타종교 대학들의 교학연구·신학연구에 비해서도 경쟁력을 지니고 일급의 인문적 교양을 갖춘 교역자들을 배출하며 교도가 아닌 학생들의 인문교육에도 탁월한 성과를 내는 대학이 되어야 할 것입니다. 인문학의 본질이 자기 인생의 주인 노릇 하는 공부라고 한다면, 분과학문상의 전공이 무엇이건 간에 '새 세상의 주인'이 되기 위한 마음공부와 학문적인 탐구를 결합하는 것은 곧 '대학의 이념'을 달리 표현한 것일 터이며, 이러한 이념에 충실함으로써 시대가 요구하는 정신개벽의 인재들을 많이 길러내는 원광대학교가 되기를 충심으로 기원합니다.

2. 정신개벽에 관하여

'정신개벽'은 원불교 고유의 용어입니다만, 그것이 최수운(崔水雲), 강증산(姜甑山) 선생 등의 개벽사상에 맥을 대고 있는 개념이라는 것도 자타가 공인하는 사실입니다. 동시에 이들의 선행작업과 비교할 때 특이한 점은 무엇보다도 "불교는 무상대도(無上大道)"(「정전」 '교법의 총설', 『원불교전서』 21면)라는 가르침에 입각했다는 점일 것입니다. 원불교가 한반도의 다른 자생적 종교들처럼 유·불·선의 종합을 추구하면서도 동학이나 증산교에 비해 근대 과학문명과 서양의 그리스도교에 대해 훨씬 개방적이며 적응력이 큰 것은, 단순히 저들 선행종교보다 근대화가 더 진행된 시기에 출발해서만이 아니라, 유·불·선 가운데서 특히 "불법으로 주체를 삼아"(『대종경』 서품 2장 『원불교전서』 95면) 설립된 회상(會上)이기 때문입니다. 여기서 길게 설명할 사안은 아니지만, 여러 종교 중 불교는 일찍이 만해(萬海) 한용운(韓龍雲) 선생이 『조선불교유신론(朝鮮佛敎維新論)』에서 "지혜로 믿는 종교요, 미혹하여 믿는 종교가 아니라"("佛敎者는 智信之宗敎요 非迷信之宗敎니라"『한용운전집』, 신구문화사 1973, 2권 102면)고 주장했듯이, 근대과학에 대한 친화성이 가장 높은 교리를 지닌 것으로 인정되고 있습니다. 실제로 오늘의 세계적인 추세를 보더라도 각종 원리주의로의 회귀가 아니면서 현대인들에게 호소력이 유달리 큰 종교의 본보기가 불교입니다.

다른 한편, 전통적인 불교가 대체로 시간과 장소를 초월하여 '깨달음'을 강조하는 데 비해, 시국에 대한 판단을 기초로 그에 상응하는 정신개벽을 촉구한 점은 원불교가 선행 민족종교들의 후천개벽(後天開闢) 사상을 계승한 면모겠지요. "물질이 개벽되니 정신을 개벽하자"는 개교표어는 곧 물질개벽이라는 시대상황을 근거로 이에 걸맞은 정신의 개벽을 요구한 것입니다. 『대종경(大宗經)』 서품(序品) 제4장에도 "대종사 당시의 시국을 살펴보시사 그 지도강령을 표어로써 정하시기를 '물질이 개벽되니 정신을 개벽하자'

하시니라"(『원불교전서』95-96면)라고 했습니다. '정신개벽'이 시국에 대한 지도강령의 성격을 띠었음을 밝힌 것입니다. 이 점에서 원불교는 동학이나 증산교뿐 아니라, "때가 왔나니" 복음을 듣고 거듭나라는 예수의 가르침과도 상통하는 바 있지요. 다만 소태산 선생이 진단한 '때'(kairos)는 물질개벽시대이며 그의 복음은 정신개벽을 이룩하는 마음공부법이라는 점이 다릅니다. 물질개벽의 실상에 대한 저의 인식은 십 수년 전(1992) 원불교 중도훈련원에서 강연하면서 비교적 자세히 피력했고 그 내용이 저의 변변치 못한 저서 『분단체제 변혁의 공부길』(창비, 1994)에 '물질개벽 시대의 공부길'이라는 제목으로 수록된 바 있습니다만, 물질개벽 시대에 대한 소태산 선생의 진단을 저는 한마디로 자본주의시대에 대한 진단이라고 풀이합니다. 이는 마르크스와 엥겔스가 1848년의 '공산당선언'에서 내놓은 다음과 같은 유명한 주장과도 통하는 바 있습니다.

생산의 끊임없는 혁명적 발전 모든 사회적 조건들의 부단한 교란, 항구적인 불안과 동요는 부르주아시대와 이전의 모든 시대를 구분짓는 특징이다. 모든 고정되고 꽁꽁 얼어붙은 관계들, 이와 더불어 고색창연한 편견과 견해들은 사라지고, 새로이 형성된 모든 것들은 골격을 갖추기도 전에 낡은 것이 되어 버린다. 모든 단단한 것은 연기처럼 사라지고, 거룩한 것은 모두 더럽혀지며, 마침내 인간은 냉정한 눈으로 자신의 실제 생활조건과 인간 서로간의 관계를 직시하지 않을 수 없게 된다.(…) 부르주아지는 100년도 채 못 되는 자신의 지배 기간 동안 이전의 모든 세대들이 이루어낸 것을 합친 것보다 더 거대하고 엄청난 생산력을 창출했다. 자연력의 정복, 기계에 의한 생산, 공업과 농업에서의 화학의 응용, 기선, 철도, 전기통신, 세계 곳곳에서의 대대적인 토지 개간, 운하 건설, 마치 땅속에서 마법으로 불러낸 듯한 엄청난 연구 그러한 생산력이 사회적 노동의 품 안에서 잠자고 있으리라고 이전 세기에 어찌 예감이나마 할 수 있었겠는가?[1]

마르크스가 서술하는 자본주의시대의 혁명성은 가히 '물질개벽'이라 일컬음직합니다. 게다가 원불교의 정신개벽이 물질개벽시대의 엄청난 생산력 증대를 전제한다는 점에서도 마르크스와의 상통성이 확인됩니다. 마르크스는 프롤레타리아혁명을 통해 이러한 자본주의시대를 다시 한번 변혁한 사회와 종전 역사와의 간격을 선천시대(先天時代)와 후천시대(後天時代)의 차이만큼 본질적인 것으로 설정하는데, 실제로 1859년의 『정치경제학비판 서설』 서문에서는 부르주아사회가 달성한 생산력을 바탕으로 계급간 적대관계를 해소하는 전환을 이룩할 때 '인류사회의 선사시대'(die Vorgeschichte der menschlichen Gesellschaft)가 끝난다고 말하기도 했지요. 또한 혁명이 대중의 각성을 통해 달성되며 그 결과로 "각 개인의 자유로운 발전이 모두의 자유로운 발전의 조건이 되는 연합체"(『공산당선언』 119면)가 성립할 것을 전망하는 점에서도 후천개벽론과 또 한번 일맥상통한다 하겠습니다.

그러나 변혁의 과정을 폭력혁명으로 규정하고 모든 종교를 '대중의 아편'으로 간주하는 점은 원불교의 '정신개벽' 사상과 구별됩니다. 물론 원불교 교리를 따르더라도 『정전』 '동포보은의 결과' 대목에서 "만일 전 세계 인류가 다 보은자가 되지 못할 때에, 혹 배은자의 장난으로 인하여 모든 동포가 고해 중에 들게 되면, 구세성자들이 자비방편을 베푸사 도덕이나 정치나 혹은 무력으로 배은중생을 제도하게 되나니라"(『원불교전서』 36면)고 하여 무력 사용을 전적으로 배제하지 않았고, 후천시대로의 이행 과정에 무력(武力)을 통한 제도(濟度)가 어느 정도까지 필요할지는 예단하기 힘든 일입니다. 또한 기성종교에 대한 마르크스의 비판으로부터 원불교가 얼마나 자유로울 수 있을지도 냉정한 검토가 필요할 것입니다. 아마도 이는 물질개벽의 실상에 대한 과학적 분석을 원불교가 얼마나 진지하게 수용하며, 정신개벽의 실행 과정에서 다른 종교와의 협력뿐 아니라 모든 기성종교에 비판적인 세속인 들과의 '동척사업(同拓事業)'[2]에도 얼마나 후천종교답게 적극적인 모습을 보 여주는가에 달릴 것입니다.

다른 한편 마르크스의 폭력혁명론을 계승한 레닌 등의 사회주의 건설 작 업이 20세기 말엽 소련·동구권의 붕괴와 더불어 거대한 실패로 끝난 것은 분명합니다. 그 원인은 매우 복잡하겠습니다만, 새 세상의 주인 노릇을 할 마음공부가 충분치 않은 대중을 제도(制度)로 얽어매고 국가권력으로 몰아 붙인 점도 중요하게 작용했을 것입니다. 실은 마르크스가 말한 "각 개인의 자유로운 발전"마저 외면했던 결과였지만, 마르크스 자신이 "전체의 자유로 운 발전의 조건"이 될 "각 개인의 자유로운 발전"을 위한 대중의 마음공부에 충분한 배려를 안 했던 사실과 무관할 수 없겠지요.[3] 민중 각자의 정신개벽 을 생략한 채 미륵세상을 만들려는 것은 허망한 꿈이며, 무리한 변혁 시도 는 도리어 오늘날 구 공산주의 국가들에서처럼 물질개벽을 예찬하는 풍조 를 키우기 십상인 것입니다.

3. 한반도식 통일과 정신개벽

한국사회에서도 한때 마음공부를 거의 도외시한 혁명론이 많은 젊은이 를 사로잡았습니다. 특히 광주민주항쟁의 유혈 진압 이후 군부독재정권의 철권통치가 자행되던 1980년대가 그런 시기였지요. 하지만 당시에도 급진 운동권은 정통 마르크스·레닌주의를 내세워 남한에서의 민중혁명을 추구하는 진영과 한반도 북녘에 성공적인 공산주의사회가 건설되고 있다고 믿어 남한에 대한 '민족해방'을 우선 목표로 삼는 진영이 대립하여 어느 한쪽도 대세를 장악하지는 못했습니다. 그러다가 80년대말·90년대초의 현실 사회주의권 붕괴로 '민중민주(PD)파'가 큰 타격을 입었고, '민족해방(NL)파'는 또 그들대로 북녘의 어려운 실정이 알려지면서 점차 대중 사이에 설득력을 잃게 되었습니다.

이러한 변화 자체를 애석해할 필요는 없다고 봅니다. 하지만 급진운동가들의 과격성과 단순논리에 대한 반동으로 자본주의에 대한 비판 의식과 한반도의 분단극복을 향한 의지마저 상실한다면, 그야말로 '물질의 노예'로 살아가기를 자청하는 꼴이 되겠지요. 실제로 그러한 풍조가 1990년대 한국사회에 팽배했다가 IMF 금융위기를 겪으면서 다소 가라앉았고, 2000년 6월의 남북정상회담을 계기로 한반도에서 '새 세상'을 만들어 갈 좀 더 현실적이고 평화지향적인 길을 엿볼 수 있게 되었습니다. 그러나 지금도 물질개벽 예찬이 여전히 지배적인 흐름이며, 최근에는 북의 핵실험 사태까지 겹쳐 한반도의 민중 스스로가 주인이 되어 새 세상을 만들려는 세력이 더욱 난감해진 형국입니다.

핵실험 사태(2006년 10월 9일, 제1차 핵실험―편자 주)에 대해서는 저의 입장을 간략하게만 정리하고 넘어가고자 합니다. 1) 미국의 대북압박이 지속되고 선제 공격 위협조차 없지 않았던 만큼 '군사적 억지력 확보'라는 북측의 주장이 군사적인 관점에서 일리가 있으나, 2) '궁극적 비핵화를 위한 협상용'이라는 또 하나의 명분이 적중할지는 미국의 반응에 달린 일이므로 현실적으로 가장 적절한 선택이었는지를 두고 볼 일이며 설혹 협상이 재개되더라도 이 시기에 이런 선택을 한 것이 현명했는지는 논란의 대상으로 남을 터이고, 3) 특히 민중 스스로가 마음공부를 해서 새 세상을 만들자는 관점에서는 통일 과정에 대한 민중의 참여폭을 일단 축소한 불행한 사태임이 분명하며, 4) 그렇더라도 한반도식 통일의 대세가 근본적으로 변하는 일은 없을 것이다라는 정도로 요약할 수 있겠습니다.

핵실험이 불행한 사태이긴 하지만 이를 통해 우리가 분단현실 속에 살고 있음을 새삼 실감케 되고 분단체제의 존재를 망각한 온갖 선진화 방안과 평화국가 또는 평등사회 건설론의 공허함을 깨닫게 된 것은 알음알이 공부의 큰 진전에 해당합니다. 실제로 우리 민중은 동족 간 전쟁의 참화를 겪으면서 적화통일이든 북진통일이든 무력통일은 안 된다는 합의를 일찌감치 이루어냈고, 독일 통일 직후 한때 '흡수통일'의 환상에 젖은 이들이 적지 않았으나 한반도와 독일의 기본적으로 다른 상황에 대한 인식이 증대하면서, 더구나 통일 후의 독일이 겪는 어려움을 지켜보는 가운데 이 또한 해법이 아님을 알아차리게 되었습니다.

좀 덜 친숙한 선례지만 예멘의 통일도 있습니다. 남북 예멘 당국이 대등하게 협상해서 통일에 합의했다는 점이 특이하지만, 몇년 뒤 무력 충돌을 거친 끝에 자본주의 북예멘 주도로 완전히 통일됐으니 이것도 한반도에 적용할 수 없는 길입니다. 예멘의 사례야말로 당국 간에 합의를 하더라도 각성한 민중의 참여를 통한 준비 과정이 선행되어야 하고, 이를 위해서는 민중참여 · 시민참여를 보장할 점진적 · 단계적 통일의 장치가 필요함을 말해줍니다. 그런데 바로 그러한 통일 방식이 6 · 15공동선언에 이미 담겨 있습니다. "나라의 통일을 위한 남측의 연합제안과 북측의 낮은 단계의 연방제안이 서로 공통성이 있다고 인정하고 앞으로 이 방향에서 통일을 지향시켜 나가기로 하였다"는 제2항이 심히 모호하기는 하지만, 어쨌든 베트남과 독일 혹은 예멘과는 달리 중간 단계를 거쳐서 평화통일을 해 나간다는 점만은 분명히 못박은 것입니다.

이러한 한반도식 통일은 내용상 '시민참여형' 내지 '민중주도형' 통일 과정이 되리라는 것이 저의 주장입니다. 이를 원불교식으로 표현해서 '도덕통일'이라고 부를 수도 있겠지요. 1992년의 중도훈련원 강연에서도 "2차대전 후에 남아 있던 이념 문제로 분단된 3개국 중에서 하나는 무력으로 통일했고 하나는 돈으로 통일했는데 우리는 지혜로 통일하고 도덕으로 통일하는 길밖에는 없다고 생각합니다"(『분단체제 변혁의 공부길』, 220면)라고 말했는데 그때 미처 언급하지 않은 예멘을 포함하더라도 도덕통일은 전례가 없는 과업입니다. 아무튼 무력통일과 금력통일이 모두 불가능하며 그렇다고 통일을 포기하면 작금의 핵위기 같은 사태가 시도때도 없이 벌어질 것이 분명해진 오늘, 새로운 통일 방식은 더욱 절실해졌습니다.

원불교 2대 종법사 정산 송규(宋奎) 선생은 "지금은 정치인들이 주연이 되어 정치극을 벌이는 도중이나 그 막이 끝나면 도덕막이 오르나니 지금은 도덕가의 준비기라 바쁘게 준비하라"(「정산종사법어」 국운편 27장 『원불교전서』, 795면)고 말한 바 있습니다. 저는 통일시대를 맞은 한국사회야말로 좁은 의미의 종교인만이 아니고 모든 시민이 '도덕가'가 되어 시민참여형 통일이라는 도덕극에 출연할 시기라고 믿습니다. 물론 이때의 '도덕'은 진리의 길로서의 도(道)와 도에서 나오는 힘으로서의 덕(德)이지 무슨 윤리적 계명이나 특정 종교의 지시에 따라 통일한다는 말은 아니지요.

또한 시민참여형이라고 해서 정치인의 응당한 역할을 배제하는 것도 아닙니다. 6·15공동선언 같은 정상들의 돌파도 필요하고, 그때그때 정부가 응당 내려야 할 결정도 많습니다. 남북의 '연합 내지 낮은 단계의 연방'만 하더라도 정부 간의 합의로 선포될 때 비로소 성립할 것입니다. 다만 예멘에서와 같은 정치인들끼리의 담합이 아니라, 사회 도처에서 실질적인 접근과 연합이 진행된 뒤에 당국자들이 이를 추인하는 식의 선포가 되어야 하며 선포 이후에는 일반시민의 기여가 더욱이나 확대되리라는 점에서, '시민참여형' 내지 '민중 주도형'인 것입니다. 정산 선생의 표현으로 다시 돌아가보면, "집을 짓는데 터를 닦고 목수 일을 하며 그 다음에 토수 일과 도배를 한 후 집주인이 들어가 살게 되는 것 같이, 지금 좌우당은 터를 닦고 이후 정부는 목수일을 하고 그후 도덕은 토수 일과 도배를 하여 완전한 좋은 국가를 이룩하리라"(같은 곳)는 것입니다. 이는 해방 직후의 말씀으로 우리 시대의 통일 작업을 직접 언급한 것은 아니겠지만, 오늘의 시민참여형 통일에 그대로 적중하는 발언입니다.[4]

'완전한 좋은 국가'가 동족 간의 전쟁과 오랜 단절 및 대결을 통해 굳어졌던 분단구조를 허물고 한반도에 세워질 멋진 선진사회라고 한다면, 이는 정신개벽이라 불러 마땅한 민중의 큰 각성을 요구할 것이 분명합니다. 한반도의 분단체제는 냉전체제의 단순한 일부도 아니요 민족 내부의 사상 대립의 산물만도 아니며 민족 대 외세의 문제로 단순화할 수도 없습니다. 물질개벽이라는 세계적인 대세와 한반도 및 동북아시아의 여러 복잡한 사정이 뒤얽혀서 지탱되어 왔고 이제 세계 전체의 변화와 한반도 남북 및 주변국들의 변화로 더는 안정적으로 관리할 수 없는 위기 상황에 다다른 것입니다. 그런데 이것이 무력이나 금력 같은 선천시대의 방식으로 도저히 타개할 수 없는 특별한 난경이기도 하다면, 물질개벽시대의 실상과 한반도의 현실에 대한 지식공부와 각자의 마음공부를 결합하는 정신개벽이 아니고 무슨 타개책이 있겠습니까.

끝으로 한 가지 덧붙일 점은, 한국사회에 이런 정신개벽의 가운이 번져서 우리가 민중 주도의 통일을 성취한다고 해서 그것이 곧 미륵 세상의 도래는 아니리라는 것입니다. 자본주의 세계체제가 한반도의 통일과 더불어 곧바로 새로운 문명으로 전환하리라고 예견하는 것은 또 하나의 헛된 꿈일 터이며, 자기 하는 일의 중요성을 과대평가하는 잘못된 심법(心法)의 소산이기 쉽습니다. 다만 원만하게 통일된 한반도 사회가 인류 차원, 특히 동아시아 차원에서의 참문명 건설에 획기적인 이바지가 될 것은 분명하며, 이 나라는 "정신적 방면으로는 장차 세계 여러 나라 가운데 제일가는 지도국이 될 것"(「대종경」 전망품 23장, 『원불교전서』 393면)이라는 소태산 선생의 예언이 한결 방불해질 것입니다.[5]

개교 60주년을 맞은 원광대학교가 이 목표를 향해 더욱 분발해서, 물질개벽에 대한 알음알이를 제대로 갖추며 그에 걸맞은 정신개벽을 성취하는 인재를 많이 길러내 줄 것을 다시 한번 부탁드립니다.

12

통일시대·마음공부·삼동윤리

제목으로 주신 '교단 100주년과 인류 보편종교의 지향'이라는 주제는 이곳에서 특강을 하는 강사들이 연속적으로 다루는 주제인 것으로 압니다. 저는 이 제목을 그대로 따르기보다, 인류 보편종교로의 지향과 관련된 이야기로서 저 나름으로 그동안에 생각해 왔고 또 사실은 올바른 스승을 만나 지도를 받아야 할 그런 주제를 중심으로 제 생각을 말씀드려 볼까 합니다.

사회를 맡으신 김경일(金慶日) 교무님께서는 평양 다녀온 따끈따끈한 얘기를 하고 부담없이 얘기하면 된다고 하셨는데, 실은 이번 남북정상회담에 특별수행원이라고 해서 간 사람들은 대통령이나 대통령의 공식수행단과는 별도의 일정으로 움직였기 때문에 어떤 면에서는 남쪽에서 방에 앉아 TV로 보신 분들보다도 못 본 장면들이 많습니다. 가령 대통령께서 분단 경계선을 걸어서 넘는 그 역사적인 장면을 우리는 전혀 못 보았어요. 그때 우리는 이미 북쪽으로 멀찌감치 가서 기다리고 있었거든요. 그래서 이번 정상회담에 대해 저 나름으로 몇 마디 할 생각입니다만, 제가 평소에 생각하던 다른 이야기를 더 많이 하게 되겠습니다.

오늘 저의 주제를 열거하면 세 개의 화두(話頭)가 있는 셈입니다. 하나는 '통일시대', 또 하나는 '마음공부', 그리고 또 하나는 '삼동윤리(三同倫理)'가 되겠습니다. 이렇게 말씀 드리면 '저 친구가 여기가 어디라고 와서 부처님들 앞에서 설법을 하려는 거냐' 하고 생각하실지 모르겠습니다. 통일시대에 대해 강연하겠다는 거야 또 그렇다 쳐도, 마음공부나 삼동윤리는 당연히 교무님들의 전문분야니까요. 하지만 제가 아까 말씀드렸다시피 저 나름으로 연마한 것을 여러 교무님들 앞에서 한번 검증을 받고 인증을 받고 훈증(薰蒸)을 받았으면 하는 것입니다.

순서는 우선 통일시대에 대해서 말씀을 좀 드리고, 마음공부와 통일시대 문제의 연관성에 대해 얘기하려고 합니다. 그러고는 삼동윤리에 대해서 저 나름대로 생각한 것을 말씀드리고자 하는데, 삼동윤리가 원불교 마음공부를 요약해 놓은 큰 강령의 하나이기 때문이기도 하지만 원불교가 인류 보편 종교를 지향한다고 할 때 응당 내세울 내용이기 때문입니다. 그리고 마지막으로 그 연장선상에서 그리스도교와 원불교의 관계에 대해서 말씀드릴까합니다. 이 대목은 여러분들 가운데서 특별히 기독교를 공부하신 분들이야 저보다 많이 아시겠지만, 그 밖의 교무님들에 비하면 아무래도 제가 서양학문을 했기 때문에 조금 더 새로운 이야기를 해 드릴 수 있지 않을까 싶어서 준비한 것입니다.

1. 통일시대라는 화두

통일시대라는 표현은 이번 제2차 남북정상회담에 기대 이상의 많은 성과가 나왔기 때문에 여러 사람들이 한결 더 실감하게 되었다고 생각합니다.[1] 정상회담 성과에 대해서는 지금 여러 매체에서 많은 전문가들이 얘기하고 있기 때문에 길게 언급하지 않겠습니다만, 제가 보건대 대단히 성공적이었습니다. 회담 전에 남북이 현안으로 꼽았던 것이 평화문제, 공동번영의 문제, 그리고 통일을 향해 더 나아가는 문제였는데, 각 분야에서 구체적인 성과가 많이 있었을 뿐 아니라, 셋으로 갈라 놓은 문제들이 사실은 전부 다 서로 얽혀 있는 것들인데 그걸 연계시키면서 3자간의 선순환(善循環) 구조를 만들어내는데 상당한 성공을 거두었다고 생각합니다.

쉬운 예가, 또 대통령 자신이 이번 회담에서 가장 진전된 성과라고 자평한 것이, 서해평화협력특별지대 설정에 관한 합의였습니다. 아시다시피 서해상에 북방한계선(NLL)이 있고, 그것을 북측에서 인정을 안 하기 때문에 이따금씩 충돌도 생기고 심지어는 교전이 벌어져서 아까운 젊은 목숨이 희생되는 일이 양쪽에 다 있었습니다. 그래서 이 문제를 어떻게든 해결해야 되는데, 남측의 보수언론은 그 얘기를 꺼내는 것만으로도 영토 주권을 양보한다 해서 말도 못 꺼내게 하고, 북에서는 그 문제가 안 풀리면 다른 것도 풀릴 수 없다 해서 대결을 해 왔습니다.

그런데 NLL이 영토선은 아니죠. 북방한계선이라는 건 여러분이 그 이름을 보아도 짐작하시겠지만, 원래 휴전협정을 맺을 때 서해상의 분계선에 대한 합의가 이루어지지 못했는데 당시는 유엔군이 제공권과 제해권을 완전히 장악하고 바다를 아무데나 드나들 수 있는 상황에서 유엔군사령부가 우리는 이 이상 더 북으로 안 올라간다, 특히 대한민국 해군이 그 이상 넘어가지 말라고 북방의 한계선을 그어준 것입니다. 그러니까 국경선도 아니고 휴전협정에 명시된 군사분계선도 아니에요. 하지만 어쨌든 휴전 체제의 일부로서 그동안에 쭉 유지가 되어 왔는데, 이걸 갑자기 없앨 수도 없고 또 북에서는 계속 인정을 안 해서 철도 개통 등 다른 문제도 안 풀리고……. 그런데 이번에 이 문제를 처리한 것을 보면 절묘하게 됐습니다. NLL을 어떻게 할 것인가는 서로가 일절 입 밖에 안 내면서, 대신에 그 지역을 평화지대로 만들어서 고기잡이도 함께하고 한강 하구에서 모래 채취도 같이 해서 이익을 나눠 갖고, 해주항이 지금은 NLL이 딱 코앞에 막혀서 해주에서 인천으로 오거나 공해상으로 나가려 해도 장산곶 쪽으로 꾸불꾸불 돌아서 나가야 하는 것을 곧바로 나가게 해 준다든가 이런 실용적인 방안에 합의했습니다.

저는 이것이 남북간에 문제를 풀어가는 방식의 어떤 모범을 제공했다고 봐요. 안 풀리는 문제 가지고 서로 싸우면 싸울수록 상극의 기운만 커지는데 그러지 말고 다른 방식으로 상생의 기운을 키워서 저절로 풀어지게 하는 것이 남북이 통합해 가는 방법이거든요. 그런 하나의 좋은 모범이 나온 거지요. 이번에 사실 서해상의 문제가 해결이 안 됐으면 개성공단이라든가 다른 문제도 해결이 안 됐습니다. 제가 우리 한반도식 통일 과정은 '어물어물' 진행되는 과정이라고 표현한 바 있는데, 이번에도 NLL 문제를 어물쩍 넘기면서 지혜롭게 해결했다고 생각합니다. 물론 서해평화협력특별지대가 실현되기까지는 또 많은 실랑이를 거쳐야겠지요. 하지만 그러는 동안에도 다른 합의가 이뤄지고 이행되면서 상생의 기운이 점점 커져 갈 것입니다.

이런 성과들이 있었다고는 해도 지금이 통일시대라고 한마디로 말하는 것은 정확한 표현은 아니지요. 대통령이 군사분계선을 걸어서 넘었다고 해서 군사분계선이 없어진 것도 아니고, 지금은 여전히 분단시대입니다. 그래서 어떻게 보면 지금이 여전히 분단시대지만 우리가 통일을 향해서 움직이기 시작한 것을 강조하기 위해 이걸 통일시대라고도 부르자 하는 하나의 수사적인 표현으로 생각할 수 있습니다.

하지만 제가 '통일시대'가 하나의 화두라고 말씀드린 것은 이게 그냥 수사적인 표현만은 아니라는 뜻입니다. 우리 한반도의 독특한 현실, 또 한반도식 통일의 특이한 성격 때문에 분단시대와 통일시대를 구별하기가 어려워서, 논리상으로는 분단시대와 통일시대가 서로 모순되는 개념이지만 '분단시대이자 통일시대'라는 그런 역설이 성립한다고 믿기 때문입니다. 그러니까 이것이야말로 우리가 붙잡고 궁굴려야 할 화두인 셈이지요.

이렇게 된 결정적인 이유는 우리보다 앞서 통일된 어느 사례와도 다르게 우리는 통일을 단번에 하지 않고 점진적이고 단계적으로 하기로 남북이 이미 합의를 했기 때문입니다. 2000년 6월에 김대중 대통령과 김정일 국방위원장이 평양에서 만나 그 점에 합의를 했던 겁니다. 6·15공동선언 제2항에 남쪽에서 말하는 남북연합―연합이라는 건 두개의 국가가 따로 있으면서 연합하는 거지요―이런 연합제안과 북쪽의 '낮은 단계의 연방제' 사이에 서로 공통점이 있다고 인정을 해서 "앞으로 그 방향으로 통일을 지향시켜 나가기로 하였다"라고 애매모호하게나마 합의를 했습니다. 이것도 서해평화협력특별지대 합의처럼, 연방제냐 연합제냐 하고 싸워 봤자 상극 기운만 더 커질 테니까 어물쩡 넘기면서 대체적인 윤곽만 제시하고, 그걸 바탕으로 경제협력을 하고 사회문화 교류를 해서 상호 신뢰를 구축하자, 상생의 기운을 북돋아서 통일문제가 저절로 풀리도록 하자는 지혜로운 방법이었지요.

그런데 애매모호한 가운데서도 한 가지 명백한 것은 우리는 단번에 통일하지 않고 중간 단계를 거쳐서 한다, 중간 단계가 하나가 될지 두 개가 될지 셋이 될지, 그리고 최종 단계가 어떻게 될지는 지금 그걸 갖고 다투지 말고 우선 1단계는 연합제랄지 낮은 단계의 연방제랄지 아무튼 꽤나 느슨한 결합이 될 것이다, 이렇게 합의를 본 것입니다. 그러니까 그것이 사실 통일인지 아닌지도 모호하고, 또 그렇게 가는데 천천히 가다 보면 사실 얼마만큼 가야 1단계에 도달했는지도 모호하게 됩니다. '통일시대'가 '분단시대'와 명확히 구분 안 되는 일종의 화두로 성립한 것이지요.

그런데 화두를 강조하는 것은 단지 모호한 개념이라서가 아닙니다. 이처럼 모호해지고 점진적 · 단계적으로 가기 때문에 일반 민중이 참여할 길이 제대로 열렸다고 보기 때문입니다. 전쟁을 통해서든 평화적으로든, 단번에 해 버리면 그것은 정부 당국이 주도할 수밖에 없습니다. 그렇지만 천천히 열린 과정을 밟아가다 보면 우리 각자가 거기에 얼마만큼 기여하는가에 따라서 속도도 달라지고 내용도 달라집니다. 그리고 최종 결과가 달라질 것입니다. 저는 이런 것이야말로 정말 민주적인 통일 방식이고 또 보통 사람들의 이익에 부합되는 통일사회를 건설하는 길이라고 생각합니다. 그래서 이런 독특한 한반도식 통일, 분단시대인지 통일시대인지 분명히 말할 수조차 없는 모호한 과정에서 우리 각자가 '통일시대'라는 화두를 붙잡고 열심히 공부하고 사업할 필요가 있다는 것입니다.

다른 말로 표현하면, 베트남은 무력통일을 했고 독일은 금력통일을 했는데, 우리는 도덕통일을 할 처지입니다. 물론 독일이 돈만 가지고 통일한 것은 아니고 베트남도 총칼만 갖고 통일한 것은 아닙니다. 그러나 크게 보면 베트남은 총칼이 위주가 된 통일이었고, 독일은 서독 측 자본의 힘이 결국은 동독을 제압하고 어떤 의미로는 전체 독일 민중을 제압한 것인데, '남북은 도덕의 힘으로 통일할 것이다, 도덕통일이 될 것이다' 이렇게 말할 수 있습니다.

원불교 교무님들께는 이렇게 말해도 금세 이해하시겠지만, 다른 데 가서 도덕통일이라고 하면 통일을 하는 데 무슨 윤리적 계명을 들먹이며 할 것이냐, 이렇게 오해하시는 분도 계십니다. 그러나 이럴 때 '도덕'은 좁은 의미의 윤리나 계명이라기보다 도(道)와 그 힘으로서의 덕(德)을 말하지요.[2] 남쪽이 이기느냐 북쪽이 이기느냐가 아니고, 돈이나 총칼의 힘에 기대어 순리를 거스르려는 세력을 도덕의 힘, 진리의 위력으로 설득하고 제압해서 이루어가는 그런 통일이라는 말이 되겠습니다. 저는 이것을 다른 말로 '시민참여형 통일'이 라고 부른 바도 있습니다.

2. 마음공부와 세계사업

이런 통일을 위해 우리 각자가 마음공부를 잘해야겠다는 것은 더 말할 필요가 없겠지요. 오늘 이 자리에는 마음공부의 스승님들이 많이 계십니다만, 제가 굳이 마음공부를 또 하나의 화두로 지목한 것은 마음공부를 현실 세계와 관련해서 어떻게 할 것인가 하는 문제를 생각해보려 하기 때문입니다. 요즘 제가 『대산종사법어』 자문판을 읽고 있는데요, 대산(大山) 종사[3]께서 하신 말씀 중에 이런 것이 있더군요. "출가할 때 도통하러 나왔다고 하지 말고 세계사업 하러 나간다고 해야 합니다. 세계사업 하면 도통은 그 가운데 있습니다. 도통을 따로이 바라지 말고 이제는 활동시대이니 활불이 되어야 합니다."[4] 이게 도통을 하지 말라는 말씀은 물론 아니죠. 그러나 새 시대의 도통은, 가령 통일시대에 우리가 어떤 사업을 하고 더 나아가서 세계적으로 어떤 사업을 할까, 이걸 잘하는 문제를 떠나서 따로 도통을 생각하기 어렵다는 것이겠지요. 그래서 옛날 식으로 혼자서 수도생활만 하는 것보다 어떤 면에서는 더 편하고 신나는 점이 있고, 어떤 면에서는 더 어렵고 까다로운 공부가 되는 것 같습니다.

우리가 요즘 개혁이라는 말을 많이 쓰는데 개혁에 대해서도 아주 재미있는 말씀을 읽었습니다. 교리편 15장인데, "근래에 세계나 국가나 사회에서 개혁을 한다고 하며 민심을 어지럽게 하고 사회를 혼란하게 하는 경우가 있으나, 개혁을 하려면 먼저 천하의 대세를 볼 줄 알아야 하고, 그 시운에 따라 그 시대를 향도할 바른 법이 있어야 하며, 또한 그 법을 운전할 만한 개혁되고 혁신된 사람이 있어야 합니다. 그런데 이런 준비가 되지 않고 개혁만 하려 하면 시끄럽고 무질서만 초래할 뿐입니다."(110면) 요즘 한국사회에서도 참 실감나는 말씀이지요.

역사적 현실의 영역에서 우리가 마음공부 없이 제대로 된 사회변혁을 이끌어낼 수 없다는 것을 가장 절실하게 느끼게 만든 계기가 이른바 현실사회주의권, 소련·동구 사회주의 진영이 무너진 사건인 것 같습니다. 원래부터 단순한 반공 논리에 빠져서 사회주의니 뭐니 하는 건 하나도 볼 것 없고 더 빨리 망하지 않은 게 불행일 뿐이라고 생각했다면 더 말할 여지가 없습니다만, 그들은 그들대로 적어도 초창기의 혁명가들은 이 세계의 기본적인 질서를 바꿔서 더 많은 사람들이 균등하게 잘 살도록 만들려는 열정에 불타올랐던 것이고, 또 그걸 위해서 많은 희생을 치르고 많은 진지한 실험을 했다고 생각합니다. 그런데도 불구하고 왜 실패했냐 하면, 역시 대중의 제대로 된 마음공부를 수반하지 않은 채 제도개혁을 통해서만 뭘 해보려고 했기 때문이지요. 초기에는 따로 마음공부를 안 시켜도 혁명에 가담하는 사람들이 대부분 공부가 된 사람이어서 몸을 바치고 공심으로 혁명 과업을 수행하지만, 세월이 흐를수록 사람들이 타성에 빠지고 제도개혁을 뒷받침해 줄 혁신된 인재가 부족하게 되는 거거든요.

그런데 이 사람들이 개개인의 마음공부보다 제도 변혁을 앞세운 건 나름대로 이유가 있었습니다. 그것이 터무니없는 생각만은 아니었어요. 과거에 잘못된 체제를 옹호하는 사람들이 흔히 내세우는 논리가 너희 개개인이 수양을 해서 새로운 인간이 되지도 않았는데 세상부터 바꾸려고 하면 뭐하느냐면서, 혹은 딱히 체제 유지를 하려는 의도가 아니었더라도 편벽된 수양을 하는 사람들이 그걸 선결조건으로 내세움으로써 오히려 의롭지 못한 취사[5]를 합리화하고 정당화하는 경향이 있었거든요. 그래서 사람이라는 것이, 중생의 마음이라는 것이 경계에 따라서 움직이는 건데, 제도를 바꾸지 않으면 아무리 혼자 들어 앉아서 수양을 하고 공부를 해봤자 소용없다 하는 반대논리가 성립하게 됩니다. 분명히 일리가 있는 얘기죠. 원만한 중도가 못 됐다 뿐이지 그 나름대로는 의의가 있는 사업 방식이요 공부법이었습니다. 그러나 원만한 중도를 못 찾았기 때문에 오래가지 못했습니다.

통일시대의 우리 사업도 단순히 분단된 국토의 재통일이 아니라 남과 북의 삶이 모두 현존 분단체제 아래서보다 나아지는 통일을 하려는 것이므로 마음공부가 얼마나 중요한가 하는 것은 새삼스레 긴 이야기가 필요없을 것입니다. 더구나 한반도의 현실이 무력통일과 금력통일이 다 불가능하고 도덕통일 말고는 길이 없는 상태니까요.

그런데 분단체제의 현실은 마음공부를 하기에 유달리 불리한 상황인 것 또한 사실입니다. 분단체제라고 할 때 여러 가지 의미가 따릅니다만, 그중 하나는 서로 갈라져서 으르렁거리고 싸우는 것 같지만 다른 한편으로는 가장 극렬하게 싸우는 사람들끼리 묘하게 상호 의존하고 공조하며 공생하는 관계가 있다는 뜻입니다. 그 덕분에 이 체제가 이토록 오래 유지되었고 쉽게 혁파되지 않는다는 인식이 담긴 것이 분단체제라는 개념입니다. 바꿔 말하면 상극관계에 의존하는 일종의 공생체제다, 이렇게 말할 수가 있습니다. 또 우리 내부의 문제점을 지적하고 비판을 하면, "북쪽은 더 형편없는데 왜 그런 소리를 하느냐? 차라리 북에 가서 살지 그러냐?" 하는 말도 흔히 듣지 않습니까. 다시 말해서 모든 것을 북의 탓으로 돌리고 상대를 탓하는 마음 작용이 굳어져 있는 겁니다. 북에서는 북대로 모든 것을 미국 탓으로 돌립니다. 미국놈들이 우리를 못살게 해서 이렇게 못산다, 남쪽의 동포들이 미국에 붙어서 민족공조를 안 해 주기 때문에 그렇다 하는 식이에요. 그러니 남북 모두가 마음공부가 제대로 될 리가 없지요. 이렇게 마음공부 하기에 원천적으로 불리한 체제가 분단체제이고, 그래서 우리가 마음공부를 해서 그런 습성을 깨뜨려야 분단체제가 극복되지만, 통일사업을 미뤄 둔 채 나홀로식 수양만 해서는 원만한 마음공부, 활동시대의 도통이 불가능한 상황인 것입니다.

시야를 조금 확대해서 보면 사실 이 땅의 분단체제만이 아니라 현대의 세계체제라는 것도 탐(貪)·진(瞋)·치(癡) 삼독(三毒)의 힘으로 작동하는 체제라고 말할 수 있습니다. 자본주의 경제의 작동원리가 무한정한 자본축적이지요. 끊임없는 이윤추구예요. 물론 사업가나 자본가 개개인은 그대로 안 하는 사람도 있습니다. 그러나 전체로 보면 그걸 안 하는 사람들은 탈락하게 되어 있습니다. 그래서 본인의 의도와 관계없이 무한정으로 탐심(貪心)을 내야 성공하는 사회가 오늘의 자본주의 사회인 것입니다.

진심(瞋心)으로 말한다면, 자본주의 사회에서 경쟁이라는 것을 굉장히 강조하는데요, 국가경쟁력이니 무슨 경쟁력이니 해서 경쟁력이라는 말을 싫도록 듣습니다. 경쟁이라는 것이 물론 꼭 나쁜 건 아니지요. 정당한 공부심, 정당한 분심(忿心)을 일으키는 것도 경쟁입니다. 그러나 자본주의 사회에서는 경쟁에서 탈락한 사람은 완전히 짓밟혀 버리기 일쑤기 때문에 죽기살기로, 내가 살려면 너는 죽어야 한다는 식의 경쟁이 되지요. 더 잘한 사람이 선진이 돼서 후진을 이끌어 주고 하는 그런 경쟁이 아니거든요. 그러니까 정당한 분심일 수가 없고 상대방을 미워하며 성내고 심지어 죽이려 하는 독근(毒根)이 되는 것입니다.

치심(癡心)으로 말하면, 이렇게 병들고 어지러운 사회임에도 불구하고 이 세상을 유지시켜 주는 큰 힘이 저는 현존 체제를 합리화하는 이데올로기에서 나온다고 봅니다. 대표적인 것이 "대안이 없지 않느냐? 현실이 이런 거고 자본주의 사회의 무한경쟁, 무한 탐심과 진심의 세계 이외에 다른 가능성이 없다"는 주장입니다. 영국의 대처(Margaret Thatcher) 수상이 그렇게 말했다지요. "There is no alternative" '대안이 없다'라고요. 이거야말로 사연사조(捨捐四條)[6]에 모조리 걸리는 말이죠. 병들지 않은 사회를 만들 수 있다는 신심도 없고, 새 세상을 만들어 보겠다는 분심을 내기는커녕 탐욕에 빠지게 하고, 자본주의에 대해 의심도 하지 말라며 게으름을 조장하고, 그래서 이 진흙구덩이 속에서 정신없이 살아가는 어리석음을 오히려 미화하는 것입니다. 이런 치심에 의해 작동되는 것이 현존 세계체제이기도 합니다.

그렇기 때문에 세계 전체의 현실을 보건 분단상태에 살고 있는 우리 자신의 모습을 보건 마음공부를 정말 제대로 하지 않고는 깨뜨릴 수 없는 현실입니다. 그리고 이때의 마음공부는 혼자서 수양을 하고 도통을 한 뒤에 그때부터 이 세상을 바꾸기 시작하는 공부가 아니라, 처음부터 세계사업을 하겠다는 포부를 갖고 이런 병든 사회를 바꾸겠다는 서원을 세우고 원만한 공부를 해 나가는 그런 공부가 되어야 한다고 생각합니다.

3. 삼동윤리와 보편윤리 제정 운동

다음으로, 주제넘지만 삼동윤리에 대해 말씀드려 볼까 합니다. 이 사회의 온갖 병들을 고치는 법으로 소태산(少太山) 대종사[7]께서 제시하신 것이 일원대도(一圓大道)의 교법이고 그중에 삼학팔조(三學八條)[8]라는 공부의 요도

(要道)가 있지요. 이것을 의술에 비교하셨는데 공부의 요도가 의술이라면 인생의 요도인 사은사요(四恩四要)는 약재라고 하셨습니다.[9]

다음 대에 와서 정산(鼎山) 종사[10]께서는 일원대도를 부연해서 삼동윤리를 선포하셨습니다. 교무님들 앞에서는 『정산종사법어』의 해당 대목들을 읽어드릴 필요는 없으리라 믿습니다.[11]

그런데 이 삼동윤리를 우리가 그냥 여기저기서 드물지 않게 만나 볼 수 있는 종교화합운동이라든가 보편윤리 제정 운동, 이런 것들과 별로 다르지 않게 생각하는 분들도 많은 것 같아요. 저는 원불교 안팎을 막론하고 그렇게 봐서는 안 된다고 주장합니다. 꽤 여러 해 전입니다만, 월간 『원광』지의 박혜명(朴慧明) 교무님과 대담하면서, 참 주제넘은 얘기지만 "삼동윤리 무서운 것부터 알자"라고 말씀드린 적이 있습니다.[12] 여기 계신 분들은 삼동윤리 무서운 걸 다 아시리라 믿지만 세상에는 그걸 모르는 사람도 많기 때문에, 삼동윤리의 세 강령을 역순으로 하나씩 거론해 볼까 합니다.

마지막 강령에 해당하는 동척사업(同拓事業)[13]으로 말하면, 당시는 자본주의와 사회주의 양대 진영이 대립하고 있던 시기인데 양대 진영은 물론이고 온갖 세력을 다 끌어안는 그런 강령입니다. 이건 종교끼리 화합하고 친목하는 정도가 아니고 종교·비종교의 구별마저 흐려지는 엄청난 '대동화합'인 겁니다. 얼핏 듣기에 좋은 말일지 몰라도 실은 종단을 조직해서 활동하는 분들, 더군다나 거기에 전무출신(專務出身)[14]으로 참여하신 분들의 입장에서는 상당히 무서운 말씀이 아닐 수 없지요. 물론 교단을 없애라는 말씀은 아닙니다. 정산종사께서 행여나 그런 말씀을 하실 리가 없지만, 그렇다면 종단은 종단대로 두고 사업을 하는데 이 교단에서 하는 사업이나 다른 교단에서 하는 사업이나 심지어는 종교가 아닌 세속 진영에서 하는 사업이나 다

같은 사업이라는 것입니다. 이게 무슨 말일까요? 저도 답은 없습니다. 아마도 '중정(中正)의 정신'에 대한 깊은 공부와 큰 깨달음을 통해서만 답이 나오리라 생각됩니다. 아무튼 이건 '종교인에게 특히 무서운 얘기다' 하는 생각이 듭니다.

동기연계(同氣連契)[15]도 그냥 '모두가 한집안이다, 사해동포(四海同胞)다'라고 좋게 좋게 덕담으로 하신 말씀이 아니고, "우리가 평등으로 인류를 통일"해야 된다고 명시하셨습니다. 그러나 평등으로 인류를 통일하기가 얼마나 어렵습니까? 아마 다른 것보다도 평등으로 통일하려 들 때 제일 피 터지게 싸울 일이 많을 것 같습니다. 평등이라고 하면 이른바 현실사회주의가 앞세운 강령이 평등이었는데, 그들은 평등으로 세계를 통일하려다가 실패했고 또 자기들 내부의 평등조차 달성하지 못했습니다. 그렇다면 원불교는 어떻게 평등으로 세계를 통일할 길을 찾을 것인가, 이것도 참 엄청난 숙제를 주신 것입니다. 한 가지 분명한 것은 인류의 평등을 위해서는 인류만의 평등을 추구하는데 멈추지 말고, 요즘 표현으로 좀 더 '생태친화적'인 세계관으로의 근본적인 전환이 필요하리라는 점입니다. "우리의 마음 가운데 일체의 인류와 생령을 하나로 보는 큰 정신을 확립"할 필요가 있다는 것입니다.

첫 번째 강령인 동원도리(同源道理)[16]도 심상치 않기는 마찬가집니다. 우리가 "진리는 하나다. 모든 종교가 근본에서는 하나 아니냐?" 이렇게 말하면 대개는 "그렇다" 하고서 좋게 좋게 넘어갑니다. 그러나 실제로 각 종교의 교리를 놓고 비교해 볼 때 양립이 가능하지 않은 게 너무나 많은 것이 엄연한 사실입니다. 조금 뒤에 말씀드리려는 그리스도교의 경우, 예수님을 유일한 구세주로 믿어야만 구원을 받는다고 하는 그런 주장과 모든 진리는 하나니까 꼭 기독교를 안 믿어도 된다는 주장은 양립할 수가 없습니다. 물론 그리스도교인들 중에서도 그리스도교의 독자성을 강하게 고집하는 사람이 있고 그러지 않는 사람이 있지만, 예수 그리스도를 통해야만 구원 받는다는 주장과 그렇지 않다는 주장 자체는 논리적으로 모순되는 것이지요. 어쨌든 그냥 쉽게 화합하고 통일할 수 있는 게 아니에요. 정산종사께서도 '일원(一圓)의 진리'로 통일해야 한다고 말씀하셨습니다. 일원의 진리에 의한 종교통일이기 때문에, 다른 종교들의 자발적인 승복을 얻어 낼 수 있는 수행과 실천이 없으면 원불교가 자기를 중심으로 통일하려는 독단으로 비치게 마련이지요. 그런데도 "모든 종교를 일원으로 통일하는 데 앞장서야 할 것"이라 하셨으니 이것도 참 겁나는 얘기입니다.

앞서 제가 보편윤리 제정 운동을 말씀드렸는데, 종교인들이 나서서 전 세계가 공유할 수 있는 보편윤리를 제정하려는 움직임들이 있습니다. 그중에서 제일 유명한 것이 1993년 시카고에서 세계종교의회가 채택한 '전 지구적 윤리를 향한 선언'(Declaration Toward a Global Ethic)입니다.[17] 이 선언은 독일의 한스 큉(Hans Küng) 교수—그분이 한국에도 다녀가지 않았습니까? 어쨌든 한국에도 알려진 분인데, 큉 교수 주도로 몇 사람이 초안을 해서 1993년에 채택이 됐습니다. 그 취지는 여러 종교를 믿는 사람들이 모여서 교리문제를 앞세우면 서로 싸움이 되니까, 초월적인 진리에 대한 해석이나 교리는 떼어내고 각 종교가 가르치는 윤리 중에서 공통된 점을 뽑아 내어, 그중 특히 오늘날의 세계가 살아남고 환경과 평화를 지키고 인간다운 생활을 하는 데 뭐가 필요한가 하는 것을 조목조목 정리한 것입니다. 그래서 정치를 하건 뭘 하건 대체로 이런 방향으로 나아가야 되겠다, 또 많은 사람들이 여기에 동참해서 힘을 실어주자 하는 그러한 운동입니다.

1993년의 세계종교의회는 100년 전, 그러니까 1893년에 그런 모임이 처음 시작했던 때의 100주년을 기념해서 열린 것입니다. 단순히 종교화합이라든가 종교 간 협력기구를 만드는 문제로 치면 원불교의 종교연합(UR)운동보다 엄청 앞서서, 1893년이면 대종사님 태어나신 직후인데 그때 이미 서양에서 시작된 거예요. 그래서 연륜으로만 따진다면 이쪽에서 못 당하게 되어 있어요. 그러나 보편윤리의 내용을 들여다보면 삼동윤리처럼 무서운 건 못 된다는 생각입니다.

제가 보기에 보편윤리의 내용이 무섭지 않은 가장 큰 이유는, "모든 종교의 근본이 되는 일원대도의 정신을 투철히 체득"하는 지난한 과제를 회피하고 있기 때문입니다. 그게 너무 어려우니까, "우리의 마음 가운데 모든 종교를 하나로 보는 큰 정신을 확립"하라는 '동원도리'의 강령을 따르기보다 여러 종교들의 윤리계명 가운데서 공통분모를, 아무도 거부하기 힘든 좋은 말씀들을 골라서 '전 지구적 윤리'의 강령으로 삼은 것입니다. 그러다 보니 이게 다 좋은 말씀이지만 이걸 갖고서 과연 뭐가 되겠는가 하는 느낌을 지울 수가 없는 거예요.

예를 들어서 황금률(the Golden Rule)이라는 게 있죠. 소극적으로 표현하면 내가 하기 싫은 것을 남에게 강요하지 말라는 것이고, 적극적으로 말하면 내가 하고 싶은 것을 남에게도 베풀어 주라는 가르침인데, 세계의 많은 종교에 이 비슷한 말씀이 있습니다.[18] 이거야말로 '황금같이 소중한 계율이다' 해서 황금률이라고 부르는데, 실은 마음공부를 전제하지 않고는 이게 그다지 좋은 계율이 못 되고 말지요. 마음공부가 안 된 사람이, 자기가 배우기 싫다고 남한테도 공부하기를 권하지 않는다거나 또는 내가 허랑방탕한 생활을 좋아하니까 다른 친구들까지 허랑방탕한 생활을 하도록 끌어들인다거나 한다면 이건 망하는 세상 아닙니까? 그러니까 황금률이라는 좋은 윤리도

"일원대도의 정신을 투철히 체득"하는 공부가 따를 때 의미가 있는 것인데, 전반적으로 보건대 보편윤리 제정 운동의 중대한 결함이 그 윤리의 실현에 필요한 공부법이 생략되었다는 점 같아요. 조금 전에 『정전』에서 인용한 비유를 빌린다면, '전 지구적 윤리'라는 약재만 주고 그걸 활용할 의술은 제공을 안 한 거예요.

그러다보니 다른 좋은 조항들도 너무 막연하고 포괄적이어서 실행을 하려면 어떻게 해야 될지 잘 안 잡히는 경우가 많습니다. 가령 비폭력을 해야 한다는 조항도 그래요. 모든 종교가 살인하지 말라고 가르치고 있으니까 거기서 비폭력의 원칙, 생명 존중의 원칙이란 걸 추출해서 세계윤리의 중요한 조항으로 제시했는데, 이게 막연히 구호로는 좋지만 실행을 하려면 간단치가 않지요. 원불교의 '보통급 십계문' 중에서 첫 조항이 "연고(緣故) 없이 살생하지 말라"는 건데, 그것과 대비하더라도 어떤 점에서는 너무 편협하고 어떤 점에서는 너무 포괄적입니다. 다시 말해서 사람을 죽이지 말라고만 했지 살생하지 말라고는 안 했기 때문에 그런 점에서는 너무 좁고요, 반면에 원불교에서는 '연고 없이'라는 토를 달아서, 물론 이 단서가 계문을 안 지키려는 사람에게 좋은 핑계거리가 되기도 합니다만, 그런 토를 안 달고 무조건 "살생하지 말라, 살인하지 말라" 이렇게 말하면 뭔가 현실성이 없는 계명이 될 우려가 있습니다.

실제로 원불교에서는 생명을 존중하고 비폭력을 주장합니다만, 모든 무력(武力)을 배제하지는 않지요. 『정전』 '동포보은의 결과' 조항을 보면 이런 말이 나옵니다. "만일 전 세계 인류가 다 보은자가 되지 못할 때에, 혹 배은자의 장난으로 인하여 모든 동포가 고해 중에 들게 되면, 구세성자들이 자비 방편을 베푸사 도덕이나 정치나 혹은 무력으로 배은중생을 제도하게 되나니라."(『원불교전서』, 36면) 그러니까 구세성자들이 자비방편으로 베푸시는 무력도 있단 말이지요. 그게 무엇이며 언제 어떻게 그걸 베풀거냐 하는 것은 참 어려운 문제입니다만, 우리가 엄연히 인식해야 할 이런 현실, 무력 활용이라는 예외적인 상황을 전제하고 비폭력의 윤리를 얘기해야지, 그러지 않으면 그냥 거룩한 말씀을 한 것에 그칠 우려가 있습니다.

여기서도 결국 중요한 것은 '연고'를 정확히 따져서 슬기롭게 인정하는 공부입니다. '연고 없이' 이러저러 하지 말라는 조항을 계명을 안 지키는 구실로 삼는 게 아니라 제대로 지키는 방편으로 삼는 마음공부가 전제되어야 하는 거지요. 물론 원불교의 세밀한 공부법과 훈련법을 인류 모두가 따라야 한다고 말한다면 그건 독단이겠고, 소태산 대종사님 스스로 당신의 교법 가운데 "일원을 종지로 한 교리의 대강령인 삼학팔조와 사은 등은 어느 시대 어느 국가를 막론하고 다시 변경할 수 없으나 그 밖의 세목이나 제도는 그 시대나 그 국가에 적당하도록 혹 변경할 수 있나니라"(『대종경』 부촉품 16 장, 『원불교전서』 407면)라고 하셨으니까 훈련법에 대해서도 당연히 신축성을 두어야겠지요. 그러나 실제로 어떻게 공부를 해서 인생의 요도에 해당하는 윤리를 실현할까 하는 것을 제시함으로써만 '전 지구적 윤리'라는 것도 힘을 발휘할 수 있을 겁니다. 그런 공부법이 빠진 게 보편윤리 제정 운동의 결정적인 흠이라고 저는 생각합니다.

4. 성리공부와 그리스도교

그런데 불교나 원불교는, 표현은 서로 좀 다릅니다만, 원불교에서 말하는 '성리(性理)공부'를 굉장히 강조합니다. 견성(見性)하는 공부, 성품자리를 깨치는 공부지요. 『대종경』 성리품에도, "종교의 문에 성리를 밝힌 바가 없으면 이는 원만한 도가 아니니 성리는 모든 법의 조종이 되고 모든 이치의 바탕이 되는 까닭이니라"고 하셨고, 대산종사께서는 "성리는 꿔서라도 봐야 한다"는 말씀을 여러 번 하신 걸로 압니다. 도원편(道源篇) 25장을 보니까 "공부의 시작은 성리를 요달해 알고부터이므로 성리는 꾸어서라도 깨쳐야 하며 공부를 하였다 할지라도 성리를 모르면 어린 아이요 수도인으로서 어른은 못됩니다"(『대산종사법어』 자문판, 2006, 422면) 이렇게 말씀하셨더군요.

저만 해도 성리공부는 어려워서 다른 공부 다하고 마지막에 가서 하는 게 아닌가 하는 생각을 했었는데, "성리를 모르면 어린 아이"라고 하시고 "공부의 시작은 성리를 요달해 알고부터"라고 하신 말씀을 보니까 눈앞이 캄캄해지는 느낌도 없지 않습니다.(웃음) 그래도 요달하신 어른들의 말귀는 제가 알아듣는 편이라 '정말 그 말이 옳겠구나' 하는 생각을 합니다.

그런데 이처럼 성리공부를 강조할 경우 종교들, 특히 타력신앙을 강조하는 그리스도교가 과연 동원도리라는 명분으로 함께할 수 있을까 하는 의문이 생깁니다. 실제로 그리스도교라든가 다른 종교 자체 내에 성리공부에 해당하는 요소가 없다면 일치할 수가 없고, 모든 종교가 하나가 된다는 것은 불가능한 일일 겁니다. 중요한 교리와 공부법, 핵심적인 신조는 일단 제쳐 놓은 채 일종의 전술적인 제휴를 하는 길밖에 없게 되지요. 만나서 회의하고 협력사업하고, 예컨대 자선사업을 같이 하는 것은 얼마든지 가능하지만 정말 그 종교들이 같은 진리에 기원한 것이다 하는 점에 모두가 흔쾌히 동의할 가능성이 있겠는가? 저는 없다고 봅니다. 그리스도교 안에 성리공부의 요인이 없다면 말이지요. 그런데 현실적으로 그리스도교가 빠진 종교 통일이라면 동원도리의 강령에 중대한 한계가 지어질 수밖에 없으며, 동척사업도 공통의 자선사업이나 보편윤리 제정 운동의 틀을 크게 벗어나기 힘들겠지요.

그러나 저 나름으로 학습해 본 그리스도교에는 사실 성리공부에 해당하는 요인들이 꽤 있다고 봅니다. 원불교에서는 흔히 기독교는 타력신앙이고 원불교는 자력신앙이라고 구별하곤 합니다. 또 기독교의 신앙 제일주의, 오직 믿음으로 구원받는다는 사상을 문자 그대로 고집한다면 공부의 '진행사조' 중 '신(信)' 단계에 멈춰선—적어도 '의심공부'가 생략된—불완전한 공부라고 보겠지요.

이런 구별은 대강으로 봐서는 맞다고 생각됩니다. 게다가 오늘날 한국사회에서 많은 기독교인들의 행태는 확실히 맹신에 기울어 있고 하늘에 복을 비는 데 열중한 모습인 게 사실입니다. 하지만 자력신앙과 타력신앙의 구별만 해도 그렇게 딱 갈라지는 것이 아니지요. 원불교에서도 타력을 빌려오는 것을 대단히 중시하는가 하면, 그리스도교에서도 절대적인 존재인 하나님에게 전적으로 의존한다는 걸 강조하지만 각자의 선행(善行)도 중시합니다. 특히 천주교에서는 교회의 가르침에 따른 선행이 구원의 조건에 포함되기까지 합니다.

그런데 개신교가 나오면서 천주교의 그런 선행 요구를 교회의 교단이기주의라고 배격하고 오직 믿음으로 구원받는다는 점을 강조했습니다. 하지만 어떤 점에서는 자력주의가 개신교에 와서 강화된 면이 있습니다. 사도 바울(바오로)이 쓴 「로마서」에 "그러므로 사람이 의롭다 하심을 얻는 것은 율법(律法)의 행위에 있지 않고 믿음으로 되는 줄 우리가 인정하노라"(3장 28절, 1987년판 『톰슨 성경』의 번역) 이런 말이 있는데, 종교개혁을 주도한 마르틴 루터(Martin Luther)가 성경을 독일어로 옮기면서 이 구절에 한마디 덧붙여서

"믿음으로만"으로 번역했다고 합니다. 그만큼 선행보다도 절대적인 존재에 대한 신앙을 강조한 것이지요.[19] 그 점이 깔뱅(J. Calvin)에 오면 더욱 도드라져서, 믿음으로만 구원받을 뿐만 아니라 누가 구원을 받고 누가 지옥에 갈지가 이미 다 예정되어 있다, 그건 전부 하느님 맘대로 하는 거지 믿고 말고도 내 맘대로 하는 게 아니라는 거지요. 내가 믿어서 구원받는 것도 하느님이 미리 정해 놓으셨기 때문에 그렇게 되는 것이지 내 노력은 아무것도 아니라는 것입니다. 그야말로 100% 타력신앙으로 전환하는데, 역설적이게도 이 사람들이 제일 열심히 세속사업을 하고 자력양성을 하는 성향을 보여주게 됩니다. 자본주의와 개신교의 정신이 관련이 깊다는 말도 그래서 나오지요. 왜냐면, 내가 구원을 받도록 하느님이 예정을 해 놓으셨는지 아닌지 내가 알 길이 없지 않습니까? 그게 어디서 드러나느냐 하면 내가 하는 꼴을 보고서야 '하느님이 나를 구원해 놓으셨으니까 내가 이렇게 열심히 사는구나' 하고 안심하게 되는 거지요. 그래서 열심히 살면 살수록 그것 때문에 구원받는 건 아니지만 자기가 구원 받았다는 확신을 갖게 되는 겁니다. 이처럼 자력과 타력의 관계가 그리스도교 안에서도 굉장히 복잡하다는 말씀을 드릴 수가 있습니다.

유일신 신앙도 불교식으로 말한다면, 하나님이 비록 지고의 존재자라 하더라도 그 존재에 집착하는 것은 결국은 있는 것, 유(有)에 집착하는 것 아니겠습니까? 그러니까 유무 초월의 자리에는 못 가는 것이지요. 진리는 못 깨치는 거고, 언어도단(言語道斷)의 입정처(入定處)[20]에는 못 드는 게 됩니다.

그러나 이 문제도 그리 간단치는 않습니다. 예컨대 우상숭배 금지, 내가 유일한 하나님이니까 다른 신을 섬기지 말라는 계명은 유일신 신앙의 다른 일면인데, 이걸 잘 해석해 보면 이것도 그렇게 간단한 얘기는 아닌 것 같습니다.

구약성서의 「출애굽기」를 보면 모세가 처음에 이스라엘 민족을 이끌고 나오기 전에 하나님이 불타는 덤불 속에 나타나서 모세에게 명령을 내립니다. 그러자 모세는 이스라엘 백성들이 자신을 보낸 신의 이름이 무엇이냐고 하면 어떻게 답할지를 묻습니다. 그때 하나님의 답변이 우리말로는 개역성경에 "나는 스스로 있는 자니라"(3장 14절)라고 번역되어 있습니다. 영어로는 "I am THAT I AM"인데, 얼마 전에 도올 김용옥(金容沃) 박사가 이 대목을 번역한 걸 보니까 "나는 스스로 그러한 자이다"라고 했더군요. 아시겠지만 영어의 be 동사는 '있다'는 뜻과 '이다'는 뜻을 겸하고 있지요. 그래서 도올은 be 동사의 '이다'라는 면을 강조한 것이고, 개역 한글성경은 '있다' 쪽에 강조를 두어 '스스로 있는 자이다'라고 한 것이지요. 그런데 '스스로 그러한 자이다'라고 하면 그야말로 원불교 문자로 '여여자연(如如自然)한'[21] 존재가 되지 않습니까. 야훼라는 이름이 원래 'I AM'이라는 뜻이지 특별한 고유명사가 아니라고 해요. 몰록이라는 신도 있고 바알이라는 신도 있고 무슨 신도 있는데, 그런 여러 신 가운데 야훼라는 이름을 가진 또 하나의 신이 아니고, 이름 붙일 수도 없고 뭐라고 표현할 수도 없고 우리가 어떤 상(相)으로 잡을 수 없는 그런 존재, 그런 하느님이 나다, 이렇게 하느님이 모세에게 말한 겁니다.

그래서 우상숭배 금지라는 것이 어떻게 보면 절대적인 존재자에게 무한대로 집착하라는 계명일 수도 있지만, 또 실제로 그렇게 작용하기 일쑤지만, 달리 생각해 보면 인간이 하나님을 섬긴다고 하면서 하나님에 대해 어떤 상을 둘 경우 인간이 어찌하든 인간의 능력으로 갖는 상은 다 우상이니까 그걸 치워라, 끊임없이 깨 버려라 하는 명령일 수도 있습니다. 앞서 말씀드렸듯이 그리스도교인의 신앙이 얼핏 보면 원불교식으로 말해 진행사조의 첫 항목에서 더 못 나아가는 거죠. 믿는 게 제일이고 의심하면 나쁜 거니까. 그러나 일단은 소박한 믿음에서 시작하되 하나님에 대한 어떤 상이 생길 때마다 그건 모두 우상이니까 깨버려야 한다는 거라면 그건 의심 공부를 포함하는 것이고 온전한 성심으로 나아갈 가능성이 열리는 것입니다. 그런 점에서 원불교의 공부법과 통할 여지가 있다고 봅니다.

이런 관점에서 본다면 우리나라의 대다수 기독교인들이 말하듯이 야훼라는 절대적이고 막강한 분이 계셔서 믿으면 천당 보내주고 안 믿으면 지옥에 보내 버린다. 이렇게 겁주고 다니는 건 또 하나의 우상을 만든 데 불과합니다. 2차대전 때 히틀러에 저항하다가 처형당한 본회퍼(Dietlich Bonhoeffer)라는 개신교 목사이자 신학자가 있는데, 그가 자기의 심경을 표현하여 "하나님 없이 하나님 앞에 서다"라고 했습니다. 그런 분은 말하자면 유무 초월의 경지, 유도 아니고 무도 아닌 경지에 도달했다고 봐야지요. 최근에 지젝(S. Žižek)이라는 학자는 '무신론의 종교로서의 그리스도교'(Christianity as the religion of atheism)라는 정의를 내리기도 했습니다.[22]

그러니까 기독교에서 불합리하고 과격한 신앙을 요구하는 것이 도리어 성리공부를 유발하는 효과가 있는 것이지요. 그리스도교는 교리 자체가 참 극단적입니다. 그 창시자가 그냥 자기가 인류의 스승이라고 한 게 아니라 하나님의 아들이라고 주장한 것도 불교나 유교는 물론 이슬람에도 없는 과격한 주장인데, 그 하나님의 아들이 일시적인 고난을 겪는 게 아니라 십자가에 못 박혀서 죽고, 죽은 뒤에는 불생불멸(不生不滅)·부증불감(不增不減)의 '참 나'가 영생하는 게 아니라 육신이 부활해서 승천을 하고 그러니까, 이게 도대체 과학적으로 말도 안 되는 얘기들이지요. 또 아브라함이 자기 자식을 하나님께 제물로 바치려 한 것을 칭송한다든지, 아무튼 원만한 중도와는 너무나 거리가 멀다는 느낌을 주는 내용이 가득합니다. 실제로 그리스도교인들의 행태가 원만하지 못한 사례가 흔한 것도 그런 교리와 무관하지 않을 거예요. 하지만 이런 과격한 교리 조항을 화두로 삼고 의두(疑頭)로 삼는다면 성리공부의 길잡이가 될 수도 있다고 봅니다.[23]

이것은 '동원도리'의 강령에 그리스도교가 포함될 가능성의 확인이기도 하지만, 원불교 입장에서는 그 이상의 참고로 삼을 소지도 있다는 생각입니다. 원불교는 원만구족(圓滿具足)한 중도를 강조하는 점에서 그리스도교의 과격성과 편벽됨을 바로 잡기에 적당한 가르침인 반면에, 때로는 조그만 그릇에 물이 쉽게 찬 것을 놓고 원만구족이라고 간단히 생각해 버리는 폐단도 없지 않은 것 같습니다. 작은 그릇을 끊임없이 던져 버리고 깨뜨리면서 큰 국(局)으로 원만구족해야 하는데 말이지요. 그런 것을 깨뜨려 주는 효과도 그리스도교에서 얻을 바라고 믿습니다.

그래서 그리스도교의 경우에 저는 성리공부가 없다기보다는 공부법이 원만구족하지 못하고 중도와 중정의 실천법이 미흡하다, 이렇게 말하는 게 타당할 것 같아요. 그리스도교는 그리스도교 나름대로 성리공부를 시키고는 있는데, 그걸 더 원만하게 해석하고 실천하는 종교가 원불교라고 말할 수 있다면 그때는 자연스럽게 삼동윤리의 동원도리 강령을 더 자신있게 주장할 수가 있는 거지요. "그것 봐라, 동원도리니까 그리스도교 내에 이미 우리가 말하는 일원의 진리가 담겨 있지 않은가" 이렇게 말할 수 있고, 또한 "동원도리를 주장하는 우리가 자신의 독자성을 지나치게 강조하는 종교보다 삼동윤리를 감당할 자격이 우수하지 않겠느냐" 이렇게 자부할 수 있는 겁니다.

만약에 그런 식으로 이해한다면, 그리스도교는 시대가 한 2천년 앞섰으니까 당시의 시대적인 한계나 여러 가지 사정으로 인해 원불교에 와서야 한층 원만하게 제시된 교법을 향해 미숙하게, 아직 때가 차지 않았던 까닭에 서툴게 그 진리를 표현한 것이라고 말하는 것도 가능해집니다. 그리스도교인이 들으면 불쾌할지 모르겠지만 원불교의 입장에서, 또 삼동윤리에 공감하는 입장에서는 그렇게 말할 수도 있다는 거지요.

사도 바울이 고린도교회에 보낸 편지 모음인 「고린도서」가 있지요. 그중 「고린도전서」를 보면 당시 고린도교회가 초창기 교회이고 아주 미숙해서 사람들의 공부도 약했는데, 바울이 그들에게 편지를 쓰면서 하는 말이, "온전한 것이 올 때는 부분적으로 하던 것이 폐하리라. 내가 어렸을 때에는 말하는 것이 어린아이와 같고 깨닫는 것이 어린아이와 같다가 장성한 사람이 되어서는 어린아이의 일을 버렸노라. 우리가 이제는―번역은 '이제는'으로 되어 있습니다만 '지금은'이라고 읽는 게 나을 것 같군요―우리가 지금은 거울로 보는 것같이 희미하나 그때에는 얼굴과 얼굴을 대하여 볼 것이요, (지금은) 내가 부분적으로 아나 그때에는 주께서 나를 아신 것같이 내가 온전히 알리라"(13장 10-12절) 이렇게 말했습니다. 그런데 사도 바울이 얘기하신 뜻과는 다르지만,[24] 원불교 여러분들이 하시기에 따라서는 당시에 고린도교회 신도들은 물론 바울조차 온전하게 알지 못했던 것, 마치 '거울로 보는 것같이'―요즘은 거울이 좋아져서 거울로 희미하게 본다는 말이 실감이 안 납니다만, 옛날에는 거울이라는 게 겨우 형상을 알아볼 정도로 희미하게 보이는 것이었을 거예요. 그래서 바울의 어법을 빌려서, "사도 바울 같은 분도 거울로 보는 것같이 희미하게 봤던 것을 우리는 직접 얼굴을 맞대고 보듯이 원만구족하게 알게 되었다" 이렇게 말할 수 있을 것이고, 그런 긍지를 갖고 삼동윤리를 실천해야 하리라고 생각합니다.

마지막으로 요즘 『대산종사법어』 자문판을 보던 참이니까 거기서 발견한 한 구절을 읽어드리는 걸로 제 말씀을 마치겠습니다. 대산종사께서 바로 이 중앙훈련원에 와서 하신 말씀이라는데요, 적공편(積功篇) 25장에 이렇게 나와 있습니다. "예수나 노자나 공자도 그 근기로 천만 번 오시더라도 한국의 원불교 총부에 오시어 하루라도 훈련을 하고 가셔야 할 것이니 그것은 심인을 찍기 위해서요 인증을 받기 위해서입니다. 우리 회상이 이렇게 무서운 회상이요 무서운 법이라는 걸 알고 정진해야 합니다."(『대산종사법어』 자문판, 2006, 163-164면)

13

변혁적 중도주의와
소태산의 개벽사상

1. 변혁적 중도주의

변혁적 중도주의는 한국의 현실, 그리고 한반도의 현실에 대한 인식에서 도출된 실천 노선입니다. 원불교사상에서 직접적으로 연역한 개념은 아닙니다. 그러나 제 경우에 여러 해 전부터 소태산(少太山) 대종사님의 가르침을 마음으로 받들어 오던 중에 이런 개념을 정리해서 근년에 이걸 활자로 발표하게 되었으니, 소태산 사상과 변혁적 중도주의 사이에 어떤 친화성이 없다면 저로서는 일종의 자기 모순에 빠진 셈이죠. 현실에 대한 제 생각은 그것대로 따로 하고 대종사님에 대한 존경은 또 그것대로 따로 놓고, 이렇게 되는 것은 제대로 된 사상도 노선도 아닐 것입니다. 그래서 저는 이번에 변혁적 중도주의에 대한 강의를 준비하면서 저 자신을 위해서도 소태산 대종사의 개벽사상과의 연관성을 검증해 볼 생각을 했습니다.

먼저 변혁적 중도주의의 개념에 대해서 간략히 설명을 드릴까 합니다. 중도(中道)는 원래 철학적·종교적 개념이지요. 유교에서는 중용(中庸)이라는 말을 주로 쓰고 불교에서 중도라는 말을 쓰는데, 이것을 그대로 정치·사회적 실천 노선으로 옮겨서 사용하면 구체성이 좀 떨어지겠지요. 그럴 때 '주의'자를 붙여서 중도주의라고 하는 게 더 어울리는 용어일 것 같습니다.

그렇긴 하더라도 이 중도주의가 제대로 된 중도주의가 되려면 원래 의미의 중도를 향해 열린 노선이어야 하고, 그러지 않고 기계적이고 기회주의적인 중간 노선, 특히 정치인들이 선거 때가 되면 자기 지지세력은 지지세력대로 확보한 뒤 중간에 있는 부동층을 잡아야 이긴다 해서 중도노선을 많이 표방하는데, 이런 것을 비웃는 사람들은 '중도 마케팅'이라고 부르더군요. 그런 중도 마케팅이 돼서는 안 되겠지요. 또 정치인들의 중도 마케팅이 아닌 경우에도 학자나 활동가들 가운데도 단순한 중간노선 또는 온건노선의 뜻으로 중도주의를 내세우는 때가 많습니다. 그런데 저의 개념은 그것과도 다르다고도 말씀드릴 수 있습니다. 어쨌든 변혁적 중도주의가 하나의 말치레, 기회주의적 중간노선을 더 멋있고 진보적으로 들리게 하기 위한 수사가 아니고 정확한 개념이 되려고 하면 그럴 때 변혁적이라는 게 도대체 무슨 뜻인가, 그게 정확한 개념인가 하는 점이 관건이 됩니다.

우선 변혁은 뭘 변혁하겠다는 거냐 하는 점이 밝혀져야 하는데, 변혁적 중도주의에서는 한반도 분단체제가 변혁의 대상입니다. 그것을 다른 말로 바꾸면 분단체제의 극복이 목표가 되겠는데, 변혁적 중도주의는 한반도의 분단체제 극복이야말로 현 시기 한반도 주민 모두의 최대의 시대적 과제라는 인식을 전제하고 있습니다. 왜 그것을 최대 과제라고 전제하느냐? 사실 우리가 해야 할 일들이 수없이 많고 여기에 대해 얘기하자면 깁니다만, 우리 한반도가 분단되어 있는 것은 누구나 다 아는 사실인데 이것을 두고서 분단체제라고 할 때는 분단이 오래가면서 일종의 체제로 굳어져 가지고 그 나름의 연속성과 생명력, 이런 지속능력을 갖게 됐고, 그래서 남쪽 북쪽 모두에 걸쳐 있는 분단체제의 성격을 우리가 제대로 파악하지 않으면 남쪽의 문제든 북쪽의 문제든 제대로 해결하기 어렵다는 인식을 깔고 있는 것입니다.

물론 남과 북은 지금 엄청나게 서로 달라진 사회입니다. 그래서 그 사회를 어떻게 변화시키고 개선할까에 대한 구체적인 처방은 남쪽에 적용되는 것과 북쪽에 적용되는 것이 아주 다르게 마련이지요. 그렇기는 하지만 둘이 완전히 딴판으로 다른 것 같으면서도 분단현실이라는 구조를 통해 이상하게 하나의 체제 비슷하게 얽혀 있기도 해서, 그것을 하나인 동시에 둘로 보고 둘인 동시에 하나로 볼 줄 모르면 어느 한쪽도 제대로 못 본다는 것입니다. 그래서 남쪽에서 우리가 해야 할 시대적 과제들이 많은데, 민주주의를 더 진전시킨다든가 민생문제를 해결한다든가 평화를 확보한다든가 자연 환경을 보호한다든가 여러 가지 일이 많지만, 이런 일을 제대로 하려면 첫째는 이런 문제들이 우리가 분단된 나라이기 때문에 어떻게 더 악화되어서 어떻게 우리에게 더 심한 질곡이 되어 있는가를 정확하게 알아야 하고, 따라서 그 해법도 남북이 분단구조를 일시에는 아니지만 서서히 극복해 나가면서 서로 화해하고 협력하고 다시 통합해 가는 과정과 연계해서 수행해야 한다는 인식입니다. 그렇게 해서 한반도 남쪽과 북쪽에 모두 현존하는 분단체제보다 더 나은 사회를 만드는 것이야말로 적어도 오늘을 사는 우리 한반도 주민에게는 최대의 과제인 것입니다.

그런 의미에서 분단체제의 극복 혹은 분단체제의 변혁이 목표가 되는데, 여기서 또 한 가지 덧붙일 점은 변혁이라는 표현을 그냥 쓰는 게 아니고, 혁명과도 다르고 평범한 개혁과도 좀 다르게 특정한 의미로 쓴다는 겁니다. 정확한 개념이 되려면 변혁의 뜻도 함부로 마구 쓰는 개념이 아니라 어째서 전쟁이나 혁명이 아니고, 그런데도 그냥 '개혁'이라고 해서는 안 되고 굳이 변혁이라고 쓰느냐, 이 점을 밝혀둘 필요가 있습니다.

전쟁을 통한 혁명적 변화와 관련해서는, 그냥 전쟁이 도덕적으로 나쁘다는 것만 아니라 오늘날의 한반도 현실에서는 전쟁을 통해서 분단체제를 바꾼다는 것이 도저히 있을 수 없게 되어 있습니다. 한반도만큼 고도의 무장 상태가 아닌 데서는 간혹 전쟁이, 바람직하지는 않더라도 변혁을 일으키는 수단으로 복무할 수가 있습니다. 원불교 교리도 제가 알기로는 완전한 평화주의는 아니에요. 가령 『정전(正典)』을 보면 동포배은(同胞背恩) 하는 사람들이 너무 많고 저들의 장난이 심할 때는 구세성자들이 나오셔서 도덕으로 다스릴 수도 있고 정치로 다스릴 수도 있고 때로는 무력(武力)으로 제도할 수도 있다고 했으니까(교의편 2장 4절 6항) 무력으로 해결하는 방법도 있습니다. 그러나 한반도에서 전쟁에 해당하는 대규모 무력 행사는 현실적으로 불가능하지요. 전쟁이 아닌 혁명도 그렇습니다. 분단 상태에서 남한에서 민중혁명을 일으킨다는 건 도저히 불가능하다고 봅니다. 요즘은 한반도 이외의 지역에서도 폭력적인 혁명은 드물어진 상황이지만요.

그러니 혁명도 변혁도 아니고 개혁으로 만족하면 어떤가? 사실 개혁과 변혁을 너무 이분법적으로 보는 것은 우리가 넘어서야 하고, 분단체제 변혁 작업에서 남한사회의 적절한 개혁이 중요한 몫을 차지합니다. 다만 분단체제를 그대로 놔 둔 채 남쪽 사회만 개혁해서 우리 사회의 문제를 풀어보겠다는 것은 불가능한 일이라고 판단하고 있습니다. 그런 의미에서 개혁이나 혁명이 아닌 '변혁'이 정확한 표현이라고 말씀드릴 수 있겠습니다.

그런데 남한사회로 국한해 보면, 이런 변혁을 이룩하기 위해 분단현실을 고수하려는 이들과 비현실적인 과격 노선을 고집하는 이들을 제외한 나머지가 모두 힘을 합치는 광범위한 국민통합이 요구됩니다. 그래야지 전쟁을 하는 것도 아니고 혁명을 하는 것도 아니고, 그러면서도 부분적인 개혁에만 안주하지 않고 변혁을 이룰 수 있는 거지요. 그 점에서 중도주의일 수밖에 없는 것입니다.

동시에 이는 분단체제 극복이라는 목표를 공유하는 통합입니다. 무조건적인 통합, 단기적으로 선거에 이기거나 특정 현안을 관철하기 위한 전술적 연합이 아니라 목표를 공유하는 통합이므로 변혁적 중도주의를 의식적으로 추구하는, 다시 말해서 분단체제의 성격과 그 일환으로서의 한국사회에 대한 다수 대중의 각성을 수반하는 국민통합 작업인 것입니다.

　그런데 현실을 보면 분단체제가 아직도 위력을 지닌 한국의 정치 지형에서는 이런 노선이 평균적인 중간보다는 소위 진보 쪽에 가까운 것으로 인식될 수밖에 없습니다. 그리고 수적으로도 당분간은 소수일 수밖에 없다고 봅니다. 제가 변혁적 중도주의를 주장하면서 이것이 이 시대의 해법이라고 믿고 있는데 그 해법에 동의하는 분들이 과반수를 이루었다면 문제가 벌써 해결됐겠죠. 그런데 아직은 소수일 수밖에 없다는 것이 엄연한 현실입니다.

　분단체제 속의 특권을 지키려는 아직도 거대한 세력을 차치하고라도, 변혁을 지향하되 비현실적인 변화를 내세워서 변혁에 별 도움을 못 주는 급진노선이 있습니다. 아니, 그것이 한 가지만 있는 것도 아닙니다. 한편으로 소위 급진운동권에서 분단체제의 존재를 무시하고 남한사회에서 계급혁명을 해야 한다고 주장하는 사람들이 아직도 있습니다. 그런 노선이 있는가 하면 다른 한편으로는 미군을 철수시키고 자주통일을 하면 된다, 그렇게 되면 문제가 해결된다고 주장하는 통일운동 세력도 있습니다. 제가 보기에 비현실적인 이러저러한 급진노선들, 또 다른 한편으로는 변혁의 전망을 배제한 순응주의적 개혁세력, 이 모두를 비판하고 변혁이냐 개혁이냐 하는 식으로 딱 갈라서 보는 이분법을 타파함으로써 시대적 요구에 부응할 다수의 결집을 가능케 해 주는 유일한 노선이 변혁적 중도주의입니다. 제가 주장하는 것을 유일한 노선이라고 하면 자아도취로 들리겠습니다만, 저는 이런 얘기를 하곤 합니다. 생각나는 가능한 노선들을 다 적어 보자, 그리고 우리가 사지선다형 시험을 볼 때에 정답을 알면 처음부터 그걸 고르면 간단하지만 모를 때는 틀렸다고 생각되는 걸 지워나가다 보면 정답이 남는 수가 있지 않습니까? 이런저런 이유로 하나씩 지워나가다 보면 변혁적 중도주의밖에 남지 않는다는 게 저의 주장입니다.(웃음)

　그러면 현 시점에서 변혁적 중도주의가 구체적으로 무엇을 하자는 것인가? 아까도 말씀드렸듯이 이것은 변혁을 주장하지만 변혁과 개혁을 딱 갈라 놓고 나가는 것이 아니고 오히려 남한사회에서는 광범위한 국민통합을 통해서 구체적인 개혁을 실현하는데, 다만 그것을 남한사회에서만 문제를 해결할 수 있다 또는 남한만 잘 살면 된다는 인식을 가지고 하다 보면 개혁도 잘 안 된다는 거예요. 개혁이 남북의 재통합을 향한 발걸음과 어떻게 맞물려가는가 하는 걸 알아서, 말하자면 남북관계 발전과 국내개혁이 서로 힘을 보태주는 정교한 개혁 프로그램을 만들어내는 겁니다. 총체적이면서 아주 정교한 개혁, 그리고 남북의 재통합 과정에서는 이미 6·15 공동선언에서 남북 지도자가 합의하기를 우리 한반도에서는 전쟁은 물론 안 되고, 평화적인 통일을 하더라도 갑자기 할 수가 없고, 천천히 할 뿐 아니라 무조건 시간만 늦추는 게 아니고 중간 단계를 거쳐서 하자고 합의를 했습니다. 그 첫 번째 중간 단계의 이름을 우리 남쪽에서는 남북연합이라 하고 북은 낮은 단계의 연방제라고 부르는데, 최근에 임동원(林東源) 전 장관이 쓴 회고록(『피스메이커』, 중앙북스, 2008)을 보면 그때 정상회담에서 김정일 위원장이 남북연합 제안을 받아들이고 자기들이 주장하던 고려연방제를 철회했다는 겁니다. 그건 냉전시대의 유물이다, 이렇게까지 말했다고 해요. 그러고 나서 하는 얘기가 그렇지만 "내용은 연합제와 똑같은 거니까 연방제라고 부릅시다"고

했다는데, 그쪽의 체면도 걸려 있고 연방제라는 건 김일성 주석이 제창했던 거니까 그렇게 나올 수밖에 없는 면이 있었겠지요. 하지만 김대중(金大中) 대통령의 입장에서는 표현을 연방제로 덜컥 바꿨다 하면 아무리 내용이 고려연방제와 다른 거라 하더라도 여기 와서 도저히 견딜 도리가 없죠. 그래서 굉장히 오래 다투다가 나중에 묘안을 발견한 것이 남측이 제안한 연합제 안과 북측이 제안한 낮은 단계의 연방제 안이 서로 공통점이 있다고 인정하고 그 방향으로 통일을 지향해 나가기로 했다, 이렇게 절묘한 타협을 봤던 것입니다.

저는 당면과제는 연합제이고, 연합 중에서도 상당히 느슨한 연합제라고 생각합니다. 그런 느슨한 연합제를 향해서 나아가면서 거기에 맞춰서 정교한 개혁 프로그램을 만들어나가는 것이 변혁적 중도주의의 현실적인 노선이라고 생각합니다.

2. 소태산 개벽사상의 변혁적 중도주의적 성격

변혁적 중도주의에 대한 설명은 그 정도로 하고, 다음은 소태산 개벽사상의 중도주의적이면서도 변혁적인 성격에 대해서 말씀드릴까 합니다. 대종사님의 개벽사상 속에 변혁적 중도주의가 통하는 면이 있다는 것을 여러분과 함께 생각해 보고자 하는 거지요.

원불교나 불교나 종교적 의미의 중도를 강조하는 것이야 더 말할 필요가 없는데, 현실 노선으로도 원불교는 굉장히 온건한 중도노선을 택하고 있는 것이 널리 알려진 사실이지요. 근년에 오면 변혁적 중도주의라기보다 범상한 온건노선이라는 인상마저 줄 정도로 매우 온건한 노선인 것 같습니다.

그러나 제가 볼 때 일제하 소태산 자신의 온건노선은 오히려 후천개벽(後天開闢)이라는 엄청난 변혁 과제를 설정했기 때문에 근시안적인 과격노선을 배제했던 것이지, 순응주의와는 무관하다고 생각합니다. 후천개벽은 최수운(崔水雲) 선생의 동학 이래 우리의 민족종교운동에서 하나의 공통된 주제를 이루었죠. 그런데 제가 볼 때 소태산 사상에서는 몇 가지 새로운 특징이 나타난다고 하겠습니다. 그중 하나는, 구한말에 민족종교가 선천시대를 마감하고 후천시대를 맞이하면서 모두가 우리 전통 속의 유·불·선, 즉 유교와 불교 그리고 선도(仙道)의 종합을 시도했습니다. 그런데 유독 소태산 대종사께서는 이 작업을 하는데 불법(佛法)으로 주체를 삼아 새 회상(會上)을 건설하겠다고 하셨죠(『대종경』 서품 2). 그 점에서 가령 수운 선생이나 강증산(姜甑山) 선생과 구별된다고 봅니다. 수운의 경우에는 그분이 유교정권에 의해서 이단자로 처벌받았습니다만, 사실은 원시유교의 전통을 복원하고자 한 면이 강하고, 강증산 선생의 경우는 선도 쪽에 더 치우쳐 선도를 중심으로 유·불·선을 통합하려 했던 데 비해, 소태산은 불교를 중심으로, 불법을 주체삼아 새 종교를 만드셨습니다.

여기에 대해서는 불법을 주체 삼는 것이 얼마나 더 타당한가를 이 자리에서 제가 길게 설명할 필요는 없겠지요. 결과를 놓고 볼 때, 불교가 중심이 되지 않는 유·불·선 통합은 어느 정도의 통합이야 될지 몰라도, 유·불·선 세 가지만 통합하고 끝내자는 것이 아니라 근대의 도전에 맞서서 근대 과학도 받아들이고 기독교에서도 배울 건 배우고 이래야 한다고 할 때는 유교나 선도를 주체 삼아서는 훨씬 어렵지 않았겠는가 생각합니다. 역시 불법이 기본이 될 때 그것이 원활해진다고 생각합니다. 그래서 불법을 주체로 삼았기 때문에 그 종합이 한층 원만해졌고요. 뿐만 아니라 도학과 과학의 병진이 가능해졌다고 생각합니다.

그러면서도 전통적인 불교와 비교해 보면 여러 가지 차이가 있습니다. 가령 불교에서 삼학이라고 하면 계(戒)·정(定)·혜(慧)이고 그중에 우리의 행동과 직접 관련된 것이 계인데, 그러나 그것은 삼학의 출발점 정도죠. 계를 열심히 지키고 정(定) 공부를 하고, 그러면서 혜두(慧頭)가 열려서 공부가 완성되는 그런 순서인데, 원불교에서는 삼학의 병진을 강조하는 가운데 작업취사(作業取捨)가 마지막으로 오면서 이것이 삼학공부의 열매에 해당하는 꼴입니다. 따라서 단순히 계를 지키는 차원이 아니라 시대에 걸맞은 사회적 실천 같은 것이 모두 그야말로 그 사람이 공부를 제대로 했나 안 했나 판가름하는 시금석이 되는 거지요.

전통적인 불교와 구분되는 또 한 가지가 '물질이 개벽되니 정신을 개벽하자'는 것인데, 우리가 그냥 도 닦아서 대각을 하자든가 정신을 개벽하자는 한마디로 끝낸 게 아니라 물질이 개벽되니까 거기 대응해서 정신을 개벽하자는 다그침이지요. 『대종경(大宗經)』 서품(序品)에도 나옵니다만, 대종사께서 "당시의 시국을 살펴보시사 그 지도 강령을 표어로써 정하"(서품 4)신 것이지요. 말하자면 시국을 살피면서 시대에 대한 어떤 일정한 인식을 갖고 거기에 상응하는 정신의 개벽을 주장했다는 점에서, 물론 석가모니 부처께서도 당시의 역사적 상황 속에서 시대에 부응하는 법을 내셨고 불교가 발달하고 진화하면서 그때그때 시대에 대한 여러 가지 구체적인 대응을 해 왔습니다만, 전통불교에서 깨달음 자체는 시대와 장소를 초월한 깨달음이라는 면을 강조합니다. 그에 비해 원불교는 처음 시작할 때부터 시대인식이 매우 중요했다고 봅니다. 그래서 아까 과학과 도학의 병진을 얘기했습니다만, 시대에 대한 과학적인 인식이 중시되고, 그래서 '최초법어'의 첫 명제도 "시대를 따라 학업에 종사하여 모든 학문을 준비할 것이요"(「정전」 수행편 13장 1절)라고 되어 있지요. 전통적인 불교에서 이런 것이 부처님의 최초 설법 내용은 결코 아니었습니다.

아까 일제하 소태산의 온건노선에 대해 말씀드렸습니다만, 소태산의 사상과 실천은 일제하의 선명한 독립운동과는 거리를 두었습니다. 그러나 당시로서는 극히 불온한 사상이었다는 점도 주목할 필요가 있습니다. 대종사께서 금강산에 다녀오셔서 "금강이 현세계하니[金剛現世界] 조선이 갱조선이라[朝鮮更朝鮮]"―금강산이 세상에 드러나면서 조선이 새로운 조선이 되리라고 하셨는데, 이건 교단 내에서 말씀하셨기에 망정이지 이런 발언을 공개적으로 했다가는 치안유지법에 걸리게 되어 있었지요. 그리고 이럴 때 대종사께서 말씀하시는 조선이라는 것은, 해방 직후에 정산(鼎山) 종사가 쓰실 때의 '조선'도 그렇습니다만, 분단되기 전의 우리나라입니다. 비록 식민지지만 통일되어 있던 한반도를 말씀하신 것이고, 정산종사 역시 비록 건국이 안 된 상태이나 아직은 38선이 굳어지기 전의 조선을 말씀하신 것입니다. 그래서 그런 조선에 대해서 하신 그분들의 말씀을 우리가 따른다면 결코 분단된 남한의 현실 속에 안주할 수 없는 것입니다. 그런 의미에서도 오늘의 분단 현실에 대한 순응과는 거리가 멀지요. 그리고 저는 바로 그래서 변혁적 중도주의와 통한다, 이렇게 말씀드리는 것입니다.

원불교 교단의 현재 노선이나 방침이 어느 정도 변혁적이고 얼마나 순응주의적인지 정확히는 잘 모르겠습니다만, 일반적으로 변혁성이 강한 것은 아니라는 인상을 받고 있습니다. 저는 그렇게 된 데에는, 하나는 대종사께서 일제시대에 독립운동에 직접 뛰어들지 않은 온건노선에 대한 오해가 있는 것 같고요. 그게 사실은 얼마나 더 불온하고 위험한 일이었는가 하는 걸 잘 인식을 못해서 그런 면이 있는 것 같고, 또 하나는 교리상으로 법률은(法律恩)의 개념이라든가 정교동심(政敎同心) 같은 가르침을 잘못 이해한 탓도 많지 않은가 생각합니다.

제가 보건대 법신불 사은(四恩) 중에 법률은이 들어가 있는 것은 그야말로 전통불교와 원불교의 결정적인 차이라고 봅니다. 불교에서도 물론 '은' 사상이 중요하고 부모은과, 원불교의 동포은에 해당하는 중생은이 '사은'에 포함되어 있지요.[1] 전반적으로 은보다 고(苦)를 앞세우는 면도 있지만 어쨌든 은도 중요한데, 다만 부처님의 법이 아니고 인간이 만든 법률이나 제도, 이런 것을 법신불의 은혜로 보지는 않습니다. 반면에 기독교 같으면 하느님이 내려주신 율법은 하나님의 은혜의 일부겠지만 세속의 다른 법률에 대해서까지 그렇게 생각하지는 않습니다. 그런 면에서 '법률은'은 유교와 통하죠. 유교는 요·순·우·탕·문·무·주공 그리고 공자님 자신, 이런 성인들이 만드신 문물제도가 우리 인생에서 가장 소중한 것이라 해서 그것을 지키려 하고 거기서 벗어난 현실을 바로 잡는 것을 인간의 기본 임무로 인식하지요.

법률이라는 용어가 요즘에는 주로 실정법을 생각하게 합니다만, '법률은'이라 할 때는 전혀 다른 의미이지요. 『대종경』의 '법률피은의 강령'을 보면, "대범, 법률이라 하는 것은 인도정의의 공정한 법칙을 이름이니, 인도정의의 공정한 법칙은 개인에 비치면 개인이 도움을 얻을 것이요, 가정에 비치면 가정이 도움을 얻을 것이요"(교의편 2장 4절 1항) 이렇게 나갑니다. 그러니까 실정법이 인도정의의 법칙에 어긋나면 인도정의를 위해서 싸워야 하는 거지요. 법률이라고 해서 무조건 따라주는 것이 법률은에 보은하는 길은 결코 아닌 겁니다.

정교동심도 저는 원불교 사상의 아주 새롭고 독창적인 면모라고 생각하는데, 정치와 종교의 관계에 대해 기존의 사례를 보면 두 가지 경향이 있습니다. 하나는 정교일치 또는 제정일치(祭政一致)라고 해서 종교와 정치가 하나가 되는 거죠. 신정체제(神政體制)라고도 하는데, 옛날에는 대개 그런 유형이었고 오늘날도 가령 이슬람 국가, 특히 이슬람 원리주의 정신에 입각해서 운영하는 국가들은 일종의 신정체제, 제정일치 체제라고 할 수 있습니다.

서구사회에서는 이것이 비교적 일찍부터 깨졌지요. 교황이 황제와 대립하면서 오히려 어떤 시대에는 교황이 황제의 우위에 서기도 했는데, 이렇게 교황의 권력과 황제의 권력이 분리된 전통을 바탕으로 근대 민주주의 사회로 와서는 정교분리(政敎分離)의 원칙이 확립된 것입니다. 그래서 미국 같은 나라는 처음 건국할 때부터 국교를 둘 수가 없고 국교 설립에 준하는 어떠한 법률도 만들 수 없다고 헌법에 명시했습니다. 가령 미국이 기독교 국가인데도 공립학교에서 기도를 한다든가 하면 학부모 중에서 소송하는 사람이 생기고, 소송해서 대법원까지 가면 그 사람이 반드시 이깁니다. 헌법에 정교분리가 엄격하게 규정되어 있기 때문이지요. 오늘의 한국도 개별 정치인이나 특정 종교집단에 의한 일탈 행위가 있긴 하지만 원칙적으로 정교분리 체제입니다.

원불교에서는 정교동심을 얘기하는데요. 법률은을 오해하듯이 정교동심이니까 우리가 정치권력에 한마음으로 따라가야 한다는 식으로 해석하는 경우를 제가 실제로 목격하기도 했습니다. 물론 정교동심이라는 것은 제정일치는 아니지요. 그러나 정교가 동심이라고 할 때는, 몸은 각각인데 마음은 하나라고 할 때 우리가 동심이라는 말을 쓰곤 하지요. 마찬가지로 정교동심은 일단 정치권력과 종교의 분리를 전제로 하고, 그런 점에서 옛날식의 제정일치 체제가 아니고 오히려 근대 민주주의의 하나의 요건이라 되어 있는 정교분리를 인정합니다. 그러나 정치와 종교가 따로따로 놀고 마는 게 아니라, 그것이 한마음이 될 수 있도록 정치는 정치대로 종교는 종교대로 끊임없이 노력을 해야 한다는 가르침인 것입니다. 다시 말해서 정치가 참된 종교가 가르치는 올바른 도(道)에서 벗어났을 때는 그 길로 돌아오게 만들기 위해서 종교인들이 끊임없이 노력을 하고 정의로운 실행을 해야 하는 겁니다. 정권을 잡아서 정치를 직접 바꾸는 것은 아니면서도 그렇게 교화하려는 노력을 해야 하는 것이지요. 역으로 종교가 종교를 빙자한 모리배의 축재수단이 되거나 종교인과 정치인의 검은 유착으로 정의가 유린되는 일을 국가가 시민사회의 공의(公議)를 바탕으로 규제할 의무도 생깁니다. 그래서 제가 보건대 '정교동심'이야말로 인류 역사가 제정일치 시대를 넘어 정교분리의 원칙을 획득한 데서 또 한발짝 더 나아가는 다음 단계의 논리일 수 있다고 생각합니다. 결코 순응주의의 가르침일 수 없지요. 원불교 삼학의 열매에 해당하는 '작업취사' 공부를 "정의어든 기어이 취하고 불의어든 기어이 버리는 실행 공부"(『정전』 교의편 4장 3절 2항)로 규정한 점을 보아도 불의의 정치권력에 대한 저항은 정교동심 교리의 빼놓을 수 없는 일부입니다.

3. 후천개벽의 징후

이제 남은 시간에 최근의 시국을 보면서 후천개벽의 구체적인 징후가 여기저기서 보인다는 말씀을 드리고자 합니다. 지난 여름(2008)에 촛불집회가 우리 사회에 대대적으로 열렸지요. 특히 5월 2일에 여중고생들이 나와서 시작한 이래로 6월 10일에 최대 인파가 모였고, 7월 5일에, 그날 원불교 교무님들도 많이 나오신 걸 제가 봤습니다만, 6·10 대회에 버금가는 규모의 평화적이고 축제적인 집회가 있었습니다. 저는 그날로 촛불이 이 시점에서 할 수 있는 일은 일단 끝났다고 보았습니다. 그 후에도 물론 남은 문제들이 있으니까 거기에 대한 주장을 펼친 분들도 있고, 또 어떤 이들은 이 촛불집회를 더 강경한 정권퇴진운동으로 끌고 가려고 계속 노력을 했는데, 그것은 그 시점에서는 안 맞는 방침이었다고 봐요. 변혁적 중도주의 노선에 어긋난다고 봅니다.

그때까지의 일련의 촛불집회에 대해 소태산아카데미 원장을 맡은 김지하(金芝河) 시인이 굉장히 높이 평가하고 많은 얘기를 했는데, 기본적으로 저는 이것을 후천개벽의 징후로 보는 김시인의 의견에 동감합니다. 그런데 이어서 강조하고 싶은 것은, 저는 후천개벽이 되기는 되어가는구나 하는 생각을 하게 된 까닭이 하나는 사람들이 엄청나게 많이 모이고 평화적이고 그러면서도 모두가 즐겁고 그런 것이 종전의 데모와 다르다는 점이었고요. 또 하나는 그걸 보면서 역시 큰 일은 작은 일로 시작하는구나, 이소성대(以小成大)로구나 하는 걸 느꼈기 때문입니다. 사실 민주주의 정치라는 것 자체가 이소성대 원칙의 실현입니다. 선거라는 것도 그래요. 많은 사람들이 선거를 할 때 나 한 사람이 투표를 안 한다고 해서 될 사람이 안 되고 안 될 사람이 되고 그런 일은 거의 없습니다. 그렇지만 한 사람 한 사람이 그렇게 생각하기 시작하면 그쪽은 판판이 지게 되어 있지요. 그래서 내 한 표가 별 건 아니지만 나는 그 한 표를 가지고 내 성의를 다한다, 이렇게 작은 정성을 다하는 사람들이 많이 모였을 때 정권도 바뀌고 때로는 세상도 바뀝니다. 촛불집회도 마찬가지예요. 한두 사람이 안 나온다고 해서 크게 달라졌겠습니까? 그러나 많은 사람들이 그런 생각을 하고 안 나왔으면 결코 촛불집회가 성립되지 않았겠지요. 그래서 나 한 사람이 나가고 안 나가고 해서 크게 달라지는 것은 아니지만 나로서는 내 할 일은 한다는 생각을 가지고 촛불을 들고 나온 사람이 수만이 되고, 6월 10일 같은 날은 거의 백만이 되고 할 때에 우리 사회의 체질이 바뀌게 되는 것입니다. 그야말로 이소성대라는 말(『대종경』 교단품 30장 참조)에 특히 걸맞은 현상이라고 생각했습니다.

동시에 제가 말씀드리고 싶은 것은 원불교에서는 후천시대를 얘기하면서도 선천과 후천이 뒤바뀌는 선후천교역기(先後天交易期)라는 점을 강조하는 대목입니다. 가령 그리스도교와 달리 원불교에서는 교조가 탄생한 날보다는 대각하신 날짜를 개교일로 보는 데다가, 용화회상(龍華會上) 즉 미륵세계가 언제 오느냐고 제자들이 자꾸 물었을 때 제자들은 내가 미륵이라는 대종사의 답변을 듣기를 원했는지 모르지만 소태산은 그런 요구를 충족시켜주지 않습니다.

대종사 말씀하시기를 "미륵불이라 함은 법신불의 진리가 크게 드러나는 것이요, 용화회상이라 함은 크게 밝은 세상이 되는 것이니, 곧 처처불상(處處佛像) 사사불공(事事佛供)의 대의가 널리 행하여지는 것이니라. 장적조(張寂照)여쭙기를 "그러하오면, 어느 때나 그러한 세계가 돌아오겠나이까." 대종사 말씀하시기를 "지금 차차 되어지고 있나니라." 정세월(鄭世月)이 여쭙기를 "그중에도 첫 주인이 있지 않겠나이까." 대종사 말씀하시기를 "하나하나 먼저 깨치는 사람이 주인이 되나니라."(『대종경』 전망품 16)

이렇게 하나하나 깨쳐 가면서 차차 되어 가려면 시간이 걸립니다. 선천시대에서 후천시대로 가는 과도기인 선후천교역기라는 것이 있게 마련이고, 그 시기에는 엄청난 혼란이 있는 것이지요. 그래서 우리가 촛불집회를 한 번 멋있게 했다고 해서 선후천교역기가 끝나고 후천시대가 도래했다고 봐서는 안 될 겁니다. 촛불 대중도 아직 공부할 게 많고 촛불도 많이 진화해야 하며 또 어떤 점에서는 대중이 더 단호해져야 하는 면도 있습니다. 그럴 때 역사가 한 걸음 더 진전하겠죠. 그런 점에서 촛불집회는 제가 최근에 그런 감상을 갖게 된 사건이었지요.

또 하나는 더 최근의 일로, 미국 금융계가, 세상을 호령하던 월가가 대혼란에 빠져서 정부에다가 구조해 달라고 구걸을 하고 나섰어요. 옛날 IMF 구제금융으로 우리가 당했을 때는 돈을 꿔 주면서 정부가 개입해서는 안 된다 어쩐다 하면서 조건을 많이 달아서 우리를 더 못살게 굴었는데 지금은 자기네들이 앞장서서 미국 정부보고 도와 달라고 손을 내밀고, 또 이제까지 외국에 큰소리 뻥뻥 치던 미국 부시 대통령은 도와줘야겠다고 나서고, 그런데도 순순히 잘 되지도 않아서 국회에서 부결되기도 하고……. 결국은 구제금융을 하리라고 봅니다만, 이런 혼란상을 보면서, 소위 신자유주의라는 것의 위력이 갑자기 사라지는 것은 아니겠습니다만 이념으로서, 하나의 명분으로서는 파산했다는 생각이 듭니다. 물질개벽이 갈 대로 가서 선천시대가 종말에 가까웠구나 하는 것을 느끼게 됩니다.

그런데 이 자본주의 시대를 변혁하는 것도 무슨 일회성 세계혁명으로 이루어지기보다는 각 지역에서 주어진 역사적 과제의 성취를 축적해 가면서 각성한 민중, 깨친 사람들의 수가 많아져서 그들이 다수가 될 때, 그때에 그야말로 용화세계가 오고 새로운 인류문명이 시작되리라고 봅니다. 그런 과정의 일부로서 한국사회 안에서 변혁적 중도주의를 통해 한반도 분단체제를 극복할 때, 우리가 그걸 한다고 해서 그것만으로 인류 역사가 다 변하는 것은 아니겠지만, 선천시대가 끝나고 후천시대를 만들어 가는 이 과정에서 한반도의 그러한 재통합과 새로운 사회 건설은 엄청난 의미를 가지리라고 저는 생각합니다. 그래서 그런 인류사적 과정에서 하나의 결정적인 사건이 되고, 한반도가 세계체제 변혁의 선도적인 기지가 되리라고 믿습니다.

14

정치와 살림

: 「D. H. 로런스의 민주주의론」에서

랑씨에르의 이러한 민주주의관은 앞서 잠시 비쳤듯이 휘트먼의 민주주의가 "단지 하나의 정치체제나 통치의 체계가 아니고 심지어 사회체제도 아니다. 그것은 새로운 삶의 양식을 착상하고 새로운 가치들을 정립하려는 시도다. 이상들의 고정되고 자의적인 통제에서 인간을 해방하여 자유로운 자연생동성으로 이끌려는 투쟁이다"라는 「민주주의」의 한 대목과 상통하는 바 있다. 랑씨에르가 평등 문제의 제기를 정치의 원동력으로 보면서도 오늘날 민주주의 국가로 자처하는 사회들에서 '모든 개인들의 예외 없는 평등' (the equality of anyone and everyone)이 새로운 삶의 양식을 개척하기는커녕 기존 질서를 절대화하고 인민을 과학적 계산의 대상으로 고정시킨다고 보는 점도(*Disagreement*, 105면) 로런스의 근대 민주주의 비판에 부합한다.

다른 한편 '치안'에 대한 배려, 그리고 '새로운 민주주의'의 가능성에 대한 인식에서 둘은 입장을 달리한다. 그런데 바로 이런 대목들이 랑씨에르 민주주의론의 심각한 문제점이기도 한 것은 아닐까?

랑씨에르가 '정치'와 '치안'을 구별하면서 후자를 지나치게 가볍게 보는 경향을 나도 지적한 바 있는데,[1] 물론 치안의 수준이나 형태가 그 나름으로 중요함을 그도 인정하기는 한다("치안은 온갖 좋은 것들을 조달할 수 있고 어느 한 종류의 치안이 다른 종류보다 비할 바 없이 나을 수 있다." *Disagreement* 31면). 하지만 본격적인 관심을 기울이지는 않는 것 같다. 그런데 '치안'은 우리에게 익숙한 표현으로는 나라와 공동체의 '살림'이다. 대중의 일상적인 삶을 직접적으로 좌우하는 요인임은 물론, 사실 어디까지가 '정치'고 어디부터가 '치안'인지를 구별하는 일이 결코 간단치 않다. 예컨대 랑씨에르는 한국의 촛불시위에 특별한 의미를 부여하지만,[2] 촛불군중의 위력이 2010년의 6 · 2지방선거나 최근의 10 · 26 서울시장보선 같은 대의제 정치('치안')의 영역에서 지속되면서 기존의 틀을 더욱 흔들고 민중의 감수성 변화와 새로운 가능성을 열어주는 복합적 현상에 대한 인식은 없는 것 같다. 물론 한국 사정에 밝지도 못한 그가 이 문제를 군이 언급하지 않았다고 탓할 일은 아니다. 문제는 '정치' 대 '치안'의 이분법 구도 속에 그러한 인식의 여지가 얼마나 있느냐는 것이다.[3]

그에 비해 로런스는 일국의 수상이나 장관들이 나라살림 챙기는 실무자 머슴에 불과하게 될 것이라고 말하지만, 살림을 제대로 해야 한다는 점을 늘 전제하고 있다.[4] 아니, 「인민의 교육」에서 그가 초 · 중등교육을 중심으로 구체적인 국민교육 프로그램을 구상하는 것도 새로운 세상을 열기 위해 지금 이곳의 살림을 정돈할 필요성을 절감하기 때문이다.

로런스의 그런 구상이 일견 플라톤의 공화국을 연상시키는 바 있음을 앞서 언급했다. 반면에 '존재'에 대한 그의 사유가 플라톤에서 출발하는 서양 형이상학을 넘어서는 새로운 성격임도 거론했는데, 「인민의 교육」에 개진된 로런스의 인간관 · 우주관도 플라톤적인 것과 판이하다.[5] 따라서 교육의 내용과 방법에 대한 구상도 당연히 다르다. 플라톤의 주된 관심이 '철학자 군주' 집단의 양성인 데 반해, 로런스는 모두가 초등교육을 함께 받음으로써 공동의 인간적 기반을 지녀야 한다고 하며, 이 시기에 '읽기, 쓰기, 셈하기' 외에 지적인 교육을 하지 말라고 한 것도 우민화(愚民化) 노선이 아니라 "아이를 가만 내버려 두기"(leaving the child alone)[6]라는 대원칙을 따른 것이다. 내버려 두면 아이들은 자기가 알아서 배우게 마련이고 그 과정에서 드러나는 각자의 '삶의 성향'(life-quality)에 따라 장래 역할에 걸맞은 교육과정의 분화를 시행한다는 것이다.

그런데, "체계가 있어야 한다. 사람들 간에 계급이 반드시 필요하고 차별화가 필요하다. 그런 것 없이는 무정형의 허무(amorphous nothingness)뿐이다"(RDP, 11면)라는 주장은 어떻게 봐야 할까? 로런스에게 반민주적 공동체주의의 혐의가 전혀 없달 수는 없다. 하지만 지금 같은 계급사회가 아니라면, 사회생활에 '체계'와 '계급=차등'이 필요하다는 말은 일종의 상식이 아닐까? 더구나 국가가 민중을 '통치'하는 기구가 아니라 나라살림을 실무적으로 챙기는 행정기구·관리기구로 변한다고 가정했을 때 그런 업무에서야말로 일정한 지휘 체계가 불가피해진다. 나아가 '위대한 영혼들이 유일한 부(富)'가 되는 새로운 민주주의에서도 그 나름의 질서와 지도력이 필요한 것 아닌가?

여기서 우리는 랑씨에르의 민주주의론에서 부딪힌 두번째 문제로 돌아온다. 곧, 그의 민주주의는 기존의 질서를 끊임없이 흔드는 힘일 뿐 대안적인 질서는 '치안'의 영역으로 간주되는 것 같다. 물론 '살림'에 대한 로런스의 배려가 결국은 국가의 폐기보다 국가에 의한 다스림을 수긍하는 입장이 아닌가 하는 의심을 살 수 있고, 실제로 로런스 자신이 이 문제를 이론적으로 깊이 천착하지는 않았다. 그러나 인간에 대한 지배를 사물에 대한 관리 기능으로 바꾼다는 사상이 한갓 유토피아로 받아들여지기 쉬운 까닭이 바로 민중이 스스로 다스리는 대안적 질서 내지 '체계'에 대한 경륜의 부재 때문은 아닌가. 그러한 사회로의 전환을 가능케 하며 그렇게 바뀐 사회가 자유인들의 연합체이면서도 적절한 지도력을 갖추도록 해줄 자기교육의 과정과 질서의 원리를 탐구할 필요가 절실한 것이다.[7]

'열린 길'의 사상은 바로 이 물음에 대한 로런스 나름의 답이라 할 것이다. 그러한 사회가 언제 도래할지, 정녕 도래하기나 할지는 장담 못할 일이다. 하지만 그 실현에 대한 의지와 구상을 갖추는 것만으로도, 민주주의가 기존 질서에 대한 끊임없는 교란행위에 불과하고 대중의 살림을 더욱 힘들게 만든다는 비난을 이겨내는 데 결정적으로 기여하리라 본다.

15

무엇이 변혁이며
어째서 중도인가

: 「큰 적공, 큰 전환을 위하여」에서

'변혁적 중도주의'는 2009년의 졸저 『어디가 중도며 어째서 변혁인가』의 주제말이나 다름없었다. 그런데 앞서 말했듯이 선거의 해에 낸 『2013년체제 만들기』에서는 잠복하다시피 했는데, '변혁'과 '중도'의 일견 모순된 결합이 당장에 다수 유권자를 설득할 수 없을 것이었기 때문이다. 그 점은 여전히 사실이고 현장의 '선수'들이 적절한 방도를 찾아야 할 테지만, 우리가 큰 적공, 큰 전환을 꿈꿀수록 전 지구적인 원대한 비전과 한국 현장에서 당면한 과제들을 연결하는 실천노선으로서 변혁적 중도주의 말고 무엇이 있을지 짐작하기 힘들다.

'변혁'은 딱히 '중도'와 묶이지 않더라도 오늘의 한국에서 쉽게 받아들여질 말이 아니다. 전쟁 발발 같은 급격한 변화가 경계의 대상임은 물론, 남북이 공존하는 가운데 남한만이 혁명 내지 변혁을 이룩한다는 주장도 공감하기 어렵기 때문이다. 실제로 그런 주장을 펼치는 소수세력이 없지 않지만 이는 공상에 가깝고 예의 '후천성 분단인식 결핍증후군'의 혐의가 짙다.

이렇게 남북한 각기의 내부 문제가 한반도 전체를 아우르는 분단체제 속에서 작동하고 있고 이 매개항을 빼놓고는 전 지구적 구상과 한국인의 현지실천을 연결할 길이 없다는 것이야말로 분단체제론의 요체이다. 따라서 우리의 적공·전환 과정에서 이러한 한반도체제의 근본적 변화, 곧 남북의 단계적 재통합을 통해 분단체제보다 나은 사회를 건설하는 작업이 핵심적이

기에 '변혁'을 표방하는 것이다.[1]

그리고 이를 위해 남한 단위의 섣부른 변혁이나 전 지구적 차원의 막연한 변혁을 주장하는 단순 논리를 벗어날 때 광범위한 중도세력을 확보하는 '중도주의'가 성립할 수 있다는 것이다.

실제로 그것이 가능할까? "다 좋은 말씀인데 그게 가능할까요?"라는 물음은 내가 토론 모임 같은 데서 수없이 마주치는 질문이다. 그럴 때 나는 '물론 불가능하지요, 여러분이 그렇게 묻고만 있다면'이라고 답하기도 하지만, 살펴보면 변혁적 중도주의는 절실히 필요할뿐더러 유일하게 가능한 개혁과 통합의 노선이다.

졸고 「2013년체제와 변혁적 중도주의」에서는 '변혁적 중도주의가 아닌 것'의 여섯 가지 예를 번호까지 붙여 가며 열거했는데(『창작과비평』, 2012년 가을호, 22~23면), 그런 식으로 이것저것 다 빼고서 무슨 세력을 확보하겠느냐는 반박을 들었다. 있을 법한 오해이기에 해명하자면 그것은 배제의 논리가 아니라, 광범위한 세력 확보를 불가능하게 만들거나 진지한 개혁을 이룰 수 없는 기존의 각종 배제의 논리들을 반대하되 각 입장의 합리적 핵심을 살림으로써 개혁세력을 묶어낸다는 통합의 논리였다. 다만 변혁적 중도주의가 이러저러한 것이라는 정의를 정면으로 내세우기보다 무엇이 변혁적 중도주의가 아닌지를 적시함으로써 각자가 스스로 깨닫도록 하는 불교 『중론(中論)』의 변증 방식을 시도해 본 것이다. 다만 『중론(中論)』의 방식에 진정 충실하려면 변혁적 중도주의자로 자처하는 사람도 자신의 생각을 끊임없이 성찰하면서 스스로 고정된 이데올로기에 빠지지 않도록 부정 작업을 계속하는 자세가 필요하겠다.

여기서는 먼젓글을 안 읽은 독자를 위해 예의 1~6번을 간략히 소개하면서 약간 부연하고자 한다.

(1) 분단체제에 무관심한 개혁주의: 대체로 이런 성향을 지닌 국민이 비록 개혁의 내용이나 추진 의지는 천차만별이더라도 전체의 대다수지 싶다. 여기에는 새누리당 지지자의 상당수도 포함될 테며, 이른바 진보적 시민단체도 다수가 이 범주에 속한다.(물론 특정한 개혁의제를 채택한 활동가가 거기 집중한다고 해서 '후천성 분단인식 결핍증후군' 환자로 몰아붙일 일은 아니다.) 어쨌든 1번은 사회의 다수를 차지한 만큼이나 자기성찰에 소극적일 수 있는데 변혁적 중도주의의 성공을 위해서는 이들을 최대한으로 설득하는 작업이 긴요하다.

(2) 전쟁에 의존하는 변혁: 한반도의 현실에서 전쟁은 남북 주민의 공멸을 의미하기 때문에 당연히 배제되는 노선이다. 그런데 전쟁 불사를 외치는 인사들도 대부분 전쟁이 안 일어나리라는 생각들이고 스스로 한국군의 작전권을 행사하여 전쟁을 치를 생각은 더욱이나 없음을 감안하면, 2번을 실제로 추구하는 사람은 극소수라고 봐야 한다.

(3) 북한만의 변혁을 요구하는 노선: 이 부류도 '북한혁명' 또는 '북한인민 구출'을 적극 추진하는 강경세력으로부터 북한체제의 변화를 소극적으로 희망하는 사람들끼리 스펙트럼이 넓다. 후자는 1번과의 경계선이 모호한 경우도 많다. 그런데 전자의 경우도 2번과 마찬가지로 비현실적이기 때문에 남한의 개혁을 막는 명분으로나 작용하기 십상이다.[2] 하지만 변혁적 중도주의는 2번 또는 3번의 노선에 반대할 뿐, 그 현재 추종 인사들이 노선의 편향성을 자각하고 '중도'를 잡게 될 수 있으리라는 기대를 처음부터 접을 일은 아니다.

(4) 남한만의 독자적 변혁이나 혁명에 치중하는 노선: 80년대 급진 운동

의 융성기 이후 계속 영향력이 감소해 온 노선이지만, 아직도 추종하는 정파나 정당이 없지 않고 특히 지식인 사회의 탁상 변혁주의자들 사이에 인기가 상당하다. 어쨌든 "이는 분단체제의 존재를 무시한 비현실적 급진노선이며, 때로는 수구보수세력의 반북주의에 실질적으로 동조하는 결과가 되기도 한다."(앞의 글, 22면) 반면에 세계체제와 한반도의 남북 모두를 변혁의 핵심 현안으로 인식만 한다면 중도를 찾을 여지가 있다.

(5) 변혁을 '민족해방'으로 단순화하는 노선: 이 또한 80, 90년대 운동권에서 성행했고 근년에 영향력이 대폭 줄어들었는데, 다만 일제식민지에서는 민족해방이 당연한 시대적 요구였고 8·15 이후에도 '민족문제'가 엄연한 현안 중 하나였다는 점에서 그 뿌리가 한결 튼실하다. 다만 분단체제 아래 북녘사회가 겪어온 퇴행현상들에 눈을 감고 심지어 주체사상을 추종하는 일부 세력이[3] 진보세력의 연합정당이던 민주노동당과 통합진보당을 장악했다가 진보진영의 분열로 치달으면서 자주와 통일 담론 전체가 약화되는 상황을 초래했다. 그러나 '후천성 분단인식 결핍증후군'과 줄기차게 싸워온 인사들이 온통 한묶음으로 매도당해서는 안 되며, 이들이 강조해 온 자주성 담론을 분단체제에 대한 원만한 인식에 근거하여 변혁적 중도주의로 수렴하는 노력이 진보정당 안팎에서 이루어지기 바란다.

(6) 평화운동, 생태주의 등이 "전 지구적 기획과 국지적 실천을 매개하는 분단체제극복운동에 대한 인식"(같은 글, 23면)을 결여한 경우: 이들도 각양각색이지만 전인류적 과제로서의 명분과 현지 실천에 대한 열의를 지녔다면 예의 '매개작용'에 대한 인식의 진전을 통해 변혁적 중도주의에 합류 또는 동조하는 일이 얼마든지 가능할 것이다.

이런 식의 논리 전개를 『중론』에 빗대었지만, 더 속된 어법으로 바꾸면

선다형(選多型) 시험에서 틀린 답을 지워나감으로써 정답을 맞히는 방식과 흡사하다. 실제로 현장에서 갖가지 극단주의와 분파주의에 시달리면서도 더 나은 사회를 만들려는 열정을 포기하지 않은 활동가일수록 변혁적 중도주의의 취지를 금세 알아차리기도 한다. 정작 어려운 문제는 정답을 맞히는 일보다 정답에 부응할 중도세력을 만들어내는 일이다. 이것이야말로 각 분야의 현장 일꾼과 전문가가 연마하고 적공할 문제인데, 여기서는 선거를 좌우하는 정당정치의 현실에 관해 한두 가지 단상을 피력하고 넘어갈까 한다.

한국사회의 대전환을 위해서는 전환을 막으려는 세력의 힘을 일단 부분적으로나마 꺾어야 하는데, 87년체제 아래 국민의 최대 무기는 6월항쟁으로 쟁취한 선거권이 아닐 수 없다. '1원 1표'가 아닌 '1인 1표'가 작동하는 드문 기회이기 때문이다.[4] 그렇다면 기존의 야당, 특히 제1야당인 새정치민주연합을 어찌할 것인가. '웬만만 하면' 찍어줄 텐데도 지금으로서는 도저히 찍어줄 마음이 안 난다는 사람들이 절대다수가 아닌가.

이에 대한 답이 내게 있을 리 없고, 변혁적 중도주의론이 그런 차원의 물음에 일일이 답을 주는 담론도 아니다. 다만 몇 가지 오답을 적시하는 기준이 될 수는 있다. 예컨대 야당의 낮은 지지율을 요즘 젊은 세대의 '보수화' 탓으로 돌리는 경향이 있는데, 물론 사회풍토의 변화로 젊은 세대가 유달리 개인적 '성공'에 집착하고 가정교육에서도 사회적 연대의식이 경시된 면이 없지 않다. 여기다 87년체제의 말기 국면이 지속되면서 냉소주의가 만연하고 사람들의 심성이 더욱 황폐해진 것도 사실이다. 하지만 소수의 예외를 빼고는 젊은이들이 기성현실에 대해 지금 이대로 살 만하다고 긍정하거나 정부·여당의 낡은 작태가 '웃기다'고 생각하지 않을 정도로 보수화된 건 아니지 싶다. 오히려 지금과는 다른 세상에 대한 목마름이 간절하다고 보며,

게다가 저들은 앞세대에 비해 훨씬 식견이 넓고 발랄한 기상을 지녔다. 그런 젊은이들에게 자기 편을 안 들어준다고 보수화 운운한다면 점점 더 외면받는 게 당연하다. 차라리 변화에 대한 저들 자신의 욕구에 맞추는 일을 '진보'의 척도로 삼고 그에 걸맞은 정책의제를 제시한다면 오히려 그들이 너무 과도한 반응을 보여서 나이든 세대의 적당한 견제가 필요해질지 모른다.

'변혁적 중도주의가 아닌 것'에 대한 설명을 원용한다면, 야당이 1번 노선에 안주하면서 '우클릭'을 통해 '보수화'된 젊은 유권자를 사로잡으려 해서는 여당과의 비교열세가 더욱 돋보이게 될 뿐이다.

그렇다고 혁신을 한답시고 4~6번 중 어느 쪽으로 '좌클릭'하는 것도 소수 세력에 매력을 지닐 따름이다. 다수 국민이 그렇겠지만 특히 젊은 세대로 갈수록 '변혁적 중도주의'라는 문자에는 무지하거나 냉담할지언정 1~6번이 모두 안 맞다는 점만은 직감하고 있는 것이다.

이런 인식은 없이 새정치민주연합에 대해 과도한 혁신을 주문하거나 기대하는 것도 낡은 타성일 수 있다. 제1야당이 자체 혁신만 해 내면 수구보수 진영에 맞설 수 있는 독자적 진영을 이루고 있다는 환상이기 쉽고, 새정치민주연합이 곧 '민주'의 총본산이라는 고정관념에 사로잡힌 결과일 수도 있다. 제1야당의 혁신은 물론 필요하지만 혁신한다고 수구·보수 카르텔을 제압할 힘이 생기는 것은 아니며, 단기간에 변혁적 중도주의 정당으로 거듭날 처지도 못 된다. 카르텔의 거대한 성체에 약간의 균열부터 내는 일이 급선무인데, 이를 위해 나서야 할 광범위한 연대세력 중에서 가장 큰 현실정치 단위가 새정치민주연합이라는 인식을 갖고 그 몫을 수행할 만큼의 자체 정비와 혁신을 해 내겠다는 겸허한 자세가 필요한 것이다. 본격적인 변혁적 중도주의 정당(들)의 형성은 일단 선거승리라도 이룬 다음의 일이지만,[5] 선거승리를 위해서도 변혁적 중도주의에 대한 지향성을 어느 정도 공유해야 하고, 이를 위해 자신보다 현실적 힘이 약한 정파나 집단의 목소리라도 변혁적 중도주의에 대한 인식이 더 투철하다면 경청하는 자세가 있어야 할 것이다.

끝으로 변혁적 중도주의라는 남한 단위의 실천노선이 불교적 '중도'—또는 유교의 '중용'—같은 한결 고차원의 개념과 연결되어 있음을 상기하고자 한다(같은 글, 제2절 '분단체제 속의 마음공부·중도공부' 참조). 이로써 본고가 동원한 여러 개념 사이에 일종의 순환구조가 성립한다. 곧, 근대세계체제의 변혁을 위한 적응과 극복의 이중과제를 한반도 차원에서 실현하는 일이 분단체제극복 작업이고, 그 한국사회에서의 실천노선이 변혁적 중도주의이며, 이를 위해서는 집단적 실천과 더불어 각 개인의 마음공부·중도공부가 필수적인데, 중도 자체는 근대의 이중과제보다도 한결 높은 차원의 범인류적 표준이기도 하여 다른 여러 차원의 작업을 관통하고 있는 것이다. 굳이 이 점을 지적하는 까닭은 체계의 완결성을 기해서가 아니라, 지금 이곳의 우리에게 주어진 복잡다기한 적공·전환의 과제를 시간대와 공간 규모에 따라 식별하면서도 결합하는 작업이 오히려 순리에 해당함을 강조하고 싶어서이다.

16

대전환을 위한 성찰 두 가지

1. 말문을 열며

'큰 적공, 큰 전환을 위하여'는 제가 『창작과비평』 166호(2014년 겨울호)에 발표한 글의 제목입니다. 주최 측에서 저의 논평 제목으로 적어 놨습니다만 그대로 사용하면 자기 표절의 혐의를 받기 십상이지요. 짤막한 논평의 제목 치고 너무 거창하기도 하고요. 그래서 '대전환을 위한 성찰 두 가지'라는 표제 아래, 오늘의 발제를 들은 소감을 말씀 드릴까 합니다.

그에 앞서, 큰 전환의 필요성을 공감하며 각자 적공해 오신 발제자 여러 분과 자리를 함께해서 즐겁고 감사하는 마음입니다. 세 분의 발제를 들으며 많이 배웠고, 전날의 생명학연구회 발제문들도 자료집으로 읽으면서 배웠습니다. 우선은 오늘의 발제 3편에 간략히 언급하는 것으로 시작하겠습니다.

주요섭 선생이 강조하신 "신인간이 창조하는 다시 개벽의 새 문명"(자료집 38면)이라는 목표에 저도 깊이 공감합니다. "사회적 특이점을 만들어야 하지만, 관건은 역시 새로운 사람이다"(45면)라는 점에도 동의합니다. 주 선생님은 『전환 이야기』라는 저서도 내신 것으로 아는데, 개인적 사정이 있어 이번 발제문「전환, 무엇을 할 것인가?―삶/생명의 눈으로 본 인간, 사회, 문명」은 충분한 전개에 이르지 못한 듯하고 제게도 막바지에야 파일이 전달

되었습니다. 토론 시간에 한결 구체적인 검토와 진전이 이루어지기를 기대합니다.

윤정숙 선생은 오랫동안 여성운동을 해 오신 분으로서 그동안 성 평등을 실현하는 사회제도 개혁을 통해 '다른 세계'를 이룩하고자 했으나 "'다른 세계'로의 전환이란 나의 생각과 실천 그리고 삶 한가운데에 자연, 우주, 생명(체)의 신비와 창발성, 그리고 인간을 넘어 존재하는 생태계의 경이로움이 들어와야 한다는 것"(자료집, 59면)이 한층 본질적인 전환의 조건임을 깨달았다고 했습니다. '모성성'을 포함한 '여성성'을, 본질주의에 빠지지 말고 문화적 가치로 만들자는 주장(58면)도 그 일부입니다. 저 자신 성 평등이 중대한 당면과제이긴 하지만 여성운동 또는 대전환 운동의 궁극적 목표는 아니지 싶다고 생각해 왔는데, 여성이 아닌 사람이 그런 말을 하다가는 기득권자의 쟁점 흐리기라는 비판에 직면하기 십상이었습니다. 실제로 그런 경고를 받기도 했지요(『백낙청이 대전환의 길을 묻다』 296-300면). 윤선생님 같은 분의 문제제기로 한층 활발한 논의가 가능해지리라 믿습니다.

하승우 선생은 「풀뿌리로부터의 전환, 근본적이면서 급진적으로」에서 '전형(典型)'을 깨뜨리는 사고의 전환, 특히 국가주의와의 결별과 연방국가를 포괄하지만 연방국가에 국한되지 않고 "지역이 더 많은 결정권을 가지도록"(자료집, 63면) 하는 한층 넓은 개념으로서의 '연방주의'를 제창하십니다. 이 또한 제가 공감하는 원칙이며, 특히 헌법 문제를 제기하신 것이 흥미로웠습니다. "대한민국은 민주공화국이다"라는 우리 헌법의 제1조 제1항은 국가의 존재 자체를 부정하지 않는 이상 나무랄 데 없는 조항이라 생각합니다. 다만 "대한민국의 주권은 국민에게 있고 모든 권력은 국민으로부터 나온다"고 한 제2항은 한편으로 훌륭하지만 다른 한편으로 '국민' 대신에 '시민' 또는

'주민'을 쓰자는 발상이 따라야 '전환'에 걸맞은 헌법이 될 것입니다. 하지만 그 전에 헌법 제3조의 영토 조항이 지켜지지 않고 지켜질 수도 없는 현실부터 직시해야 할 것이고요. 그러다 보면 대한민국에는 공포된 헌법 외에 이를 다분히 무력화하는 '이면헌법'이 존재한다는 인식에 다다를지 모릅니다 (졸저, 『2013년체제 만들기』 제7장 「한국의 민주주의와 한반도 분단체제」, 144-147면 참조).

세 분의 말씀에 그 밖에도 경청할 바가 많지만 우리가 대전환을 실제로 이룩해 내지 못하면 미사여구로 끝날 것입니다. 그 점에서 성찰할 일이 한두 가지가 아니겠습니다만, 두 가지에 한정해서 말씀드리는 것으로 논평자의 책임을 면할까 합니다.

2. 분단시대와 그 제약

어제 발제하신 두 분을 포함한 모두가 원불교에서 강조하는 '이소성대(以小成大)'의 정신으로 전환의 작업에 임하고 있다고 생각합니다. 곧, 큰 원(願)을 이루기 위해 작은 일부터 차근차근 해 나가는 것입니다. 대전환을 꿈꾸되 나부터 바뀌고 풀뿌리와 마을의 삶을 변화시키는 데서 출발하는 자세입니다.

'이소성대'는 공부와 사업의 기본이지만 '큰 것'을 실제로 달성하려면 일의 어려움이 무엇인지를 알아야 하고 어디서 막히고 뒤틀리는지를 정확히 짚어낼 수 있어야 합니다. 예컨대 신체적인 장애 때문에 활동이 자유롭지 않은 사람은 먼저 그 사실을 인식하고 거기에 맞는 특별한 훈련과 대비를 거침으로써만 남들처럼, 또는 남들 이상의 성취를 기할 수 있습니다. 장애요인을 망각한 채 일을 도모한다면 뜻한 바가 계속 실패하는 좌절을 맛볼 수밖에 없을 터이고, 원망심만 점점 커질 것이며, 더러는 헛된 꿈에 빠짐으로써 자신을 달래고자 하게 될 것입니다.

오늘의 한국사회에서 전환이 잘 안 이루어지는 가장 큰 요인은 무엇일까요? 자본주의 세계체제의 지배력이라든가 남한사회 특유의 온갖 문제 등 여러 가지가 있겠습니다만, 실제로 적지 않은 사람들이 잊고 지내는 것이 한국이 분단사회라는 사실입니다. 그 점에서 어제 발제하신 정혜정 교수가 "현재 한국사회의 가장 큰 질곡은 남북분단의 족쇄일 것이다"(자료집, 35면)라고 설파한 것은 정확한 지적입니다. 다만 정녕 이 말이 옳다면 그것이 어떤 질곡이요 족쇄며 어떻게 작용하고 있는지 한층 세밀한 연구가 필요합니다.

'질곡'은 원래 수갑과 차꼬를 뜻하고 '족쇄'는 옛날에 쓰던 차꼬를 대신해서 발을 묶어 놓는 쇠사슬입니다. 그리고 수갑이나 족쇄보다 약간 더 여유 있게 묶어 두는 방법으로, 예컨대 개를 개집에 묶거나 데리고 다닐 때 쓰는 가죽 줄도 있습니다. 줄의 길이보다 멀리 가지 않는다면 직접적인 구속을 안 받고 스스로 묶여 있는 상태임을 잊고 지낼 수조차 있습니다.

분단시대를 식민지시대와 비교한다면 족쇄보다는 이런 가죽 줄이 더 방불하지 싶습니다. 타민족의 직접 통치를 받는 식민지생활은 족쇄를 찬 상태에 가깝고 묶은 끈이라 해도 비교적 짧게 맨 끈이라 할 수 있습니다. 물론 일제의 식민통치도 오래 지속되면서 자연스러운 여건처럼 생각하는 사람들이 늘어났지만, 기간도 분단시대의 절반에 불과했으려니와 그 말기로 갈수록 폭압이 심해졌기 때문에 잊어버리고 살기가 족쇄만큼이나 힘들었습니다. 그런데도 식민지의 해방이라는 시대적 과제를 빼놓고 '전환'을 이야기하다 보면 병폐의 근원을 우리 자신의 민족성에서 찾는 민족개조론으로나 흐르기 일쑤였습니다.

　분단시대는 비록 나라가 반쪽으로 갈렸지만 각기 자체 정부를 갖고 자국 인사가 다스리며 자기 언어로 생활하는 시대이기 때문에 우리 목에 맨 끈이 한결 길어진 셈입니다. 특히 분단 초기의 아픔과 동족상잔의 참화를 겪은 뒤, 1953년에 정전체제가 성립하여 60년 이상 지속되면서 '분단체제'라고 일컬음직한 비교적 안정된 체제가 형성되었습니다. 더구나 분단체제는 어쨌든 전쟁의 재발을 막았을 뿐 아니라 남한에서는 일정한 민주화와 괄목할 경제성장을 이룩했기 때문에 '족쇄'를 차고 살아간다는 실감이 한층 흐려졌습니다. 급기야 제가 '후천성 분단인식결핍 증후군'이라 부르는 인식상의 장애가 진보적 지식인들이라는 많은 분들 사이에마저 퍼지는 상황에 이른 듯합니다.

　물론 분단 인식을 강조하는 것이 분단을 만악의 근원으로 보고 통일만 되면 모든 문제가 해결된다고 주장하는 것과는 다릅니다. 다만 우리가 처한 현실에 대한 올바른 알음알이를 갖춰야—묶인 끈의 범위 안에서는 거동이 자유로운 듯싶다가도 어느 선 이상의 개혁이나 전환을 시도할 때면 번번이 제동이 걸리는 자신의 처지를 정확히 인식하고 있어야—복지 문제든 생태계 문제든 민주주의든 또는 남북관계의 발전이든 헛심을 쓰지 않고 대응할 수 있다는 것입니다. 당장에 가능한 작은 일을 착실히 쌓아 가되 묶인 끈을 어떻게든 잘라내거나 그것이 단번에 안 된다면 조금씩 늘여 가고 풀어 가는 작업을 병행하는 지혜가 필수적입니다.

　그 점에서 주요섭, 윤정숙, 하승우 세 분이 중요한 이야기를 하시면서도 스스로 제시하는 전환의 작업이 분단체제로 인해 어떤 제약에 놓였고 이를 어떻게 벗어날 것인가에 대해 언급하지 않으신 것은 앞으로 연마할 숙제로 남았다고 판단됩니다. 어제 「마을, 마을민주주의 그리고 전환」을 발표하신 윤호창 선생은 마을민주주의의 발전을 위협하는 여러 제도적·현실적 조건을 언급하면서 "어느 정도 기반을 구축했다고 생각했던 민주주의가 쉽게 퇴행하는 것을 보면서, 마을이 민주주의와 충분한 결합을 하지 못하면 퇴행과 왜곡의 모습을 보일 가능성도 충분히 있다"(자료집, 19면)고 결론지으셨는데, "어느 정도 기반을 구축했다고 생각했던 민주주의"가 왜 그렇게 쉽게 퇴행했는지, 1987년 6월항쟁으로 군사독재는 무너졌지만 1953년 이래의—'분단체제'라 부를 정도로 굳어진—정전체제를 군사독재체제와 마찬가지로 자신의 토대로 지닌 것이 87년체제가 아니었는지를 탐구해야 더 이상의 퇴행을 막고 마을민주주의 전진도 기약할 수 있으리라 생각합니다. '남북분단의 족쇄'를 강조한 정혜정 선생은 정전협정을 대체할 '종전협정'을 해법으로 제시했는데, 물론 동의합니다만 이 또한 분단체제의 다각적이고 신축적인 작동방식에 대한 치밀한 인식과 그에 걸맞은 종합적이고 슬기로운 대응책이 따르지 않고는 쉽게 달성되기 어려울 것입니다.

3. 후천개벽·물질개벽·정신개벽

원불교의 개교표어는 "물질이 개벽되니 정신을 개벽하자"입니다. 정신개벽은 일찍이 석가모니가 깨치신 진리를 이어받는 일이지만, 19세기 중반 이래 한반도의 자생종교들이 설파한 개벽사상을 겨냥한 것이기도 합니다. 불교의 가르침이 무상대도(無上大道)임을 인정하더라도 지난날의 불교가 시대와 장소를 초월한 깨달음을 강조해온 데 비해, 전환기의 절박한 시대상황에 부응코자 한 것이 후천개벽(後天開闢)의 사상입니다. 동학이 그랬고 증산사상이 그랬는데, 시대상황을 '물질개벽'으로 특정하고 이에 상응하는 '정신개벽'을 촉구한 것이 원불교의 독창적인 면모라 하겠습니다.

개교표어는 일종의 화두이므로 이를 끊임없이 연마함으로써만 당면한 전환의 과제에 응용할 수 있습니다. 먼저 물질개벽 자체에 대해서도 한층 곡진한 성찰이 필요합니다. 흔히 개교 당시 서세동점(西勢東漸)의 대세와 연관지어 '서양의 물질문명 대 동양의 정신문명'이라는 도식에 머물기도 하지만, 물질개벽을 자본주의 및 과학기술문명으로 이해한다면 서양에서의 물질개벽 역시 특정 시기 특정 지역에서 출발하여 서양 내부에서도 점차로 퍼져나간 흐름입니다. 16세기 영국에서 이미 시작된 자본주의 농업과 17세기 유럽 곳곳에서 이루어진 과학혁명에서 비롯되었으며, '동점'에 앞서 서남쪽으로 아메리카 신대륙의 '개척'과 수탈이 있었기에 가능했습니다. 그런 전체 과정을 살펴야 물질개벽의 실상을 제대로 알 수 있는 것입니다.

동시에 물질개벽이 궁극적으로는 정신의 쇠약을 초래하긴 했지만 물질의 융성 자체가 서양인들의 엄청난 정신적 공력이 거둔 성과임을 놓쳐서는 안 됩니다. 과학주의자들과 일부 과학자들은 근대의 과학이 형이상학과 신학을 본질적으로 넘어선 것처럼 말하지만, 고대 그리스 이래의 형이상학과 중세 신학의 면면한 성취를 모태로 삼아 탄생한 것이 과학이며, 오늘날 서양의 과학기술뿐만 아니라 서양의 사상과 학문 전체가 누리는 세계적 권위는 그렇게 해서 가능해진 것입니다. 물론 한반도인의 입장에서는 과학기술문명에 짓눌려 정신의 힘이 쇠약해진 데다 서양의 사상과 문물 일반에 대한 무분별한 추종심마저 갖게 되었으니 이중의 노예화라 하겠습니다. 그러나 '동양 대 서양'이라는 이분법으로 이 상황을 감당할 수는 없습니다.

실은 '정신 대 물질'의 대비도 서양철학의 전통적 이분법으로 해석해서는 물질개벽을 촉진할지언정 정신개벽을 성취하지 못합니다. 동학에서 '몸의 개벽'(정혜정, 위의 글)을 말한 것을 보나, 원불교에서 정신을 "마음이 두렷하고 고요하여 분별성과 주착심이 없는 경지"(『정전』 교의편 제4장 제1절 '정신수양')로 규정한 것을 보나, '물질'을 사용할 '정신'은 유(有)의 영역 속에서 '정신적'인 것으로 분류되는 존재자가 아니라, '유무 초월'의 경지에 이르는 능력이며 거기서 나오는 위력입니다. 근대과학뿐 아니라 서양의 전통적 철학에서도 거의 실종된 힘이며 이를 회복하고 응용하는 공부와 사업이 곧 정신개벽이요 병든 사회를 치유하는 길인 것입니다.

이런 이야기를 하면 곧바로 너무 어렵다, 아리송하다, 비과학적이다 하고 연마를 포기하는 이들이 있습니다. 하지만 그것이야말로 근대주의의 병폐요 물질개벽에 응답할 정신개벽의 포기가 아닌지 스스로 물어볼 일입니다. 큰 전환에는 큰 적공이 필수적이며 적공 자체가 전환의 작업이라야 할 것입니다.

원불교 개교 100주년 기념 특별대담

: 백낙청, 박윤철 대담

박윤철 저는 원광대 원불교학과에 재직하고 있는 박윤철 교무입니다. 오늘 이 자리는 한국을 대표하는 신종교의 하나인 원불교가 올해(2016)로 개교 백주년을 맞이하게 되어, 우리 시대 지성 한 분에게 좋은 말씀을 듣기 위해 마련되었습니다. 또 올해는 원불교에서 세운 원광대학교를 비롯한 원광학원이 건학 70주년을 맞는 해이기도 합니다. 제가 알기로는 선생님께서 평생 공들이고 가꿔 오신 『창작과비평』도 창간 50주년 되는 해입니다. 한국사회가 여러 과제를 안고 있는데 올해 국회의원 선거를 출발로 해서 내년 대선에서 또 한번 변화해야 하는, 큰 전환이 필요한 해이기 때문에 이 특별 인터뷰가 더 값질 것 같습니다. 시간 내주셔서 감사드립니다. 요즘 건강은 어떠신가요?

백낙청 그럭저럭 유지하고 있습니다.

박윤철 서울대에 재직하시던 시절에 유명한 별명을 가지셨다고 하시던데요. 시계추라고. 지금도 시계추 같은 생활을 하시나요?

백낙청 서울대 시절에는 전혀 안 맞는 말이었죠. 제가 점심을 먹고 관악 캠퍼스 위쪽으로 산책하길 좋아했습니다. 매일 그런 건 아니고요. 칸트가 산책하는 거를 보고 사람들이 시계 맞췄다는 얘기가 있잖아요. 그런데 제게는 가당치 않은 얘기인 것이 시간이 그렇게 일정하지도 않았을 뿐 아니라, 저는 서울대학교 교수 하면서 『창작과비평』을 동시에 했기 때문에 엄청 분주했어요. 어떤 날은 강의 끝나자마자 달려오기도 하고. 도저히 규칙적인 생활이 안 되는 사람이었습니다. 그런데 사람들이 그런 말 하기를 좋아해요.

박윤철 제가 선생님 인터뷰를 위해서 최근에 메일을 주고받으면서 느꼈는데 굉장히 정확하시고 꼼꼼하시고 자상하시고, 그래서 조심스러워지는 느낌도 받았거든요.

백낙청 뭐 꼼꼼할 때는 꼼꼼한 편이죠. 그래서 같이 일하는 사람들이 괴로워할 때도 있고. 그런데 백프로 그렇지는 않습니다.

박윤철 『창작과비평』 편집인에서 작년 연말에 물러나실 때 큰 뉴스거리가 되었는데요, 생활의 변화는 없으신가요?

백낙청 아무래도 여유가 좀 생겼습니다. 『창작과비평』 편집회의에 제가 안 들어가고요. 또 지금이 계간지 봄호 막바지인데 그전 같으면 들어오는 원고들 읽고 검토도 하고 했는데 그런 일을 안 하니까 한결 한가해졌습니다.

박윤철 그럼 저희가 특별 인터뷰로 귀찮게 해도 괜찮으시겠네요.

백낙청 얼마든지 환영합니다. (웃음)

박윤철 오늘은 일상화되어 있고 생활화되어 있는 기본적인 문제, 작은 문제들부터 여쭈려고 합니다. 저희 방식으로는 이소성대(以小成大)라고 하는데요, 작은 것에서부터 큰 방향으로 진행하려고 합니다. 선생님 아호도 있다고 들었는데요.

백낙청 환갑 때였을 겁니다. 그 무렵에 한국사 학자이신 성대경(成大慶) 교수께서 '청사'라는 호를 지어주셨어요. 갤 청(晴) 자에 도롱이 사(蓑) 자인데, 맑은 날에 도롱이 쓰고 나오는 사람이라는 거죠. 어떻게 보면 아주 주도

면밀하고 준비성이 철저하다는 뜻도 되고, 달리 보면 괴짜라는 얘기도 되지요. 맑은 하늘에 도롱이 쓰고 나오니까.(웃음) 저는 그 호가 양면이 있어서 좋습니다. 그리고 원불교에서 제가 『정전』 영역(英譯)을 했을 때 당시 좌산 종법사님께서 공산(空山)이라는 법호를 지어주셨습니다. 말하자면 원불교에서 명예박사 학위를 받은 거죠.

박윤철 다른 분과는 달리 2관왕이네요.

백낙청 호라는 건 자기가 지을 수도 있으니까 원하면 10관왕도 할 수 있습니다.

박윤철 '백낙청 선생님'이라고 하면 으레 창비와 떼려야 뗄 수 없고 유명한 문학평론가, 통일운동가 등으로 알려져 있는데, 그에 비해 사모님에 대해서는 알려진 바가 없거든요. 사모님 소개를 해 주실 수 있을까요?

백낙청 밖에 나가면 저희 집사람이 '백아무개 안사람이다'라고 소개가 되기도 하지만, 원불교 교단에서는 제가 '지타원 한지성(본명은 한지현─편자 주)의 남편'으로 알려져 있습니다.

박윤철 원불교에서는 원래 여성들의 지위가 높거든요.

백낙청 아, 저는 집사람이 훌륭해서 그런 줄 알았더니.(웃음)

박윤철 원불교의 양성평등사상 덕분인 것 같습니다. 그럼 이제 화제를 돌려, 선생님이 최근에 쓰신 글 이야기를 하겠습니다. 작년(2015) 『창작과비평』(이하 〈창비〉) 겨울호(170호)에 선생님께서 쓰신 평론 「근대의 이중과제, 그리고 문학의 도와 덕」을 정말 감명깊게 읽었는데요. 제가 느꼈던 인상은 단순한 문학평론이 아니고 우리가 지향해 가야 할 인생론이라고 할까, 저는 종교에 몸담고 있으니까 종교론이라고 할까, 하여튼 선생님이 평생 추구해 오신 모든 것이 파노라마처럼 어우러져서 전개된 명문장이 아닐까 하는 느낌을 받았거든요. 선생님은 그 글을 쓰시면서 어떤 감회를 받으신 게 있나요.

백낙청 첫째는 박 교수님 같은 독자가 많이 있어줬으면 하는 마음을 갖고 썼고요, 제가 작년 말로 〈창비〉 편집인을 그만두지 않았습니까. 〈창비〉 창간할 때 제가 권두논문을 썼고, 50년 채우면서 마지막으로 평론 한 편 쓰는데 뭔가 진전된 게 있어야 하지 않나 하는 생각을 했어요. 그래서 그동안에 해 오던 이야기를 아울러 보려고 노력을 했지요.

박윤철 혹시 저 말고 다른 독자들의 반응이 있었나요?

백낙청 제 글에 그렇게 반응이 많지가 않아요. 누가 저를 까면 신문에 크게 나는데 제가 쓴 걸 갖고는 보도가 잘 안 나옵니다.

박윤철 같은 분야에 계신 분들은?

백낙청 동업자 중에서는 좋다는 동료들이 있고, 어떤 분은 '좋긴 좋지만 백선생 글은 늘 골치 아프다'라는 분도 있었고 그렇습니다.(웃음)

박윤철 '골치 아프다'는 표현 속에는 어떤 의미가 들어 있을까요?

백낙청 글쎄요. 완전히 이해하고 수긍하기 어렵다는 뜻이 있지 않을까요.

박윤철 저도 그런 느낌을 받긴 했습니다. 그냥 문학 얘기만 하시면 괜찮은데, 중간에 종교 얘기가 나오고 철학 얘기가 나오고…. 그래서 단순하게 문학평론이라는 인상으로만 읽으면 골치 아프거나 어렵게 느껴지겠지만, 그러나 삶을 생각한다면…. 저는 그런 느낌을 받았습니다. '백낙청 선생님의 글은 삶에서 우러나오는구나.' 그 속에 평생을 꿈꾸고 추구하신 큰 원이랄까, 또는 원불교에서는 몸으로 실천하고 행동하는 걸 '실지기도'(實地祈禱)라고 표현하거든요, 그 말처럼 선생님께서 평생토록 추구해 온 실지기도가 담긴 무게가 사람들을 골치 아프게 하는 것 아닐까 생각했습니다.

백낙청 그렇게 봐 주시니까 고맙습니다. 그런데 저는 사실 문학평론이라는 게 본디 그래야 된다고 봅니다. 그냥 작품 하나 두고 분석하고 해석하고, 평점 별 몇 개 주는 식의 얘기는 아니지요. 평론가가 작품을 제쳐 놓고 자기 얘기만 해도 안 되고요. 그러나 작품 얘기에 자기 인생이 담기는 게 옳지 않나 하는 그런 생각입니다.

박윤철 내용 중에 문학의 '아토포스(atopos)와 도(道)'라는 표현이 나오는데요, 조금 전에 말씀하신 대로 '사람들은 어렵게 받아들이겠구나' 싶었습니다. 그런데 다른 한편으론 선생님 글이 아니라면 그런 표현이 나오지 않겠다고 생각하기도 했습니다. 독자들을 위해서 조금 더 쉽게 문학의 아토포스와 도의 관계를 말씀해 주시지요.

백낙청 아토포스는 희랍어인데 토포스(topos)가 장소를 뜻하거든요. 희랍어에서 앞에 아(a-)를 붙이면, 아닌 게 됩니다. 그래서 아토포스라고 하면 비장소가 됩니다. 장소가 아닌 곳. 그런 표현을 제가 아주 아끼고 촉망하는 시인이고 철학도 하는 분이 썼는데, 저는 그 말이 여러 가지 의미를 함축하고 있지만 두 가지 문제점이 있다고 봤습니다.

하나는 굳이 희랍어를 쓸 필요가 있느냐. 우리 전통 속에 도(道)라는 친숙한 표현이 있는데 그걸 잘 음미해 보면 그게 아토포스와 통하는 얘기고 더 깊은 얘기일 수도 있다는 거죠. 또 하나는 글을 쓴 진은영(陳恩英) 씨에게 해당되는 얘긴데, 말로는 아토포스를 얘기하면서 아토포스 문제를 끝까지 천착하지 않았어요. 그보다는 우리에게 친숙한 문학의 토포스, 즉 문학의 공간을 파괴한다든가, 이걸 벗어나서 새로운 문학적 공간을 개척하는 것을 아토포스라고 표현하고 있는데, 저는 그걸로는 미흡하다고 본 거죠.

비장소를 제대로 말하려면 동양에서 친숙한 표현으로 유(有)도 아니고 무(無)도 아닌 그런 경지를 사유하는 게 중요한 거라고 봅니다. 물론 유교·도교·불교가 각기 다르지만, 특히 불교는 유무 초월의 경지를 겨냥하지 않습니까. 그래서 도 얘기를 한 거고요. 또 하나는 근래 우리 평단에서는 시나 문학의 정치성이라든가, 윤리성, 도덕 그런 것에 대한 논의가 많았어요. 어떤 사람들은 도덕은 낡은 거니까 윤리를 생각해야 한다고 주장하는 사람도 있고요.

진은영 씨는 윤리는 너무 한정된 거니까 그걸 넘어서는 모럴(moral)이라는 표현을 제안합니다. 그런데 저는 그 어느 걸 쓰더라도 원래 우리 전통과 도덕이 가졌던 의미, 그건 도덕률이 아니죠, '도에서 나오는 힘' '도의 힘'이 '덕' 아닙니까. '도의 힘으로서의 덕'을 생각하는 그런 도덕의 영역이 실종되어 버릴 염려가 있다고 봤어요. 그래서 도덕의 원뜻으로 돌아가서 살펴보자 생각했죠. 그걸 사유하다 보면 윤리라는 게 저절로 따라오죠. 도의 힘으로서의 덕을 실현하기 위해서는 일정한 기율이 필요한 거니까요. 이는 문학 내에서의 여러 가지 규칙일 수도 있고, 종교에서의 계명일 수도 있고요. 또 우리 실생활에서의 여러 도덕적 규범이 있을 수 있지만, 그걸 도와 덕과 율이라는 측면에서 다시 보자는 것이었습니다.

박윤철 만약에 어떤 소설이나 시를 쓰는 작가가 선생님이 말씀하시는 아토포스의 도 경지를 추구한다면, 우리의 어떤 신선한 감흥을 통한 자기치유, 혹은 종교적인 용어로 말하면 자기를 정화하는, 또는 세상도 바꿔 내는 힘들이 나올 수 있다는 의미를 포함하고 있겠죠.

백낙청 그렇죠.

박윤철 그러면 한국사회가 굉장히 많은 과제를 안고 있는데 현재 활동하고 있는 문학인들 중에, 아토포스 혹은 '유도 아니고 무도 아닌 도'의 경지를 향해서 치열하게 사유하고 글 쓰는 그런 동향들은 있나요?

백낙청 제 주장이 진정한 문학이나 예술의 거처, 처소가 아토포스 내지는 도의 영역이기 때문에 그건 작가 개인이 '내가 그런 의식을 갖고 추구하고 안 하고'가 중요하다는 건 아니에요. 자신의 예술을 치열하게 하면 저절로 진입을 한다고 할까요. 또는 거기서 나오는 덕이 작품에 담기게 되는 거니까 작가가 철학자도 아니고 그걸 얼마나 의도적으로 추구하느냐가 중요한 건 아니라고 봅니다. 제가 그 얘기를 하게 된 맥락은 우리 문학이나 예술가 중에서는 어떤 사람은 시를 굉장히 어렵게 쓰는데, 겉멋으로 그렇게 쓰는 사람도 있지만 정말 그걸 통해서 언어의 새로운 경지를 탐구하고 의식의 새 영역을 개척하려는 실험정신이랄까, 그런 사람들의 문학에 대해서도 생각해 보자는 뜻이었습니다.

박윤철 선생님께서는 '특공대'라고 표현하셨죠?

백낙청 불가의 선방에서 참선만 하시는 수좌스님에 비교를 했는데 그걸 더 넓게 보면 수좌스님이 일종의 특공대 아니냐 하는 거죠. 말하자면 새로운 의식의 영역을 개척하는 특공대인데, 전쟁을 특공대만 갖고 치를 수 없듯이 성불제중(成佛濟衆)이란 말대로 대중을 제도하는 사업을 특공대만 갖고 할 수는 없단 말이죠. 참선 공부는 누구나 자기 식으로 해야 되지만 그 공부를 바탕으로 원만한 보살행으로 나아가는 그런 시인이나 작가들이 있고요, 반면에 독선기신(獨善其身)이라는 말이 있듯이 오로지 자기 의식만 새롭게 하려는 사람들이 있는데, 저는 원만한 보살행까지 가는 작가나 시인들을 그보다는 한 급 높게 보죠. 그런데 공부가 없이 사업만 하는 사람들도 있지 않습니까. 특히 조계종 같은 데서는 이런 이들을 사판승(事判僧)이라고 해서 한 급 낮게 보는데요, 보살행을 내걸고 공부 없이 하는 사업이 아니고 공부는 공부대로 깊이 하되 대중에게 더 다가갈 수 있게 하는 작품을 써내는 사람들, 그런 사람들이 참 귀하다고 봅니다. 최근의 시 중에서는 백무산의 『폐허를 인양하다』라는 시집을 하나의 본보기로 거론했죠.

박윤철 제가 그 대목을 읽으면서 문학이 가고자 하는 길하고 제가 몸담고 있는 종교의 길이, 표현이 다르지만 다른 길이 아니구나 하는 생각이 들었습니다. 특히 원만한 보살행이라는 대목에 이르러서는 갑자기 숨이 멎는 느낌이 들었거든요. 왜냐면 제가 평생 추구해야 할 과제하고도 관련이 되어 있어서입니다.

그런 원만한 보살행, 문학도들도 문학을 통해 원만한 보살행을 평생 추구하려고 하는데, 종교에 몸담고 있는 저는 더더욱 그런 원만한 보살행을 화두 삼아 살아가야 하지 않을까라는 생각을 했습니다. 그렇다면 선생님께서는 한국의 종교나 종교인들을 원만한 보살행 입장에서 어떻게 바라보실까 궁금하기도 하고 겁도 나기도 합니다.

백낙청 한국의 종교인들을 어떻게 제가 다 알겠습니까. 다만 원불교는 처음부터 목표가 이사병진(理事並進) 아닙니까. 우리 전통불교에서처럼 이판·사판(理判事判) 구분해서 이판이 한급 높은 걸로 가는 것과는 입장이 조금 다르죠. 문학으로 친다면 치열한 공부를 하면서도 원만한 보살행에 해당하는 문학을 추구한다는 면에서 기본적으로 저와 입장이 같지요. 하지만 이사병진하기가 한 가지만 파기보다 더 힘들잖아요. 물론 선방에 앉아서 하루종일 혹은 몇 달씩 하는 것도 보통사람이 하기 쉬운 건 아니지만, 그런 공부도 하면서 공부와 사업을 같이 하는 것이 보통 일이 아니란 거죠. 가령 조계종 같은 경우는 너무 수좌들의 공부만을 특권시한다고 할까 그런 것이 폐단이 될 수 있는가 하면, 원불교에서는 말로는 이사병진한다고 하면서 어중되게 될 위험이 있는 것 같습니다. 원만구족(圓滿具足)을 말씀하시는데, 그게 옳지만 어떤 경우에는 조그마한 그릇에 물 채워 놓고 구족해졌다고 할 가능성도 있는 것 같습니다.

박윤철 말씀 들으면서 원만한 보살행, 저희 원불교에서 말하는 원만구족을 실제로 하려면 끊임없는 긴장, 불교식으로 말하면 이판과 사판의 끊임없는 긴장, 끈질긴 화두의 추구 같은 것이 없으면 선생님이 지적하신 대로 작은 그릇에 물 담는 게 될 수 있지 않을까 싶네요.

종교문제가 나왔으니까 종교문제로 옮겨가 보겠습니다. 작년에 『백낙청이 대전환의 길을 묻다』라는 책을 내셨죠. 그 책에서 큰 전환, 큰 적공을 위한 서설 격의 글을 쓰셨는데, 몇 번이나 되풀이해서 읽었습니다. 후기에서 그렇게 말씀하셨더라고요. 여러 가지 조건들이 있어서 일곱 분야 전문가의 인터뷰를 마치고 보니 빠진 게 많다, 종교 분야도 빠지고…. 그 대목에서 종교인으로서 서운했거든요. 종교 분야가 빠진 이유나 저간의 상황을 말씀해 주시면 좋겠습니다.

백낙청 특별한 이유가 있는 건 아니고요. 들어간 분야보다 빠진 분야가 더 많으니까 그중에 종교를 꼭 빼야겠다고 생각한 건 아니고요. 전 개인적으로 종교를 다뤘으면 하는 생각이 없진 않았는데 박맹수(朴孟洙) 교수님(본명 박맹수, 법명 박윤철—편자 주)하고 대담을 하면 다른 큰 종교에서 지들끼리 원불교 이야기한다고 할 것 같았고요,(웃음) 여러 종교 중 어느 교단을 택하느냐 하는 문제도 있고, 또 제가 잘 모르기도 하고요.

박윤철 그럼 모처럼 얻은 기회니까 까칠한 질문으로 이어 보겠습니다. 선생님은 평생토록 한국사회를 건강하게 만들려는 염원을 갖고 살아 오신 분이시지요. 그렇다면 한국사회가 동으로 갈지 서로 갈지의 결정적인 열쇠를 쥐고 있는 쪽이 종교인데, 한국을 걱정하시는 어른께서 왜 종교를 뺐을까, 선생님의 화두와 뗄 수 없는 분야인데요. 예를 들면 분단체제론을 평생 천착해 오셨잖아요. 분단체제의 고착, 그 고착을 뛰어넘으려는 극복 과정에서 종교는 그 어떤 분야보다 막대한 비중을 갖고 있다고 보거든요. 그러면 정면승부를 하셔야 되지 않습니까?

백낙청 잘못했습니다.(웃음) 그런데 어떤 사람은 우리 나라에서 언론이 얼마나 중요한데 왜 그걸 뺐냐는 사람도 있었고요, 종교가 빠진 건 저도 중요한 공백이라고 보는데 불행히도 그렇게 보는 분들이 종교인들 말고는 드물어요. 종교인들은 다들 다른 생각을 갖고 있는 것 같고요. 그래서 오늘 이런 대담이라도 하면서 보완을 할 기회가 생긴 것을 감사하게 생각합니다.

박윤철 실제로 종교인구를 조사하면 인구의 절반이 특정 종교에 소속되어 있거든요.

백낙청 어떨 때는 한국의 총인구보다 더 나오죠.(웃음)

박윤철 그렇다면 '종교'가 한국사회를 이해하는 키워드 가운데 하나라는 건 객관적으로도 증명이 되지 않습니까. 그러니까 종교가 중요하지 않다는 건 주관적인 거죠.

백낙청 중요하지 않다고 말하는 사람은 없죠. 그런 사람은 없는데. 다른 분야도 구체적으로 들어가면 개별적으로 나뉩니다만, 종교라는 하나의 덩어리가 있는 게 아니지 않습니까. 불교가 있고 천주교가 있고 개신교, 원불교, 이렇게 구체적인….

박윤철 자꾸 도망가시려고 하는 것 같아서….(웃음)

백낙청 아니에요. 못 견디겠으면 도망을 갈 거지만.(웃음)

박윤철 70년대부터 선생님께서 한국사회의 현실이나 실상을 제대로 이해하려면 분단체제라고 하는 걸 빼놓고는 이해할 수 없다고 강조하시면서 평생 이를 천착하면서 극복하려고 노력해 오셨는데, 그 분단체제와 관련해서 지금 말씀하신 한국의 종교들이 어떤 형태로든 연관이 있거든요. 형성이나 고착화나 극복의 과정에서요.

최근에는 한국의 여러 종교들이 보수화되는 경향이 있습니다. 기독교는 말할 것도 없고. 70년대 민주화운동이나 인권운동에 앞장섰던 천주교도 그렇고. 보수화는 선생님이 말씀하신 분단체제의 고착화와 연결되는 경향이 있지 않나 싶어서 선생님의 화두, 민족의 화두를 해결하는 측면에서도 종교 문제는 어떻게든지 제대로 이해하고, 그 종교가 분단체제 극복에 기여할 수 있어야 할 텐데요. 그런 면에서 정면 승부를 해야 한다는 생각입니다.

백낙청 종교 중에서 어떤 종교의 어떤 분파들은 분단의 직접적인 산물이랄까, 또는 분단으로 인해서 컸고 그 기득권을 지키기 위해서 적극적으로 남북 대결을 조장하는 측면이 있지요. 정말 뜻있는 종교인이라면 분단현실을 직시하고 한반도에 더 나은 세상을 만들기 위해 나서야 될 텐데 그 역할을 제대로 못하는 종교인들이 있고, 그런 걸 갈라봐야 될 것 같고요.

해야 할 일을 제대로 못하는 건 종교인들만이 아니고 우리 사회 각계가 그렇게 되어 있어요. 특히 분단체제론이라고 하면 그게 사실 사회과학 이론만은 아닙니다. 종합적인 인문학 이론이라고도 볼 수 있는데, 직접 사회현실을 건드리는 담론이지만 우리나라는 사회과학계에서 거의 무시하고 있거든요.

박윤철 지금도 그렇다고 보시나요?

백낙청 지금도 그렇죠. 저도 옛날에 교수 했고 박윤철 교무님도 교수지만 대학교수는 그런 거 무시해도 월급 나오잖아요.

박윤철 그렇긴 합니다.(웃음)

백낙청 특히 각 분야마다 증(證)이라는 게 중요한데, 저는 교수지만 사회과학자라는 완장을 못 찼기 때문에 완장 찬 사람들이 무시할 수도 있고요. 그 불만을 토로하려는 게 아니라 자꾸 종교만 자책을 하시길래 종교뿐이 아니라는 말씀을 드리려 한 겁니다.

지금이 분단체제에 대해 길게 설명할 자리는 아니지만 두 가지 강조점이 있습니다. 한반도가 1945년에 남북분단이 되지 않습니까. 그 후로 분단현실을 살고 있는데 이게 우리 사회의 곳곳에 작용하고 있습니다. 그걸 망각해서는 안 된다는 게 하나 있어요. 또 하나는 분단체제라고 하면 1945년 이래의 분단시대와 일치하는 게 아닙니다. 1945년에는 분단됐지만 곧 통일될 거라고 생각했고 남북 모두 무력통일을 염두에 두고 있었고 본격적인 전쟁은 북쪽이 먼저 벌여서 1950년에서 53년까지 커다란 참화를 겪지 않습니까. 그걸 겪고 나서 휴전이 되면서 전쟁도 아니고 평화도 아닌 상태가 육십 몇 년이 계속됐다는 거죠. 이때 형성된 것이 분단체제라고 저는 봅니다. 그냥 분단이 아니라 분단이 고착화되어 체제적인 성격을 띠고 재생산 능력을 갖게 되는 겁니다. 어떤 체제든 체제의 특징은 그 속에 사는 사람이 그게 체제라는 생각을 잊어버리는 게 만드는 힘이 있기도 하지요.

박윤철 물속에 사는 물고기가 물의 고마움을 느끼지 못하는 것처럼 말이지요.

백낙청 인간이 만들었기에 인간이 바꿀 수도 있는 체제인데 그게 아니라 자연환경처럼 생각한다는 거죠. 그런데 우리가 분단체제에 살다보면 그걸로 인해서 겪는 불편이나 고통이 한두 가지가 아닌데, 그냥 인생이 고해니까 그런가 보다 하고서 생각하게 되는 게 있죠. 그게 벌써 육십 몇 년이 됐으니까, 일제시대보다 훨씬 더 기니까…. 주로 진보적 사회과학자들에 대한 야유로 쓴 표현입니다만, 후천성 분단인식결핍 증후군이….(웃음)

박윤철 후천성 분단인식결핍 증후군은 한국 종교도 자유롭지 못한 거죠.

백낙청 그렇죠.

박윤철 그런 점에서 저도 큰 문제고, 이 문제를 좀 더 한국의 종교와 종교인들이 자기 문제로 받아들일 수 있는 분위기 형성, 환경 조성이 참 고민이라는 생각이 들었고요.

백낙청 원광대학에서 좀 앞장서 보세요.

박윤철 장군 하니까 멍군을 해 주시네요.(웃음) 종교 이야기를 조금 더 드리면 한국 종교 상황이 여러 특이한 구조들을 이루고 있더라고요. 동불서기(東佛西基)라는 말도 있어요. 동쪽은 불교 교세가, 서해안 쪽은 기독교 교세가 두드러진다는 표현인데 '동불서기'라는 것은 한국의 종교 지형을 특징적으로 드러내는 용어 중에 하나라는 생각이 듭니다. 종교 지형의 여러 특성에 대해서, 선생님은 다시 태어나도 분단체제론을 말씀하실 것 같지만, 종교문제에도 관심을 가져 주셨으면 합니다.

이제 원불교로 화제를 넘겨오겠는데요, 여러 글이나 대담을 보면 한국은 다종교 상황이니까, 4대 종교인 불교나 기독교, 천주교 같은 큰 종교들도 있고 미미한 교세를 이루고 있는 신종교도 있는데, 유독 선생님께서는 원불교에 대해서 관심이 많은 것 같습니다. 다들 그러거든요. 도대체 백낙청 선생님은 왜 저렇게 원불교를 사랑하실까. 예를 들어 대종사님 어록을 모은 경전인 『대종경』을 한국문학의 소중한 자산이라고 하시면서, 저희들이 생각할 때 격찬에 가까운 표현을 써주셨고요. 또 어떤 대담에서는 원불교의 기본 가르침이 담긴 『정전』에 대해서 문학이 추구하는 예술적 경제가 아주 탁월하게 반영된 작품이라고 격찬해 주셨지요. 원불교에 그렇게 관심을 가지게 된 특별한 계기가 있으신가요.

백낙청 먼저 『정전』하고 『대종경』에 대해서 말씀을 드리면, 제가 처음에 접했을 때는 『대종경』이 더 흥미진진했어요.

박윤철 언제부터 읽으셨어요?

백낙청 글쎄요, 1970년대인지 80년대인지 꽤 됐습니다. 『대종경』에는 처음부터 빨려들었고, 이건 꼭 종교의 경전으로서만 아니고 민족문학의 자산이라고 보면 되겠다는 생각을 했던 거고요, 『정전』에 대해서는 처음에는 『대종경』에 비해서는 재미가 덜 하다 생각했어요. 그러다가 제가 영역 작업에 참여하지 않았습니까. 여러 번 읽고 그러면서, 『정전』에는 스토리가 없는 것 같지만 전편을 통해 드라마가 있다는 생각이 들었어요. 그래서 그 많은 얘기를 압축하는 것이 문학에서 말하는 예술적 경제에 해당한다는 말을 했던 것 같습니다.

박윤철 문학 쪽에 계신 분들 반응은 있었나요?

백낙청 제가 그런 얘기하니까 동료 중에서 관심 갖고 열심히 읽은 사람들도 있고요, 대부분은 백아무개가 왜 저렇게,(웃음) 원불교에 왜 저렇게 꽂혀서 저러나 하지 자기 일로 생각을 안 하는 거 같더군요. 제가 원불교와 인연을 맺게 된 경위는 집사람이 원불교 교도고, 원래는 장모님이 일찍이 입교하셨죠. 장인어른 장례식 치를 때 교단에서 고맙게 해 주신 것도 있고 해서 집사람이 그때부터 교당에 나가게 됐어요. 그 후에 좌산 당시 종법사님이 여성회를 만들어 보라고 하셔서 여성회 만들면서 더 깊이 관여하게 된 걸로 압니다. 그래서 저도 교단 분들을 여럿 알게 됐고 교전이 뭔가 하면서 읽어봤는데, 제 아내가 교도냐 아니냐를 떠나서 교전이 참 훌륭하다고 생각했던 겁니다. 그러다가 나중에 영역 사업에 끼어들게 되었던 거고요.

박윤철 그 과정에서 원불교 교단 측에서 연구하는 분들이나 교무님들과 교류도 하셨던가요?

백낙청 번역팀에는 교무님 중에서 약산 박성기 교무님이 처음부터 참여하셨고, 우산 최희공 박사님이 같이 하셔서 아무래도 그분들한테 제일 많이 배웠죠. 그리고 번역팀에 잠시 왔다가 가신 교무님들도 많습니다. 그분들께도 배웠지만, 역시 교전 공부는 예의 두 분한테, 한 구절씩 놓고서 토론을 하곤 했으니까, 제일 많이 배웠다고 할 수 있습니다.

박윤철 1997년부터 2006년까지 10년이니까 10년 적공을 하신 셈이네요.

백낙청 97년에 정전 새 번역을 시작했는데 처음에는 그걸 제가 하려고 시작한 게 아니었어요. 교단에서 새 영역본을 만들기로 방침을 정하고 다른 분이 번역하셨는데 그걸 한번 검토해 달라, 저한테 그렇게 얘기했어요. 그래서 그건 저 혼자 할 수 있는 일이 아닙니다, 그러지 말고 위원회 같은 걸 구성하십시오, 외국의 석학도 모시고…, 그렇게 제안을 했어요. 외국의 석학이라면 그 후에 번역에 참여한 로버트 버스웰(Robert Buswell) 교수, 그분은 한국에서 출가도 하셨던 분이에요. 부인이 한국 분이기도 하고 UCLA에서 불교학 강의하는데, 지금은 중국불교, 한국불교에 관한 세계적인 권위자라고 할 수 있죠. 한문은 아주 능통하고. 그래서 그분을 제가 추천했어요.

박윤철 그 전에 인연이 있었던가요?

백낙청 깊은 인연은 아니고 제가 학회 갔을 때 만난 적이 있고 해서 교섭을 했어요. 버스웰 교수가 참여하기로 했고 저도 참여하기로 했고 우산님은 교단에서 초빙해서 참여했고 아마 박성기 교무님도 그때 불려오셨을 거예요. 그래서 처음에는 자문팀으로 출발했는데 아무래도 번역 자체를 새로 해야겠다는 결론에 도달했고, 버스웰 씨까지 끌어들인 저로서는 빠져나올 명분이 없었지요.

박윤철 10년 걸리신 거죠?

백낙청 『대종경』까지 하는 데 10년 걸렸고 그에 앞서 2001년에 『정전』이 따로 나왔습니다. 그때 제가 법호를 받았지요.

박윤철 들어보니 미국에 건너가서서 강행군하면서 영역 검토 작업을 하셨다고 하시던데요.

백낙청 한 10년 했으니까요. 따로따로 떨어져 있으니까 한꺼번에 할 수가 없고, 그때그때 시간이 될 때, 특히 버스웰 교수가 한국에 올 일이 있을 때 집중적으로 며칠씩 워크숍을 했고요, 어떤 때는 우리가 LA에 가서 하기도 했고, 하와이에서 만나서 한 적도 있고, 여기저기서 많이 했습니다.

박윤철 저희 원불교가 사실은 좀 가난한 종교거든요. 영역 작업 하실 때 충분한 후원이나 환경조성을 못해 드렸을 것 같은데, 그런 것도 힘들었을 것 같거든요.

백낙청 아뇨. 돈 보고 한 것도 아니려니와 각기 자기 직장이 있는 사람이니까 그런 건 문제가 안 됐고요, 그런 재정적인 문제를 떠나서 일이 간단치는 않더군요. 뒷말도 많고.

박윤철 버스웰 교수님이 흔쾌히 참석해 주셨나요?

백낙청 그이도 자문회의에 한두 번 오면 되겠네 생각했다가 정작 해보니까 그런 게 아니어서 깊숙이 참여하시게 되었는데…. 아무래도 그분은 교단에서 특별히 예우하셨을 거예요. 시작 당시에 그분은 지금 부인하고 약혼한 상태였습니다. 『대종경』 때부터는 부인 크리스티나 리 버스웰 여사도 정식으로 번역팀에 가담해서 수고를 많이 하셨어요.

저는 사실 우리 집사람이 뭐라 그래서가 아니고 교전을 마음으로 높이 받들기 때문에 열심히 했는데, 버스웰 교수도 처음에는 좀 의아했던 모양이에요. 저 양반이 왜 저렇게 열심히 하나. 한번은 버스웰 교수가 "당신은 부인을 참 사랑하나 보다" 하시더라고요.(웃음) 부인을 사랑해서가 아니라 이게 종교적인 문헌으로도 의미가 있고, 또 당신은 서양에서 한국학 하지 않냐, 서양의 한국학 연구에 내놓을 만한 문헌이라서 하는 거라고 말해 줬죠.

박윤철 한국의 새 종교, 원불교의 경전을 제대로 된 수준으로 영역해 주셨다는 점에서….

백낙청 영역의 품질에 대해서는 후세의 평가를 받아야겠죠. 새 종교일 뿐 아니라 우리말로 된 최초의 세계종교, 고등종교의 경전이죠. 동학의『동경대전』은 한문 경전이고, 증산 선생 말씀은 구술해 놨지만 그것이 대순진리회나 증산도에서 한글로 제대로 정리된 건 원불교 교전보다 훗날이거든요. 그래서『정전』하고『대종경』은 한국어로 된 역사상 최초의 세계종교 경전이라고 말할 수가 있죠.

박윤철 거듭 그 부분에 대해 감사 말씀 드립니다. 영역 과정과도 연결되어 있다고 보는데, 선생님 글에 나오는 원불교 교리 해석이나 용어 해석을 보면 교단 안의 연구자가 놓친 부분을, 탁월하고 넓고 깊은 해석을 하고 계시거든요. 예를 들면 이소성대 말씀을 이소(以小)와 성대(成大)로 나누셔서 성대를 지향하면서 이소를 할 때 그 이소가 훨씬 더 실행력을 갖는다고 해석한 부분이나, 개벽(開闢)에 대한 해석 말이지요. 또한 삼동윤리(三同倫理)가 이렇게 엄청난 건데 당신네들은 무서운 줄 아느냐는 말씀이라든지, 이런 독특한 해석이 나오는 힘의 원천이 궁금한데, 따로 연구실이나 댁에서 연구와 연마를 하시는 건지 궁금합니다.

백낙청 연마야 항상 해야 되는 것 아닙니까. 글쎄요, 이소성대는 저는 상식적인 얘기라고 생각했는데 말씀 들으니까 꿈보다 해몽이 좋은 것 같습니다.

박윤철 보통 전통적으로 티끌 모아 태산 식으로, 그러니까 태산이 목적이면서 티끌을 쌓는 이런 의미인데, 저희는 상투적으로 티끌을 모으는 것으로 받아들이거든요.

백낙청 태산을 만들겠다는 의지로 티끌을 모으는 것과 그렇지 않은 건 다를 것 같아요. 가령 자연과학에서는 개별적인 경험적 사실을 실험을 통해 확인하는 걸 중시하는데요, 거기서도 덮어놓고 데이터를 축적하는 게 아니거든요. 가설을 세워놓고 가설을 입증하거나 반증하기 위해 모으지 않습니까. 그래야지 효과적인 작업이 되는 거니까. 그런 면에서는 제 해석이 상식에 맞는 것 같고요, 개벽 이야기야 제가 처음 했을 리가 없는데 다만 강조하고 싶은 것은… 원불교 교단의 많은 교무님들이 개교표어 '물질이 개벽되니 정신을 개벽하자'를 여기저기 걸어 두고, 100주년 대회 표어도 그거 아닙니까? 그에 비해 정작 그걸 얼마나 연마하시는지, 그게 어떤 때는 의문스러울 때가 있어요. 지난 번에 전환콜로키움(「위기의 시대, 전환의 새 길 찾기」, 2015.11.12, 원광대 숭산기념관—편자 주)에 불러주셔서 그때 얘기했습니다만, 개교표어는 그냥 표어가 아니라 화두라고 생각해야 된다고 말씀드렸죠. 화두라는 건 물질개벽이 뭐고 정신개벽이 뭐라는 정답이 나와서 그걸 외워서 쓰면 되는 게 아니고 끊임없이 생각하고 연마하고 그러면서 새로운 깨달음을 찾아야 되는 거지요.

사실 그날 토론할 때요, 교무님 세 분이 발언하셨는데 세 분 모두 제가 말씀드린 취지에는 별로 공감하지 않는 것 같았어요. 한 분은 평화라든가 뭐 좋은 게 다 정신개벽이다 하셨는데, 물론 그 말은 맞죠. 하지만 그건 화두로 생각하지 않는다는 게 될 수도 있어요. 또 한 분은 "물질개벽이라고 하면서 물질문명을 주도하는 사람들 무시하는데 사실 스티브 잡스니 이런 사람들이야말로 개벽의 공로자들"이라고 말씀하셨는데, 저는 처음 논평할 때부터 물질개벽이라는 걸 간단히 봐서는 안 되고 엄청난 정신적 공력의 결실이라고 말씀했지만, 그러나 물질개벽의 공로자를 우리가 정신개벽의 공로자인 것처럼 숭배해서는 안 되죠.

또 어느 교무님은 논평하시기를 원래 원불교에서는 개교표어 이전에 '통만법 명일심(通萬法 明一心)'이라는 표어가 먼저 나왔는데 그게 더 중요하다는 말씀을 하셨어요. 그게 안 중요하다는 건 아니지만 통만법 명일심은 원래 불교의 가르침 아닙니까. 물론 원불교에도 적용할 수 있는 것이지만 '물질이 개벽되니 정신을 개벽하자' 같은 그런 원불교 특유의 충격이 없어요. 무엇보다도 시대의식이 빠져 있습니다. 그냥 만고의 진리죠. 물질이 개벽되니 정신을 개벽하자는 건 시국을 보면서 이 시국을 이러저러하게 진단하시고 거기에 상응하는 정신개벽을 이룩하자는 얘기거든요. 저는 그건 정말 엄청난 말씀이고 원불교의 독특한 주장이라고 봅니다.

그 표어가 정확히 언제 나왔는지 저는 잘 모릅니다. 박 교수님이 쓰신 글을 읽긴 했습니다만, 언제부터라는 문헌적 증거는 확실치 않은 모양이고, 『보경육대요령』(寶經六大要領)이 나온 것이 1932년인데 그 표지에 그게 처음 활자화되었다고 하지요. 그 전부터 쓰다가 그때 활자로 내 놨으리라는 건 짐작이 가는데 언제부터라는 문헌적 사실은 없다고 쓰셨더군요. 저는 이렇게 생각해요. 첫째 『대종경』에서 소태산 대종사께서 대각을 하시고 시국을 보시면서 그렇게 말씀하셨다니까 굉장히 초기에 했을 것이라고 보는 것이 교도로서는 도리일 겁니다. 둘째로 설혹 처음에는 '통만법 명일심'이라는 표어를 걸으셨다가 나중에 바꾸어야겠다 하고 새로 내놓으셨다고 해도, 있는 걸 바꿨다는 건 그만큼 중요성을 느끼셨다는 것 아니겠습니까. 그러니까 이래저래 그건 대종사께서 굉장히 중시한 표어이고 그야말로 모두가 붙잡고 씨름해야 할 화두라고 생각합니다. 그런 점에서 개교표어에 대한 어떤 말씀들에 대해서는 조금 아쉬움을 느낄 때가 있습니다.

박윤철 1996년이더라고요, 선생님께서 박혜명 교무님과 대담하실 때 개벽을 해석하시면서 "물질개벽, 정신개벽은 시국에 대한 진단이다" 또는 "당면한 현실에 대한 정확한 인식이다"라고 표현하셔서, 이게 백선생님의 개벽론의 독창성이라고 생각하면서 전면적으로 공감했는데, 그 시국에 대한 진단이 담긴 개교표어, 원불교의 개벽의 의미를 다른 글에서는 회통(會通)이라는 말씀으로 표현을 하셨더라고요.

백낙청 회통은 원래 불교의 개념이기도 하고, 한반도에서는 조선시대 말엽에 동학 때부터 유·불·선 내지 유·불·도를 종합해서 새로운 사상을 만들려는 노력을 해 오지 않았습니까. 원래 불교의 사상이기도 하거니와 한반도 특유의 새로운 흐름으로서 그 전통을 원불교가 이어받았다고 볼 수 있는데요, 원불교가 거기서 독특한 점이 있다면, 하나는 물질개벽이라는 개념을 도입한 거고요, 또 하나는 회통의 폭이 유불선을 종합한다고 한 동학이나 증산도보다 더 넓어진 것입니다. 대종사님 시절에는 동학 때하고 달라서 근대과학에 대한 인식이라든가, 개신교까지 들어와서 퍼졌을 때니까요, 그런 것들까지 통합했다는 것입니다. 또 하나는 삼동윤리에 가면 더 분명해지는데 그냥 종교끼리만의 회통이 아니지요. 동척사업(同拓事業)이라는 게 종교인들끼리만 협동하는 게 아니잖아요. 세속적인 이념을 가진 사람들도 한 일터 한 일꾼이라고 하는 데로까지 갔다는 점에서는 한반도의 자생종교 중에서도 한걸음 더 나아간 것이라고 봅니다.

박윤철 종교끼리만의 회통을 넘어서는, 불교 식으로 말하면 출세간(出世間)과 세간(世間)의 간격 없이 회통하는 그게….

백낙청 원불교는 한 걸음 더 나아가 세간의 비교도들과도 동척사업을 한다는 입장인데, 그게 좀 묘하죠. 그렇다고 교단의 특별한 역할을 부정하는 건 아니지 않습니까. 정산종사님만큼 교단을 끔찍하게 생각하고 교단을 키우려고 노력하신 분도 없을 테고요. 그런데 교단 안과 밖, 교도와 비교도 사이에도 동척사업을 강조하셨단 말이죠. 교단이라는 것은 그런 큰 사업의 한 방편이지, 옛날처럼 출가집단을 삼보(三寶)의 하나로 보거나 승가가 부처님이나 부처님의 법에 맞먹는 위상을 갖는 건 아니거든요. 그 후에 대산종사님은 UR운동, 종교연합 운동을 펼치셨는데 저는 그건 삼동윤리의 하나의 각론에 해당하지 삼동윤리를 전면 계승했다거나 대체하는 운동은 아니라고 봅니다.

박윤철 세속 간 회통이랄까, 출세간과 세간을 넘는 회통이랄까 그게 원불교가 세상에 나온 이유라는 말씀에 감명을 받았습니다. 그런 관점에서 보실 때 오늘의 원불교에 대해 여쭙고 싶습니다. 다시 말씀드려 오늘 핵심적으로 여쭙고 싶은 건 원불교에 대한 칭찬의 말씀보다 채찍, 조언의 말씀이거든요. 이제 자유로우시니까 과감하게 한 말씀 해주시기 바랍니다. 제대로 회통하고 있는지. 최근 '응답하라 1988'이라는 드라마가 인기였는데, 원불교가 세상에 응답하려면 제대로 회통해야 되거든요.

백낙청 이미 몇 가지 말씀드렸다고 생각하는데, 개교표어를 자기의 화두로 삼고 있는 교무님들이 얼마나 되느냐 하는 의문을 던졌잖아요. 이걸 채찍질로 알고 받아들이시면 좋고 아니면 그만이지, 제가 어디 가서 채찍을 가져와서 때릴 생각은 없고요.(웃음) 아까 삼동윤리 무서운 걸 모르는 것 같다고 한 말을 인용하셨는데, 삼동윤리가 다른 종교는 물론이고 세속인들도 한 일꾼이라는 주장이라면 교무님들로서는 굉장히 무서운 얘기 아니겠어요. 많은 걸 희생하면서 들어와 전무출신을 하는데 "너희나 다른 사람이나 똑같다, 한 일꾼이다" 그러면 "그럼 우린 뭐예요?"라고 할 법도 하지 않겠습니까. 그러니까 이것도 전무출신 한분 한분이 정말 고민해야 할 일이죠. 한 일터 한 일꾼이지만 우리가 맡은 특별한 일이 이러한 것이 있고 그걸 위해서 나는 헌신해야 한다는 다짐을 하면서도 결코 우리는 아무런 특권이 없고, 가령 가톨릭의 사제나 심지어 불교의 승가 같은 특권적인 지위도 없고 그런 걸 주장해서도 안 된다…. 박 교수님 표현을 빌리면, 이런 긴장관계를 갖고 끊임없이 고민해야 할 문제인데, 그런 고민을 안 하시는 분은 삼동윤리의 가르침을 채찍질로 받아들이시는 게 마땅하지만 대개는 고민 없는 사람은 좋은 말씀이 곧 채찍질이라고 생각 안 하지요.

박윤철 고민하라는 가장 무서운 채찍을 주셨다고 받아들이겠습니다. 저희들이 대학원 수업할 때 선생님과 관련된 아주 소중한 에피소드를 들은 적이 있어요. 이정오라는 젊은 교무가 이야기해 주었습니다. 선생님께서 2007년부터 원광대의 개방이사로 계실 때 하루는 이사회에 오셔야 되는데 기차를 잘못 타서서 대전역에 내리셨다고요.

백낙청 기차를 잘못 탄 게 아니라 용산역에서 타는 차를 놓쳤어요. 그런데 다음 차는 너무 늦겠기에 바로 그 길로 서울역 가서 경부선을 타고 대전역에 내려서 이정오 교무가 운전하는 차로 익산까지 갔죠.

박윤철 그래서 상식적으로 도저히 도달할 수 없는 시간에 도착하셨다는 얘기를 들었는데, 총알택시처럼 달리는 동안에 미동도 안 하셨다는 얘기를 들었거든요. 실제로 그러셨어요?

백낙청 모르겠어요.(웃음)

박윤철 그 이야기를 들으면서 선생님의 내공이랄까, 평소의 삶을 생각했습니다. 저희는 원불교라는 걸 내세우고 살지만 선생님은 종교를 내세우지 않으면서도 수행자처럼 사신다는 생각을 했습니다. 그러면서 떠오르는 선생님의 표현이 있는데요, '불교, 로런스, 원불교는 내 문학비평의 평생의 화두다'라는 제목으로 대담이 나왔더라고요.

백낙청 대담에서 여러 얘기를 했는데 그걸 제목으로 뽑았더라고요.

박윤철 그러니까 선생님은 애인이 세 명 있는데, 한 명이 불교고, 두 번째가 로런스고 세 번째가 원불교가 되겠죠.

백낙청 애인이라는 표현은 저는 안 썼어요.

박윤철 제 해석입니다(웃음). 선생님 특유의 원불교론을 한 걸음 더 들어가 보려 합니다. 1998년 미국에 가셨을 때 이매뉴얼 월러스틴(Immanuel Wallerstein)과 대담한 내용을 〈회화록〉(『백낙청회화록』, 창비, 2007―편자주)에서 읽었습니다. 대담의 상당히 긴 부분에서 '지혜의 위계질서'라는 개념을 두고 두 분이 거의 논쟁 수준으로 이야기를 전개하시는 걸 읽으면서, 저는 제 식으로 받아들이니까 이건 원불교의 지자본위(智者本位)를 백선생님 식으로 표현한 게 아닌가 생각이 들었거든요. 사실이 그런지, 그리고 위계질서 논쟁을 할 때 월러스틴의 반응을 말씀해 주시지요.

백낙청 지자본위를 생각하면서 영어로 hierarchy of wisdom이라고 '지혜의 위계질서'에 해당하는 표현을 썼어요. 그런데 실은 그때는 『정전』 번역이 끝나기 전이고, 또 하나는 원불교라는 작은 종교의 용어를 따서 하면 설득력이 떨어질 수 있어서 primacy of the wise라는 『정전』의 표현을 쓰지 않았는데 그 후로는 제가 '지자본위'를 많이 인용합니다.

지혜의 위계질서라고 했는데 월러스틴한테 별로 안 먹혔고요, 지금 제가 생각해도 그 표현은 별로 현명한 표현이 아니었던 것 같아요. 이건 그쪽 사람들의 문제점이기도 한데, 소위 진보적이라는 사람들은 hierarchy라는 말만 나오면 알레르기 반응을 보이기 일쑤입니다. 그걸 제가 잘못 건드린 거고….

그 다음에 wisdom이라는 말도 불교나 원불교에서 말하는 지혜의 개념하고 좀 달라요. 소위 말하는 생활의 지혜랄까, 플라톤이나 아리스토텔레스 이래로 지혜라는 건 제대로 된 앎보다 한 급 낮은 걸로 취급합니다. 생활에서의 실용적인 슬기 같은 거니까요. 하지만 불교에서 '혜(慧)'는 최고의 앎과 일치하는 것 아닙니까. 그래서 wisdom이라는 말도 잘 전달이 안 되고 hierarchy라는 말도 전달이 안 되었지요. 그래서 요즘은 "한국의 원불교에서는 지자본위라는 개념이 있는데…"라고 풀이하곤 하지요. 데이비드 하비(David Harvey)라고, 유명한 마르크스 연구가인데요, 금년 6월에 창비에서 초청해서 옵니다. 그 사람의 글을 읽으니까, 그이가 서양의 진보 진영에서는 hierarchy라고 하면 질색하는데 일정한 hierarchy가 없으면 일이 안 된다, 당신들이 소리만 지르고 규탄만 할 게 아니고 새 질서를 만들겠다면 어떤 질서를 잡을 건지 구상을 해야 된다고 말했더라고요.

제가 지혜의 위계질서를 만들자고 했던 게 그 말이었어요. 불평등사회를 만들자는 게 아니라 평등사회를 만들려면, 원불교에서 말하듯이 다른 모든 차별을 철폐하되 지우(智愚)의 차별만은 둬야지, 차별 없앤다고 지우차별까지 없애면 난장판 되는 거 아니에요? 우리가 평등세상을 만들자고 해서 '마음에 어른이 없는 애물들의 세상'을 만들자는 건 아니지 않느냐, 이렇게 말한 적 있습니다. 평등세상을 만드는 운동이 아직도 제대로 성공을 못하고 여기저기서 반격에 시달리는 이유 중에 하나가 보수주의자뿐 아니라 일반 대중의 마음속에도 쟤들 하자는 대로 했다가 애물들이 판치는 세상이 되는 것 아니냐는 의구심이 있어서가 아닐까 싶거든요. 그러니까 모든 차별을 철폐하면서도 어떤 질서를 만들겠다는 대안이 나와야 된다는 말이죠. 그래서 지자본위라는 '인생의 요도'에 관해서 천착하고 구체적으로 실행할 방법을 찾아야 된다고 봅니다.

박윤철 조금 전에 지혜의 위계질서라는 부분은 잘못 설정한 지점도 있다고 말씀하셨는데, 그것과 연결해서 그러한 지우차별, 지자본위 이런 부분을 성차별을 극복하는 데에다 연결하면 굉장히 이상적인 평등이랄까, 여성문제 극복이 될 거라는 말씀도 여러 군데서 하신 걸로 알고 있는데요.

백낙청 지우차별 외에 다른 모든 차별을 철폐한다고 하면 성차별도 당연히 철폐해야죠. 그리고 지자본위 이야기가 나온 김에 한 말씀 더 드리죠. 이건 부처님 앞에서 설법하는 격이 되지만, 서양에서도 가령 플라톤 같은 사람들이 철인군주 얘길 하지 않습니까. 그것도 사실 지우차별에 의한 통치체제를 구상한 거거든요. 그것하고 원불교에서 말한 것 또는 우리가 주장하는 것과 뭐가 다르냐면요, 지자본위 조항에서 굉장히 중요한 단서처럼 붙어 있는 게 그 차별을 영구히 하자는 게 아니라, 그때그때 필요한 만큼만 하자는 것이라는 점이에요. 플라톤은 그게 아니거든요. 어릴 때부터 소질을 감별해서 다르게 기르는 겁니다. 길러서 통치계급 노릇할 훈련을 받은 사람이 통치하는 거예요. 사실 유교도 철학자 군주 이상을 얘기한 거 아니에요? 그래서 지우차별을 중시하는 사회인데 이게 고정된 사회적 하이어라키와 결부되어 있다는 말이죠. 그러니까 우리가 지금 해야 할 일은 그런 고정된 위계적 사회질서를 타파하면서 지우차별의 원리를 어떻게 적용할 것인가에 관해 방안을 창안해야 하는 겁니다.

박윤철 지혜의 차별, 그 차별은 고정된 차별이 아니라 경우에 따르는 차별, 그럴 때 우리 사회의 철폐해야 할 차별들을 해결할 수 있다. 이런 게 원불교에서 말한 지자본위의 정신이라는 생각이 들고 선생님도 공감하셨다고 생각합니다. 그런데 실제로 우리 사회는 차별이라는 말을 들으면 알레르기 반응을 보이거든요. 그러니까 지우의 차별, 지혜 정도의 차별이 얼마나 가치 있는 건가, 모든 철폐해야 할 차별들을 해결하는 데 필요한 차별이라는 것을 우리 사회에 설득력 있게 제시해야 되거든요. 그런 차원으로 말씀을 진전시켜 주시면 좋겠습니다.

백낙청 지우차별이라는 말은 지자본위를 해설하는 말이고, 목표 자체는 지자본위니까 저는 그 표현이 더 좋다고 봅니다.

박윤철 지금 원불교가 널리 알려진 상황이 아니기 때문에 그 표현이 공감대를 넓히려면 선생님 같은 어른이 좀 더 대중적인 언어로 쉽게 표현해 주시면 어떨까 하는 생각이 듭니다.

백낙청 연마해보겠습니다.

박윤철 진짜 없애야 할 차별을 철폐하기 위해 오히려 더 분명히 해야 할 차별인 지우차별과 그와 관련된 지자본위에 대해 이야기를 나눠 봤습니다. 우리 사회에서 없애야 할 차별 중에 가장 큰 것이 성차별인데, 지자본위를 여기에 적용을 해 보면 많은 여성들이 안고 있는 문제를 해결할 수 있을 것 같다는 생각이 듭니다. 선생님께서는 1970년대부터 여성문제에 관심을 갖고 독자적으로 여성문제에 대한 관점을 피력하셨고요, 『백낙청이 대전환의 길을 묻다』에 실린 조은 교수님과의 대담을 아주 흥미롭게 읽었거든요. 조은 교수님이 밀리지 않고 당당하게 문제제기를 한다는 느낌도 받았는데요, 백선생님은 페미니즘 식의 성차별 철폐 운동만 갖고는 한계가 있지 않느냐는 말씀을 하시면서 동아시아의 음양 이야기를 꺼내셨습니다. 막 공격 받으시더라고요. 공격 받으실 때 느낌을 말씀해주시면….

백낙청 박 교수님은 조은 교수 말씀에 더 공감하셨다면서요.(웃음) 이건 지우차별 문제와 직접 관련된다기보다 제가 그 책에서 강조한 장기·중기·단기 목표를 식별하면서 동시에 배합해서 운동해야 된다는 얘기와 연관이 됩니다. 저는 첫째로 단기적인 과제로 성차별 철폐가 우리 사회의 중요한 과제라는 걸 강조하면 강조했지 전혀 부정하지 않습니다. 그러나 단기적인 과제 몇 개 해결한다고 끝날 문제가 아니고, 굉장히 뿌리깊은 문제기 때문에 중기 목표로도 설정하고 추진해야 되는데, 다만 장기 목표로 성평등을 제시하는 것이 이소성대하는 데 효과적일까 의문을 제기했던 거죠.

음양조화라는 표현을 쓴 게 득도 있고 실도 있는데요, 음양이라는 건 남성 개체와 여성 개체의 문제가 아니라 우주적인 원리이기도 하고, 한 사람 안에 음도 있고 양도 있지 않습니까? 그런 면에서는 좋은 표현이라고 생각하고 그렇게 인정해 준 분도 있긴 한데, 조은 교수님 입장에서는 지금 성차별 때문에 여성들이 죽어나는데, 무슨 동양사상으로 돌아가서 음양조화냐 하고 반발한 거죠.

반발하는 심경을 이해합니다. 다만, 첫째는 제가 단기나 중기 목표로 성차별 철폐를 중요한 과제로 설정했다는 사실을 무시하는 것이 부당하다고 생각했고요, 또 하나는 장기 목표로 성평등을 제시하는 게 더 합당한지, 아니면 장기 목표는 양성의 조화랄까 또는 음양조화를 상정하는 것이 더 옳은 건지 이걸 한번 열어 놓고 논의해 보자는 입장이었죠. 그런데 남자가 이런 말을 하면 문제가 될 수 있습니다. 조은 교수님이 지적한 것도 기득권자인 남성이 그런 얘기를 하면 되느냐였어요. 제가 그 대목에서 바로 꼬리를 내렸죠.(웃음) 그러나 이건 열어 두어야 할 문제예요.

원불교와 연결시키면, 원불교에서는 '남녀권리동일'을 제기했다가 이걸 '자력양성(自力養成)'으로 바꾸지 않았습니까. 잘 바꿨느냐 아니냐라는 논의하고도 연결되거든요. 저는 잘 바뀌었다고 생각합니다. 남녀권리동일이 실현이 돼서 필요가 없다는 게 아니라 남녀권리동일이라고 하면 상식적으로 금방 이해가 되긴 하지만, 그것이 가장 이론적으로 부각된 것이 서양에서는 18세기 말, 프랑스혁명 무렵이거든요. 그때의 남녀권리동일 개념은 인간 개개인이 이른바 원자적 개인으로 태어나는데, 그 원자적 개인은 이러저러한 천부적 권리를 소유한 채 태어난다는 것이에요. 저는 이건 인간에 대한 잘못된 이해라고 보거든요. 원불교 식으로 말하면 인간이 사은의 은혜로 태어난 거지 하나하나가 개별적으로 태어나서 권리를 갖고 있는 건 아니란 말이죠. 그리고 사회적인 의무는 사회계약 이전에, 생명이 생기는 순간부터 이미 은혜의 산물로 태어난 것이고, 그런 은혜의 산물로서 해야 할 일도 있고 존중받을 일도 있고 그런 거니까요.

남녀권리동일이 그런 근본적인 차원의 원칙으로서는 한계가 있다는 것이고요, 원불교에서는 자력양성을 내세우는데 남녀를 차별하면 여자들이 자력양성을 하지 못하는 것이고, 여자들이 자력양성 못하면 남자도 제대로 못하게 되어 있습니다. 그렇게 된다면 결국 인류 전체가 제대로 못하는 것이니까, 자력양성을 강조하는 것이 더 합당하다고 생각해요. 그렇다고 자력양성 조항에서 남녀권리동일 얘기가 빠져 있는 것도 아니지 않습니까? 다 들어가 있죠. 제목만 바뀐 거지. 저는 그런 발상이 낫다고 보는 건데, 조은 교수는 동의하지 않을지 모르죠.

박윤철 저는 두 분의 논쟁에서 어느 쪽을 지지하라고 하면 조은 교수님 쪽을 지지하고 싶어요.

백낙청 방편으로 하시는 거예요, 진심으로 하시는 거예요?

박윤철 선생님께서 말씀하신 조화론, 음양조화론이 훨씬 더 장기적인 데에 합당하다는 말씀에는 동의하지만 현재 한국사회의 여성들의 문제, 현실성의 측면에서 본다면…, 다른 관점에서 말씀드리면 부처님의 입장에서, 원만한 보살행을 하는 구도자의 입장에서 본다면 당장 어려움을 겪는 쪽에 대비의 심정으로 부둥켜 안아줘야 하는 게 아니냐는 것입니다.

백낙청 제가 그러지 말자 그랬어요?(웃음)

박윤철 아니, 그런 점에서 한국사회의 여성들이 처해 있는 현실의 문제에 대한 것을 강조해야 되지 않을까 하는 생각을 했거든요.

백낙청 여성들의 입장에서도 남자들이 무조건 부둥켜 안아주는 걸 좋아하지도 않아요. 단기·중기·장기를 식별하면서 배합하자는 건데, 단기와 중기 과제가 너무 절박하다고 해서 장기적인 고려는 제쳐두자는 건 공부인의 자세가 아니라고 생각합니다.

박윤철 저도 제쳐두자는 건 아니죠.

백낙청 그럼 저랑 똑같으신데 왜 조은 교수 편이라고 하시나요?

박윤철 조은 교수님이 한국의 유리천장지수 얘기도 했거든요. OECD 꼴찌라고.

백낙청 그런 통계는 제 글에 다 인용했어요. 한국 남녀평등지수가 얼마나 낮은가. 그리고 우리 경제력은 몇 등이고 교육수준은 몇 등인데 이거는 몇 등이다 식으로 보면 이게 얼마나 낮은가를 실감할 수가 있습니다. 제가 제일 그 문제에 민감하다고 할 수는 없습니다만, 그렇다고 둔감하지도 않다는 건 여러 글에 드러난다고 믿어요.

그리고 여성운동 하는 이들이 곧잘 놓치는 것은 이게 분단과 얼마나 깊이 관련된 것인가 하는 부분인데, 그건 조은 교수가 인정했죠. 사실 여성운동에서는 이걸 유교적 가부장제의 잔재로만 돌리는 경우가 있는데, 저는 유교의 가부장주의를 찬성하는 사람은 아니지만, 옛날 가부장제와 근대의 성차별주의는 달라요. 가부장주의는 평등을 표방한 일이 없는 대신 가족과 사회에 대한 가부장의 책임을 명시했고 공동체의 일정한 도덕적 감시가 작동했어요. 아무튼 오늘날 여성들이 개화된 '대명천지'에 살면서도 밤거리를 제대로 걷지조차 못하는 끔찍한 상황에 대한 인식이 제게도 없지는 않다고 생각하는데, 이걸 좀 파고들어갈 필요가 있어요. 과거의 가부장제와 어떻게 다르며 분단체제의 작용이 없는 여타 남성주의적 근대사회와는 또 어떻게 다른지…. 그래서 단기적으로 남한에서만 할 수 있는 일을 하면서, 중기적으로 분단체제의 극복과정하고 연결해야 됩니다. 그러고도 더 장기적인 문제들이 남는데 그럴 때, 박 교수님의 해석을 제가 받아들여 말씀드리면, 이소성대라고 할 때 '대'를 뭘로 설정하느냐 이걸 생각해 보자는 얘기였죠.

박윤철 그 대목인데요, 최근의 저서(『백낙청이 대전환의 길을 묻다』, 창비, 2015)에서도 그러셨던 것 같고, 『2013년체제 만들기』에서도 기본을 굉장히 강조하셨는데요, 기본은 여러 차원이 있는데 저희들이 살아가는 데 있어 기본과 관련된 문제에서 가장 민감한, 가장 많은 관련을 갖고 있는 분들이 여성이라고 생각하거든요. 아이를 낳고 기르고 남편 뒷바라지하고…. 바로 그것이 기본이고 여기에 많은 여성문제가 관련되어 있다는 생각이 들고요, 그건 어떻게 보면 이념보다 더 앞서는 것 같습니다.

선생님께서 계속 기본문제를 강조하신 거하고 여성문제하고도 연관이 된다고 생각해서 말씀드렸습니다. 장기적인 걸 놓치자는 게 아니라, 우리 삶의 가장 가까운 문제에서부터, 그리고 가까운 문제에 가장 짐을 많이 지고 있는 층이 여성이니까 거기에 '기우뚱한 균형'이랄까요, 그런 점에서 조은 교수님한테는 선생님 말씀이 비율의 차원에서 느낌이 달랐을 것 같습니다. 그런 의미에서 말씀드렸던 것입니다.

백낙청 조은 교수님은 비율의 문제로 받아들이신 거고, 저는 비율의 문제가 아니고 장기적인 목표 설정을 어떻게 하느냐는 문제로 본 것입니다. 그런데 여성운동가들이라고 해서 다 조은 교수님에게 동의하는 건 아닐 거예요.

박윤철 제가 일부러 조은 교수님 편이라고, 토론을 하기 위해서 그런 표현을 말씀드렸는데, 조금 이야기를 들어가면 저도 사실은 남성이기 때문에 말 못하는 측면이 있거든요. 저는 자칭 페미니스트라고 말하는데 제가 페미니스트라고 하면 다들 웃거든요. 왜 그러냐 하면… 말로만 페미니스트지 실제 아니라는 거지요. 아무튼 한국사 연구자로서 저는 한국의 여성운동이 한국의 문화나 역사와 전통속에 있었던 훌륭한 양성평등의 전통이나 정신을 너무 모른다는 느낌이 있어요. 그런 점에서 음양 얘기를 하셨을 때 속으로는 무릎을 쳤죠. 치긴 쳤지만 이 내용이 현재 당면한 현장에서 외로운 싸움을 하고 있는 여성운동가들, 여성학자들에게는 오해의 소지가 있기 때문에 그런 점에서 훨씬 더 친절하게, 좀 더 공감과 소통 쪽으로 설명이 필요한 것 아니냐는 생각을 했습니다.

백낙청 박 교수님하고 다른 건, 저는 페미니스트로 자처하지 않습니다. 첫째로 전략적으로 안 좋아요. 웃음거리가 되기 쉽거든요. 또 하나는 남성은 남자로서 제대로 살 길을 연마해야 하는데, 물론 남녀가 다 그래야 하지만, 일단 남자로 태어났으면 남자가 할 일을 더 열심히 연구하고 실행하는 게 일차 목표인데 '실은 나도 페미니스트다' 하면서 남자로서의 책임을 소홀히 할 수 있어요.

박윤철 그게 고정되어 있는 게 아니잖아요. 그렇게 말씀하시면 저쪽에선 '남성의 역할이 고정되어 있는 게 아닌데…' 라고 답할 테고요.

백낙청 곳곳이 지뢰밭이에요. 그래서 제가 '남자답게' '사내답게' 이런 말 안 쓰잖아요. 하지만 제가 일단 남자로 태어난 이상 남자로서 어떻게 제대로 살 것인가가 일차적인 목표고 그 다음이 여성들이 자력양성하는 데 어떻게 도움을 줄 것인가도 동시에 추구해야 해요. 하지만 그걸 갖고 나도 페미니스트다 하고 나서면 웃음거리가 되기 십상입니다.

박윤철 저는 제 식으로 이렇게 표현합니다. '각자가 갖고 있는 삶의 결대로 온전하게 실현하자.' 거기에는 선생님도 동의하시죠?

백낙청 네.

박윤철 성평등 문제와 관련해서 선생님께서는 원불교의 지자본위, 사요(四要)와 관련된 내용을 계속 말씀해 주시는데요, 원불교의 여성론이랄까 그것의 의미나 가치를 선생님께서는 어떻게 보고 계시는지요.

백낙청 저는 적어도 교리에 관한 한 원불교에서는 처음부터 남녀권리동일을 내세웠다는 점으로 보나, 뒤에 제목은 바뀌었지만 내용상 그대로 남아 있지요, 또 초기 교단의 실행을 보나 뭘로 보나 적어도 다른 어느 종교보다 그 점에선 앞섰다고 봅니다. 요즘 현실에서는 꼭 그렇지도 않은 면이 초기보다 많아져서….

박윤철 구체적으로 어떤 면이 보이시던가요?

백낙청 그건 지난 번에 강연도 하고 발표도 들으셨으니까 잘 아시겠고요, 구체적인 내용은 물론 잘 몰라요. 원불교여성회 회원 중에도 불만을 가지신 분들이 많고 여자 교무님들 중에서도 여러 논의가 있다는 걸 아는 정도죠.

박윤철 피해 가시네요.(웃음)

백낙청 당연히 피해 가야지요.(웃음)

박윤철 그래도 작년에 상징적인 하나의 일이 있었는데 열반하신 여성 스승님 한분이 원불교의 신앙과 수행의 최고 수준, 대각여래위(大覺如來位)라는 경지에 추존되셨습니다. 원불교 수행자로서 최고의 자리입니다. 용타원 서대인(徐大仁) 종사님이라는 분인데 그 소식 혹시 들으셨나요?

백낙청 네, 들었습니다.

박윤철 어떤 소감이신지?

백낙청 저는 그분을 잘 모르니까, 구 불교에서는 이게 교리인지 아닌지 모르겠습니다만 여성은 견성[見性成佛] 못한다고 생각하는 스님들이 많아요. 금생에 공덕을 쌓아서 다음 생에 남자로 태어나서 성불하는 거지 곧바로 성불을 못한다는 거지요. 그런데 원불교에는 그런 분이 나오셨고 행정수반인 교정원장이 두 분이나 여성이 되셨고, 수위단회의라는 게 천주교로 치면 추기경회의 같은 건데 그걸 처음부터 남녀동수로, 불어로는 빠리떼(parité) 원칙이라고 하는데, 그 원칙에 따라 구성하셨잖아요. 이런 걸 보면 원불교가 선진적이죠.

박윤철 그런 부분이 한국사회나 세계의 여성문제에 시사점을 줄 수 있을까요?

백낙청 그런 부분은 내세우기가 참 좋은데, 그런 것들만 자꾸 내세우면 뭐하냐 하는 분들이 있는 모양이니까 그건 내부에서 해결하셔야죠.

박윤철 원래 원불교는 재가(在家), 출가(出家) 구분이 없거든요. 그러니까 선생님도 저한테만 넘기지 마시고 함께 고민을 해 주셔야 되거든요.

백낙청 재가가 있고 출가가 있고, 재가 중에서는 재가 교도가 있고 저처럼 교도는 아닌데 신도 비슷한 재가가 있고 여러 가지가 있지 않습니까. 이들이 다 한 일터 한 일꾼이라는 게 삼동윤리의 강령 중에 하나인데요, 박혜명 교무님하고 대담했던 걸 읽으셨다니까 말인데, 제가 거기서 그런 말을 했어요. 교단주의 얘기를 하면서 교단주의가 자리를 잡으면 반드시 거기서 성직자주의라는 게 나온다. 특히 서구의 진보세력이 천주교를 비판할 때 공격하던 사제주의(clericalism) 같은 것이 나오고, 사제주의가 일단 나오면 사제들 간에 권력 다툼이 생기게 되어 있다고 얘기한 적이 있습니다. 그때의 진단으로서 얼마나 합당했는지, 벌써 20년 된 얘기니까 20년의 역사를 거친 오늘날 어느 정도 사실과 부합되는지, 그런 거는 저한테 넘기지 마시고 교무님께서 판단하시기 바랍니다.

박윤철 오늘 제가 큰 숙제를 받았습니다. 작년 〈창비〉 편집인을 퇴임하시는 식전에서, 선생님께서는 아프신 대목일 수도 있는데, 신경숙 작가의 표절 문제로 시끄러울 때 이야기입니다. "〈창비〉는 기본을 지킨 것을 자부한다"라고 하시면서, 최근에 부쩍 '기본' 말씀을 해 오셨는데요, 선생님 개인의 삶에서 무엇을 기본으로 삼고 살아오셨다고 볼 수 있을까요.

백낙청 저는 가훈이니 좌우명이니 만들어서 사는 삶을 못 살고 있습니다. 기본이라는 말을 아까부터 하시는데, '기본을 지키자' '기본을 되찾자'는 누구나 할 수 있는 말이고 반대할 사람도 없지 않습니까? 신경숙 사태와 관련해서는 저로서는 크게 아픈 대목이 아니었고요, 자랑스럽다고 말했듯이 자부심을 갖고 한 말입니다. 신경숙의 표절 논란으로 야기된 굉장히 혼탁한 상황에서 〈창비〉와 저는 최소한 기본은 지켰다, 한편으로는 겸손하게 한 얘기지만 다른 한편으로는 굉장히 공격적인 이야기입니다. 〈창비〉 말고 어느 집단이나 기구가 기본을 지켰나 한번 나와 봐라 그 얘기거든요. 개인으로서 그걸 해낸 경우들은 있어요. 개인은 있지만 문단의 기관 중에서, 한국문학의 품위라든가 인간에 대한 예의라는 표현을 썼습니다만, 그런 기본을 지킨 기관이나 기구는 없었어요. 우린 그걸 했다는 자부심을 얘기한 거니까 제가 자랑하고 싶은 대목을 짚어주신 거고요, 그리고 가령 여성이 기본이라고 할 때도 여성이 어떤 의미에서 기본인가 하는 구체적인 의미를 밝히고 논의해야죠. 기본이라는 말은 너무 막연하니까요.

박윤철 제가 기본이라는 말을 하는 건 2014년에 세월호 참사, 작년의 메르스 사태를 보면서 우리나라가 과연 기본이 있는가, 우리 사회가, 그 다음에 나는…, 하나의 생명을 가진 존재로서 본다면 기본은 생명에 대한 경외심, 예의라는 생각이 들었는데, 우리 사회가 기본이 무너져 가고 있는 것이 아닌가라고 생각해봤습니다. 우리 한국사회가 정말 더 깊이 고민해야 될 것 같고요, 여러 사회현실과 연관해서 기본 문제를 좀 더….

백낙청 예, 제가 사회문제와 연관해서 기본 문제를 얘기한 것이 바로『백낙청이 대전환의 길을 묻다』의 서장「큰 적공, 큰 전환을 위하여」이죠. 이명박정부가 들어선 뒤 고 김대중 대통령께서 3대 위기를 얘기하셨어요. 민주주의 위기, 민생 위기, 남북관계 위기. 그런데 그게 그 후에 더 심화됐다는 얘기를 하면서 그런 것보다 더 기본적인 문제들도 생각해 보자고 했던 겁니다. 교육의 문제가 있고 또 하나가 세월호를 거치면서 인간으로서 기본도 안 지켜지는 사례들 많이 봤지 않습니까. 그리고 여성문제도 기본의 하나로 얘기했습니다. 여성의 급여 차별, 실직률 차이도 있지만 지금 이 나라가 단순히 여자로 태어났다는 이유 하나만으로 길거리도 마음대로 걸어다니지 못한다는 거죠. 심지어 낮에도. 초등학생도 위험한 사회가 됐다는 거죠. 그런 의미에서도 기본이 허물어지고 있다는 말씀에 동의하고요, 한편으로는 '이놈의 나라 망했다' '이게 나라냐' 얘기하는데, 저는 거기에 대해서 두 가지 토를 달았어요. 더 망가질 수 있으니까 너무 안심하지 말라는 얘기를 했고, 또 하나는 망가지는 가운데에서도 기본을 지키려는 노력이 여기저기서 싹 트고 있다고요. 세월호만 해도 유가족들이 그냥 험한 꼴 당한 걸로 끝나진 않았잖아요. 괴로움 속에서도 진실을 규명하려 하면서 옛날처럼 안온한 삶이 아니고 고통스러운 삶이지만 새로운 삶을 시작하기도 했거든요. 그런 걸 보면서 얘기해야지, 너무 쉽게 망국이다 얘기하는 것도 특권을 가진 자의 정신적인 갑질일 수 있어요.

박윤철 그런 기본의 문제가 여러 정치·경제·사회 조건 때문에 갈수록 위태로워지는 느낌이거든요. 경제도 안 좋아지고 남북관계, 한반도를 둘러싼 동아시아 정세도 마찬가지입니다. 기본을 회복하는 기본의 중요성, 이런 것들을 어떻게 저희가 전체가 공유하는 것으로 만들어야 할지 답답한 심정이 있거든요.

백낙청 저도 그렇습니다.

박윤철 그래서 더욱 기대가 큽니다. 백낙청 선생님께서 좀, 어느 평에 보면 대지의 지식인이라는 평이 있거든요.

백낙청 그냥 하는 얘기죠.

박윤철 대지의 지식인이라는 관점에서 백선생님께서 저희들의 답답함을 해소해 줄 맑은 샘물을 제공해 주실 것으로 기대하는 사람이 많은 것 같습니다.

백낙청 제가 할 수 있는 일은 자꾸 질문을 던지는, 생각할 가치가 있는 질문을 던지는 일이라고 생각합니다. 선거에 관한 질문도 그중 하나입니다. 제가 『2013년체제 만들기』에서부터 강조했던 것인데, 2013년 이후에 어떤 새로운 사회를 만들겠다, 대전환을 이룩하겠다는 비전과 경륜 없이 2012년 선거만 잘 치르겠다고 생각하다가는 선거에도 진다고요. 그 얘기는 오늘에도 해당됩니다. 우리가 선거만 생각해서도 안 되는데, 다른 한편으로는 다음 번 선거는 굉장히 중요할 것 같아요. 대전환일지 소전환일지 몰라도 전환은 어차피 2017년을 하나의 계기로 삼아야 한다고 봅니다.

지금의 기득권 세력이 다시 집권하는 데 성공하면 1987년 이후로 우리가 간직해 왔던 그나마의 열린 선거공간이 없어지리라고 봐요. 변질한다고 봅니다. 그렇다고 해서 체육관선거로 돌아간다는 얘기는 아니지만, 87년체제는 더 나쁜 방향으로 전환할 거라고 봐요. 왜냐면 이 사람들한테 선거한다는 게 굉장한 부담이거든요. 꿀맛 같은 권력을 '어중이떠중이'들이 표 찍는 것에 따라 잃을 수도 있거든요. 그걸 잃을 수도 있게 만든 것이 1987년 국민들의 노력으로 얻어낸 결과였습니다.

그 성과를 불완전하지만 지금까지 지켜왔는데, 2012년에만 해도 그 공간이 많이 좁아졌죠. 관권이 개입했지만 개입한 사람이 대부분 처벌도 안 받았고요. 2017년에 그런 일 또 한번 일어나면 다음에는 선택의 공간 자체가 거의 폐쇄될 거라고 봅니다. 그걸 전환이라고 부를 수 없지만, 그렇게 되면 87년체제는 더 나쁜 체제로 바뀔 거라고 봐요. 다른 한편으로는 야권이 선거에서 승리한다고 해서 자동적으로 대전환을 이룩한다고 봐서는 안 되고요, 그런 환상에 젖어서는 승리도 못한다는 게 저의 주장인데, 그렇지만 집권세력이 87년 이래의 헌정 질서를 근본적으로 바꾸려는 노력을 주로 선거를 통해 벌여왔고 정당성을 획득해 왔거든요. 물론 실제로 그 일을 검찰이 하기도 하고 언론을 장악해서 하기도 하고 종교계에서 하기도 하고 여러 군데서 합니다만, 그런 게 말썽이 나다가도 저항운동이 무산되곤 했어요. 여당이 보궐선거에서 이기고 재선거에서 이기고 하면서 말이지요. 2017년 선거가 그 종결자 역할을 맡고 있어요. 종결자 역할을 못하게만 막아도 엄청난 새로운 가능성이 열리고 그동안 우리 사회의 여러 군데서 축적되어 온 대전환을 위한 움직임이 크게 발휘되어서, 몇년이 걸릴지 모르지만 대전환이 이룩되리라고 봅니다. 그런 의미에서 2017년 선거는 굉장히 중요하다고 보는데요, 그러나 우리가 늘 경계해야 할 것은 선거중독증입니다. 이번 선거의 특별한 역사적 의미를 인식하고 대응하면서도 거기에만 몰입하지 않는 것…. 이 공부를 더 했으면 합니다.

박윤철 그 말씀을 들으니까 원불교 개교 100주년이라는 해가 중대한 기로와 떼려야 뗄 수 없는 시점이구나 하는 느낌을 받게 됩니다. 100주년을 맞는 원불교를 매개로 해서 한국사회의 종교계에 대하여 지금과 같은 중대 국면과 관련지어 말씀 부탁드리겠습니다.

백낙청 원불교가 정말 아무 것도 없는 맨땅에서 출발했지요. 외국에서 선교사가 자금을 들고 와서 세워 준 것도 아니고요. 교조께서 이적(異蹟)을 행할 능력이 없었다고 생각하지 않지만, 충분히 할 수 있는 일도 안 하신 거예요. 저축조합, 방언공사(防堰工事) 하는 식으로 자력으로 하는 걸 가르치셨죠. 그런 의미에서 급속한 성장을 하기에 불리했습니다. 교조가 호풍환우

(呼風喚雨) 하면 사람들이 우르르 몰려들잖아요. 그런데 그야말로 이소성대로 백년 동안 이만큼 커왔다는 건 누가 뭐래도 대단한 것이고 이것이 곧 기적이죠. 진심으로 축하하는 마음인데, 백주년이라는 게 잔치 아닙니까? 밖에서도 덕담을 해야지 남의 잔치에 가서 악담할 이유가 없는 거고, 내부에서도 우선 잔치를 성대하게 잘 치르는 게 일차목표겠지요. 다만 그러다 보면 성찰이 덜 되기도 하는데 저는 오히려 잔치를 치르고 나서, 교단에서 행사에 대한 평가가 있을 것 아닙니까, 행사에 대한 평가뿐 아니라 제2세기 원불교를 위해 백년을 채우면서 뭘 했는가, 앞으로 뭘 할 것인가 등을 논의하면서, 백주년이 새출발과 새로운 성찰의 계기가 되면 좋겠다는 생각을 합니다.

박윤철 성찰이라는 말씀이 아주 크게 다가오는데요, 제가 사실은 성찰의 책임을 짊어지고 있습니다. 백주년기념 학술대회 조직위원장이라는 걸 맡았는데요, 축하연 말고 학술대회가 성찰을 담기에 좋다는 생각이 들고요, 저 개인을 위해서라도 학술대회 조직위원장은 어떻게 했으면 좋겠다고 말씀주시면 큰 도움이 되겠습니다.

백낙청 무엇보다 대회를 잘 치르시길 바라고요, 대회 이후에 대회에 대한 평가를 하면서 첫 백년에 대한 성찰, 두 번째 세기에 대한 다짐이나 준비, 이런 것과 연결시켜서 하시는 게 중요하지 않을까 해요.

박윤철 이제 마무리에 들어가면서, 가볍지는 않지만 사람들에게는 편하게 들릴 수 있는 말씀을 하나 더 여쭙겠습니다. 이철수 화백하고 인연이 돈독하시다고 들었는데요.

백낙청 글쎄요. 아주 가까운 사이는 아닙니다만, 안 지 오래됐고 제가 좋아하는 분이지요. 이번에 『대종경』 연작 판화의 경우는 『네가 그 봄꽃 소식

해라』라는 제목으로 문학동네라는 출판사가 내지 않았습니까. 지금은 그만 뒀지만 대표가 강태형 씨, 원래 시인이고 원광대학 출신이에요. 그래서 원불교에 관심이 많고 아마 김형수 작가가 집필한 『소태산 평전』도 거기서 나올 거예요.

강태형 사장이 한번 절 찾아왔어요. 찾아와서 판화 초기의 상태를 이만큼 들고 와서 이철수 화백이 내가 그걸 한번 봐주고 가능하면 서문을 써주면 좋겠다고 했다는 거예요. 제가 서문에는 난색을 표했습니다. 원불교 전문가도 아니고 미술을 잘 아는 사람도 아니고, 하여간 보고 나서 의견을 말하겠다고 하고, 연필로 이것저것 끄적여서 보내줬어요. 그랬더니 어떤 대목은 이 화백이 처음부터 수긍을 하고 어떤 대목은 수긍을 안 했어요. 그러다가 저하고 이메일 교환하면서 나중에 수긍하게 된 대목이 있고 어떤 대목은 수긍은 했지만 판화에 반영하기엔 너무 늦었다면서 문제가 많은 건 나중에 빼겠다, 이런 과정이 있었고요. 저는 뒤표지에 나가는 추천의 말을 써주는 걸로 면피를 했죠.

박윤철 이철수 화백이 300편 이상을 제작해서 200 작품 정도 골라 전국 순회 전시를 해서 지난 2월 14일에 대전 전시를 마지막으로 마무리했는데요, 선생님 보시기에 총평을 내리신다면?

백낙청 대단한 작업이고 이철수 화백으로서는 복을 많이 지었죠. 한마디 덧붙인다면, 이건 이철수 화백에 대한 비판이라기보다는 『대종경』에 대한 저의 존경심에서 나오는 말인데, 이화백이 아닌 천하 그 누구라도 몇년 사이에 몇백 편의 그림을 『대종경』으로 그리고 그걸 다 좋게 그리는 건 어렵다고 봅니다. 보통 선화(禪畵)하고도 다르잖아요. 이철수 화백이 잘 그리는, 자기 말로 한두 구절 옮겨 넣은 그림들과는 달라요. 『대종경』의 말씀을 갖고 하는 거니까 화가로서도 구속이 되는 거고, 그 말씀 중에는 사실 시각적으로 표현하기가 어려운 것이 많습니다. 그러니까 이게 행사용 그림이 아니라 하면 그런 걸 자기가 머릿속에 담고 연마하다가 영감이 나오면 그때 하나 그리고 그래서 십년을 그린다든가 이렇게 할 과업인데, 그걸 시간 정해놓고 편수를 채우려고 하니까 어떤 건 이철수 화백의 독특한 맛이 덜 나는 그림들이 있어요.

박윤철 저희 쪽 책임도 있는 것 같습니다. 백주년에 맞춰서 부탁을 하니까….

백낙청 네. 원불교 쪽에서도 욕심이 있었고. 그럼에도 불구하고 원불교에서도 대단한 성과이고 이철수 화백으로서도 정말 큰 복을 지었다고 생각합니다.

박윤철 저는 서울 전시회 때 잠깐 보고 익산, 대전 전시회 때 잠깐 보면서 자문은 안 했지만 출판되기 직전에 편집본을 미리 본 셈인데요, 제가 그때 받았던 인상은 이건 일종의 개벽이다 라는 느낌이었습니다. 여러 가지 의미로요.

끝으로 선생님, 오늘 귀중한 자리 내주셔서 감사합니다. 특히 젊은 교무들까지 동석하게 해 주셨는데, 제 얘기만 드리면 아쉬울 수도 있을 것 같아서 젊은 교무들, 후학들 한두 명에게 질문할 기회 드리고 싶습니다.

청중 평소에 교수님이 원불교 교리에 대해서 밝혀주신 부분들에 깊이 감명을 받았습니다. 제가 개인적으로 인상 깊었던 것은 『정전』이나 『대종경』을 번역하시면서 그 부분을 문학과 연관시켜서 표현해 주셨던 점인데요, 저로서는 그것을 당연히 종교적이나 철학적으로 받아들여 왔었고요, 문학평론을 하는 교수님이니까 당연히 이건 어떤 문학이다라고 표현하셨겠거니

생각했는데 그게 아니었습니다.

가만히 더 생각해보니까 『대종경』이나 『정전』을 문학의 관점에서 바라보는 것이 원불교 바깥 분들께 좀 더 시사적일 것 같고요. 그 부분이 교수님께서 지금까지 문학을 하시는 이유이기도 하고 그것을 통해 대종사님을 바라볼 때 더 바르게 바라볼 수 있다는 말씀으로 이해가 됐습니다. 과연 어떤 의미인가요?

백낙청 질문이라기보다 논평을 하셨는데, 그때 문학이라는 개념은 시·소설·희곡이라는 좁은 의미의 문학이 아니고 더 넓은 의미의 문학입니다. 원래 동아시아 전통에서는 문학을 넓게 생각했지요. 서양에서도 시·소설 또는 희곡 위주로 가는 것은 근대에 들어와서도 한참 지난 후였습니다. 그러니까 문학을 넓게 보는 것이 나의 독창적인 해석은 아니라는 걸 말씀을 드리고요.

그런 관점에서 본다면 『대종경』이 훌륭한 문학작품이라는 건 누구나 수긍할 수 있는 말인 것 같아요. 『정전』의 경우에는 저도 시간이 걸렸습니다만, 사람들이 얼핏 납득하기 어려울 것 같은데, 아까 『정전』에도 스토리가 있다고 했는데 『정전』이 처음에 현하(現下)라고 해서 시국에 관한 얘기로 출발하잖아요. 이게 구 불교와 전혀 다른 거거든요. 현하 시국을 보면서 개벽을 얘기한 건 우리 동학 이래의 전통이긴 하죠. 하지만 구체적인 진단이 있다는 점에서, 특히 물질개벽이라고 진단하신 점에 있어서는 원불교가 독특합니다.

그렇게 현 시국에서 출발을 하셔서 그 다음에 교리의 요강을 말씀하시고 수행에 관한, 일상수행부터 시작해서 여러 가지로 가다가 뒤에 가서 다시 '최초법어'로 돌아오잖아요. 다음에 고락에 대한 법문을 하시고. 그 다음에 법위등급 이야기로 끝마치지요. 정리하자면, 시국에 관한 인식에서 출발해서 원불교의 교리를 받아들이고 일상수행에서부터 시작해서 여러 수행을 거치면서 다시 현 시국의 문제로 돌아와서 진급을 계속하면 여래위로 끝나는 거죠. 저는 그걸 하나의 장엄한 드라마라고 표현했습니다.

또한 번역하면서 느꼈는데 일상수행의 요법에서도 '그' 요란함을 없애자고 말씀하시잖아요. 요란함을 없애는 건 불교에서도 늘 하는 얘기인데 불교에서는 그걸 원천적으로 없애 버리려고 해요. 그런데 원불교에서는 경계에 따라 일어나는 '그' 요란함을 없애자고 해요. 그 한마디 속에서 굉장히 많은 의미가 들어 있고…. 그래서 제가 문학에서 흔히 예술적 경제라는 걸 강조하는데 길게 설명하지 않고 줄여서 설명하는 묘미가 있다는 말을 했던 겁니다.

청중 후천개벽 사상을 계승한 종교로서 원불교의 개벽에 대한 선생님의 해석이 인상깊었고요. 유교·불교·도교를 우리가 중국에서 빌려와서 변형시켰는데 동학이나 증산도에서 한 걸 다시 원불교에서 심화했다는 특징도 있고 해서 연구의 대상이 된다고 생각해 왔습니다. 선생님께서 분단체제에 관심이 많다고 해서 여쭤보는데요, 지금의 대한민국은 정도전 같은 건국철학이 없이 그냥 얼떨결에 나라가 만들어진 게 아닌가, 그래서 우왕좌왕하는 게 아닌가 싶습니다.

그래도 원불교는 개교표어가 있지 않습니까. 선생님께서 개교표어까지는 아니더라고 예를 들어서 1987년 이후로 우리는 시민이 됐는데 시민이 뭔지도 모르지 않습니까, 그런 주제를 제안해 주셔도 좋겠습니다. 세월호 이후로 학생들에게 리포트를 받아보면 우리는 지금 퇴계 같은 어른이 없다고 하는데 선생님을 보니 아직 어른이 계시는 것 같습니다. 어른으로서 우리 사회가 나갈 방향을 원불교의 개교표어처럼 한마디로 화두로 삼을 만한 게 있다면 던져주십시오.

백낙청 제가 따로 더 보탤 것 없이 원불교 안에 많이 나와 있다고 봅니다. 개교표어는 전 인류에 해당하는 거니까 한국에만 해당하는 건 아니죠. 그런데 그걸 화두로 붙잡고 연마하면 한국에선 뭐가 되는가? 그럴수록 물질개벽이 무엇인가를 연마하는 게 중요하다고 보고요. 그러다 보면 물질개벽에 상응하는 정신개벽이 한반도에서 일어나야 하는가 하는 답으로 갈 수 있다고 봅니다.

분단되기 전의 상황이지만 정산종사님께서 『건국론』, 지금 『정산종사법어』에는 국운편에 나와 있는 대목인데, 거기서 해방 직후 건국의 경륜을 펴놓으신 게 있지 않습니까. 더 거슬러 올라가면 『정전』의 최초법어가 그런 지침에 해당한다고 봅니다. 그게 유교에선 '수신·제가·치국·평천하'인데, 당시엔 일제 치하니까 치국을 얘기할 수도 없었기 때문에 치국이 아니라 '강자·약자 진화(進化) 상의 요법'이죠. 그런데 그렇게 바꾸신 것이 일제의 간섭을 피하기 위한 방편만이 아니었다고 봐요. 유교적인 치국 강령을 새롭게 바꿔서 나중에 건국을 하더라도 적용될 수 있는 것이었고요, 국제관계에도 적용되지만 국내에서도 지금 빈부격차니 갑질이니 여러 가지 문제가 있는데 그런 점에서 그 요법이 중요한 것이 됐어요. 다음에 평천하라는 개념도 '지도인으로서 준비할 요법'으로 바꿔놨잖아요. 개교하고 얼마 안 돼서 내놓으신 거지만 지금도 연마해서 적용을 하면 구체적인 방안이 나올 수 있다고 봅니다.

청중 선생님께서는 평생토록 원만하신 지향점을 찾아서 걸어 오셨다고 봅니다. 그런데 현실의 모순과 여러 모로 부딪치실 때도 계셨을 것이고, 그럴 때마다 많은 것을 느꼈을 거라고 생각하는데 그런 고비고비에 어떤 생각으로, 어떻게 넘기셨는지 궁금합니다. 지금은 좀 완성된 모습을 보는데 그 순간순간을 어떻게 넘겼는지 그 말씀을 듣고 싶습니다.

백낙청 비교적 잘 넘길 때도 있고 못한 때도 있었고 그렇습니다만, 어떤 때는 그런 자랑도 합니다. 사람들은 흔히 제가 정치적으로 탄압받은 걸 생각하지만, 사실 저도 『창작과비평』이라는 사업을 창업해서 창조경제를(웃음) 일으켰는데, 그 과정에서 힘든 때가 많았죠. 재정적으로 많이 힘들었고요. 그런 거 다 겪고도 내가 아직 간이 안 썩은 거 보면 수양이 된 사람 아니냐고 농담 삼아 자랑한 적이 있습니다. 결과적으로는 아직까지 비교적 건강하고 특별히 원망심에 가득찬 생활을 안 하고 있으니까 무난하게 넘겨온 셈이라고 생각합니다.

박윤철 선생님의 답이 조금 서운하죠? 해탈이 되시면 물 같은 답이시니까…. 과학도 출신인 전 교무님(전홍진−편자 주) 한 말씀….

청중 이철수 판화가 작품 중에 아래쪽 일원상이 불타는 가운데 '물질이 개벽되니 정신을 개벽하자'는 개교표어가 새겨진 작품이 있는데, 저는 그 작품을 보면서 현 시대를 굉장히 잘 표현한 작품이 아닌가 생각했습니다. 물질개벽에 따른 여러 폐단과 현상을 그렇게 표현한 것 같습니다. 우리나라뿐 아니라 세계의 일상적 뉴스를 보면 시리아 내전, IS 테러, 중동의 석유와 강대국 관련 문제 등의 과거에는 상상하지 못한 일들이 비일비재한데요. 이러한 세상에서 '물질이 개벽되니 정신을 개벽하자'라는 게 얼마나 의미가 있는가 하는 생각이 들어집니다. 대종사님께서 방안을 말씀해주시기도 했지만, 물질개벽과 정신개벽의 격차가 이렇게 큰 상황에서 어떻게 실타래를 풀 수 있을까 궁금합니다.

또 삼동윤리 관련해서 종교의 근본원리가 하나라고 말씀하셨는데, 이슬람 국가에서는 같은 이슬람 내에서도 종파가 나뉘어서 서로 싸운단 말이에요. 그런데 과연 이슬람에서 말하는 알라신과 기독교에서 말하는 하나님이 서로 만날 수 있는가. 그리고 우리가 말하는 법신불과 하나님과 알라신이 만날 수 있을까. 원불교에서는 '진리가 하나이고 둘이 아니다'라고 받아들이는데, 이슬람과 기독교에서 그걸 받아들일 수 있을까. 너무 요원한 생각이 드는데, 그 장벽을 낮추고 실타래를 풀려면 어떻게 접근해야 할까. 그런 말씀을 듣고 싶습니다.

백낙청 쾌도난마란 말이 있습니다만 제가 그런 답을 제시할 순 없고, 얽힌 실타래를 하나하나 풀어가야 되는데, 개교표어에 대해서는 물질개벽에 대해 거듭 연마해 볼 필요가 있습니다. 흔히 물질문명, 정신문명 얘기하면서 정신과 물질의 개념을 서양 것을 답습하고 있는 것 같아요. 하지만 서양의 물질문명이라는 것도 엄청난 정신공력의 소산이거든요. 과학도 그렇고 그 배경에 있는 철학의 전통도 그렇고…. 그리고 지금도 그 사람들이 지적·학술적 세계에서 패권을 행사하고 있는데, 그게 단순히 그들의 기술이 발달하고 돈이 많아서 그렇다고 보면 안 될 것 같아요.

『정전』의 정신수양 대목을 보면, 정신은 존재하는 유(有), 실체가 아니에요. 경지죠. 우리가 흔히 정신이라고 말하는 것도 물질이고 물질개벽의 대상이에요. 이른바 정신적 가치마저 다 깨져나가는 현상을 총체적으로 봐야지, 무슨 기술이 발달하고 인간이 물욕에 어둡고 하는 것들만을 봐선 안 됩니다. 인간이 물욕에 어둡지 않은 때가 없었거든요. 그렇다면 정신이 무엇인가. 『금강경』에서 하는 말씀이라든가 『정전』에서 하는 말씀을 알아듣고 실천할 수 있는 능력이 정신이라고 봐야 합니다. 정신과 물질의 이분법을 우리가 어느새 서양식에 물들어서 생각하는데, 그래서는 해결이 안 된다는 말씀을 드리고 싶어요. 삼동윤리 실현하는 데 여러 가지 문제를 말씀하시면서 이슬람 얘기를 주로 하셨는데요, 종파끼리 피 흘리고 싸우는 건 이슬람만이 아니잖아요. 기독교도 그랬고 옛날에는 불교마저도 승려들끼리 전쟁하고 싸우고 그랬습니다. 그러니까 이슬람에 대해서는 더 열린 자세로 볼 필요가 있다고 봅니다.

혼히 '알라신'이라고 그러는데 아랍어로 '알라'가 신이라는 뜻이에요. 그들이 말하는 신이나 유대교나 그리스도교에서 말하는 신이 똑같은 신입니다. 그걸 인정 안 하는 것이 기독교예요. 이슬람에서는 아브라함부터 전부 예언자로 인정합니다. 다만 예수도 예언자의 한 사람으로 인정하지 그분 하나만을 메시아라고 보지 않는 거지요. 이슬람에서는 메시아를 얘기하는 게 아니라 하나님의 말씀을 그대로 세상에 전달해 준 무함마드가 예언자 중에 최고라고 보는 것이고요. 그런 점에선 교리상으로는 이슬람이 기독교보다 더 관용적이라고 볼 수 있어요. 현실적으로도 누가 더 편협한지 모르겠습니다. 기독교의 어떤 종파는 어디 갔다 놔도 부끄럽지 않을 정도로 편협하고 공격적이니까…. 어쨌든 유대교·기독교·이슬람교 모두 다 절대자인 신을 상정하는데, 그렇다면 법신불하고 어떻게 되느냐. 이쪽에서는 쉽게 해석이 됩니다. 법신불은 유무 초월의 경지에 있는 거고, 신이라는 건 유의 영역에서 지존의 존재죠. 그렇게 보면 법신불 신앙에 다 포용될 수 있는데, 저쪽에서는 불만이겠죠. 너희만 높고 우리는 그중 일부밖에 안 되느냐 그럴 수 있는데, 부처는 신보다 더 높은 존재자가 아니라 있고 없음을 초월한 깨달음의 경지니까 그런 식의 비교는 안 맞습니다. 제가 알기로 그리스도교의 전통 안에도 하나님을 절대적인 존재자로 보기보다는 '없이 계시는 분'이라고 해석하는 흐름이 있습니다. 한국에서도 다석(多夕) 류영모(柳永模) 선생이 기본적으로 기독교인인데, 하나님을 '없이 계신 분'이라고 하고, '없계신분' 이라는 표현도 만들었어요. 그런 관점에서 본다면 그들이 섬기는 하나님이 법신불하고 큰 차이가 없는 거죠.

동원도리(同源道理)가 무조건 다 똑같다는 말은 아니잖아요. 일원으로 통일하자는 것인데 그게 아주 불가능한 것은 아니라고 봅니다. 기독교나 이슬람 안에서도 그런 흐름이 있기 때문에 원불교가 정신적인 지도력을 발휘해서 그걸 하나의 거대교단으로가 아니라 한 일터 한 일꾼으로 합치는 일을 장차 해내야 되지 않을까 생각합니다.

박윤철 귀중한 시간을 내주셔서 대단히 감사합니다. 저희들은 저희들대로 원불교 안에서 개벽을 향해 정진을 하려고 합니다. 선생님이 가꾸어오신 〈창비〉가 새로운 출발을 앞두고 있다고 하니, 〈창비〉 역시 함께 개벽의 일꾼으로 큰 일을 해주십사 하는 마음으로 이 작품(이철수 화백의 '물질이 개벽되니 정신을 개벽하자' 판화—편자 주)을 〈창비〉에 기증하는 것으로 이야기를 마치겠습니다. 긴 시간 대단히 고맙습니다.

정리좌담

[편자 주: 이후 내용은 백낙청 선생님과의 대담이 끝난 후 참석자와 배석자들이 나눈 대화이다. 대담의 분위기와 의의를 좀 더 생생하게 전달하는 데 유익하다고 판단하여 부기한다.]

청중 제가 백낙청 교수님 대담 시간에 참석하면서 제일 인상깊게 들었던 말씀은 대종사님 개교표어, '물질이 개벽되니 정신을 개벽하자'는 내용과 삼동윤리, '동원도리 · 동기연계 · 동척사업'에 대한 내용을 화두로 삼아야 된다, 화두로 삼아서 계속 연마해야 된다는 말씀입니다. 근래에 '물질이 개벽되니 정신을 개벽하자'는 개교표어와 근래에 우리나라나 세계에서 일어나는 일들을 대조해보고 있었어요. 이런 시대상황에서 과연 개교표어를 어떻게 현실에 적용해서 실현해야 할 것인가를 과제처럼 안고 있었는데, 오늘 그런 말씀을 해주시니까 훨씬 더 마음에 많이 와 닿는 게 있었어요.

그리고 정신개벽에 대한 내용들을 어떻게 현실에서 실현할까를 연마하고 있었는데, 삼동윤리 말씀을 해주시니까 정신을 개벽하는 키워드를 삼동윤리와 연관을 지어서 고민을 해봐야겠다는 생각이 들었습니다. 말씀 들으면서 보니까 무척 깊이가 있으시고, 원불교 교리에 대해서도 공부를 많이 하셨다는 생각이 들었는데 그러신지 몰랐어요. 그리고 교수님께서 통일운동 등 사회문제를 진단하실 때 원불교 교리 사상에 바탕해서 펼쳐가시는 줄은 잘 몰랐었는데 이런 시간을 통해서 그런 부분들을 확인하는 기회가 돼서 좋았고, 이런 분을 직접 가까이서 뵙고 말씀 듣는 기회가 쉽지 않은데, 이런 기회를 갖게 되어 좋은 시간이었습니다. 감사합니다.

청중 오늘 모처럼 좋은 기회가 돼서 이 시대 최고의 지식인 백낙청 선생님과 함께할 수 있어서 감사했고, 더구나 원불교 백주년을 맞이해서 만나뵐 수 있었던 것을 영광스럽게 생각합니다. 선생님의 말씀을 들으면서 저희들한테 강조하셨던 '물질이 개벽되니 정신을 개벽하자'는 표어라든지 삼동윤리가 이 시대, 앞으로 시대에 꼭 필요한 것이고 이 길을 가는 종교인들이 무서운 줄 알고, 화두로 삼아 끊임없이 실천하겠다는 각오가 있어야 한다는 큰 충고의 말씀을 해주셔서, 그걸 무거운 숙제로 알고 잘 생각하며 살아가려고 노력하겠습니다. 제가 아는 어떤 분이 이런 말씀을 하셨어요. 이 시대에 지식을 갖고 지혜로운 삶을 사는 사람은 백낙청 선생님이다. 그날 이후 꼭 한 번 직접 뵙고 싶었는데 오늘 이렇게 뵙고 말씀을 들으면서 실제로 삶 속에서 수도해 오신, 특별한 종교는 없지만 삶의 무게가 있는 걸 볼 수 있었고, 그런 속에서 여러 가지 종교, 원불교에 대한 애정도 각별하지만 그것이 특별한 종교에 대한 애정이 아니라 삶의 모든 존재에 대한, 문학이면 문학 또는 역사, 동포, 모든 것에 대한 애정을 갖고 사시는 삶이시구나 하는 깊은 기운들을 느낄 수 있었습니다. 또 한 가지는 분단체제를 많이 말씀해 오셨다는 얘기를 들었고 그런 글을 몇 편을 읽기도 했습니다. 제가 가진 분단체제에 대한 생각이, 왜 통일이 돼야 하는가 하는 얘기를 들으며 새로운 시각을 갖게 되었고, 그 속에서 선생님께서 한국을 대표하고 인류를 평화롭게 하고자 하는 마음을 읽을 수가 있었습니다. 자본주의 체제가 변화되기 때문에 가장 필요한 것이 무엇이냐 하면 노동자 계급의 각성에 의한 혁명과 중산층에 의한 보호가 있어야 된다는 말씀을 개인적으로 들은 적이 있었는데, 원불교인으로서 원불교 백주년을 맞이해서 원불교가 이 시대에 필요한 현실 참여나 실천에서 어떻게 해야 할까 하는 화두를 갖고, 어떤 교학의 실천

의지가 있었야 하는가라는 화두를 갖고 집으로 돌아가겠습니다. (충남 계룡 교당 정인화 교무)

청중 제가 백 선생님을 처음 알게 된 건 영어로 번역된 경전을 통해서였습니다. 경전이 빨간색으로 나왔어요. 그래서 빨간 책을 번역하신 분으로 알고 다른 분야 활동하신 것에 대해서 잘 몰랐다가 원광대대학원 원불교학과 박사과정에서 공부를 하면서 더 많이 알게 됐습니다. 그리고 오늘 이 자리에 와서 말씀하시는 걸 들으면서, 어떻게 사셨는지에 대해 큰 느낌을 갖게 됐어요. 사회적으로도 존경받는 지식인이고 훌륭한 분으로 언뜻 알고 있었는데, 저는 성직자의 입장에서 보면 원불교가 어떻게 하면 현실에서 작동할 수 있는 것일까를 말씀하시고 실제로 행하고 계셨더라고요. 오늘 이 자리를 계기로 그런 부분을 특히 염두에 두고 교수님의 글이라든지, 실천 부분을 좀 더 연구해 봐야겠다는 생각을 하였습니다. 다음으로 통일에 대한 말씀을 많이 해 주셨는데요, 나이 드신 분들은 당연히 통일이 돼야지, 라고 말씀하시지만 젊은이들은 통일되면 더 힘들어지지 않을까 우려하거나 부정적인 의견도 많거든요. 저는 미국 선학대학원에서 공부하면서 미국에 머물다 보니까 미국에 우호적인 감정도 많았죠. 그런데 다시 한국에 와서 보니까 미국이 통일이나 남북관계에서 하는 것이 미국 입장에서 하는 거지 한국 입장에서 하는 건 아니라는 생각이 들더라고요. 해결이 안 되는 그 부분을, 백낙청 선생님께서 김대중 정부 때 미국이 한국의 통일에 우호적인 입장을 취했다는 말씀을 하시는 걸 들으면서 어떻게 하면 통일이 되는 게 미국의 입장에서도 좋다는 걸 부각시킬 수 있을 것인가가 중요한 과제라는 걸 인식하게 되었습니다. 더 나아가서 우리가 통일을 관념적으로 접근하는데 우선 현재의 체제를 인정하는 것에서부터 출발해서 나아갈 때 실질적인 방안이 나온다는 거, 그런 부분을 배우게 되었습니다.(조덕상 교무, 원광대대학원 박사과정 수학중)

청중 분단체제가 세계체제와도 연결되어 있다는 거죠? 분단체제가 미국만이 아니라 러시아, 중국, 일본과의 관계 속에 있기 때문에 그런 국제 관계 속에서 어떻게 하면 남북한 관계가 평화롭게 나아가면서 발전적으로 되느냐, 이런 문제들이 해결이 된다면 세계 사람들이 바라볼 때 세계평화의 모델이 될 수 있고 이런 것이 원불교에서 말하는 '정신의 지도국'이나 '도덕의 부모국'이 실현될 수 있는 구체적인 부분이 아닐까, 그런 부분을 백낙청 선생님께서 알고 계시고 말씀하신 거죠.

청중 말씀하신 내용이 다 편한 말씀만은 아니었잖아요. 원불교도로서 책임감이나 화두는 없습니까? 채찍질에 대해서 말씀하시는데, 백낙청 선생님께서 채찍은 들고 오지 않았다 말씀하시지만 언중유골이라고 하잖아요, 말씀에 채찍이 있었어요. 특히 정신개벽이라는 부분을 가볍게 생각해 왔던 게 아닌가 뜨끔했습니다. 개교표어라서 너무 많이 듣다 보니까 일상화가 되고 편안한 단어가 되어 버린 거죠. 그 부분을 강하게 지적을 해 주셨는데, 저도 화두처럼 더 고민해 봐야겠다, 어떻게 하는 것이 실질적으로 정신개벽을 이루는 것인가 고민을 해야지, 물질이 개벽되니 정신을 개벽하자 말씀은 멋있는데 말에만 머물 수도 있겠다하는 반성과 각오를 새롭게 했습니다. 현실에 안주하면 공부를 하는 의미도 없는 것이고 원불교의 가치를 실현할 수 없을 것 같아요. 그래서 정신개벽, 특히 개벽에 대한 메시지를 다시 한번 생각해

봐야겠습니다. (조덕상 교무)

청중 작년 봄에 원불교학과 박사과정 공부를 시작했습니다. 대학원 첫 강의 시간에 학산 박윤철 교수님께서 백낙청 교수님의 텍스트를 갖고 공부 해보자고 하셨어요. 원불교학 강의 시간인데 백 교수님의 텍스트를 읽자고 하시니 처음엔 조금 의아했습니다. 물론 백 교수님은 한국을 대표하는 지 성이시고 더욱이 제가 근무하는 종로교당 한지성 교도님의 남편이시기에 어떤 분이신 줄은 조금 알고 있었지만요. 하지만 교수님께서 평소 원불교 에 대한 글이나 인터뷰를 여러 차례 하셨고, '마음공부', '적공'과 같은 원불 교 용어를 원불교에 관련되지 않은 글에서도 자주 사용해 오셨고, 무엇보다 도, 원불교 사상을 평생의 큰 화두로 삼아 적공해 오신 분이라는 사실을 강 의가 진행된 후에야 알게 되었습니다. 뿐만 아니라 교법에 대한 새로운 시 각을 제시해 주셨습니다. 가령 '물질개벽에 상응하는 정신개벽의 의미', '정 신의 개념', '지자본위에 바탕한 평등사상의 의미', '정교동심과 교단의 사회 적 역할', '불법(佛法) 주체가 갖는 미래 종교로써의 의미', 『정전』과 『대종 경』의 문학적 가치', '삼동윤리와 정산종사의 건국사상이 갖는 의미' 등은 실 로 원불교 교리와 사상 전반에 걸친 핵심적인 문제들이고, 그 안에는 교수 님만의 깊은 통찰이 담겨 있음을 알게 되었습니다. 원불교학을 시작하는 이 시점에 백교수님의 텍스트를 공부할 수 있게 된 것이 참 행운이라고 생각합 니다. 그리고 오늘 백교수님을 직접 뵙고 인터뷰하는 모습을 보면서, 또 식 사 시간에 직접 질문도 드리고 하면서, 책으로 접했을 때와는 또 다른 느낌 을 받았습니다. 같은 말씀인데도 더 와 닿았다고 해야 되나요. 이런 걸 구전 심수(口傳心授)라고 하나봅니다. 짧은 시간이지만, 화두를 많이 주신 것 같아요. 그리고 그 화두가 내 마음 속에 더 깊이 들어왔구요. 당장 이 자리에서 어떤 답을 얻기보다는, 평생을 두고 깊이 연마하고 적공하고 실천할 과제를 주신 것 같습니다. 또한 백교수님은 평소 대종사님에 대한 존경과 애정이 깊은 분이신 만큼, 대종사님의 본의라든지 교단의 진정한 가치들이 이 시대에 창조적으로 계승이 되어서 시대를 이끌어가는 사상이 되기를 바라는 마음이 느껴졌어요. 더욱이 이 일을 해 나갈 주인공이 바로 우리들 한 명 한 명이어야 한다는 간곡한 부촉의 말씀으로도 들렸습니다. 올해는 교단적으로 원불교 백주년 기념대회가 있고, 개인적으로도 원불교 교무로써 현장 근무와 원불교학 박사 공부를 막 시작하게 된 뜻 깊은 시간입니다. 교화지에서 느끼는 감상은, 이 시대가 정말 많이 힘들다는 걸, 이 시대를 살아가는 사람들에게 새로운 정신문명이 절실히 필요하다는 걸 느끼고 있습니다. 특히 청소년들을 보면서 많은 생각을 합니다. 그 아이들은 기성세대들이 만들어 놓은 사회 구조 속에서 끊임없이 경쟁하고 이겨야 하는 압박과 불안과 고통을 느끼며 살지만, 정작 내가 왜 그런 고통 속에서 살아야 하는지도 모른 채 승자는 또 다른 승리를 향해, 패자는 실망하고 포기하며 경쟁에서 도태되어 자존감을 잃고 살아가는 모습이 너무나 안타까웠습니다. 이것이 원불교 2세기의 주역인 저희들이 풀어야 할 정신개벽의 과제가 아닌가, 그리고 그렇기 때문에 대종사님께서 이 땅에 오시지 않으셨나 생각합니다. 백선생님께서 계속 이 부분을 강조해 주신 것 같아요. 저희들은 종교인으로서 영성을 밝혀가는 부분뿐 아니라 현실에 발을 담고 있기 때문에, 누구보다 그걸 염원하셨던 대종사님의 제자들이기 때문에 현실문제에 더 다가가서 그분들의 삶을 낙원으로 만들 수 있는 실질적인 노력을 해달라는 부탁이 있으셨던 것 같아요. 이 말씀 명심하고 살아가겠습니다. 마지막으로, 원불교학 후속

세대들의 성장과 발전을 위해 이런 자리에 저희 젊은 교무들을 초대해 주신 학산 박윤철 교무님께도 진심으로 감사드립니다. (서울 종로교당 허석 교무)

청중 저는 오늘 함께 오게 된 이경진 교무와 동기여서 영광에서 올라와서 한 방에서 자게 됐어요. 아침 식사를 하면서 이런 시간을 갖는다길래, 참석하고 싶다고 부탁 드려서 오게 됐습니다. 평소에 백낙청 선생님을 너무 존경해서 세미나 자리에서 뵙곤 했는데 인터뷰를 참관하면서 살아오신 삶의 모습들을 더 직접적으로 더 진솔하게 알 수 있어서 가슴이 뜨거워지는 순간이었습니다. 가슴이 벅차죠. 한편으로는 인생을 앞서 살았던 대선배님을 뵙는데, 할아버지처럼 푸근한 느낌도 있고 자유로운 모습이 있으시면서도 정곡을 찌르는 화두를 끊임없이 던져주셨던 시간이었습니다. 제 스스로 교역(敎役)의 길을 걸어오면서 개벽의 정신으로, 끊임없이 화두를 궁굴리면서 온몸으로, 온 마음으로 익히고 실천했는가 성찰하는 시간이 되어서 더욱 의미가 깊었구요. 저는 앞으로 청년들을 만나요. 이 땅의 모든 청년들을 만나는데 지금은 앉으나 서나 청년들 생각이거든요. 어떻게 청년들에게 가슴에, 뜨겁게 사랑할 수 있는 에너지를 일으킬까가 고민인데 선생님이 주신 말씀을 화두로 궁굴려서 청년들에게도 화두를 까닭이 있게, 바른 물음표를 던져줄 수 있도록 좀 더 연마해야겠다 하는 생각을 하였습니다. 저는 독일에서 5년, 짧다면 짧은 생각지도 않았던 독일 생활을 했는데요, 저희 원불교는 법신불 일원상이라고 원(圓)을 신앙의 상징으로 모시고 있잖아요. 서양 문화에서는 원 문화라는 것이 있어요. 서양문화라고 하면 나뉘어 있고 합일된 것은 없다라는 논리로만 재단하는데 생활 속에는 끊임없이 원천으로부터 비롯되는 부분이 있거든요. 이미 유럽이나 독일에서도 헤르만 헤세만 해도 어머니가 남인도 사람이라서 영향도 많이 받았지만, 일찍이 유럽에서는 그 해답을 얻을 수 없고 동양으로 가야 된다는 이야기를 후학들에게 많이 했더라고요. 저는 많은 장점을 얻었죠. 한국에서 본 한국이 아니라 독일에서 본 한국, 국외에서 한국을 보는 시각들, 서양 청년들은 좀 더 여유가 있고, 어릴 때부터 자력을 길러주고, 우리나라와 교육제도 자체가 다르거든요. 예를 들면 4학년 때 인문계, 실업계가 다 나눠져요. 본격적으로 공부할 수 있는 자기 선택의 삶이 있어요. 그러다 보니 대체로 그네들은 일찍부터 삶이 아주 당당하죠. 백프로가 다 그럴 순 없겠죠. 그걸 보고 돌아와서 보니 한국의 학생들이나 교육 시스템 자체가 부모들이 원격조종하는 방식이 아닌가 생각을 하게 됩니다. 자존감 자체가 없는 사람을 길러내죠. 심지어 그런 말이 있더라고요. 박사과정 다 끝내고 학위 받은 박사가 "엄마 나 이제는 뭐해?" 라고 물어보았다고요. 현실이 이러한데 청년들과 그런 부분을 끊임없이 토론하고 공부하고 학습해야겠다는 생각을 했습니다. 창비에도 학당이 있던데 저도 청춘 아카데미를 만들어보고 싶어요. 그 화두 중 하나로 통일을 생각하고 있습니다. 더 많이 고민하고 선배님들, 지식인들을 만나서 해답을 함께 얻고, 무엇보다 청년들과 학생들과도 공감해서 실천해 가야 미래를 향해, 어른들이 살아온 역사를 보면서 발전적으로 희망적으로 나아갈 수 있지 않을까 싶습니다. (원불교 청년회, 최원심 교무)

청중 386세대라는 용어가 있지요. 2000년대 접어들면서 당시 30대에 80년대 학번에 60년대에 태어난 사람들. 제가 그 세대였는데 그 세대들이 현재 사회의 중심에 들어가 있는 거죠. 오늘 선거에 대한 얘기를 들으면서 저 자신에 대해서, 정말 우리가 이 사회에 참 잘못하지 않았나 하는 충격 아닌 충격을 받았어요. 그러면서 내가 왜 이렇게 생각하게 되었을까 했는데, 저희 세대가 갖고 있는 것에 대해서 답이 없는 거죠. 사람들이 뭔가를 찾긴 찾지만 답이 없고 답을 찾기 위해 수없이 이곳저곳을 두드리지만 전시장에 있는 전시품을 관람하듯이 계속 찾기만 하지 않나 하는 생각이 들어요. 이제는 찾지만 말고, 조그만 거라도 찾은 것을 붙잡고 거기에 대해 깊숙이 들어가야 되지 않나 하는 생각이 들었습니다. 오늘 기본 얘기를 많이 하셨는데 나온 답 중에 기본이라는 게 한 사람, 한 단체, 한 조직이 갖고 있는 원래의 기능까지 고스란히 드러내는 거죠. 그 갖고 있는 게 이러하니 그 다음부터 가는 거죠. 그런 것까지 말씀되지 않았나 하는 생각이 들었습니다. 한 사람 한 사람이 자기 몫의 일을 할 때이고, 한 사람이 큰 위력을 발휘하는 시대가 아닌가 생각하게 되었습니다.

청중 386세대에 책임을 다 돌리는 경우도 있더라고요.

청중 그때 거리 행진이 일어났을 때 깊숙이 뛰어든 건 아니지만 저도 모르게 거리를 같이 활보하고 구호도 외친 기억이 있어요. 그때는 너나없이 그 자리에 뛰어들어 동화되던 때였죠. 그만큼 사람들이 뜨거운 열기가 가득했을 때인데, 그게 차츰차츰 시간이 지나면서 이렇게 된 거죠. 저희들도 잘못됐지만 기득권 세력도 무시할 순 없는 거죠. 우리가 이걸 어떻게 치고 올라가느냐, 선거를 하나의 기점으로 잡으셨을 때 갑자기 소름이 돋는 거죠. 당장 앞으로 나왔구나. 기존의 생각은 기득권 세력에 반항하고 답을 찾으면 되지 않느냐는 막연한 생각이었는데 시간이 얼마 남지 않았고 막바지에 도달했다는 생각이 드니까 마음이 급해지더라고요. 어떻게 해야 되나. 짧은 시간 동안에도 수없이 많은 생각들이 혼란스럽게 왔다 갔다 하더라고요. 아직 답은 찾지 못했지만 오늘 그런 말씀 속에서 기본, 그리고 제 자신이 먼저 해야 되고 이게 뻗어가야 된다는 걸 알게 됐습니다. 나를 시작으로 해서 한 걸음씩 옆으로 전달되어 나갈 때 일이 이루어지는 거죠. 이제 지식인들이 숨어 있을 때가 아니고 다 나오셔야 되요. 다 땅 위로 나오셔서 너나없이 목소리를 높이고 크게 외쳐야 되는데 너무 사장되어 버리고 숨어 버리신 것 같아요. 나와서 깨지더라도 또 나오고 또 나오고 하다보면 사람들이 알게 되지 않을까 하는 생각이 들어요.

청중 선생님께서는 87년체제를 발전적으로 말씀하신 게 2013년체제고 그것도 실패해서 2017년을 말씀하신 것 같아요. 거기에 원불교가 할 수 있는 일이 뭘까요. 저희들한테는 역량이 많이 부족한 것 같아요. 대종사님께서 말씀하신 정신개벽이 현재로서는 정신 확장이 아닌가 하는 생각이 들거든요. 내 정신의 세력, 내가 알고 있는 만큼의 벽을 뛰어넘고 더 알고 더 알아야 되는 것 같아요. 언론을 통해서 피상적으로 아는 게 아니라 구체적으로 무엇인지 알 필요가 있지 않나 하는 생각이 들고, 저희들이 전파하는 역할을 해야겠다는 생각을 했습니다. (영산 선학대, 이경진 교무)

청중 백선생님과 2, 30년 전부터 인연이 있었고 그래서 제가 스스로 창비 키드라고 말합니다. 『창작과비평』을 대학생 때 읽으면서 세상에 눈을 떴다고 할까, 그렇게 인연이 되었는데, 나중에 보니까 〈창비〉를 창간하신 그 어른께서 원불교에 대해서 독창적인 해석들을 많이 내놓으셨더라고요. 오늘 이 자리는 개인적인 인연에 더해서 백선생님의 원불교에 대한 해석을 많은 시민 대중들이 쉽게 이해할 수 있게 알려드리면 보은도 되고 〈창비〉의 세례를 받은 〈창비〉 세대로서 도리도 되지 않을까 하는 소박한 생각에서 이 자리를 마련하게 되었습니다.

박윤철 오늘 인터뷰에 대해 자체 평을 하면 낙제점은 아니었다고 생각해요. 인터뷰 준비를 삼사 개월 한 것 같은데 정리가 안 되더라고요. 워낙 거대한 지성의 큰 산맥이 되는 어른의 인터뷰라 사실은 어려웠어요. 그런데 의외로 백선생님하고 인터뷰를 하겠다고 알리니까 젊은 교무님들, 젊은 후학들이 참여하겠다고 해서 참 잘했다는 생각을 했고요, 오늘 말씀 나누면서 역시 구전심수(口傳心授)라는 말대로, 책이 아니라 직접 말씀을 들으면 분위기나 실감이 나는 부분도 있고 해서 그런 측면에서는 백선생님의 삶이나 학문, 당신이 사회에 던진 화두 같은 것들이 후학들에게 쉽게 전달될 수 있는 좋은 기회였다는 생각이 들었고요. 특히 젊은 교무님들의 감상을 들으니까 대성공이라는 생각이 들었어요. 인터뷰 내용은 조금 모자랐지만 함께 참여한 젊은 교무들과 연구자들이 자극이나 동기 유발이 되고 있는 것 같아서 참 성공적이었다는 생각을 했습니다.

유동종 백 선생님께서 던져주신 화두를 한 말씀으로 정리하신다면?

박윤철 너무 큰 질문이시고요, 개인적인 감상은 나는 이제 백선생님에게만 오로지 의지하지는 않겠다, 그 대신에 내가 스스로 백선생님 같은 역할을, 내가 서 있는 자리, 원불교 안에서 내가 백선생님처럼 그렇게 살아야되겠다. 백선생님께서 평생을 일관해 오신 화두를 오늘 이 자리를 계기로 제

화두삼아 제가 몸 담고 있는, 제가 가장 친하면서 뭔가 할 수 있는 공간이 원불교니까 원불교라는 실천의 공간을 큰 화두로 삼고 가야 되겠다고 생각하였습니다.

18

문명의 대전환과
종교의 역할

1. 글머리에

이 논문의 최초본은 원불교 100주년과 원광대학교 70주년을 기념하는 국제 학술대회(2016년 4월 28일 전북 익산시 원불교총부 반백년 기념관)의 기조강연으로 마련되었다. 행사나 강연의 성격으로 보아 원불교가 중요한 주제가 된 것은 당연했다. 그러나 당시도 원불교 교단의 국외자로서 발언했거니와 논문으로 개고하면서는 특히나 학문적 독립성과 엄격성을 갖춘 논의를 시도했음을 미리 밝히고자 한다.

다른 한편 애당초 대회 주최 측과 나의 지적 공감도 뚜렷했다. 대회의 큰 주제는 '종교·문명의 대전환과 큰 적공'이었고 나 자신은 '문명의 대전환과 종교의 역할'이라는 제목을 잡았다. 게다가 작년에 출간한 『백낙청이 대전환의 길을 묻다: 큰 적공을 위한 전문가 7인 인터뷰』(파주: 창비, 2015)에서는 스스로 '큰 적공'이라는 표현을 사용하기도 했다. '대전환'에 관해서는 '물질이 개벽되니 정신을 개벽하자'는 원불교의 개교표어 자체가 그 필요성을 강조하며 방법까지 제출하고 있다. 정신개벽에 대해서는 뒤에 더 논하겠지만, 먼저 대전환에 관한 세속적인 담론으로 출발하여 호베르뚜 망가베이라 웅거(Roberto Mangabeira Unger)의 '미래의 종교' 논의를 좀 더 집중적으로 검토하고, 이어서 정신개벽운동의 성격과 거기서 파생하는 과제의 정치적·사회적·문명사적 의의를 논하고자 한다.

2. 어떤 대전환인가

일단 한국의 현실에서 출발해 보자. 오늘의 한국사회는 '헬조선', '금수저·흙수저' 같은 대중적 실감의 표현뿐 아니라 높은 자살률과 노인 빈곤율, 청년실업률, 낮은 출산율, 확대되는 빈부격차 등 통계수치를 포함한 객관적 지표들도 이대로 지속되기 힘든 현실을 말해 준다. 대형 안전 참사도 잇따라 터지면서 그때마다 정부와 주류사회의 무책임과 무능력을 노출하고 있다. 다만 어떤 대안적 현실을 추구할지에 대해서는 사람마다 생각이 다르다. 예컨대 많은 정치인들이 자신이나 자기 당이 집권하기만 하면 세상이 달라질 듯이 말하는데, 설혹 그것이 의도적 기만이 아니더라도 단순한 정권교체나 인물 교체가 '대전환'에 값하리라고 믿기는 어렵다. 2012년 양대 선거가 있던 해에도 수많은 사람들이 한국사회의 일대 전환을 갈망했고 나 자신은 '2013년체제'라는 이름으로 그 소망을 피력했다.[1] 아울러 선거 승리에 집착한 나머지 큰 원(願)을 세우고 연마하기를 게을리하면 선거 승리마저 놓치기 십상임을 경계했는데(같은 책, 90면 등), 불행히도 2012년의 선거는 우려한 대로 되었고 2013년체제는 실현되지 못했다. 결과 87년체제의 말기 현상이 더욱 악화되었고 정치의 난맥상과 공직자 및 사회 전반의 부패와 무능이 극에 달한 느낌이다. 그만큼 대전환에의 목마름이 심해졌는데, 바로 이런 현실이 또 한 번 손쉬운 선거 승리를 꿈꾸는 얄팍한 기대를 부추겨 2012년의 실패를 되풀이할 염려가 없지 않다. 문명의 전환은 차치하고 한국사회의 소생을 위해서도 대전환의 기획을 제대로 설정할 필요가 절실하다.

하지만 본고의 주제어는 어디까지나 '문명의 대전환'이다. 과제가 거창할수록 자신이 발 딛고 있는 현실에서 출발하는 게 바람직하다는 의미에서 한국에 대한 언급으로 시작한 것뿐이다. 따라서 한국사회의 구체적인 현안을 여기서 논할 계제는 아니다. 다만 한국의 현실 자체를 깊이 들여다볼수록 한국사회에 국한된 분석만으로는 미흡하고 결국은 인류문명의 대전환 문제로까지 연결됨을 실감하게 된다.

예컨대 오늘의 한국인을 짓누르는 전쟁의 위험을 보자. 이는 곧바로 한반도가 남북으로 분단된 현실을 부각시키고 분단구조가 장기간 지속되면서 한반도 전역에 걸친 일종의 '체제'가 형성되었다는 논지를 가능케 한다.[2] 이런 분단체제론의 관점에서 보면 전쟁 재발의 위험 자체가 문제의 핵심은 아니다. 실제로 한반도에서의 전쟁은 워낙 엄청난 참극일 것이기 때문에 일어날 확률은 오히려 낮은 셈이다. 더 중요한 문제는, 전쟁까지 안 가면서도 60년 넘게 불안한 휴전 상태를 지속시키면서 남북 모두의 민주주의와 민생을 옥죄어온 분단체제의 존재인 것이다. 그것은 한국사회가 1987년의 6월 항쟁을 통해 군사독재를 종식시키고 민주주의가 진일보하는 사회를 건설하는 그 나름의 전환을 이룩하고도 그 산물인 '87년체제'가 어째서 오늘과 같은 혼란에 빠져서 대중의 절망 또는 분노를 낳게 되었는지를 해명하는 열쇠이기도 하다. 87년체제는 한반도 분단체제를 흔들어 놓았을 뿐 허물지는 못한 채 군사독재가 끝난 시기에도 그것이 독재체제와 공유하는 기반으로 남아 있었기 때문에, 분단체제 극복이 본격화하는 다음 단계로 도약하지 못할 때 단순한 정체가 아닌 퇴행과 역진의 혼란상이 불가피해진 것이다.

물론 분단체제는 그 자체로 완결된 체제가 아니고 근대 세계체제가 한반도를 중심으로 작동하는 하나의 국지적 양상이다. 따라서 한반도에 대한 온전한 이해는 근대세계 전체에 대한 분석으로 나아가야 마땅하며, 세계 도처에서 분단체제의 매개 작용 없이도 벌어지는 민중생활의 참상과 '대전환'의 필요성을 대면해야 한다. 이 또한 여기서 본격적으로 다룰 수는 없다. 단지 '종교의 역할'이라는 본고의 또 다른 주제에 직결되는 만큼만 언급하고자 하며, 주로 대전환을 어떤 차원에서 고찰할지에 관한 원론적인 이야기가 될 것이다.

생산적인 논의를 위해서는 무엇보다 대전환이 요구되는 현 시기가 단지 최근 시대라는 의미의 '근대=현대'가 아니라 자본주의 이전과 구별되는 세계사적 시간대로서의 '근대'이며 이 자본주의적 근대는 오늘날 전 지구적 현실로 지속중이라는 인식이 긴요하다. 물론 근대의 말뜻은 사람마다 달리 매길 수 있고, 더구나 근대의 특성이라는 의미의 '근대성'에 이르면 그 해석과 정의가 더욱 다양해진다.[3] 그러나 근대세계의 지배적 원리로서의 자본주의를 외면한 근대 논의는 구체성에서 큰 결함을 띠게 될 것만은 분명하다. 어떤 식으로든 자본주의에 관한 과학적 분석을 포괄해야 하는데, 이때 자본이 어떻게 작동하는지를 치밀하고 치열하게 탐구한 마르크스(K. Marx)의 작업은—그의 결론에 얼마나 동의하느냐를 떠나서—비켜갈 수 없을 것이다.

실제로 자본주의의 전 지구화가 거의 완성단계에 이르고 그에 따른 빈부격차와 대중의 삶의 질 악화가 두드러지면서 『자본』을 비롯한 마르크스의 고전적 저서들이 다시금 논의의 중심으로 돌아오는 느낌이다.[4] 여기에 마르크스 자신도 언급은 했지만 당시로서 지구적 심각성을 느낄 정도가 아니었던 생태계의 위기가 부각되면서 마르크스의 자본주의 분석은 새로운 논란의 초점이 되었다. 곧, 한편으로는 자본의 끝없는 축적을 기본 원리로 삼는 체제는 생명 지속적인 사회와 장기적으로 양립할 수 없기 때문에 자본주의 자체가 대전환의 주된 표적이 되어야 한다는 논지가 더욱 힘을 얻는가 하면, 다른 한편으로 오늘날의 생태계 위기는 마르크스주의와는 다른 차원의 해법을 요구한다는 주장도 나온다. 두 입장을 대표하는 수많은 논의를 여기서 검토할 수는 없으나(나의 능력이 태부족임을 더 말할 나위 없다), 다만 마르크스의 분석에 설혹 일정한 한계가 있더라도 그것을 거치지 않고 생태친화적인 '자본주의 이후'를 말하는 것은 다분히 공허한 담론에 머물 우려가 크다고 생각된다.

'종교의 역할'과 관련해서는 마르크스로부터 기성 종교들에 대한 비판 이상의 공헌을 기대하기는 힘들 듯하다. 그는 교회 및 성직자 계급과 치열하게 싸워야 했던 프랑스대혁명의 전통을 계승한 데다 19세기에 와서도 여전히 반동세력의 보루로 남은 후진국 독일의 종교계를 대면하고 있었던 만큼 서구 진보주의 특유의 세속주의가 마르크스 사상의 중요한 일부를 이룬다. 또한 그의 유물론적 변증법이 철학적 사유의 새로운 지평을 열기는 했지만 전통적 형이상학의 한계를 넘어 가령 동아시아 사상에서 보는 전혀 다른 차원을 포용했다고 보기도 어렵다. 그렇다고 종교인의 입장에서, 또는 동아시아인의 입장에서, 그의 세속주의와 서구적인 한계를 지적하는 것만으로는 큰 의미를 갖지도 못할 것이다.

그런 맥락에서 서양 철학의 전통을 내부자로서 관통한 끝에 형이상학을 넘어선 새로운 사유와 영성(靈性)의 가능성을 탐구한 독일의 사상가 마르틴 하이데거에게서 얻을 바가 많다.[5] 그는 자본주의 근대의 극복을 주장하면서도 자본주의 자체를 '기술의 본질'이 전면적으로 구현되는 '기술시대'의 일환으로 파악하는데, 기술(die Technik)의 본질 내지 참뜻은 기술적인 것도 인간적인 것도 아니라는 독특한 주장이다. 기술은 원래 예술과 마찬가지로 만듦의 과정을 통해 '존재'(das Sein)—또는 불교 및 원불교의 진여(眞如)나 진리—가 드러나는 한 방식인데,[6] 그 드러냄이 삼라만상을 일종의 재고품(der Bestand)으로 설정하여 강제로 불러내는 방식을 취하는 단계가 근대라는 것이다. 이로써 근대세계의 엄청난 과학기술적 성취가 가능해지는 한편, 기술의 참뜻을 망각하고 인간이 임의로 사용하고 통제할 수 있는 도구 내지 수단으로 간주함으로써 제대로 생각하는 능력을 잃고 기술문명의 노예로 전락할 위험에 놓인다는 것이다.[7]

하이데거의 이러한 기술 시대론은 곧잘 근대의 과학기술에 대한 전면적인 부정으로 이해되곤 한다. 그래서 급진적 생태주의자들의 지지를 받기도 하지만, 낭만적이며 배타적인 공동체주의로 전락할 수 있다는 비판에 직면하기도 한다. 데이비드 하비만 해도 현대 북아메리카 '생태지역주의'(bioregionalism) 운동들의 문제점을 지적하면서 그와 상통점을 지닌 하이데거 사상을 우회적으로 비판하는데, 하이데거의 "'존재'의 형이상학"(metaphysics of Being)[8]이라는 표현에서도 그가 하이데거의 사유 영역과는 다른 차원에 머물고 있음이 드러난다. 하이데거는 기술 자체를 적대시하기보다 기술의 '참뜻'이 망각되는 시대를 넘어 기술과 사람의 관계가 본질적으로 바뀌는 대전환을 추구하고 있으며, 이는 곧 사람과 사람의 관계, 사람과 기술이 생산한 세계와의 관계를 바꾸는 '유물론적' 작업을 포함하는 것이다.[9]

하이데거에 관한 짧은 지식으로 그의 사상을 제대로 소개할 수는 없다. 다만 문명의 대전환에 값하는 사유의 일대 전환을 요구한 사상가가 하이데거인데, 근대인들이 그런 의미로 '아직 사유하지 않는' 상태에 있다는 것이 그의 거듭된 주장이다. 『사유란 무엇인가』라는 강의 서두에 그는 "걱정스러운 생각을 하지 않을 수 없는 우리 시대에서 가장 걱정스러운 생각을 일으키는 점은 우리가 아직 생각하지 않는다는 사실이다"[10]라고 한다. 이는 매우 오만하고 독단적인 주장으로 들릴 수 있다. 그러나 하이데거는 철학과 여타 학문 분야의 지적 작업이 활발하게 진행되고 있는 현실을 결코 무시하지 않는다(같은 책, 2-3면). 다만 학문보다 한층 근원적인 사유를 하고 의문을 제기할 능력이 근대에 이르러 거의 사라졌고 학문의 발달이 오히려 그 진실을 은폐하고 있다고 보는 것이다. 어찌 보면 알음알이[知解, 分別智]가 깨달음을 방해하며 깨달음이 낳는 지혜를 가로막는다는 불교의 가르침과도 통하는 말이다.

만년의 글 「철학의 종말과 사유의 과제」에서는 새로운 사유에 관한 주장이 자신의 사유를 철학자들의 위대성보다 높은 곳에 두고자 하는 교만 (Uberheblichkeit)과 정반대로, 그 사유가 철학의 위대성보다 겸손한 것일 수밖에 없다고 언명한다. 무엇보다도 그것이 떠안은 과업이 창시적(創始的)이기보다 예비적인 성격이기 때문이라는 것인데,[11] 이는 '문명의 대전환'과 '종교의 역할'을 탐구하는 본고의 자세이기도 하다.

3. 웅거의 '미래의 종교'론

호베르뚜 망가베이라 웅거는 브라질의 사상가요 정치가이면서 미국에서도 하바드대 법학전문대학원 교수로 재직하며 철학·사회이론 등의 분야에서 활발한 저술 활동을 벌여 왔다. 그런 그가 최근에 『미래의 종교』라는 방대한 새 저서를 내놓았는데,[12] 문명의 대전환을 위한 종교의 역할을 조금 더 상세히 탐구하는 데 여러 모로 도움이 되는 것 같다. 나는 웅거의 논의에 일면 공감하면서 결코 동의할 수 없는 점도 적지 않지만, 그럴수록 탐구의 방편으로는 더 유용할 수도 있다고 본다.

그는 통상적인 의미의 종교인이 아니고 오히려 세속적 사상가인데, 다른 한편 기존의 세계종교들이 인류문명에 공헌한 점을 높이 평가한다. 나아가 미래의 새로운 문명 역시 종교가 아니고서는 이룩할 수 없다고 주장한다. 다만 기성종교의 단순한 개혁이 아닌 혁명을 통해서만 '미래의 종교'를 창출할 수 있다는 입장인 바, 이는 19세기 중엽 이래 한반도에서 연이어 출생한 동학, 증산교, 원불교가 모두 '후천개벽'이라는 우주적 대전환을 표방하는 점과 상통하는 바 있다. 실제로 기존의 세계종교에도 개벽사상에 견줄 흐름이 없지는 않다. 비근한 예로 불교의 미륵신앙은 현세에 극락세계가 도래하는 대전환을 꿈꾸었고, 그리스도교의 역사에 다양한 형태로 나타난 천년왕국 사상 및 운동들도 비슷한 성격이다. 또한 오늘의 종교들도 개인의 구원에 머물지 않고 사회현실을 근본적으로 변혁하는 데 동참하고자 하는 움직임을 얼마든지 보여준다. 하지만 이들 '선천시대' 종교의 역할만으로 대전환이 가능하다면 굳이 후천개벽을 논할 까닭이 없을 터이다. 웅거 식으로 말해서 종교혁명을 통한 미래 종교가 필요한 시점인 것이다.

먼저 기성 종교들에 대한 그의 평가와 비판을 살펴보자. 웅거가 저들 종교에 공통된 문제점으로 지적하는 것은 인간 실존의 엄혹한 진실을 끝까지 직시하기보다 일종의 '안심용 형이상학'(feel-good metaphysics, 9면)을 통한 위로를 제공하곤 했다는 점이다. 책의 첫 단락은 이렇게 시작한다.

우리 실존의 모든 것은 그 너머를 가리킨다. 그런데도 우리는 죽어야 한다. 우리는 우리 존재의 근거를 파악할 수 없다. 우리의 욕망은 만족을 모른다. 우리의 삶은 우리의 본성을 원만히 표현하지 못하며, 우리의 환경은 번번이 우리로 하여금 하찮게 취급됨(belittlement)을 겪게 만든다.

종교는 인간 조건의 이러한 불치의 결함들의 의미를 해석하려는 노력인 동시에 그들 결함에 대응하는 방안의 하나였다. 종교는 만사가 궁극적으로는 괜찮다고 우리에게 말해 왔다.

그러나 만사는 괜찮치 않다. 인류의 종교적 의식의 전환은 이러한 결함을 부인하려는 충동을 포기하는 접근법으로 시작할 수 있다. 종교는 이런 무서운 사실들에 대해 우리를 위로하기를 중단할 것이다. 우리의 희망은 변형된 상태로 살아남을 수 있을 것이다.(1면)

이는 얼핏 보아 세속적인 종교비판, 특히 무신론적 실존주의와 비슷한 주장이다. 그러나 웅거는 이런 의식의 전환을 거친 종교가 예술이나 철학 또는 단순한 정치 운동이 아닌 종교로 살아남는 것이 중요함을 거듭 강조한다. 그가 제시하는 미래 종교의 정치·경제·교육·윤리 기획들은 너무나 포괄적이면서 근본적인 대전환에 해당하는 것이라 첫째 기존의 종교체험에서 보여준 믿음과 헌신의 자세를 요하며, 둘째 인간행동과 사회조직의 모든 분야에 간여하고 경험의 어느 한 분야에 격리될 수 없기 때문이다(51면). 따라서 철학이나 예술, 정치에서는 답을 찾을 수 없는데, "인생을 걸 충분한 근거가 얼핏 안 보임에도 불구하고 일정한 방향으로 자신의 실존을 거는 결단을 내리고 그리하여 이런 결단에 수반되는 비전이 개인의 삶과 사회조직 전체를 꿰뚫을 것을 고집하는 의지야말로 종교의 고유한 특징인 것이다." (55면)

웅거의 입장을 검토하기 위해 기성 종교들에 대한 그의 평가를 좀 더 자세히 살펴보기로 하자. 그는 현존하는 세계종교를 크게 세 가지 흐름으로 분류한다. 곧, 베다(Veda) 사상과 불교가 대표하는 '세상을 극복(=초월)하는' (overcoming the world) 흐름, 공자(孔子)와 유교가 대표하는 '세상의 인간화' (humanizing the world) 경향, 그리고 '세상과의 투쟁'(struggling with the world)을 특징으로 하는 유대교, 그리스도교, 이슬람교 등 유일신교 전통이다. 그중 '세상을 극복하는' 흐름은 세계와 역사의 허구성을 깨닫고 개별적 자아와 사회현실의 시간성을 초월한 어떤 본체에 귀의함으로써 마음의 평화를 찾는다. 그리하여 세상을 아예 등지거나 아니면 관여하더라도 무차별적인 박애주의로 가는데, 박애주의는 자비를 베푸는 자와 받는 자 사이에 평등성이나 어떤 상호작용 가능성을 인정하지 않으며 결국 세상을 등짐으로써 얻는 평정(serenity)과 동일한 '형이상학'에 입각한 것이라고 한다(75-76면).

이것이 세상을 초월하려는 종교들의 어느 일면을 정확히 짚어낸 것은 분명하다. 그러나 베다 사상에 근거한 힌두교 그리고 불교의 진실을 정당하게 평가하고 있는지는 의문이다. 물론 저자 스스로 밝히듯이 이 책은 종교사 또는 비교종교학 연구서가 아니기에(446면) 특정 종교, 그중에서도 웅거가 비교적 생소할 수밖에 없는 인도나 동아시아의 종교들에 대한 이런저런 부정확한 진술에 과도한 비중을 둘 일은 아니다. 그러나 그의 논지에 차질을 빚을 정도의 사실관계 오류나 웅거 자신의 철학적 전제는 짚어볼 필요가 있다. 학술 논의의 엄격성을 넘어 미래 종교 구상의 실현 가능성과도 직결되기 때문이다.

사실은 베다 경전의 사상과 불교를 한데 묶은 것부터가 문제다. 이는 불교가 고대 브라민교의 본체론—현대 용어로 하면 본질주의(essentialism)가 되겠는데—을 부정함으로써 출발한 사실을 간과할 뿐 아니라, 힌두교에 관해서도 그것이 한편으로 탈속적인 수도자의 삶을 높이 사주면서도 (동아시아에서 유교가 그렇듯이) 사람들의 일상생활 구석구석에 침투하여 세속의 삶에 의미를 부여하는 현세주의적 특성을 지닌 종교임을 간과하고 있다. 불교의 탈세간 사상도 대승불교에 오면 중생과 부처가 둘이 아님을 설파하며 중생의 세속적인 삶을 개선하는 데 적극 나서게 된다. 이때의 중생제도 원리는 일방적인 이타주의가 아닌 '자리이타(自利利他)'로서, 그때그때의 구체적 상황에 어울리는 보살행을 요구하는 것이다. 웅거의 잘못된 이해가 불교도 입장에서 억울하고 말고의 문제가 아니다. 그런 불교관이라면 미래 종교에 불교가 일조할 가능성을 원천적으로 배제하는 결과가 된다는 점이 중요한데, 실제로 웅거가 불교를 쇼펜하우어(A. Schopenhauer)의 철학과 동질시하는 것만 봐도 그의 불교 이해가 철저히 서양 형이상학의 틀 안에 머물러 있음이 드러난다.[13]

　'세상을 인간화' 하려는 유교의 경우 웅거는 자신이 구상하는 미래 종교와의 친화성을 분명히 인정한다. 대다수 기성 종교들과 달리 초월신 등 불합리한 형이상학적 가정을 내세워 인간의 유한성을 부정하지 않으면서도 세상을 등지고 물러남이 없이 사회현실의 개혁과 자신을 바꾸는 수양을 강조한다는 것이다. 그러나 공자의 사상을 한마디로 기존 사회질서 속에서 가능한 개인의 인격완성과 사회개량에 국한하는 것은 유교와 공자 역시 서구식 교양주의 또는 개량주의의 틀로 인식하는 일이다. 유교는 서구식 개량주의라기보다 요(堯)와 순(舜)의 이상적 통치를 복원하려는 상고주의(尙古主義)이기 때문에 현실의 부분적 개량에 만족 못하는 혁명적 잠재력을 지니며, 그 수양론도 "천명지위성(天命之謂性) 솔성지위도(率性之謂道) 수도지위교(修道之謂敎)"라는 『중용(中庸)』의 첫 대목이 보여주듯이 '하늘'에 근거하고 '본성'에 근거한 '도 닦기'로서 근대적 세속주의와 전혀 다른 차원이다. 물론 제도화된 유교사회에서는 유학의 혁명적 측면이나 『주역』을 노장(老莊)과 공유하는 그 사상적 폭이 제한되기 일쑤였지만 미래 종교가 공자와 유교로부터 얻을 수 있는 자양분을 서구적 개념의 일방적 적용으로 외면해 버리는 것은 학문적으로 부당할뿐더러 현실적으로도 무모한 일이라 하지 않을 수 없다.[14]

웅거가 확실하게 선호하는 것은 유대교·그리스도교·이슬람교 등 유일신교가 대표하는 '세상과의 투쟁' 흐름이다. 물론 절대자인 인격신이 우주를 주재하며 인간을 돌봐주고 죽음의 불가피성, 존재의 근거 부재 같은 냉엄한 현실을 은폐하는 '안심용 형이상학'이라는 측면에서는 그 폐단이 가장 두드러지는 유형임을 시인한다. 그러나 세상을 등지고 '초월'하거나 세계의 부분적 개선에 만족하지 않고 스스로 자신의 한계를 넘어서는 '초월적 존재' 내지 '육화된 정신'(embodied spirit)으로서의 인간에 걸맞은 역사를 만들기 위해 끊임없이 싸우는 종교들이다. 특히 인간과 세계의 동시적 변화를 추구한다는 점에서 세 흐름 중 미래 종교에 가장 부합하는 성격이라는 것이다. 게다가 이들 종교의 세속적 후예인 각종 사회변혁 및 자아변혁 운동도 미래 종교에 긴요한 유산인데, 다만 세속주의가 종교 자체를 부인하는 데는 동의하지 않는다. 또한 종교적 유산을 세속적인 언어로 재해석하여 휴머니즘과의 절충을 시도하는 온건한 세속주의도 웅거는 '신앙과 불신 사이의 어중치기' (the half-way house between belief and disbelief)라 하여 결연히 거부한다(123-124면, 261-263면). 미래의 종교는 기성 종교의 미신적 요소들을 철저하게 청산하면서 '세상과의 싸움'이라는 기본정신을 살리는 종교라야 한다는 것이다.

그런데 이들 종교의 교리에서도 무엇이 '미신'인지는 쉽게 식별되지 않는다. 물론 전지전능한 인격신의 구체적이고 다분히 자의적인 역사 개입은 웅거의 지적대로 오늘날 골수 신도를 빼고는 그대로 수용하기가 힘들어졌고 특히 그런 믿음에 따른 독단주의, 호전적 배타주의, 반지성주의 등은 미래 종교 실현에 큰 장애가 되는 것이 사실이다. 하지만 현대 과학이 입증하지 못하는 모든 '초자연적' 존재나 에너지 작용을 한마디로 미신 또는 '안심용 형이상학'이라고 단정하는 태도 자체도 일종의 독단이요 형이상학적 전제가 아닐까? 유독 자기 종교의 인격신만 고집하는 것은 차라리 우상숭배라고 비판받을 수 있지만,[15] 신이 없다는 과학적 증거 또한 없는 것 아닌가. 사후(死後)의 삶 문제도 그렇다. 인간의 상상력으로 채색된 천당과 지옥을 들먹이며 대중을 위협하거나 유혹하는 행위는 지지하기 어렵지만, 사후세계에 대한—나아가 영계(靈界) 일반에 대한—갖가지 경험적 증언을 모두 증언자의 주관적 환상으로 치부하는 것도 과학 본연의 자세에 어긋난다. 환상인지 아닌지 더 많은 검증과 추가 자료를 기다리는 것이 과학의 진행 방식일 터이다. 더구나 불교의 윤회설은 대중에게 위로를 제공하기도 하지만 금생의 종말이 고통의 끝장을 의미하지 않는다는 그야말로 '엄혹한 인간 조건'을 제기하기도 한다. 오히려 육신이 한번 죽으면 매사가 끝이라는 현대 과학의 허무주의야말로 경우에 따라서는 '안심용 형이상학'으로 복무할 수 있는 것이다.

교리의 내역을 얼마나 공정하게 평가하느냐를 떠나 웅거식 종교 이해의 한층 근본적인 문제점은 그가 기존의 종교들을 너무 신조(信條) 위주로 접근한다는 것이다. 이 점과 관련해서 인도인의 후예인 스페인의 가톨릭 사제요 신학자이며 '종교 내 대화'의 제창자로 특히 『힌두교의 알려지지 않은 그리스도』(The Unknown Christ of Hinduism) 같은 저서를 통해 힌두교와 그리스도교의 회통에 주력했던 라이몬 빤니까르(영어권에서는 파니카)의 주장을 따라

신조(belief)와 신앙(faith)을 구별해 봄직하다.

신앙생활 곧 종교적인 삶에서 언어로 정리된 신조 내지 교의(creed)는 물론 필요하다. 그러나 그 어떤 언표화된 내용도 신앙체험의 전부일 수는 없으며, 주로 신조의 차원에 머무는 '변증법'(dialectic)으로는 진정한 대화 (dialogue)에 이르지 못하듯이, 이른바 종교 간 대화(interreligious dialogue)라는 것도 인간의 본질적 자기실현에 해당하는 종교 내 대화(intrareligious dialogue) 에 미달한다는 것이 빤니까르의 논지다.[16] 이처럼 우리가 교리의 철학적 내용보다 종교적인 경험 자체를 주목한다면, 심지어 일반상식과 동떨어지고 웅거가 그리스도교의 가장 비합리적 주장의 하나로 일축하는(272면) '삼위일체'(Trinity) 설도 '신앙'의 과정에서 그 명제적 진실을 고집하기보다 (불교식으로 말해) 하나의 화두(話頭) 내지 공안(公案)으로 붙잡고 씨름하며 종교생활에 정진하는 길잡이로 삼는다면 그 의의가 달라질 수 있다. 초월적 절대자인 하나님 아버지 말고도 인간으로 태어난 예수도 신이요 모든 인간의 마음속에 강림할 수 있는 성령도 신이며 그 셋이 하나이기도 하다는 믿음은 곧 웅거가 말하는 '인간의 신 되기'(divinization of man)로 이끌어줄 수 있는 것이다. 더구나 하나님을 '없이 계시는 분'으로 이해하는 태도는 그리스도교 내부에도 없지 않다. 한국에서도 다석(多夕) 유영모(柳永模)가 그런 말을 했지만('다석 유영모 어록' http://blog.daum.net/hhmm007/54), 마이스터 에크하르트(J. Eckhart) 같은 서양의 그리스도교 사상가도 그러한 예로 널리 알려져 있다. 이런 태도라면 불교와의 회통도 가능해질뿐더러 유(有)냐 무(無)냐를 따지는 차원을 넘어서는 사유의 길이 열릴 수 있다.

그렇게 볼 때 웅거의 미래 종교론은 자기 나름의 형이상학적 전제에서 출발하는 데다 본질적으로 근대과학의 세계관에 입각해 있다는 점에서 앞서 하이데거가 촉구한 사유의 대전환 이전의 단계에 머물렀다고 하겠다.[17] 게다가 사실관계의 차원에서도 현존 고등종교들의 세계사적 업적이 종전의 다신교, 물활론 같은 신비적이고 이교적인 우주관을 청산했던 점이라는 웅거의 주장 역시 재고의 여지가 있다. 웅거는 기원전 8세기 예언자 유대교의 성립으로부터 이슬람교까지의 세계종교들을 크게 세 흐름으로 나누지만 그중 불교와 함께 분류된 베다경전의 일부는 시기적으로 기원전 1700년경까지 올라가거니와, 오늘의 힌두교에서 보듯이 '우주를 탈신비화하는 종교혁명'과는 거리가 있다. 탈신비화는 대체로 유일신교 전통에 집중된 현상이고—물론 인격신의 존재가 남았지만 신이 주로 자연보다 역사를 무대로 활약한다는 점에서 우주의 탈신비화에 결정적으로 기여했다.—그중에서도 이슬람에서 철저히 수행되었다고 할 수 있으며, 근대과학의 세계관에 이르러서야 인격신마저 제외되는 수준으로 완성된다. 그에 반해 브라민교와 힌두교, 도교 등은 물론이고, 상당 부분 유교에서도 우주와 인간의 일체감은 살아 있다. 아니, 유대교 경전인 구약성서 자체가 다신(多神)의 세계로서, 야훼가 여타 신들을 제압하고 절대자의 위치를 확립해가는 역사를 보여주며, 그리스도교 역시 앞서 지적했듯이 '삼위일체'라든가 가톨릭의 성모숭배 등을 통해 우주의 일정한 재신비화를 수행했다. 불교의 공(空) 사상은 가장 철저한 탈신비화를 관철하는 동시에 대대적인 재신비화를 수용하기도 한다고 볼 수 있다. 한편, 근대과학의 '탈주술화'(막스 베버의 Entzauberung, disenchantment)된 우주관을 극복할 필요성은 20세기 이래로 점점 널리 공유되고 있다. 월러스틴이 프리고진(I. Prigogine) 같은 과학자를 원용하며 제기하는 '재주술화'(re-enchantment) 요구도 그런 것이며, 인류학자이자 과학사회학자인 라뚜르는 최근의 지구적 현실을 점검하며 다음과 같이 단언한다.

"서양 역사의 수수께끼 중 하나는 '아직도 애니미즘(物活論)을 믿는 사람들이 있다'는 사실이 아니라 활력이 제거된 세계(deanimated world), 단순한 물질의 세계에 대한 순진한 믿음을 지닌 사람들이 여전히 많다는 사실이다."[18]

웅거의 종교 이해에서 드러나는 온갖 한계에도 불구하고 그가 미래 종교의 일환으로 제시하는 정치 · 경제 · 교육 · 윤리 기획들은 문명적 대전환의 내용으로 공감되는 바가 많다. 예컨대 6장의 제목이기도 한 '심화된 자유'(deep freedom)는 주어진 제도적 틀 안에서의 자유와 평등으로서, 자유냐 평등이냐 같은 소모적 논쟁을 낳는 '얄팍한 자유'(shallow freedom)와 '얄팍한 평등'(shallow equality)에 대비되는 개념인데, 현실의 틀 자체를 바꾸면서 실현되는 더 높은 차원의 자유 및 평등을 지향해야 하고 이때 '심화된 자유' 속에 '심화된 평등'을 수렴하는 것이 그 역(逆)보다 적절하다고 한다(314-320면). 사실 웅거의 현실 변혁 프로그램은 상당 부분 그의 종전 저서에 이미 제시된 것들인데, 일찍이 페리 앤더슨은 이를 '힘을 가진 주체 만들기의 정치학'으로 명명한 바 있다.[19] 기존의 사회체제나 사고방식에 갇힌 상태에서 노선투쟁을 벌이고 있는 자유주의, 사회주의, 사민주의 등을 모두 넘어설 한층 래디컬한 '강화된 민주주의'(empowered democracy)[20]는 앤더슨도 깊이 공감하는 목표인데 다만 웅거의 구상에 "이행(移行, transitions)의 이론"(같은 책 148면)이 빠져 있음을 꼬집었다. 그 점은 『미래의 종교』에서도 여전히 문제로 남은 것 같다. 특히 이행을 요하는 현시대가 자본주의적 근대이며 그 작업에는 자본에 대한 마르크스적 탐구가—충분조건은 아니라도—필요조건이라면, "시장경제의 제도적 재조직"(the institutional reorganization of market economies)이라는 웅거의 해답(340면)이 다분히 공허하게 들리지 않을 수 없다.

4. 원불교의 정신개벽운동

웅거의 미래 종교론이 아직은 한 지식인의 담론에 머물고 있는 데 비해 한반도에서 미래의 종교를 표방하며 태어난 원불교는 이미 100년의 역사를 쌓았다. 그러나 동아시아 한 구석에 처해 있고 기성 종교들에 비해 극히 미미한 교세를 지닌 신생 종교로서 현존 세계체제 중심부의 고명한 지식인이 중심부의 언어로 전개하는 개인 담론만큼의 현실적 파급력을 못 가지는 면도 있다. 본고에서는 그러한 사정이나 교단의 지리적 · 역사적 연고에 대한 어떤 편견이나 특별한 배려 없이 웅거의 미래 종교론을 검토해 온 일관된 자세로 '문명의 대전환'에 관한 원불교의 입장 및 역할을 논하고자 한다.

먼저, 예의 대전환을 위해서는 서구 형이상학의 틀을 넘어서는 사유가 필요하다는 관점에서는 원불교의 창시자 소태산(少太山) 박중빈(朴重彬) 대종사가 불교를 "무상대도(無上大道)"로 인정하고(「정전」 총서편 제2장 '교법의 총설') "불법으로 주체를 삼아 완전무결한 큰 회상을 이 세상에 건설하리라" (『대종경』 서품 2장)는 포부로 출발함으로써 미래 종교의 기본 조건 하나를 갖췄다고 볼 수 있다. 물론 하이데거가 제기한 '사유의 과제'를 아시아에서는 내내 수행해 왔다는 식의 생각은 금물이다. 불교 또는 노장사상에 친숙하다 보면 '유'도 아니고 '무'도 아닌 '존재'에 대한 하이데거의 사유가 단순한 신비주의라거나 또 다른 형이상학에 불과하다는 속단을 피할 수 있으며, 역으로 하이데거의 작업에 익숙한 서양인이라면 동양적 사고의 이해가 한층 쉬워지리라는 기본적 친화성이 존재하는 정도다. 그 이상의 회통은 양쪽 모두의 각별한 연마를 요하는 작업이다.[21] 당장에 하이데거적 '사유의 과제'만 해도 그것은 서양철학의 '위대성'을 발판으로 딛고 제기된 것이므로 형이상학에 대한 연마가 빠진 하이데거와의 회통이 멀리 나가기를 기대하기 어렵다.

그런데 웅거의 불교 이해가 비록 부실하다 하더라도, 유대교·그리스도교·이슬람교 등 유일신교가 대표하는 흐름과 이를 계승한 세속적 운동들에 견줄 때 불교가 역사의 중요성에 대한 인식이 미흡하고 사회변혁의 의지가 덜 뚜렷하다는 그의 지적은 경청할 만한 것이다. 그런 점에서 원불교가 '불법으로 주체'를 삼았을 뿐 아니라 조선시대 말기 이래의 '후천개벽' 사상을 계승했다는 사실이 중요하다. 사회혁명 사상에 다름 아닌 동학(東學) 등의 후천개벽론을 이어받음으로써 '세상과 맞서 싸우는' 종교의 성격도 아울러 갖추게 되었기 때문이다.[22] 전통 불교와의 차이는 본고 첫머리에 인용한 개교표어에서도 드러난다. 곧, 원불교가 제창하는 '정신개벽'은 전통 불교의 깨달음과 달리 시국에 대한 진단을 전제한다. 『정전』의 본문 첫 단어도 '현하(現下)'이다. "현하 과학의 문명이 발달됨에 따라 물질을 사용하여야 할 사람의 정신은 점점 쇠약하고, 사람이 사용하여야 할 물질의 세력은 날로 융성하여, 쇠약한 그 정신을 항복받아 물질의 지배를 받게 하므로, 모든 사람이 도리어 저 물질의 노예 생활을 면하지 못하게 되었으니…"(총서편 1장 '개교의 동기')라는 현실 진단을 앞세우고 있는 것이다. 다시 말해 "물질이 개벽되니 정신을 개벽하자"는 표어는 물질개벽이라는 시대 현실의 도전에 부응하는 정신의 개벽을 이룩하자는 것이다.

그러한 도전에 부응하고자 할 때 유념할 것은 '물질 대 정신'에 대한 우리의 사고가 어느새 서양철학의 이분법에 물들어 있다는 점이다. 정신을 이해하는 서양인들의 방식도 물론 다양하지만, 서양철학에서의 그 다양성은 정신을 '있는 것'(有)으로 설정하고 이리저리 해석을 달리하는 것이지 '유무 초월'의 경지를 사유하지는 않는다. 반면에 원불교에서의 '정신'은 유와 무 어느 쪽에도 집착하지 않은 채 근원적 진리를 묻는 능력이며 경지를 말한다. 『정전』 '정신수양의 요지' 조목에서도 "정신이라 함은 마음이 두렷하고 고요하여 분별성과 주착심이 없는 경지를 이름이요"(교의편 4장 1절 '정신수양')라고 했다. 이 점을 간과하고 '물질 대 정신'이라는 현대적인 통념에 따라 『정전』 첫머리의 '개교의 동기'나 『대종경』 서품 5장의 "사람은 만물의 주인이요 만물은 사람의 사용할 바"라는 말씀을 해석한다면, 물질생활의 향상과 더불어 윤리와 문화 교육도 강화하자는 진부한 제안이거나, 하이데거가 비판하는 도구적·인간학적 기술관의 표현이 될 것이다.

따라서 물질개벽에 대해 각별한 연마가 필요하다. 지난해 원불교 100주년 기념행사의 하나인 '전환 콜로키움' 토론(2015.12.12)에서도 말했거니와, "물질개벽이 궁극적으로는 정신의 쇠약을 초래하긴 했지만 물질의 융성 자체가 서양인들의 엄청난 정신적 공력이 거둔 성과임을 놓쳐서는 안 됩니다." 곧, "고대 그리스 이래의 형이상학과 중세 신학의 면면한 성취를 모태로 삼아 탄생한 것이 과학이며, 오늘날 서양의 과학기술뿐 아니라 서양의 사상과 학문 전체가 누리는 세계적 권위는 그렇게 해서 가능해진 것입니다."[23] 다시 말해 물질개벽을 단지 과학기술의 발달이나 물질생활의 풍요로 이해해서는 안 되며 이 시대가 계속 산출하고 있는 수많은 '새로운' 사상과 이념, 이론도 모두 그 일부로 봐야 한다는 것이다.[24] 그러므로 이런 성취가 그 나름의 '정신문명'에 해당함을 인정하고 존중하되 또한 그것이 아무리 대단한 지적 권위를 누리고 현대인의 문명생활에 기여하고 있다 할지라도 정신개벽 그 자체는 아님을 잊지 말아야 한다. 아무튼 물질개벽의 실상에 대한 철저한 인식이 없이 그에 부응하는 정신개벽운동이 큰 성과를 거두기 힘들다. 그 점에서 앞서 하이데거와 더불어 마르크스를 '대전환' 작업의 한 평가기준으로 제시했던 취지대로, 물질개벽시대가 곧 자본주의시대이기도 하다는 인식을 갖고 연마할 필요가 있겠다. 그럴 때 정신개벽운동은 자본주의 근대에의 적응과 자본주의 이후로의 이행(移行) 곧 근대의 극복을 동시에 추구하는 '이중과제'를 완수할 수 있는데, 마르크스는 그 표현을 안 썼달 뿐 이중과제론을 앞질러 제기한 사상가이기도 하다.[25]

원불교가 실제로 그러한 과업을 얼마나 충실히 수행하고 있는지는 별개 문제다. 개교 이래 원불교가 한국 종교계의 근대화에 크게 이바지했고 서양에서 전래한 종교들에 비해서도 오히려 선진적인 면모를 보인 바 있음은 한국의 종교사 및 문화사 연구자인 돈 베이커 교수가 명쾌하게 정리해 준 바 있다.[26] 그런데 이중과제론의 시각에서는 원불교의 정신개벽운동이 근대적응과 근대극복을 동시적으로 추구하는 성격이었기 때문에 '적응'(='근대화')의 관점에서도 그만한 성공을 거둔 것이다. 물질개벽시대 이후를 내다보는 근대극복의 경륜과 의지가 실종한다면 근대적 종교공동체 형성 과정에서의 선구적 역할도 사라질 가능성이 크다고 말할 수 있다.

정작 원불교 교단과 원불교학계 일각에서는 개교표어의 의의를 축소하려는 경향이 없지 않은 듯하다. 그런데 개교표어가 『보경육대요령』(1932)에 와서야 뒤늦게 활자화된다는 등의 이유로 그 의의를 축소한다면 이는 후천개벽 종교로서의 정체성을 약화함은 물론, '이중과제'의 효과적 수행과도 멀어지는 일이다.[27] 물론 『보경육대요령』 전에 나온 『수양연구요론』(1927)의 권두표어는 개교표어가 아닌 '통만법 명일심(通萬法明一心)'이었고 『대종경』 서품에서도 개교표어는 1-3장을 지나 4장에 이르러서야 등장하는 것이 사실이다. 나는 제4장의 발언이 실제로 어느 시기에 나왔는지 알지 못하지만, 설혹 늦게 내놓았다면 늦게 새삼 내놓은 만큼의 각별한 뜻이 있을 것이다. 아무튼 개교표어에 대한 관심부족이 전통 불교와 구별되는 원불교 고유의 특성을 경시하고 불교의 주류에 편입되고자 하는 태도의 표현이라면 이것이야말로 소태산이 경계했던 "외학(外學)을 더 숭상하는"(「대종경」 부촉품 8장) 행태가 될 것이다.[28] 소태산의 이 경고가 결코 원불교 외부의 학문 일체를 멀리하라는 뜻이 아닌 것은 '최초법어'의 첫 조목으로 "시대를 따라 학업에 종사하여 모든 학문을 준비할 것이요"(「정전」 수행편 13장 '최초법어' 1. '수신의 요법')라고 주문한 것만 보아도 명백하다.[29] 요는 원불교인으로서의 줏대를 세우는 문제이며, 비록 원불교가 불법을 주체로 삼은 종교라 해도 동시에 후천개벽 종교라는 특성을 망각한 불교연구라면 그 자체가 외학이 될 수 있는 것이다.

외학과 관련해서 특히 주목할 점은 원불교 『정전』이 '수신의 요법'에 이어 '지도인으로서 준비할 요법'에서도 "지도 받을 사람 이상의 지식을 가질 것"을 요구했을 뿐 아니라, 출가위 등급의 요건 중 하나로 "현재 모든 종교의 교리를 정통하며"(수행편 17장 5항)라고 한 사실이다. 대각여래위에 버금가는 경지에 오르려면 종교학의 석학을 겸해야 한다는 말인가? 그렇다면 설득력도 현실성도 희박한 주문이기 쉬운데, 현재 모든 종교라 말한 것은 동서고금의 모든 교리에 대한 해박한 지식을 요구하는 게 아님을 짐작케 한다. 오히려 앞서 빤니까르가 말한 '종교 내 대화'를 상기시킨다. '종교 내 대화'는 타종교에 대한 단순한 식견이나 여러 종교들과의 적당한 교류 및 연대가 아니라 그 자체로 "하나의 종교행위"[30]인 바, 나와 똑같은 인간이요 이웃인 사람들이 나와 전혀 다른 교리를 신봉하며 종교생활을 수행하는 현실을 어떻게 수용하고 그들과 어떻게 함께 갈지에 큰 의심을 걸고 큰 공부를 해 내는 일인 것이다. 정산(鼎山) 송규(宋奎) 종사의 '삼동윤리'도 그런 공부의 결과로 나온 것일 터이며, 웅거의 미래 종교가 기성 종교들을 이런저런 이유로 쳐 냄으로써 그 기획의 실현 가능성이 의심스러워지는 데 비해, 원불교는 '유 · 불 · 도 삼교합일'이라는 수운(水雲)과 해월(海月)의 '종교 내 대화'를 계승 발 전시킨 점에서 한층 큰 잠재력을 지녔다 할 수 있다.

정신개벽을 이룩하는 수행에 대해 소태산은 촘촘한 공부법을 남겼다. 그 공부가 법신불(法身佛) 일원상(一圓相)에 근거한다는 점에서는 불교를 닮았 지만 세속의 삶에 적극 개입하는 실천을 중시한다는 점에서는 유교라든가 정치신학 · 민중신학 계열의 그리스도교와 상통한다. 아무튼 교도의 공부 법에 관해서는 국외자가 길게 말할 일이 아니다. 다만 문학평론가로서 한마 디 곁들인다면, 진정한 예술작품이 하나 탄생할 때마다―아니 그런 작품을 후래 대중이 반가이 수용할 때마다―크고 작은 정신개벽이 이루어진다고 생각한다. 이때도 개벽의 진정성과 위력은 그것이 물질개벽의 현실에 얼마 나 부응하는 정신개벽인가 하는 잣대로 대중 잡아야 할 것이다.

정신개벽운동의 성패와 직결되는 것은 이 운동의 주체 내지 지도인으로 서 교단이 어떤 역할을 하느냐는 문제이다. 정신개벽은 누구에게나 주어진 과제이고 예술작품의 예를 들었듯이 곳곳에서 다양한 형태로 이루어지긴 하지만, 소태산은 그 실현을 위한 최대의 도구로 새로운 교단을 창립하고 이를 유지 발전시키는 데 필생의 노력을 기울였다. 이 점이 후천개벽을 선 포하면서 승과 속의 구분마저 없애고 전문 교역자를 두지 않은 동학 및 천 도교와 대비되는 점인데, 한때 번창했던 천도교보다 오늘의 원불교 교단이 훨씬 힘을 갖게 된 데에는 '전무출신(專務出身)' 곧 출가자 제도의 존재도 한 몫 했을 것이다. 동시에 원불교는 전통 불교가 승가집단을 재가신도와 엄격 히 구별하여 삼보(三寶)의 하나로 떠받드는 것과는 다른 길을 택했다. 교도들 중에서도 "정신과 육신을 오로지 공중에 바친"(교단품 7장) 전무출신들을 정신개벽운동의 핵심 주체로 간주하지만, 동시에 소태산은 "우리는 재가와 출가에 대하여 주객의 차별이 없이 공부와 사업의 등위만 따를 것이며, 불제자의 계통에 있어서도 재가·출가의 차별이 없이 할 것"(「대종경」 서품 18장)이라고 선언했다.

교단에 대한 소태산의 절대적 헌신과 타종교를 포함한 외부 단체 및 인사들에 대한 그의 개방성이라는 양면을 계승하면서 이를 한층 뚜렷하게 강령화한 것이 정산종사의 '삼동윤리(三同倫理)'이다. 그중 첫 번째 강령인 '동원도리(同源道理)'는 모든 종교인들의 대동 화합을 표방하고, 두 번째 '동기연계(同氣連契)'는 모든 인류와 생령이 동포로 화합할 것을 요구하는데, 세 번째 '동척사업(同拓事業)'은 종교들뿐 아니라 온갖 세속적 운동들과의 동업마저 주장하기에 이른다. 그렇다면 원불교 교단의 독특한 역할은 어디서 찾으며 전무출신의 특별한 위상은 무엇이란 말인가. 사실 이렇게 출가집단을 두면서 재가·출가의 차별을 없애고 심지어 교도·비교도의 차이마저 상대화하는 방침은 원불교 특유의 창안이라 볼 수 있는데 전문 교역자들 자신에게는 곤혹스러운 점도 많을 듯싶다. 입교를 하고 출가까지 한 인사들에게—게다가 전무출신이 중생심을 내면 보통 사람 몇 배의 죄업을 짓는다고 다그치면서도(「대종경」 교단품 7장)—전무출신이라 해서 아무런 특권적 지위가 부여되는 것이 아니기 때문이다. 오로지 재가와 비교도들까지 함께하는 공동의 사업에 앞장서는 능력과 실적에 따라 저들과 똑같은 잣대로 평가받아야 하는 것이다.[31]

이런 곤혹스러운 상황을 교단이나 전무출신들이 감당하지 못할 때 곧잘 발생하는 문제가 이른바 교단주의요 그에 따른 후과들이다. 나는 일찍이 월간 『원광』지 편집인과 대담하면서 '교단주의'에 관한 의견을 요청받고, "종교주의의 폐단을 극복 못하면 교단주의가 오게 되고 교단주의의 폐해에는 사제주의(司祭主義)라는 게 따르게 마련이며, 사제주의가 일단 성립하고 나면 사제들 간의 권력암투가 시작되기 마련이라는 일반론"[32]으로 답한 바 있다. 100주년을 맞은 원불교에 그 말이 얼마나 해당할지는 알지 못한다. 물론 교단주의가 소태산 대종사와 정산종사를 비롯한 수많은 전무출신들이 보여준 지극한 교단 사랑과는 무관하고, 종교주의라는 것도 제도화된 종교들끼리만―그러니까 결과적으로 후천종교가 선천종교들과―연대하겠다는 안일하고 고식적인 태도를 지적한 것일 뿐이다. "우리는 모든 종교의 근원이 되는 일원대도의 정신을 투철히 체득하여, 우리의 마음 가운데 모든 종교를 하나로 보는 큰 정신을 확립하며, 나아가 이 정신으로써 세계의 모든 종교를 일원으로 통일하는 데 앞장서야 할 것"(「정산종사법어」 도운편 35장)이라는 '동원도리' 강령은 모든 종교를 원불교로 통합하자는 말도 아니려니와 고식적인 '종교 간 대화'를 통한 종교인들의 화합(내지 결탁)을 지지한 것도 아니다. 오히려 타종교뿐 아니라 세속의 동업자들과도 빤니까르가 말하는 '종교 내 대화'를 수행하고 그러한 대화에 가장 헌신적이고 유능한 집단으로서 원불교가 선도적 역할을 한다는 뜻일 것이다.

지금은 대전환에의 욕구가 나라 안팎에서 날로 높아가는 가운데 세속의 사상가조차 '미래의 종교'를 발의하는 형국이다. 나의 잠정적 결론은 한반도 고유의 후천개벽사상과 불교의 깨달음을 융합한 원불교가 대전환과 대적공을 주도할 남다른 잠재력을 지녔다는 것이다. 다만 원불교 교단과 원불교인들이 일원대도와 삼동윤리의 가르침을 얼마나 절실히 깨닫고 충실히 이행하는지에 따라 그들의 실제 역할이 판가름날 것이다.

5. 대전환을 위한 의제 두 개

끝으로 원불교가 제기한 문제로서 교단 내부에 국한되지 않는 세계적 의제 한두 개를 검토해 보고자 한다. 이는 원불교가 단지 한국 종교계의 근대화를 선도했을 뿐 아니라 '근대적응과 근대극복의 이중과제'의 수행에 어떤 기여를 했고 어떤 선도 역할이 가능할지를 점검하는 작업도 된다.

1) 남녀평등과 자력양성

원불교의 선구성 중 하나는 교리나 교단 조직에서 처음부터 남녀평등을 표방했다는 것이다. 초기 교서인 『보경육대요령』에서 인생의 요도(要道)의 첫 항목을 '남녀권리동일'로 규정했고, 여성 교역자를 대량으로 발탁했으며, 교단의 최고결정기구인 수위단회(首位團會)를 남녀동수로 구성하였다. 세월이 흐르면서 사회환경의 영향을 받아 실질적인 남성우위 현상이 나타나기도 하고 여성 전무출신 지망자들에 대한 정녀선서(貞女宣誓) 강요 등이 교단 내에서도 문제시되고 있으나, 지금도 교리와 조직 양면에서 모두 천주교나 대부분의 개신교, 유교, 불교에 비해 뚜렷한 차이를 보여주는 게 사실이다.

흔히 한반도에 남녀평등사상을 전해 준 것은 서양 종교, 특히 개신교라 믿는 경향이 있다. 실제로 서구의 남녀평등사상과 제도가 이들 외래 종교와 더불어 상당 부분 묻어 들어왔기 때문에 그에 따른 공헌을 무시할 수 없다. 하지만 그리스도교의 교리가 양성평등을 명시한 바 없고 오히려 정반대의 해석을 유도하는 면이 눈에 띄며, 교회의 실천도 서구 일반사회에 비해 차별적인 면이 적지 않다. 그보다 훨씬 근본적이고 실천적인 남녀평등사상을 보여준 것은 최수운, 최해월, 강증산(姜甑山) 등 이 땅의 토착 종교인들이었고[33] 원불교가 한반도 후천개벽사상의 후계자라는 가장 확실한 증거가 되는 것이 그 '남녀권리동일' 조항인 것이다.

그런데 이 조항은 『불교정전』(1943)에서 '자력양성(自力養成)'으로 바뀌어 오늘에 이르고 있다. 물론 남녀권리동일 주장이 사라진 것은 아니고, '2. 과거의 타력생활 조목' 중에는 "여자는 어려서는 부모에게, 결혼 후에는 남편에게, 늙어서는 자녀에게 의지하였으며, 또는 권리가 동일하지 못하여 남자와 같이 교육도 받지 못하였으며, 또는 사교(社交)의 권리도 얻지 못하였으며, 또는 재산에 대한 상속권도 얻지 못하였으며, 또는 자기의 심신이지마는 일동일정에 구속을 면하지 못하게 되었음이라" 하여 성차별에 대한 반대를 조목조목 제기하고 있다. 또한 '3. 자력자로서 타력자에게 권장할 조목'과 '4. 자력양성의 조목'에서도 남녀권리동일의 사상을 거듭 피력한다(「정전」 교의편 3장 1절).

하지만 '남녀권리동일'이 사요(四要)의 하나에서 '자력양성'의 내역으로 이동한 것은 양성평등사상이나 그 실천 의지의 후퇴가 아닌가? 나는 그렇지 않다고 본다. 물론 교단에서 실천 의지가 현실적으로 후퇴하는 데에 결과적으로 일조했을지는 모르고, 이른바 성인지(性認知)적 관점을 얼버무리는 구실로 쓰일 가능성은 항시 경계해야 한다. 그러한 경각심이 살아 있는 한에는 '자력양성'이야말로 오히려 더 포괄적이고 원만한 개념이다.[34] 이에 대해 내가 한 대담에서 했던 말을 좀 길지만 인용해 본다.

애초에 남녀권리동일 조목을 내세운 것은 당시 남녀 불평등이 우리 사회에서 워낙 심각한 문제였고 남녀를 불문하고 자력양성에 심각한 장애가 되는 것이었기 때문이었지만, 세계종교로 발돋움하는 교단의 앞날을 위해 교전을 재정비하는 시점에서는 그 기본 취지인 자력양성을 내세운 것이 적당했다고 생각합니다.

사실 남녀평등을 주장하는 오늘날의 여러 가지 이론 가운데서 아마 가장 힘을 쓰는 이론이 근대 서구에서 나온 개인의 권리 개념인데, 그것이 일면 타당성이 있지만 그에 따른 부작용도 만만치 않아요. 인간 개개인을 하나의 원자화된 알갱이로 설정하고 그 개체마다 이런저런 것을 할 수 있는 동일한 권리가 있다고 규정하는 것이 과연 올바른 인간관인지 의문이지요. 적어도 불교적인 인간 인식과는 거리가 있습니다.

남녀의 권리가 부동(不同)한 것이 나쁜 것은 결국 사람은 누구나 자력을 길러서 평등사회의 주인 노릇을 해야 마땅한데 남녀 차별이 그에 장애가 되기 때문이지, 무조건 매사에 누구나 동일 권리를 행사해야 된다면 지자본위(智者本位)의 원칙에도 어긋날뿐더러 평등사회가 이뤄질 리도 없는 것입니다.[35]

사실 자력양성은 웅거의 표현을 빌리면 임파워먼트(empowerment), 곧 힘을 지닌 주체 만들기이다.[36] 그에 비해 근대적 이념으로서의 양성평등은 웅거의 '얄팍한 평등'에 가깝다. 물론 그 수준의 평등을 위한 싸움도 절실하며 처절하기조차 한 것이 오늘날 한국 및 세계의 현실이지만, 예컨대 월러스틴은 자본주의 아래서는 성차별 철폐가 불가능하다는 주장을 펼치고 있다.[37] '근대적' 목표를 관철하기 위해서도 '근대 이후'로의 대전환이 필요하고 이를 감당할 '심화된 자유'의 사상이 필요함을 짐작할 수 있다. 원불교의 '자력양성'은 웅거의 '심화된 자유'보다 한결 든든한 종교관·진리관에 바탕하고 있는 데다 '자·타력 병진'의 지혜와 '지자본위'라는 균등사회 실현의 방법론까지 갖추고 있어, 대전환의 사상적 자산으로 손색이 없어 보인다.

2) 종교의 정치참여와 '정교동심'

웅거의 미래 종교 기획에서도 정치가 큰 비중을 차지하지만, 종교의 정치 참여 문제는 오늘날 세계적인 쟁점을 이루고 있다.[38] 원불교가 불교를 무상 대도로 수용하면서도 한반도의 후천개벽사상을 계승함으로써 웅거의 '세상과 맞서 싸우는 종교'의 일면을 갖게 되었음을 앞서 지적했다. 그런데 오늘의 원불교 교단이나 상당수 교도들은 정치 현실에 소극적인 자세를 취하는 경향을 보인다. 그 근거로 소태산이 일제에 대한 공개적 저항을 자제했던 역사를 들기도 하고, 심지어 '최초법어'의 '제가(齊家)'의 요법' 중 "내면으로 심리 밝혀주는 도덕의 사우(師友)가 있으며, 외면으로 규칙 밝혀주는 정치에 복종하여야 할 것이요"(『정전』 수행편 13장 2절 4항)라고 한 대목을 정치권력에 대한 순응주의를 촉구한 가르침으로 오해하기도 한다. 사은(四恩)의 하나로 꼽히는 '법률은'에 관해서도 "대범, 법률이라 하는 것은 인도정의의 공정한 법칙을 이름이니"(『정전』 교의편 제2장 4절 '1. 법률 피은의 강령')라고 경전에 명백히 밝혔음에도 불구하고 인도정의의 실현을 위한 '세상과의 싸움'을 남의 일 보듯 하기 일쑤이다. 나는 '법률은'의 개념이 원불교가 유교와 통하는 일면임을 말한 적이 있지만,[39] 유교의 현실 참여 정신뿐 아니라 후천개벽 종교들의 사회변혁 의지를 계승한 면도 강조해야 옳을 듯하다.

동학농민전쟁의 엄청난 살상을 겪은 뒤에 강증산이 더 긴 호흡의 천지공사(天地公事)를 선택했듯이 일제의 강압통치가 이미 시작된 후에 교단을 창설한 소태산이 공개적인 항일운동을 자제한 것은 사실이다. 그러나 일제하에서 조선의 새 종교를 창시하고 조직한 것 자체가 당시로서는 더없이 불온한 행위였으며, 그럼에도 "정의어든 기어이 취하고 불의어든 기어이 버리는 실행 공부"(『정전』 교의편 4장 3절 2항 '작업 취사의 목적')가 삼학 중에서도 그 열매에 해당하는 취사(取捨) 공부의 본질로 제시되었음을 잊어서는 안 될 것이다.[40] 실천에 대한 원불교의 이러한 강조야말로 전통 불교의 계(戒) · 정(定) · 혜(慧) 삼학과 원불교의 삼학 곧 정신수양 · 사리연구 · 작업 취사를 구별해 주는 가장 두드러진 특징인 바,[41] "분별성과 주착심이 없는 경지"를 전제하면서도 정의와 불의를 식별하고 정의로운 취사에 사생결단의 헌신을 해야 하는 것이 원불교 공부의 어려운 점인 동시에 불법과 생활의 일치를 가능케 하는 요체일 것이다.

정치와 종교의 관계에 대한 원불교의 독창적 기여는 정산종사의 정교동심(政敎同心) 사상이다(「정산종사법어」 도운편 9장, 30장, 유촉편 36장 등). 물론 원리 자체는 소태산이 종교와 정치를 한 가정의 자모(慈母)와 엄부(嚴父)에, 또는 수레의 두 바퀴에 비유한 데서 비롯한다(「대종경」 교의품 36장 및 38장). 그러나 엄부 · 자모 관계를 가부장제와 남존여비의 구습에 따라 해석하는 폐단이 없지 않음에 비추어, '정교동심'은 두 개의 대등한 수레바퀴라는 비유를 비유가 아닌 개념으로 정립하는 성과를 이룩했다.

실제로 기존의 제도와 학설들은 '정교일치' 대 '정교분리'의 이분법에서 시원하게 벗어나지 못하고 있다. 예컨대 오늘날 그리스도교에서 한편에서는 영혼의 구제를 본업으로 삼는 종교가 어째서 정치 현실에 간섭하느냐는 '보수적' 논리와 다른 한편에서는 종교는 영혼 구제를 위해서도 구조화된 사회악을 제거하는 참여 행위가 필요하다는 '진보적' 입장 사이의 논란이 끊이지 않는 것도 그 때문이다. 이런 논란은 정치와 종교가 서로 나 몰라라 하는 '정교분리'를 벗어나되 그 둘이 '동체(同體)'가 아닌 '동심(同心)'이라고 본다면 적어도 이론상으로는 명쾌하게 정리된다.[42]

물론 개념이 아닌 현실로서 정교동심에 근접한 사례들이 없었던 것은 아

니다. 유교 사회만 해도 군주가 국가의 제주(祭主)라는 점에서 형식상 정교
일치요 일종의 신정체제(神政體制)라 말할 수 있으나 왕에 대한 유생 신하들
과 사림(士林)의 견제력이 남달랐던 조선왕조만 해도 정교동심에 방불한 면
이 없지 않았다. 불교국가이던 고려의 경우는 호국불교에 치우쳐 종교가 대
등한 수레바퀴 역할을 못하기는 했지만 승가에 의한 직접 통치가 아니라 통
치자에 대한 국사(國師)나 왕사(王師)의 지도를 좋은 정치의 요건으로 삼았다
는 점에서 정교동심의 이념을 선취했다고 할 수 있다.

표현은 다르지만 정교동심론에 가장 근접한 것은 간디(M. Gandhi)의 '세
속주의'(secularism)가 아닐까 한다. 이는 통상적인 의미의 세속주의, 곧 국가
는 정교분리 원칙에 따라 종교와 무관한 세속의 원리로 운영되어야 한다는
근대적 이념이 아니라, 정치와 정치인은 당연히 종교적 신앙과 원칙을 갖고
복무하되 타종교를 차별하지 말아야 한다는 독특한 의미이다.[43] 정교분리에
대해 간디는 "종교로부터 분리된 정치는 타락을 불러온다"고 했고, 난디(A.
Nandy)는 이를 부연하여 "종교와 정치의 분리는 치명적이고 양자의 동일화
는 자살행위다"라는 빤니까르의 발언을 인용하기도 한다.[44] 난디의 이런 정
교관계론은 독립 이후 세속적인 국민국가 건설 시도가 종교분쟁을 포함한
갖가지 혼란을 낳고 있는 인도의 현실에 비추어 상당히 설득력이 있다.

대한민국 헌법도 근대국가의 일반적인 관례에 따라 '정교분리'를 채택하
고 있다. 그러나 이로써 정치와 종교의 관계를 원만하게 정리하지 못한다.
정교분리 원리는 간디가 우려한 정치의 타락을 야기하고 있으며, 인도 같
은 대규모 유혈사태는 아직 없으나 종교와 '분리'된 정치권력을 점령하기 위
한 종교 세력들 간의 갈등과 쟁투가 날로 심해지는 느낌이다. 간디의 "올바
른 종류의 종교와 올바른 종류의 정치를 결합시키는"[45] 작업이 세계적으로

나 한국 현실에서나 절실한 시점이다. 이럴 때 '정교동심'처럼 한마디로 핵심을 짚어주는 개념의 쓸모도 남다르다. 정산의 정교동심론은 정치가 당연히 종교의 도덕적 지도를 받아야 함을 강조하면서, 그러자면 종교 또한 미신이 아닌 (원불교식으로 말해) '진리적 종교의 신앙'과 '사실적 도덕의 훈련'을 제공하는 종교라야 한다는 주장을 내포하는데, 이는 말은 쉬워도 실로 사회의 대전환과 종교의 일대 혁명을 통해서나 이룩될 큰 과제인 것이다.

　원불교 100주년과 원광대 70주년을 기념하여 발간되는 학술총서의 첫 권에 이름을 올리는 것은 큰 영광이다. 다만 '문명의 대전환과 후천개벽'이라는 제목을 감당할 온전한 저서가 아닌 점이 못내 면구스럽다. 애초 이런 책을 엮어낸다는 발상 자체가 원불교학자이기도 한 학산 박윤철(맹수) 교무님의 것이지만, 나의 저서와 『회화록』 그리고 잡지 게재 원고까지 샅샅이 뒤져서 원불교와 관련되는 글들을 찾아 모은 것은 학산님의 정성이었다. '백 아무개의 원불교 공부'라는 부제가 그래서 붙게 되었는데 이것도 따지고 보면 민망스러운 일이다. 공부 치고는 뜨내기 공부에 해당하는 공부의 흔적을 여기저기서 주워 모은 이런 책을, 원불교 공부를 제대로 한 분들이 보시고 무어라 할 것인가.

　원불교의 교서에 관한 한 나는 그 영역 작업에 참여할 기회가 있었던 것이 사실이다. 박윤철 교무와의 대담에서 설명했듯이(본서 309-311면) 우연한 기회에 뜻밖의 경로로 얽혀들어서 장장 18년간 간헐적으로 집단작업을 수행하였다. 그 과정에 많은 깨우침을 얻었고, 작업에 착수한 지 얼마 안 되어 비교도인 한국의 한 지식인으로서 이것이야말로 세계에 소개할 만한 한국 사상의 보화(寶貨)라는 자부심이 생겨나는 경험을 했다. 다만 번역팀의 동료들과 작업하면서 교리에 관해 토론하고 내 나름으로 연마하는 기회도 있었다곤 하지만, 처음부터 주석서와 연구서를 참조해 가며 본격적으로 공부하는 과정은 아니었고, 그때그때 적절한 영어 표현을 찾아내는 실무적 필요가 우선하였다.

사실 나는 원불교가 아닌 다른 분야, 심지어 나의 '전공'으로 알려진 영문학 분야에서도 뜨내기 공부를 해 왔음을 항상 인정해 왔다. 이것은 결코 거짓 겸손이 아니며 실은 진짜 겸손도 아니다. 나는 영문학, 한국문학, 사회평론, 분단체제 연구 등 어느 한쪽에도 집중해서 적공하지 못하면서도 그들 여러 분야를 건드리고 사는 것이 과도한 호사취미가 아니라 금생의 내 업(業)이라는 생각을 하곤 한다. 따라서 무슨 일에서나 축적된 지식의 부족을 실감하게 마련이다. 그러면서도 본서에 실린 한 대담에서 다소 주제넘게 인용한 표현이지만(본서 190면) 나의 잡다한 작업에 '일이관지(一以貫之)'하는 맛이 있기를 염원해 왔다. 이 책을 두고도 원불교를 제대로 공부한 분들이 볼 때 '본격적인 공부는 없지만 저 나름으로 일관되게 탐구해 온 것은 있구나'라고 인정해주시고, 나의 다른 저서에 친숙한 분들은 '그의 일관된 관심이 원불교를 통해 확장되고 심화된 면도 있구나'라고 판정해주신다면 큰 보람이겠다.

아무튼 원불교를 알게 된 지 40년 가량 되는 기간에 띄엄띄엄, 토막토막 공부한 끝에 내 나름으로 도달한 결론도 없지 않다. 첫째 소태산 대종사의 말씀대로 기존 세계종교의 가르침 가운데서 불교가 '무상대도(無上大道)'라 일컬음직하다는 점이요, 둘째로 비록 그렇긴 해도 현하 시국에서 불교가 중생제도의 그 본분을 감당하려면 '후천개벽(後天開闢)'의 사상과 결합해야 하리라는 점이다. 물론 그것이 딱히 동학이나 증산교, 원불교 같은 한반도의 사상일 필요는 없지만, 아무튼 벌써 1세기 반이 넘는 이 땅의 자생적 후천개벽운동의 연장선에서 '불법을 주체로' 출발한 원불교가 인류가 찾는 맥을 바로 짚어 앞서 나간 면이 있는 것은 분명하다. 이에 관해 약간의 학문적 고찰을 시도한 것이 본서의 마지막 장 「문명의 대전환과 종교의 역할」인데, 그 판단이 아주 빗나간 것이 아니라면 나의 원불교 공부도 여기서 멈추지 말아야 할 것 같다.

세밑을 앞두고 후기를 쓰는 이즈음 한국사회는 바야흐로 대전환의 소용돌이 속에 있다. 촛불을 든 평화적 시위군중의 힘으로 대통령의 탄핵소추안이 국회를 통과함으로써 그의 직무가 정지되고 헌법재판소의 최종 심판을 기다리고 있다. 촛불군중의 요구는 단순히 헌법을 유린한 대통령의 퇴진만이 아니고 '대전환'에 값하는 새로운 사회의 건설을 요하는 것이기 때문에 아직 갈 길이 멀고 아마도 험난할 것이다. 그러나 이제까지 이룬 것만으로도 '문명의 대전환'을 예감케 하는 바 없지 않다. 평화적 시민봉기로 억압적인 정권을 물러나게 만든 전례는 물론 과거에도 있었다. 한국의 1987년도 일종의 무혈 시민혁명이었거니와, 특히 1989년 당시 체코슬로바키아의 공산독재정권을 종식시킨 시민운동은 그 '부드러운' 성공으로 '벨벳혁명'이라는 호칭을 얻기도 했다. 그런데 독재정권을 비폭력적으로 몰아내기도 쉬운 일이 아니지만, 1987년 이후의 한국에서처럼 일단 민주적인 선거의 공간이 열린 사회에서 집권자를 임기 전에 퇴진시키는 일은 더욱 어려운 면이 있다. 다음 선거를 준비하는 정치인들이 즐비하고 시민들도 조금만 더 기다려서 그때 변화를 이룩하려는 성향이 강한 상황에서, 국민 대다수의 이름으로 '무조건 즉각 퇴진'의 단호한 명령을 관철한다는 것은 확실히 새로운 현상이 아닐 수 없다. 게다가 지금은 세계 곳곳에서 대중의 반민주적 반란이 줄을 잇는 시대로서, 유독 한국 시민들만이 민주주의를 지키고 민주공화국의 헌법을 지키기 위해 역사상 유례없는 규모와 창의적인 방식으로 혁명에 나선 것이다.

거듭 말하지만 촛불혁명은 아직 남한 내에서만도 갈 길이 멀고 그것이 87년체제를 제대로 극복한 새 시대로 안착하려면 87년체제의 태생적 한계로 작용한 1953년 이래의 한반도 정전체제 및 분단체제에 본질적인 변화를 가하는 수준으로까지 진행해야 할 것이다. 그러나 만약에 그렇게만 된다면 이는 한반도 전체의 큰 변화일 뿐 아니라 현존 세계체제의 변혁을 위해서도 하나의 결정적 계기가 되고 '문명의 대전환'에 방불한 성과를 이룰 것이다.

　이를 위해 정치·경제·법률 등 각 분야에서 수많은 적공이 진행되며 새로운 합력을 달성해야겠지만 종교적·사상적·문화적인 대전환이 수반되어야 하는 것 또한 당연하다. 이 부족한 저서가 그 과정에 조금이라도 도움이 되었으면 큰 보람이겠다.

　책의 간행을 제의하고 내용을 엮어내신 박윤철 교무님, 원불교 100주년·원광대 70주년 기념학술행사 조직위원회의 여러분들, 그리고 출판을 맡아주신 도서출판 모시는사람들에 진심으로 감사드린다.

2016년 12월

백낙청 두손 모음

01 통일하는 마음
원불교 서울청운회 주최 '청운강좌', 1988년 1월 20일;『원불교신보』 1988년 2월 6일자;『분단체제 변혁의 공부길』(창작과비평사, 1994).

02 개벽과 통일
『원불교신보』 1989년 4월 26일자;『분단체제 변혁의 공부길』(위의 책).

03 물질개벽 시대의 공부길
원불교 중앙훈련원 교무훈련 강연, 1992년 7월;『분단체제 변혁의 공부길』(위의 책).

04 한국 민중종교의 개벽사상과 소태산의 대각
『원광』 1996년 4월호;『백낙청 회화록』 3(창비, 2007).

05 21세기 한민족공동체의 가능성과 의의
원광대학교 개교 50주년기념 국제학술대회 발제, 원광대 숭산기념관, 1996년 10월 11-12일;『흔들리는 분단체제』(창작과비평사, 1998).

06 통일사상으로서의 송정산의 건국론
정산종사 탄생백주년기념 한국원불교학회 '97년 추계학술대회 발제, 서울, 1997년 10월 27일;『원광』 1997년 12월호;『흔들리는 분단체제』(위의 책).

07 원불교적 사유방식의 이유
「회갑을 맞는 백낙청 편집인에게 묻는다」,『창작과비평』 1998년 봄호;『백낙청 회화록』 4(창비, 20007)에서 발췌.

08 희망의 21세기 어떻게 맞이할까
『원광』 1999년 11월호;『백낙청 회화록』 4(위의 책).

09 후천개벽시대의 한반도
열린정신 포럼 주최 제17회 열린정신 포럼 강연문, 원광대 숭산기념관, 2003년 5월 22일;『원광』 2003년 7월호.

10 나의 문학비평과 불교, 로런스, 원불교
『대산문화』 2006년 가을호;『백낙청 회화록』 5(창비, 2007)에서 발췌.

11 통일시대 한국사회의 정신개벽
원광대학교 개교 60주년기념 국제학술대회 기조강연, 원광대 숭산기념관, 2006
년 10월 27일; 원광대 원불교사상연구원 발행『원불교사상과 종교문화』 제34
집, 2006년 12월호;『어디가 중도며 어째서 변혁인가』(창비, 2009).

12 통일시대, 마음공부, 삼동윤리
원불교 중앙중도훈련원 교무훈련 강의, 2007년 10월 7일;『어디가 중도며 어째
서 변혁인가』(위의 책).

13 변혁적 중도주의와 소태산의 개벽사상
원불교 은덕문화원 '소태산아카데미' 강의, 서울, 2008년 9월 30일;『어디가 중
도며 어째서 변혁인가』(위의 책).

14 정치와 살림
「D.H 로런스의 민주주의론」,『창작과비평』 2011년 겨울호에서 발췌.

15 무엇이 변혁이며 어째서 중도인가
「큰 적공, 큰 전환을 위하여」,『창작과비평』 2014년 겨울호;『백낙청이 대전환
의 길을 묻다』(창비, 2015)에서 발췌.

16 대전환을 위한 성찰 두 가지
원불교 100주년기념 전환 콜로키움 종합논평, 원광대 숭산기념관, 2015년 12월
12일.

17 원불교 개교 1백주년기념 특별대담
원광대 원불교학과 교수 박윤철 교무와 나눈 대담록. 2016년 2월 5일, 서울, 창
비서교빌딩 카페 창비, 지하1층.

18 문명의 대전환과 종교의 역할
원불교 100주년, 원광대학교 개교 70주년기념 국제학술대회 기조강연, 2016년
4월 28일;『원불교사상과 종교문화』 제69집, 2016년 9월호.

03. 물질개벽 시대의 공부길

1 『대종경』, 서품 13장, 『원불교전서』(원불교출판사, 1977), 113면.

2 『대종경』, 교의품 34장, 위의 책, 151-152면.

3 「정전」교의편 4장 1절, 『원불교전서』, 50면.

4 졸저, 『인간해방의 논리를 찾아서』(시인사, 1979)에 실린 「인간해방과 민족문화 운동」 142면(또는 졸저 평론선, 『현대문학을 보는 시각』, 276면) 참조.

5 『대종경』 수행품 2장, 『원불교전서』, 159면.

6 과거의 삼학과 원불교 삼학의 차이에 대해서는 일찍이 원불교 2대 종법사 송규(宋奎)선생이 설한 바 있다. "과거에도 삼학이 있었으나 계정혜(戒定慧)와 우리 삼학은 그 범위가 다르나니, 계(戒)는 계문을 주로 하여 개인의 지계에 치중하여 말씀하지마는 취사는 수신 제가 치국 평천하의 모든 작업에 빠짐없이 취사케 하는 요긴한 공부며, 혜(慧)도 자성에서 발하는 혜에 치중하여 말씀하셨지마는 연구는 모든 일 모든 이치에 두루 알음알이를 얻는 공부며, 정(定)도 선정에 치중하여 말씀하셨지마는 수양은 동정간에 자성을 떠나지 아니하는 일심공부라, 만사의 성공에 이 삼학을 벗어나지 못하는 것이니 이 위에 더 원만한 공부가 없나니라."(「정산종사법어」 경의편 13장, 위의 책, 1031-1032면)

7 교의편 4장 3절, 위의 책, 55면.

8 전망품 23장, 위의 책, 446면.

05. 21세기 한민족공동체의 가능성과 의의

1 이 점은 대회에 참석한 중국 측 동포 학자들에 의해 특히 강조되었고, 중국 조선족과의 화합도 못하는 한국민이라면 과연 북한 동포들을 끌어안는 통일을 할 수 있겠느냐는 지적도 나왔다.

2 으레 그렇듯이 대회 당일의 토의과정에서도 이러한 연대의 가능성을 회의하는 발언이 여럿 나왔다. 『흔들리는 분단체제』(창작과비평사, 1998) 1장과 10장의 해당 대목

들은 그에 대한 추가 답변의 시도인 셈이다. 다른 한편 나의 발제가 남한 현실에 지나치게 비판적이고 나의 복합국가 건설 구상이 북측의 '고려연방제' 제안을 닮은 것이 아니냐는 어느 토론자의 질문에 대해서는, 그날 더 중요한 화제가 많아서 정면으로 답하지 않고 넘어갔고 이 자리에서도 굳이 변명할 거리가 못 되리라 믿는다.

06. 통일사상으로서의 송정산의 건국론

1 당시 정당들의 정강과 『건국론』의 내용을 비교한 글로 朴相權, 「宋鼎山의 『建國論』에 대한 意義와 그 現代的 照明」, 『원불교사상』 19집 참조.

2 다행히도 이날 강만길 교수가 약정토론자로 참여하여 근현대사 연구자로서 '역사적 고찰'에 해당하는 여러 가지 논평을 해주었고, 그 내용이 앞의 『원광』에 「『건국론』의 역사적 이해」라는 제목 아래 기자가 정리한 형태로 수록되었다. 개고(改稿)의 기회를 맞아 강교수의 발언을 일부 소개하고 더러 나 자신의 논평을 덧붙임으로써 이 방면의 검토를 보완한다.

3 이 점에서 본고는 원불교 교단 내에서 『건국론』을 평가하면서 대한민국의 건국과 그 후 역사를 통해 송정산의 경륜이 얼마나 실현되었는지를 자랑하는 흔한 방식과는 기본적으로 다른 발상이다.

4 『건국론』 제8장 1절, 박정훈 편저, 『한 울안 한 이치에』 증보판(원불교출판사 1987) 343면. 그런데 이 판본은 『圓佛敎故叢刊』 제4권의 부록으로 실린 『건국론』 본문과 (한자를 줄이고 맞춤법을 현대화한 것 외에도) 일치하지 않는 데가 적지 않다. 우선 343면에서 '부록'이라는 낱말이 빠져서 '1. 건국 3기'와 '2. 요언(要言) 21조'가 '부록'이었음이 분명치 않고, '좌우익'이라든가 '공산주의' 등에 대한 언급을 다른 말로 바꾸기도 했다. 반면에 『교고총간』 본의 오식을 교정한 것으로 인정함직한 대목도 있어 가늠하기가 쉽지 않았는데, 학술대회 당일 배포된 자료집에 마침 정산의 육필 원고 사본이 포함되어 정확한 원본 파악에 큰 도움이 되었다. 여기서는 인용 자체는 독자가 입수하기 쉽고 읽기 편한 『한 울안 한 이치에』 본을 일단 바탕으로 삼고 그 면수를 본문 중에 표시하되, 독자의 편의를 위해 더러 괄호 속에 한자를 넣었으며, 육필 사본을 불필요하게 수정했다고 생각되는 대목은 (맞춤법과 한글화, 최소한의 구두점 등을 빼고는) 원래대로 환원했다.

5 '좌우 중'은 원문과 『교고총간』 본에 있지만 『한 울안 한 이치에』에서는 빠진 구절의

한 예이다.

6 약정토론에서 강만길 교수가 지적한 바에 따르면 좌우대립이 본격화된 것은 신탁
통치 문제가 대두한 12월부터로서, 『건국론』이 발표된 10월은 아직 대립이 '첨예'해
지기 전이었다고 한다. 그만큼 정산의 사태 파악이 더 심도 있고 앞서갔다는 뜻일 터
이며, 이 점에 대해 강교수도 찬탄의 뜻을 표했다.

7 이 낱말은 『교고총간』 본과 『한 울안 한 이치에』 본에 모두 한글로 '감정'이라고만 나
와 있어 '感情'으로 이해하는 것이 상식인데, 육필원고의 흘림체 글자는 '憾情'으로
읽는 게 옳을 듯싶고 문맥상으로도 걸맞은 듯하여 괄호 속에 명기한다.

8 다만 마지막으로 '7. 종교장려'를 논한 것은 비종교인들의 입장에서 어떻게 들을지
의문의 소지가 있다. 그러나 이 대목 또한 무조건적인 종교장려와는 판이한 발상으
로서, "또는, 종교를 믿는 자 중에도 혹은 미신에 침혹(沈惑)하고 혹은 편심(偏心)에
집착해서 국민의 참다운 생활과 대중의 원만한 도덕을 널리 발휘하지 못한 바 있나
니, 이를 신중히 검토하여 국민지도에 적당한 종교 등을 장려하여(그 반면에 부적당
한 종교 등은 개선 또는 금지함도 가함) 정치와 종교가 서로 표리가 되어 치교병진(
治教并進)하면 이것이 또한 국가의 만년 대계의 하나가 아닌가 한다"(330-331면)라
고 한 것은 오히려 종교인들로부터 반발을 사기 쉬운 제안이다. 여기에는 '정교동심
(政教同心)'이라는 송정산 특유의 사상—옛날 신정주의(神政主義)식의 교정일체(教
政一體)는 아니면서 현대 민주주의의 일반적 원리인 완전한 교정분리 및 상호불간
섭주의와도 다른 사상—이 깔려 있으며, 이른바 선천시대(先天時代)의 종교들에 대
한 비판의식도 엿보인다.

9 『법어』 도운편(道運篇) 30장에는 이런 말이 나오기도 한다. "과거의 도는 주로 천하
다스리는 도로써 평천하에 이르게 하려 하였으나, 미래에는 평천하의 도로써 근본
을 삼고, 천하 다스리는 도를 이용하여 평천하에 이르게 할 것이니, 천하 다스리는
도는 정치의 길이요, 평천하의 도는 도치·덕치의 길이니라."(『원불교전서』 986면)

10 이런 주장의 예로 韓鍾萬, 「鼎山宗師의 『建國論』考」, 『원불교사상』 15집, 413-414
면 및 金基圓, 「鼎山宗師의 生涯와 思想」, 『圓佛教70年精神史』 304-305면 참조.

11 불교·유교·도교 외에 '과학의 진수'까지 "모든 진수를 아울러 잘 활용"할 것을 주
장한 『법어』 도운편 31장, "세계의 삼대 종교라 하는 불교와 기독교와 회교" 외에
"유교와 도교 등 수많은 기성종교"와 세계 각처의 신흥종교들까지 모두 "그 근본을
추구해 본다면 근원되는 도리는 다같이 일원의 진리에 벗어남이 없다"는 '동원도리(

同源道理)를 설파한 35장 등 참조. 물론 정산 자신이 '서양의 물질문명' '동양의 정신문명' 등의 표현을 쓰기도 했지만 그때도 내용과 취지는 동도서기론과 판이하다. "지금은 동서양이 두루 통하는 시대라, 모든 법을 한 법으로 융통시켜야 하나니라. 물질문명은 서양이 위주니 기회 따라 바꾸어 오고, 정신문명은 동양이 위주니 기회 따라 바꾸어 주면 이 세상이 전반 세계가 되리라. 대종사는 동서양의 대운을 겸하셨나니, 대종사의 도덕이 세계를 주재하게 될 것이며, 개벽의 공덕이 시방으로 미쳐 가나니, 곧 일원 대도가 시방 공덕이 되리라."(『법어』遺囑篇 5)

12 정산은 "측량하는 사람이 먼저 기점을 잡음이 중요하듯이 우리의 공부 사업에도 기점을 잡음이 중요하나니, 공부의 기점은 자기의 마음공부에 두고, 제도의 기점은 자신의 제도에 둘지니라"고 하면서도 곧이어, "그러나, 자신을 다 제도한 후에 남을 제도하라는 말은 아니니, 마음공부에 근본하여 모든 학술을 공부하고, 자신 제도에 힘쓰면서 제도 사업에 힘을 쓰라 함이니라"고 덧붙이기를 잊지 않는다(『법어』務本篇 13).

13 강만길 교수가 역설해 온 '대등통일'은 물론 이런 야합과는 거리가 멀다(강만길,「민족통일을 모색하는 국학」, 안동대학교국학부 편, 『우리 국학의 방향과 과제』, 집문당 1997, 특히 312-314면 참조). 다만 무력통일과 흡수통일에 반대하는 그 취지에 전적으로 공감하면서도 나 자신 '대등통일'이라는 용어를 피해 온 것은, 첫째는 강약의 차이와 인과의 법칙이 엄연한 세상에서('일방적인 흡수 또는 정복'을 배제한다는 정도가 아닌) 문자 그대로 '대등한' 타결이란 불가능한 것이니만큼 대등 통일을 말하는 것이 비현실적인 기대를 조장하기 쉽기 때문이요, 둘째로 분단체제론은 '남북대립'보다 '분단체제와 남북민중의 대립'을 우선시하는만큼 통일 과정에 양쪽 정부의 입장이 얼마나 반영되어야 하느냐는 것은 각자의 입장이 얼마나 민중의 이해관계에 합치하느냐에 따라 결정될 문제이며 '대등한' 반영 여부는 부차적인 사항이기 때문이다.

14 혁명적 변화의 수용 여부를 떠나 계급문제에 관해 이 정도의 인식을 가졌다는 점을 강만길 교수가 토론에서 칭찬한 것은 타당하다고 본다. 다만 '각계 각급(各階各級)'이라는 표현에서도 보듯이 정산은 '계급'을 현대 사회과학에서 대체로 이해하듯이 사회구성 속에서의 경제직 위치에 따라 결정되는 세급으로 국한해서 말한 것은 아닌 듯하다.

15 『원광』지 게재 「『건국론』의 역사적 이해」에는 "이 점이 바깥에서 독립운동을 하

던 사람과 국내에서 종교 활동을 하던 종교 지도자와의 차이가 아닌가 생각합니다"
(113면)라고만 정리되어 있는데, 현장에서 강교수의 발언은 종교지도자로서의 한계
를 지적하는 취지였다고 기억한다.
16 『한 울안 한 이치에』본에는 '공산주의' 대신 '평등 사상이나 주의'로 되어 있고, 아래
'공산의 원리'가 두 번 나오는 것도 각기 '균등사상의 원리'와 '평등사상의 원리'로 고
쳐졌다.
17 "물질 위주로 균등사회가 되겠는가. 공도 정신이 골라져야 균등사회가 되고, 투쟁
위주로 평화 세계가 되겠는가. 은혜를 서로 느껴야 참다운 평화 세계가 되나니라."(
『법어』도운편 18)
18 이 대목의 '좌익사상가'와 다음 줄의 '우익사상가'는 『한 울안 한 이치에』본에 '한편
에서는…한편에서는'으로 바뀌어 나온다.

08. 희망의 21세기 어떻게 맞이할까?

1 『백낙청 회화록』(창비, 2007), 제3권 「인터뷰: 한국 민중종교의 개벽사상과 소태산
의 대각」 참조.
2 원불교 스스로 자기 교단을 자랑스럽게 일컫는 표현.

11. 통일시대 한국사회와 정신개벽

1 백산 고전대역, 『공산당선언』, 백산서당, 1989, 58-65면을 토대로 번역을 약간 손질
했음.
2 송정산(宋鼎山)의 삼동윤리와 그 셋째 강령 동척사업(同拓事業)에 대해서는 『어디
가 중도며 어째서 변혁인가』(창비, 2009) 제14장 「통일시대·마음공부·삼동윤리」
298-301면 참조.
3 이 문제와 관련해서 마르크스 자신은 대다수 마르크스주의자들과 다른 면모를 지녔
다는 카리따니 코오진(炳谷行人)의 지적은 경청할 만하다. "마르크스에게 코뮤니즘
은 칸트적 '지상명령', 즉 실천적(도덕적)인 문제이다. 이러한 점에서 마르크스는 평
생 변하지 않았다. 나중에 코뮤니즘이 실현되어야 할 역사적이며 물질적인 조건을
중시했다고 해도 말이다. 그러나 대부분의 마르크스주의자는 이러한 도덕성을 바보

취급하고 역사적 필연이나 '과학적 사회주의'를 표방한 결과, 바로 노예적 사회를 '구성'하고 말았다."(송태욱 옮김, 『트랜스크리틱』, 한길사 2005, 22면) 그러나 마르크스가 "대중의 마음공부에 충분한 배려를 안했"다는 나의 주장은 그것대로 유효하다는 생각이다.

4 이와 관련하여 졸고, 「통일사상으로서의 송정산의 건국론」, 『흔들리는 분단체제』(창비, 1998) 참조.

5 정산종사는 이 점을 좀 더 구체적으로 부연했다. "이어 말씀하시기를 '근세의 동란이 갑오동란을 기점으로 하여 일어났나니 동란의 비롯이 이 나라에서 된지라 평화의 발상도 이 나라에서 되리라. 우리가 경제나 병력으로 세계를 어찌 호령하리오. 새 세상의 대운은 성현 불보살들이 주장하나니 이 나라의 새로운 대도덕으로 장차 천하가 한집안 되리라.' 또 말씀하시기를 '세계 대운이 이제는 동남으로 돌고 있으므로 앞으로 동남의 나라들이 차차 발전될 것이며 이 나라는 세계의 정신적 중심지가 되리라.'"(국운편 32장, 『원불교전서』, 797면)

12. 통일시대 · 마음공부 · 삼동윤리

1 이 점은 강의 당시와 이명박정부 1년여를 보낸 지금의 실감이 확연히 다르다. 그러나 '통일시대'의 대세가 바뀌지는 않으리라는 믿음은 『어디가 중도며 어째서 변혁인가』 (창비, 2009) 서장 「시민참여 통일 과정은 안녕한가—중도 공부, 변혁 공부를 위하여」에서도 피력하고 있지만, 본장에서의 개념 설명에 유의하더라도 어느 정도 수긍할 수 있을 것이다.

2 '도덕'이 영어의 moral 또는 morality의 번역어로 통용되면서 심지어 윤리(ethics)보다 더욱 한정된 '풍기(風紀)' 즉 '풍속의 기강'을 뜻하는 것으로 이해되기도 한다. 물론 moral과 ethics의 차이는 그것대로 인식해야 하지만, 원래 동양의 언어생활에서 '도덕'이 가진 의미를 망각해서는 안 된다. 참고로 『도덕경』을 영어로 번역한 아서 웨일리(Arthur Waley)는 The Way and Its Power라는 제목을 달았다.

3 원불교 제3대 종법사 대산 김대거(1914-1998).

4 『대산종사법어』 자문판(원불교 중앙총부 교정원 교화훈련부, 2006) 공심편 14장 344면. (2009년에 배포된 최종 자문판은 2006년 자문판과 표현 및 면수 등에 다소 차이가 있으나 여기서는 강연에서 인용한 그대로 남겨 두었다.)

5 원불교에서 '작업취사(作業取捨)'의 줄임말로 쓴다. 온갖 행동에서의 선택을 뜻하며 '실천'의 동의어로 읽을 수 있다.

6 원불교의 공부법에서 진행사조(進行四條), 즉 키워가야 할 신(信)·분(忿)·의(疑)·성(誠)에 반대되는 불신(不信)·탐욕(貪慾)·나(懶)·우(愚)의 네 가지 버려야 할 사항.(「정전(正典)」 교의편 5장)

7 원불교의 창시자 소태산 박중빈(朴重彬, 1891-1943) 대종사. 원불교에서는 대종사 호칭을 창시자에게만 국한한다.

8 3학은 정신수양(精神修養)·사리연구(事理研究)·작업취사(作業取捨)의 세 가지 기본적인 공부이며, 8조는 주6에 소개된 공부상 키우거나 버려야 할 점들이다.

9 「정전」 교의편 6장. 사은은 천지은·부모은·동포은·법률은, 사요는 자력양성·지자 본위(智者本位)·타자녀교육·공도자숭배이다.(교의편 2-3장)

10 제2대 종법사 정산 송규(宋奎, 1900-1962). 그의 건국론에 대해서는 졸고, 「통일사상으로서의 송정산의 건국론」(『흔들리는 분단체제』, 창비, 1998)에서 논한 바 있다.

11 그러나 일반 독자를 위해 그때그때 해당 부분을 인용하겠는데, 우선 그 서론에 해당하는 대목을 소개한다. "원기 46년(1961) 4월에 삼동윤리(三同倫理)를 발표하시며, 말씀하시기를 '삼동윤리는 곧 앞으로 세계 인류가 크게 화합할 세 가지 대동(大同)의 관계를 밝힌 원리이니, 장차 우리 인류가 모든 편견과 편착의 울 안에서 벗어나 한 큰 집안과 한 큰 권속과 한 큰 살림을 이루고, 평화 안락한 하나의 세계에서 함께 일하고 함께 즐길 기본강령이니라. 지금 시대의 대운을 살펴보면 인지가 더욱 열리고 국한이 점차 넓어져서 바야흐로 대동통일의 기운이 천하를 지배할 때에 당하였나니, 이것은 곧 천하의 만국만민이 하나의 세계건설에 함께 일어설 큰 기회라. 오래지 아니하여 세계 사람들이 다같이 이 삼동윤리의 정신을 즐겨 받들며, 힘써 체득하며, 이 정신을 함께 실현할 기구를 이룩하여 다같이 이 정신을 세상에 널리 베풀어서 이 세상에 일대 낙원을 이룩하고야 말 것이니라.'"(「정산종사법어」 도운(道運)편 34장, 『원불교전서』, 원불교출판사, 2002 [초판 1977], 988면)

12 『원광』, 1999년 11월호; 『백낙청 회화록』(창비, 2007) 제4권에 수록, 해당 대목은 195면.

13 "삼동윤리의 셋째 강령은 동척사업(同拓事業)이니 곧 모든 사업과 주장이 다같이 세상을 개척하는 데에 힘이 되는 것을 알아서, 서로 대동화합하자는 것이니라. 지금 세계에는 이른바 두 가지 큰 세력이 그 주의와 체제를 따로 세우고 여러 가지 사업을

각각 벌이고 있으며, 또한 중간에 선 세력과 그 밖에 여러 사업가들이 각각 자기의 전문분야와 사업범위에 따라 여러 가지 사업들을 이 세상에 벌이고 있어서, 혹은 그 주장과 방편이 서로 반대되는 처지에 있기도 하고 혹은 서로 어울리는 처지에 있기도 하나, 그 근본을 추구하여 본다면 근원 되는 목적은 다같이 이 세상을 더 좋은 세상으로 개척하자는 데 벗어남이 없는 것이며, 악한 것까지라도 선을 각성하게 하는 한 힘이 되나니라. 그러므로, 모든 사업이 그 대체에서는 본래 동업인 것이며, 천하의 사업가들이 다같이 이 관계를 깨달아 서로 이해하고 크게 화합하는 때에는 세계의 모든 사업이 다 한 살림을 이루어 서로 편달하고 병진하다가 마침내 중정(中正)의 길로 귀일하게 될 것이니, 우리는 먼저 이 중정의 정신을 투철히 체득하여 우리의 마음 가운데 모든 사업을 하나로 보는 큰 정신을 확립하며, 나아가서는 이 정신으로써 세계의 모든 사업을 중정으로 통일하는 데 앞장서야 할 것이니라."(도운편 37장, 『원불교전서』 991면)

14 원불교에서 출가행위 또는 출가자를 일컫는 말이다.

15 "삼동윤리의 둘째 강령은 동기연계(同氣連契)니, 곧 모든 인종과 생령이 근본은 다 같은 한 기운으로 연계된 동포인 것을 알아서, 서로 대동화합하자는 것이니라. 이 세상에는 이른바 사색인종이라고 하는 인종이 여러 지역에 살고 있으며, 같은 인종 중에도 여러 민족이 있고, 같은 민족 중에도 여러 씨족이 여러 지역에 각각 살고 있으나, 그 근본을 추구해 본다면 근원되는 기운은 다 한 기운으로 연하여 있는 것이므로, 천지를 부모 삼고 우주를 한집 삼는 자리에서는 모든 사람이 다 같은 동포형제인 것이며, 인류뿐 아니라 금수곤충까지라도 본래 한 큰 기운으로 연결되어 있나니라. 그러므로, 천하의 사람들이 다같이 이 관계를 깨달아 크게 화합하는 때에는 세계의 모든 인종과 민족들이 다 한 권속을 이루어 서로 친선하고 화목하게 될 것이며, 모든 생령들에게도 그 덕화가 두루 미칠 것이니, 우리는 먼저 모든 인류와 생령이 그 근본은 다 한 기운으로 연결된 원리를 체득하여 우리의 마음 가운데 일체의 인류와 생령을 하나로 보는 큰 정신을 확립하며 나아가서는 이 정신으로써 세계의 인류를 평등으로 통일하는 데 앞장서야 할 것이니라."(도운편 36장, 『원불교전서』 990면)

16 "삼동윤리의 첫째 강령은 동원도리(同源道理)니, 곧 모든 종교와 교회가 그 근본은 다 같은 한 근원의 도리인 것을 알아서, 서로 대동화합하자는 것이니라. 이 세상에는 이른바 세계의 삼대종교라 하는 불교와 기독교와 회교가 있고, 유교와 도교 등 수많은 기성종교가 있으며, 근세 이래 이 나라를 비롯하여 세계 각처에 신흥종교의 수도

또한 적지 아니하여, 이 모든 종교들이 서로 문호를 따로 세우고, 각자의 주장과 방편을 따라 교화를 펴고 있으며, 그 종지에서도 이름과 형식은 각각 달리 표현되고 있으나, 그 근본을 추구해 본다면 근원되는 도리는 다같이 일원의 진리에 벗어남이 없나니라. 그러므로, 모든 종교가 대체에 있어서는 본래 하나인 것이며, 천하의 종교인들이 다같이 이 관계를 깨달아 크게 화합하는 때에는 세계의 모든 교회가 다 한집안을 이루어 서로 넘나들고 융통하게 될 것이니, 먼저 우리는 모든 종교의 근본이 되는 일원대도의 정신을 투철히 체득하여, 우리의 마음 가운데 모든 종교를 하나로 보는 큰 정신을 확립하며, 나아가 이 정신으로써 세계의 모든 종교를 일원으로 통일하는 데 앞장서야 할 것이니라."(도운편 36장, 『원불교전서』, 989-990면)

17 http://www.weltethos.org/dat_eng/index_e.htm 참조.

18 『논어』 안연(顏淵)편 2의 "己所不欲 勿施於人" 즉 자기가 원하지 않는 것을 남에게 베풀지 말라는 말씀(위령공편 23에도 나옴)이 전자의 예라면, "남에게 대접을 받고자 하는 대로 너희도 남을 대접하라"는 예수의 가르침(누가복음 6장 31절; 비슷한 표현이 마태복음 7장 13절에도 나옴)은 후자의 예가 될 것이다. 다른 종교들도 대부분 '말라'는 소극적인 형식으로 이 계명을 내놓고 있지만, 그렇다고 적극적인 표현이 그리스도교에 한정된 것은 아니다. 당장『논어』만 하더라도 옹야(擁也)편 28에서 "夫仁者 己欲立而立人 己欲達而達人. 能近取譬 可謂仁之方也已", 즉 "무릇 어진 자는 자기가 서고자 하면 남도 세우며, 자기가 두루 통하고 싶으면 남도 두루 통하게 한다. 능히 가까운 것에서 터득하여 남에게 비유해가는 것이야말로 인(仁)을 행하는 방법이라 말할 수 있을 것이다"(『이우재의 논어 읽기』, 세계인, 2000, 189-190면)라고 하여 황금률의 적극적인 표현을 제시하고 있다.

19 물론 사도들 중에서도 야고보는 실행이 안 따르는 믿음을 강하게 비판한 바 있다. "내 형제들아 만일 사람이 믿음이 있노라 하고 행함이 없으면 무슨 이익이 있으리요. 그 믿음이 능히 자기를 구하겠느냐."(「야고보서」 2장 14절) 이 대목과 「로마서」 3장 8절을 어떻게 연결시킬지에 관해서는 많은 신학적 논의가 있는 것으로 안다. 그러나 어떻든 루터 이래의 개신교 전통에서 사도 바울과 「로마서」의 권위가 압도적이었음이 사실이다.

20 「정전」 교의편(教義篇) 1장 4절 '일원상 서원문(一圓相 誓願文)'은 "일원은 언어도단의 입정처이요"로 시작한다.(『원불교전서』 24면)

21 앞의 일원상 서원문 중 일원에 대해 "유상(有常)으로 보면 상주불멸로 여여자연하여

무량세계를 전개하였고"라고 한 대목 참조.(같은 책 25면)

22 Slavoj Žižek, *The Puppet and the Dwarf: The Perverse Core of Christianity*(MIT Press 2003) 171면.

23 김용옥은 이 점을 특유의 생생한 비유로 표현한다. "예수라는 사건은 이러한 우리의 상식(常識), 즉 항상스러운 의식의 체계를 여지없이 거부한다. 다시 말해서 아니 땐 굴뚝에서 연기가 펄펄 나는 것이다."(김용옥, 『기독교 성서의 이해』, 통나무, 2007, 12-13면)

24 물론 바울의 발언에 대해서는 수없이 많은 신학적 논의가 있다. 비기독교의 입장에서는 철학자이며 무신론자를 자처하는 알랭 바디우의 해석이 특히 흥미로운데 (Alain Badiou, Saint Paul: *The Foundation of Universalism*, tr. Ray Brassier, Stanford University Press 2003), 바울에게 그리스도 신앙은 '그리스도가 하나님의 아들이다'라거나 '그리스도가 부활하셨다'는 명제에 대한 신봉이 아니라 바울 자신이 그랬던 것처럼 그리스도의 부활이라는 '사건으로서의 진리'를 선포하고 그 선언에 충실함을 뜻한다. 따라서 이때의 믿음은 원불교 '진행4조(신·분·의·성)'의 첫 단계에 머무는 상태라기보다 진리사건의 선포를 통해 자기사랑의 힘을 모든 타자들에게 작용케 하는 힘으로서의 확신, 즉 '신'과 '성'이다. "바로 믿음을 통해 가능해지는 것이 사랑이다."(90면) 그 점에서 바디우가 말하는 그리스도 부활 사건의 선포는 불교적 깨달음과도 통하는데, 다만 이 경우에도 깨달음으로 가는 원만한 공부법이 없이 사람마다 자신의 진리를 선포하고 '보편주의 기반'을 주장함으로써 '보편적인 사랑'이 전통적 율법의 지배보다 오히려 더 억압적이 될 위험이 남는 것 같다. 아감벤의 『남겨진 시간』(Giorgio Agamben, *The Time That Remains: A Commmentary on the Letter to the Romans*, tr. Patricia Dailey, Stanford University Press 2005)은 바울에 대한 또 다른 철학자의 해석이요 적극적 의미 부여이며 바디우의 '보편주의'에 대한 비판을 포함하고 있기도 한데(51-53면), 이 책에 대해 여기서 길게 논의할 계제는 아니다.

13. 변혁적 중도주의와 소태산의 개벽사상

1 나머지 둘은 국왕과 심보(三寶)의 은혜. 어떤 경우에는 부모·사장(師長)·국왕·시주(施主)의 은혜를 사은이라고 함.

14. 정치와 살림: 「D. H 로런스의 민주주의론」에서

1 「현대시와 근대성, 그리고 대중의 삶」, 85면.

2 자크 랑시에르, 「민주주의에 맞서는 민주주의」, 아감벤 외, 『민주주의는 죽었는가?』, 김상운 외 옮김, 난장, 2010, 131-132면.

3 고병권, 『민주주의란 무엇인가』 104-109면의 촛불 논의도 랑씨에르적 이분법에 매여 있다는 인상이다.

4 예컨대 「민주주의」에서도, "사고파는 일을 제대로 잘하자. … 우리는 인간다운 남자 및 여자가 되어 집안을 정돈하자."(68면) 여기서 set out house in order라는 표현은 구약성경 「이사야」 38장 1절에서 선지자 이사야가 죽음을 앞둔 왕더러 "너는 네 집에 유언하라"(set your house in order)고 한 표현을 따온 것이나 로런스의 취지는 '집안(살림)'을 제대로 하자'는 뜻임이 분명하다.

5 이러한 인간관·우주관을 좀 더 본격적으로 정리해서 간행한 것이 『무의식의 환상곡』(1922)이다. 이 저서의 현재적 의의에 대해서는 졸고 Nak-chung Paik, "Frued, Nietzsche and *Fantasia of the Unconscious*, " *D. H. Lawrence Studies* (korea) Vol. 12 No. 2 (August 2004) 참조.

6 *RDP* 139면, 원저자 강조.

7 이에 관해 나는 '지혜의 위계질서'라는 표현을 써서 오해를 자초하기도 했지만(월러스틴과의 대담 「21세기의 시련과 역사적 선택」(1998), 『백낙청회화록』 제4권, 창비 2007, 153-156면), 미래사회의 조직원리·운영원리 문제가 물질적 평등을 이룩한 후에야 천천히 생각할 사안이 아니라 당면한 노력의 긴요한 일부라는 점을 원불교의 '지자본위(智者本位)' 원리를 동원해서 다시 주장한 바 있다(같은 책에 실린 방민호와의 대담 「시대적 전환을 앞둔 한국문학의 문제들」(1999), 221-224면). '지자본위'에 관해서는 「정전」 제2편 제3장 2절 '지자본위' 참조. 여기서 "지자는 우자(愚者)를 가르치고 우자는 지자에게 배우는 것이 원칙적으로 당연한 일이니, 어떠한 처지에 있든지 배울 것을 구할 때에는 불합리한 차별 제도에 끌릴 것이 아니라 오직 구하는 사람의 목적만 달하자는 것이니라"(『원불교전서』, 원불교출판사, 1995, 22판, 41면)고 하며 그 조목들을 열거한 뒤, "이상의 모든 조목에 해당하는 사람을 근본적으로 차별 있게 할 것이 아니라, 구하는 때에 있어서 하자는 것이니라"(같은 책, 42면)는 단서를 붙인 점을 눈여겨볼 만하다. 플라톤식의 고정된 현자 집단이 지배하는 체

제와의 차이가 명백해지며, 로런스 역시 아동들의 근기(根機)에 따라 그들의 진로를 결정해 주되 "어떠한 결정도 최종적인 것은 아니도록 한다"(「인민의 교육」, *RDP*, 99면)는 단서를 달았던 것을 상기하게 된다.

15. 무엇이 변혁이며 어째서 중도인가

1 '변혁적 중도주의'나 '중도적 변혁주의'를 별 생각 없이 섞어 쓰기도 하는데, 이는 용어의 생소함 탓이겠지만 변혁적 중도주의가 그 나름의 엄밀성을 지닌 하나의 개념임을 놓치게 만드는 일이다. 남한 현실에서의 실천노선으로서 변혁적 중도주의는 변혁주의가 아닌 개혁주의인데, 다만 남한사회의 개혁이 분단체제 극복운동이라는 중기적 운동과 연계됨으로써만 실효를 거둘 수 있다는 입장인 것이다.

2 "실현 가능성이 거의 전무한 이런 구상(2번 또는 3번)이 일정한 위세를 유지하는 것은 그런 식으로 남북대결을 부추기는 일이 남한 내에서의 기득권을 유지하는 데 도움이 되기 때문이다. 다시 말해 북의 변혁은 명분일 뿐, 실질적으로는 분단체제의 변혁과 그에 필요한 남한 내의 개혁을 막는 데 이바지하고 있는 것이다."(「2013년체제와 변혁적 중도주의」, 29~30면)

3 이들에게 '종북'의 혐의가 씌워지는 것도 그 때문이지만, '종북'이라는 모호한 표현보다 '주체사상파'라는 정확한 개념을 사용하는 게 옳다는 주장이 설득력을 갖는다(이승환, 「이석기사건과 '진보의 재구성' 논의에 부쳐」, 『창작과비평』, 2013년 겨울호, 335면).

4 세교포럼 토론에서 박성민 대표는 수구·보수 카르텔의 "가장 약한 고리"가 선거임을 강조하면서, 현재 야당이 인기가 너무 없지만 국민은 "웬만만 하면" 야당을 찍어줄 준비가 되어 있다고 주장했다.

5 2013년체제가 성립되더라도 변혁적 중도주의 세력을 총망라한 단일 거대정당이 아니라 기본적인 지향을 공유하는 다수 정당의 존재가 바람직하다는 점을 밝힌 바 있다.(같은 글, 30~31면)

18. 문명의 대전환과 종교의 역할

1 졸저, 『2013년체제 만들기』, 창비, 2012.

2 나는 분단체제론의 이름으로 그런 논의를 전개해 왔고『분단체제 변혁의 공부길』(
   창작과비평사, 1994),『흔들리는 분단체제』(창작과비평사, 1998),『한반도식 통일,
   현재진행형』(창비, 2006),『어디가 중도며 어째서 변혁인가』(창비, 2009) 등 일련의
   졸저를 통해 구체화하고자 노력했다. 위의『2013년체제 만들기』도 같은 논의의 연
   장이었다.

3 근대, 근대성, 현대, 현대성이 영어로는 모두 modernity라서 그 내용에 따라 달리
   번역하지 않으면 혼란이 더욱 가중되기 십상인데, 동아시아 언어가 지닌 변별력
   을 이럴 때 살리는 일이 바람직하다. 이에 대해서는 졸고「근대, 적응과 극복의 이
   중과제」, 송호근 외 지음,『시민사회의 기획과 도전―근대성의 검토』, 서울: 민
   음사, 2016, 251-254면, 및 영문 자료로 Paik Nak-chung, "The Double Project of
   Modernity," *New Left Review* 89, September/October 2016 참조.

4 자본주의의 작동원리와 그 현재 양상에 대한 간명한 논의로는 데이비드 하비,「실현
   의 위기와 일상생활의 변모」,『창작과비평』173호(2016년 가을) 및 같은 책에 수록
   된 데이비드 하비, 백낙청 대담,「자본은 어떻게 작동하며 세계와 중국은 어디로 가
   는가」참조. 자본주의의 종언 가능성을 둘러싼 다양한 의견을 담은 책으로 이매뉴얼
   월러스틴 외 지음, 성백용 옮김,『자본주의는 미래가 있는가』, 파주: 창비, 2014 참조
   (공저자 중 자본주의의 작동원리에 따라 그 소멸이 불가피하다는 월러스틴 등의 주
   장을 반박하는 마이클 맨 같은 논자도 생태계 위기의 심각성만은 강조한다).

5 하이데거의 '형이상학 극복', '기술시대' 및 동양적 사고와의 친화성에 대해서는 졸
   저,『민족문학의 새 단계』(창작과비평사, 1991) 중「학문의 과학성과 민족주의적 실
   천」, 338-341면 참조.

6 하이데거의 진리(Wahrheit) 개념은 이렇게 '드러난 것의 드러남' 내지 '탈은폐'
   (Unverborgenheit)로 한정되기도 하고, 역사적으로 그리스의 초기 철학자 파
   르메니데스(Parmenides)가 처음 alēheia(흔히 truth로 번역되지만 하이데거는
   Unverborgenheit, unconcealment라는 원뜻을 강조한다)를 호명한 이래 주로 그렇
   게 씌어온 것도 사실이다. 그러나 하이데거 자신은 그 '탈은폐'에는 이미 '은폐'가
   포함되어 있음을 강조하며 이것이 앞으로 우리가 사유해야 할 과제라고 주장한다
   (Martin Heidegger, *Zur Sache des Denkens,* Tübingen: Max Niemeyer Verlag, 1969,
   74-76면). 이는 불교 또는 원불교의 "진공묘유(眞空妙有)의 은현자재(隱現自在)하
   는 진리"(「정전」 교의품 1장 1절 '일원상의 진리',『원불교 전서』, 22판, 익산: 원불교

출판사, 1992. 본서 인용은 면수를 생략함)에 가깝다. 그렇다고 하이데거의 '탈은폐'
와 '진여'가 같다는 것은 물론 아니다. 그가 말하는 das Sein은 실존하는 그 어떤 존
재자(Seiendes)와도 다른 차원이니만큼, 통상적으로 '있음' 또는 '있는 것'을 뜻하는
'존재'로 번역하는 것이 적절치 않다고 생각된다. 그러나 여기서는 관행대로 쓰되 따
옴표를 달아 '존재'라고 적었다. 한마디 덧붙이면 하이데거를 무신론자로 규정하는
것도 적절치 않다. 그는 니체처럼 '신의 죽음'을 말하는 대신 예컨대 릴케론에서 '신
들이 떠나간 시대의 궁핍'(M. Heidegger, "Wozu Dichter?", Holzwege, Frankfurt a.
M.: Vittorio Klostermann, 1962)을 말한다. 그렇지만 신(神)이 "그냥 아무런 존재자
가 아니라 가장 존재자다운 존재자(was schlechthin nicht ein Seindes ist, sondern
das Seiendste des Seienden)"(「예술작품의 기원」; "Der Ursprung des Kunstwerkes,
" Holzwege, 59면)라 해도 '존재 자체'(das Sein selbst)는 아니므로, '존재'와의 관계에
서 그 의미를 물어야 한다는 것이다. 불교의 연기론(緣起論) 및 공(空)의 세계에 온
갖 신들과 영가(靈駕)가 출몰하는 것도 같은 이치다. '유(有)'의 차원에서는 삼계(三
界) 육도(六途)의 온갖 존재자들이 무량세계를 전개하고 있지만 진리 자체는 '유무
초월'의 경지에서 물어야 하는 것이다.

7 M. Heidegger, "Die Frage nach der Technik," *Vorträge und Aufsätze*, Pfullingen:
   Neske, 1954(국역본 마르틴 하이데거, 「기술에 대한 물음」, 『강연과 논문』, 신상
   희 · 이기상 · 박찬국 옮김, 서울: 이학사, 2008; 영역본 "The Question Concerning
   Technology," *The Question Concerning Technology and Other Essays*, tr. William
   Lovitt, New York: Harper Colophon Books, 1977). 이 문제를 다룬 국내 논문으로 권
   순홍, 「현대기술과 구원」, 한국하이데거학회 편 『하이데거와 근대성』, 서울: 철학과
   현실사, 1999 참조.

8 David Harvey, "The Nature of Environment"([1993], *The Ways of the World*, Oxford:
   Oxford University Press, 2016, 176면. 생태지역주의 운동에 대한 논의는 177-180면.
   역본이 명시되지 않은 번역은 모두 인용자가 했다.

9 나는 이런 생각을 "'기술시대의 문제'는 '제3세계의 문제'로 구체화될 수 있다"고 표
   현하기도 했다(졸고 「학문의 과학성과 민족주의적 실천」, 위의 책, 339-341면). 그에
   앞선 논의로는 졸고 「로런스문학과 기술시대의 문제」, 한국영어영문학회 편, 『20세
   기 영국소설연구』, 민음사, 1981 참조.

10 M. Heidegger, *Was Heisst Denken?*, Tübingen: Max Niemeyer Verlag, 1954, 3면.

원문은: "*Das Bedenklichste in unserer bedenklichen Zeit ist, dass wir noch nicht denken*"(저자 자신의 강조)으로, 하이데거가 bedenken(숙고하다)이라는 의미에 주목하여 '생각(Denken)을 요하는'이라는 의미로 사용한 형용사 bedenklich는 일상어에서는 '수상쩍은, 걱정스러운'이라는 뜻도 된다. 영역본 *What Is Called Thinking?*, tr. J. Glenn Gray, Harper Colophon Books, 1968에서는 이 낱말을 'thought-provoking'이라고 번역했고, 권순홍 옮김, 『사유란 무엇인가』, 서울: 길, 2005, 52면에는 "우리가 아직도 사유하고 있지 않다는 사실이야말로, 그것도 세계의 상태가 갈수록 더욱더 걱정스러운 것이 됨에도 불구하고 변함없이 줄곧 사유하고 있지 않다는 사실이야말로 가장 깊이 사려되기를 바라는 것이다"라고 옮겼다.

11 "Das Ende der Philosophie und die Aufgabe des Denkens," *Zur Sache des Denkens*, 66면. 하이데거가 말하는 '철학'은 그가 '형이상학'이라고도 부르는, 소크라테스—또는 길게는 파르메니데스, 헤라클레이토스 등 '소크라테스 이전' 사상가들—로부터 면면히 이어져와 마르크스와 니체에 이르러 자기 극복의 필요성을 인식하게 된 서양 철학의 전통인 바, 이를 그는 인류의 사상적 작업 중 하나의 특이한 갈래로서 그 나름의 한계가 있지만 오늘의 형이상학 극복 시도가 아직은 따르기 힘든 위대성을 성취했다고 본다.

12 Roberto Mangabeira Unger, *The Religion of the Future*, Cambridge, MA: Harvard University Press, 2014(이 책의 인용 또는 참조는 본문 중에 면수만 표시한다). 웅거는 미국에서 활동하면서는 '로베르토 웅거'로 불리는데, 그의 저서는 한국에도 소개되었으나 『미래의 종교』 번역본은 아직 출간되지 않은 것으로 안다.

13 심지어 웅거는 대승불교의 핵심인 용수(龍樹, Nagarjuna)의 공(空, sunyata) 사상을 언급하는 바로 그 대목에서 쇼펜하우어와의 유사성을 언급한다(63면). 또 다른 대목에서도 "세상의 극복 사상은(불교에서든 베다에서든 또는 쇼펜하우어나 플라톤의 철학에서든)…"(394면) 하는 식이다.

14 『주역』이 대표하는 중국적 사유가 고대 그리스나 히브리의 사고방식과 얼마나 다른지에 대해서는 Françis Jullien, *The Book of Beginnings*, tr. Jody Gladding, New Haven: Yale Univerity Press, 2015 참조.

15 '우상숭배'(idolatry)는 웅거 자신도 즐겨 쓰는 표현이다(154, 164, 166-167면). 일찍이 영국의 철학자 화이트헤드는 이 개념을 더욱 일반화하여, "종교의 진보는 신들에 대한 탄핵이라고 정의될 수 있다. 우상숭배의 기조(基調)는 지배적인 신들로 만족하는

일이다"(Alfred North Whitehead, *Adventures of Ideas*, London: Macmillan, 1933, 제 1부 제2장 제1절; 1958년 Mentor Book판 18면)라고 언명한 바 있다. 흥미로운 것은, 화이트헤드가 유럽사상에서 개인의 존엄성에 대한 인식과 기존 역사현실에 대한 근원적 불만의 정신을 가장 충실하게 표현한 예로 (웅거가 유일신교 전통의 대척점에 두는) 플라톤의 『대화편』을 든다는 점이다(같은 책, 19면).

16 Raimon Pannikar, *The Intrareligious Dialogue*, 개정판, Mahwah, NJ: Paulist Press, 1999. '종교 간 대화'와 '종교 내 대화'의 차이에 대해서는 Preface, xvi-xvii면 등, '신조'와 '신앙'의 차이에 대한 집중적 논의는 제2장 'Faith and Belief: a Multireligious Experience', 특히 제10절 'Faith and Beliefs' 참조.

17 물론 하이데거에 대한 웅거 자신의 평가는 높지 않다. 그는 『존재와 시간』(*Sein und Zeit*, 1927) 단계의 초기 하이데거만 해도 일종의 무신론적 실존주의자로서 웅거가 강조하는 엄혹한 인간조건과의 대면을 강조했는데 정치참여 실패 이후 낡은 이교사상(異敎思想, paganism)의 범신주의 내지 일원주의에 해당하는 '존재'로의 귀의 내지 투항으로 나갔다고 본다(191면, 220면 등). 이는 웅거 외에도 많은 이들이 공유하는 상투적인 오해다. 하이데거는 『존재와 시간』에서도 '존재'에의 물음으로 출발했는데 그러한 물음을 묻기에 가장 적합한 존재자가 인간이기에 인간적 실존(이른바 Dasein)에 대한 검토를 일차적으로 수행한 것이다. 이는 '존재'를 묻는 작업이 추상적인 형이상학적 질문이 아니라 어디까지나 개인들의 구체적 삶의 '현상학'에 해당한다는 하이데거의 소신 때문이기도 하다.

18 Bruno Latour, "Agency at the Time of the Anthropocene," *New Literary History* Vol. 45 No. 1, 2014년 겨울호, 7면.

19 Perry Anderson, "Roberto Unger and the Politics of Empowerment," *A Zone of Engagement*, London: Verso, 1992.

20 국역본 로베르토 웅거 『정치: 운명을 거스르는 이론』(김정오 옮김, 창비, 2015)의 번역을 따랐는데, empowered는 단순히 민주주의가 더 강해진다는 뜻이 아니라 '개인들이 힘 있는 주체가 되고 세력화된 민주주의'라는 뜻을 갖는다.

21 하이데거와 일정한 친화성을 지닌 서구의 사상가이자 소설가 D. H. 로런스가 불교적 사유와의 만남으로 어떻게 나아갔는가를 고찰한 졸고로 Nak-chung Paik, "Lawrencean Buddhism? - An Attempt at a Literal Reading of 'The Ship of Death'," *D. H. Lawrence Review* 40.2, 2015, 103-119 참조.

22 동학의 개벽사상 및 동학운동에 관해서는 박맹수, 『개벽의 꿈, 동아시아를 깨우다: 동학농민혁명과 제국 일본』, 서울: 모시는사람들, 2011 참조. '동학'은 흔히 '서학=천주교'에 대비되는 개념으로 Eastern Learning이라고 번역되기도 하지만, 저자는 천주교를 포함한 "외래 사상 또는 외래 종교의 홍수 속에서 동쪽 나라인 우리나라의 도(道)와 학문을 일으켜 세운다는 뜻에서 수운이 스스로 붙인 이름"(43면)이었음을 강조한다.

23 백낙청, 「대전환을 위한 성찰 두가지」, 생명학 연구회와 전환 콜로키움 자료집 『위기의 시대, 전환의 새 길 찾기』, 원광대 원불교사상연구원 국제학술대회조직위원회, 2015, 97면. 물질개벽에 관해서는 졸저, 『분단체제 변혁의 공부길』(창작과비평사, 1994)에 수록된 중도훈련원 강연 「물질개벽시대의 공부길」에서 다소 상세하게 논한 바 있다(194-207면).

24 서양철학에서와는 다른 '정신'의 의미, 그리고 물질개벽이 기존의 '정신적 가치'들의 해체를 포함한다는 점에 관해서는 졸저 『분단체제 변혁의 공부길』(창작과비평사, 1994)에 수록된 「물질개벽 시대의 공부길」, 특히 199-207면 참조.

25 졸고, 「통일시대 한국사회와 정신개벽」, 『어디가 중도며 어째서 변혁인가』, 창비, 2009, 355-357면, 및 위의 졸고, 「근대, 적응과 극복의 이중과제」, 255면 참조. 서양철학의 '종언' 내지 완성을 딛고 새로운 사유의 과제를 수행한다는 하이데거 역시 이중과제론적 발상을 보여준다. 이 대목에서 하이데거를 상기하는 것은, 마르크스의 중요성을 인정한다고 해서 마르크스에게서 이중과제 수행의 충분한 해법까지 얻을 수 있다는 말은 아님을 다시 확인하려는 것이다.

26 돈 베이커, 「20세기 한국 종교의 전환을 이끈 원불교」, 원불교100주년 · 원광대학교개교70주년 기념 국제학술대회 자료집, 『종교 · 문명의 대전환과 큰 적공』(2016. 4), 55-62면. 영문 원본은 Don Baker, "Won -Buddhism as the Vanguard: The Transformation of Religion in Twentieth-century Korea," 같은 책, 63-72면.

27 동학 이래 후천개벽사상의 맥이 얼마나 풍성하고 중요한지에 관해서는 위에 참조한 『개벽의 꿈, 동아시아를 깨우다』에 상세히 제시되어 있으며, 최근에 나온 김형수의 『소태산 평전』(서울: 문학동네, 2016)은 소태산이 실제로 그 맥을 잇고 있음을 생생하게 그려내고 있다.

28 불교와는 구별되는 원불교의 정체성에 대해 평신도의 저술인 김성대(종대), 『소태산 교리체계의 새로운 해석』(익산: 원불교출판사, 2015)은 매우 단호하다(제4장 2

절 '불교와 다른 원불교' 참조). 저자는 또한 개교표어와 교리표어의 선후 다툼을 정리하여 「정전」 서품 1장에 기록된 진리에 대한 깨달음을 '제1의 깨달음', 제생의세의 기치를 내걸고 교단을 창설할 때의 통찰을 '제2의 깨달음'이라 일컫는다(5-6면). 이는 일리가 있는 분류로, 대각과 개교 사이에는 시간상의 선후가 있게 마련이고, 대각의 내용은 석가모니가 깨쳤던 진리와 다름없으나 깨달음의 눈으로 시국을 읽고서 창립한 종교는 구불교와 중요한 차이를 지닌다는 점을 부각시킨다. 다만 '장차 이 일을 어찌 할꼬?'라는 대각 이전 소태산의 고민에는 '관천기의상(觀天起疑相)'에 그려진 우주 만유에 대한 의문과 더불어 당시 한반도 민중의 파란고해의 삶을 목격하며 이들을 낙원으로 인도할 길을 묻는 마음이 이미 담기지 않았을까 한다. 김형수의 『소태산 평전』은 이 추론에 설득력을 더해 준다.

29 이 조목을 두고 양은용 교수는 "동서고금의 성자 가운데 종교의 문을 열면서 이처럼 학문을 강조한 경우는 별다른 예가 없다"(「원불교학 연구의 회고와 전망」, 『원불교사상과 종교문화』 67집(2016. 3), 253면)고 했다. 물론 유교의 경우가 있긴 하지만 그리스도교나 불교와 달리 공자가 '문을 연' 종교라기보다 '유학'으로 간주한 듯하다. 어쨌든 불립문자(不立文字)의 깨달음을 강조하는 전통적 선불교와의 대조는 확연하다.

30 Pannikar, 위의 책, xvii면.

31 "모든 사업이 그 대체에 있어서는 본래 동업인 것이며, 천하의 사업가들이 다 같이 이 관계를 깨달아 서로 이해하고 크게 화합하는 때에는 세계의 모든 사업이 다 한 살림을 이루어 서로 편달하고 병진하다가 마침내 중정(中正)의 길로 귀일하게 될 것이니, 우리는 먼저 이 중정의 정신을 투철히 체득하여 우리의 마음 가운데 모든 사업을 하나로 보는 큰 정신을 확립하며, 나아가서는 이 정신으로써 세계의 모든 사업을 중정으로 통일하는 데 앞장서야 할 것이니라."(「정산종사법어」 도운편 37장)

32 인터뷰(박혜명), 「한국 민중종교의 개벽사상과 소태산의 대각」, 『백낙청회화록』 제3권, 창비, 2007, 404면(첫 발표는 『원광』, 1996년 4월호).

33 수운이 동학을 창시하면서 집의 노비 두 명 중 하나는 며느리로 삼고 하나는 수양딸을 삼았다는 사실은 익히 알려졌거니와, 해월은 수운의 시천주(侍天主) 사상을 더욱 발전시켜 "어린아이들과 여성들 그리고 노비들도 모두 '하늘님'으로 모실 것을 역설하였다."(박맹수, 위의 책, 44면)

34 부수적인 이득의 하나는 '남녀' 평등에의 집착이 다양한 성적 지향과 성 정체성을 억

압하는 이성애주의 이데올로기라는 반박에 시달릴 필요가 없어진다는 것이다. 이른 바 '퀴어' 운동의 관점을 충분히 수용하더라도 남녀의 권리동일이 균등사회 실현의 최대 방편 가운데 하나라는 사실에는 변함이 없기 때문이다.

35 박혜명 교무와의 인터뷰, 「희망의 21세기, 어떻게 맞이할까」(1999), 『백낙청회화록』 제4권, 창비, 2007, 206-207면.

36 교전 영문판에는 '자력'이 self-power로 번역되어 있다. 이는 empowerment처럼 친숙한 영어 표현은 아니지만 '타력'(other-power)과 대치되는 간명한 직역이며, 문맥을 따라 읽으면 empowerment와 흡사한 그 의미가 쉽게 전달된다.

37 이매뉴얼 월러스틴 지음, 백영경 옮김, 『유토피스틱스: 또는 21세기의 역사적 선택』, 창작과비평사, 1999, 37-42면; 원문은 I. Wallerstein, Utopistics: Or, Historical Choices of the Twenty-first Century, The New Press, 1998, 20-25면.

38 하이데거의 사유도 원래는 인간실존(das Dasein)의 규명과 그에 따르는 '존재'(das Sein)에 대한 물음에서 정치참여로 진행했다. 다만 이 과정에서 하이데거는 나찌 운동에 대한 오판으로 일시 거기 가담하는 치명적 과오를 저질렀고 이후로는 '시'(poiesis)를 주로 강조하고, 「예술작품의 기원」에서 존재가 드러나는 한 형태로 지목했던 '국가를 창립하는 행위(der staatgründende Tat), 즉 실천(praxis)을 더는 거론하지 않게 되었다. 후기 하이데거가 정치적 실천을 경시한 점을 하이데거의 번역자이자 편집자인 크렐은 Martin Heidegger, *Basic Writings*, Revised and Expanded edition, ed. David Farrell Krell (London: Routledge, 1993) 중 "The Question Concerning Technology"에 부친 해제에서 날카롭게 지적한다(310면).

39 졸고, 「변혁적 중도주의와 소태산의 개벽사상」, 『어디가 중도며 어째서 변혁인가』, 329면.

40 솔성요론에서도 "정당한 일이거든 아무리 하기 싫어도 죽기로써 할 것이요, / 부당한 일이거든 아무리 하고 싶어도 죽기로써 아니할 것이요"(「정전」 수행 편 12장 '솔성요론(率性要論)' 12, 13항)라고 못박았다. 일제 관헌들이 '불법연구회'(원불교교단의 당시 다분히 위장적인 명칭)를 얼마나 감시하고 탄압했는지에 대해서는 『소태산평전』의 기록이 약여하다.

41 "과거에도 삼학이 있었으나 계정혜와 우리 삼학은 그 범위가 다르나니, 계는 계문을 주로 하여 개인의 지계에 치중하셨지마는 취사는 수신제가 치국평천하의 모든 작업에 빠짐없이 취사케 하는 공부며…."(「정산종사법어」 경의편 13장)

42 정교동심을 정교일치 및 정교분리와 구별하여 그 선구적 의의를 지적한 논의로 박윤철(맹수), 『원불교적 세계관의 인식과 실천』, 익산: 원불교교화연구회, 1990, 41-42면 참조.

43 Ashis Nandy, *The Romance of the State: And the Fate of Dissent in the Tropics*, New Delhi, Oxford and New York: Oxford India Paperbacks, 2007, "An Anti-Secularist Manifesto," 34-36면. 이 글이나 같은 책에 수록된 "Culture, State and the Rediscovery of Indian Politics," "The Twilight of Certitudes: Secularism, Hindu Nationalism and Other Masks of Deculturation" 등에서 저자가 비판하는 '세속주의'는 물론 통상적인 의미의, 그가 '공식적 세속주의'라고도 부르는 근대국가의 정교분리 이념이다.

44 Nandy, 같은 책, 62면 및 각주 2와 3 참조.

45 같은 책, 36면.

참고문헌

권순홍, 「현대기술과 구원」, 한국하이데거학회 편, 『하이데거와 근대성』, 서울: 철학과현
    실사, 1999.

김성대(종대), 『소태산 교리체계의 새로운 해석』, 익산: 원불교출판사, 2015.

김형수, 『소태산 평전』, 파주: 문학동네, 2016.

박맹수, 『개벽의 꿈, 동아시아를 깨우다: 동학농민혁명과 제국 일본』, 서울: 모시는사람
    들, 2011.

박윤철(맹수), 『원불교적 세계관의 인식과 실천』, 서울: 원불교교화연구회, 1990.

박혜명, 「한국 민중종교의 개벽사상과 소태산의 대각」(인터뷰, 1996), 『백낙청회화록』
    제3권, 2007.

_____, 「희망의 21세기, 어떻게 맞이할까」(인터뷰, 1999), 『백낙청회화록』 제4권, 2007.

백낙청, 「로런스문학과 기술시대의 문제」, 한국영어영문학회 편, 『20세기영국소설연구』,
    서울: 민음사, 1981.

_____, 『민족문학의 새 단계』, 서울: 창작과비평사, 1991.

_____, 『분단체제 변혁의 공부길』, 창작과비평사, 1994.

_____, 『흔들리는 분단체제』, 창작과비평사, 1998.

_____, 『한반도식 통일, 현재진행형』, 파주: 창비, 2006.

_____, 『어디가 중도며 어째서 변혁인가』, 창비, 2009.

_____, 『2013년체제 만들기』, 파주: 창비, 2012.

_____, 「대전환을 위한 성찰 두 가지」, 생명학 연구회와 전환 콜로키움 자료집 『위기의
    시대, 전환의 새 길 찾기』, 익산: 원광대 원불교사상연구원 국제학술대회조직위원
    회, 2015.

_____, 「근대, 적응과 극복의 이중과제」, 송호근 외 지음 『시민사회의 기획과 도전-근대
    성의 검토』, 민음사, 2016.

백낙청 외, 『백낙청회화록』, 창비 2007, 3-4권.

_____, 『백낙청이 대전환의 길을 묻다: 큰 적공을 위한 전문가 7인 인터뷰』, 파주: 창
    비, 2015.

돈 베이커, 「20세기 한국 종교의 전환을 이끈 원불교」, 원불교 100주년 · 원광대학교 개교
    70주년 기념 국제학술대회 자료집, 2016.

류성태,『정전변천사』, 익산: 원불교출판사, 2010.

양은용,「원불교학 연구의 회고와 전망」,『원불교사상과 종교문화』67집, 2016. 3.

로베르토 웅거,『정치: 운명을 거스르는 이론』, 김정오 옮김, 창비 2015.

원광대 원불교사상연구원 국제학술대회조직위원회,『위기의 시대, 전환의 새 길 찾기』, 생명학연구회와 전환 콜로키움 자료집, 익산: 2015. 12.

_____,『종교·문명의 대전환과 큰 적공』, 원불교 100주년·원광대학교 개교 70주년 기념 국제학술대회 자료집, 익산: 2016. 4.

원불교 정화사 편,『원불교 전서』22판, 익산: 원불교출판사, 1992.

유영모,〈다석 유영모 어록〉, http://blog.daum.net/hhmm007/54

이매뉴얼 월러스틴,『유토피스틱스: 또는 21세기의 역사적 선택』, 백영경 옮김, 창작과비평사, 1999.

이매뉴얼 월러스틴 외,『자본주의는 미래가 있는가』, 성백용 옮김, 창비, 2014.

데이비드 하비,「실현의 위기와 일상생활의 변모」,『창작과비평』173호(2016년 가을).

데이비드 하비, 백낙청 대담,「자본은 어떻게 작동하며 세계와 중국은 어디로 가는가」,『창작과비평』173호.

마르틴 하이데거,『사유란 무엇인가』, 권순홍 옮김, 서울: 길 2005

_____,『강연과 논문』, 신상희·이기상·박찬국 옮김, 서울: 이학사, 2008.

Anderson, Perry, "Roberto Unger and the Politics of Empowerment," *A Zone of Engagement*, London: Verso, 1992.

Baker, Don, "*Won*-Buddhism as the Vanguard: The Transformation of Religion in Twentieth-century Korea," in *Great Transformation in Religion [and] Civilization and Great Accumulation of Merit*, conference pack for the International Conference for the Centenary of *Won*-Buddhism and the 70th Anniversary of Wonkwang University, Iksan, April 2016.

Harvey, David, *The Ways of the World*, Oxford: Oxford University Press, 2016.

Heidegger, Martin, *Was Heisst Denken?*, Tubingen: Max Niemeyer Verlag, 1954.

_____, *Vortrage und Aufsatze*, Pfullingen: Neske, 1954.

_____, *Holzwege*, Frankfurt a. M.: Vittorio Klostermann, 1962.

_____, *Zur Sache des Denkens*, Tubingen: Max Niemeyer Verlag, 1969.

_____, *What Is Called Thinking?*, tr. J. Glenn Gray, New York: Harper Colophon

Books, 1968.

_____, *The Question Concerning Technology and Other Essays*, tr. William Lovitt, Harper Colophon Books, 1977.

_____, *Basic Writings*, Revised and expanded edition, ed. David Farrell Krell, London: Routlege, 1993.

Jullien, Francois, *The Book of Beginnings*, tr. Jody Gladding, New Haven: Yale Univerity Press, 2015.

Latour, Bruno, "Agency at the Time of the Anthropocene," New Literary History Vol. 45 No. 1, Winter 2014.

Nandy, Ashis, *The Romance of the State: And the Fate of Dissent in the Tropics*, New Delhi, Oxford, and New York: Oxford India Paperbacks, 2007.

Paik Nak-chung, "The Double Project of Modernity," *New Left Review* 89, September/ October 2016.

Paik, Nak-chung, "Lawrencean Buddhism? - An Attempt at a Literal Reading of 'The Ship of Death'," *D. H. Lawrence Review* 40.2 (2015).

Pannikar, Raimon, *The Intrareligious Dialogue*, Revised Edition, Mahwah, NJ: Paulist Press, 1999.

Unger, Roberto Mangabeira, *The Religion of the Future*, Cambridge, MA: Harvard University Press, 2014.

Whitehead, Alfred North, *Adventures of Ideas*, London: Macmillan, 1933.

종교 문명의 대전환과 큰 적공 총서 01

문명의 대전환과 후천개벽

등록 1994.7.1 제1-1071
1쇄 발행 2020년 2월 20일

지은이 백낙청
엮은이 박윤철
펴낸이 박길수
편집장 소경희
편 집 조영준
관 리 위현정
디자인 이주향
펴낸곳 도서출판 모시는사람들
　　　　03147 서울시 종로구 삼일대로 457(경운동 수운회관) 1207호
전 화 02-735-7173, 02-737-7173 / 팩스 02-730-7173
홈페이지 http://www.mosinsaram.com/

인 쇄 (주)성광인쇄(031-942-4814)
배 본 문화유통북스(031-937-6100)

값은 뒤표지에 있습니다.
ISBN 979-11-88765-62-1　　94290
ISBN 979-11-86502-66-2　　94290 세트

이 도서의 국립중앙도서관 출판예정도서목록(CIP)은 서지정보유통지원시스템 홈페이지
(http://seoji.nl.go.kr)와 국가자료공동목록시스템(http://www.nl.go.kr/kolisnet)에서 이용하
실 수 있습니다.(CIP제어번호: CIP2020003077)

이 책은 2016년 🌀 문화체육관광부의 후원으로 발간되었음.